Die Behandlung des Irrtums im Steuerrecht

Europäische Hochschulschriften

Publications Universitaires Européennes

European University Studies

Reihe V

Volks- und Betriebswirtschaft

Série V Series V

Sciences économiques, gestion d'entreprise

Economics and Management

Bd./Vol. 3305

PETER LANG

Frankfurt am Main · Berlin · Bern · Bruxelles · New York · Oxford · Wien

Johannes Hamsch

Die Behandlung des Irrtums im Steuerrecht

PETER LANG
Internationaler Verlag der Wissenschaften

Bibliografische Information der Deutschen Nationalbibliothek
Die Deutsche Nationalbibliothek verzeichnet diese Publikation in der Deutschen Nationalbibliografie; detaillierte bibliografische Daten sind im Internet über <http://www.d-nb.de> abrufbar.

Zugl.: Trier, Univ., Diss., 2007

D 385
ISSN 0531-7339
ISBN 978-3-631-58118-6

www.peterlang.de

Meinen Eltern

Monika und Max Hamsch

Anmerkungen

Das vorliegende Werk wurde von mir unter dem Titel „Der Irrtum im Steuerrecht“ als Dissertation zur Erlangung der Doktorwürde des Fachbereichs IV (Wirtschafts- und Sozialwissenschaften / Mathematik / Informatik / Wirtschaftsinformatik) der Universität Trier im Herbst 2006 eingereicht und im Anschluss daran zur Veröffentlichung nochmals überarbeitet.

Danken möchte ich all denen, die mich während der Phase der Arbeit auf vielfältige Art unterstützt haben, insbesondere meinen Eltern Monika und Max Hamsch.

Ein herzliches Dankeschön gilt meinem Doktorvater und wissenschaftlichen Lehrer Herrn Prof. Dr. Matthias Lehmann für die Betreuung der Arbeit, für viele wertvolle Gedankenanregungen und weiterführende Diskussionen sowie die Unterstützung bei der Erstellung der Arbeit.

Danken möchte ich auch Herrn Prof. Dr. Franz Jürgen Marx für die Erstellung des Zweitgutachtens zur Dissertation.

Großen Dank schulde ich meinem Bruder Herrn Sebastian Hamsch M.A. für die vielfältige Hilfe bei der Erstellung der Arbeit und meinem Bruder Herrn Rechtsanwalt Martin Hamsch für viele weiterführende Gedanken und ausgiebige Diskussionen.

Frau Reinhilde Wiesmann, Herrn Dipl.-Betriebsw. (BA) Jochen Stahl und Herrn Walter Linkmann M.A. bin ich sehr dankbar für die Unterstützung bei der Fertigstellung der Arbeit. Schließlich gilt mein Dank der Kolleß-Gruppe für das entgegengebrachte Verständnis und die Unterstützung der Arbeit.

Geleitwort

Der Irrtum ist ebenso alltäglich wie das Thema ungewöhnlich. Wir befinden uns in einem Irrtum wenn wir subjektiv etwas richtig wissen – das jedoch objektiv im gleichen Zeitpunkt falsch ist – und dieses fehlerhafte Wissen in eine Entscheidung umsetzen.

Der Irrtum bei der Willensbildung ist eingebettet in einen Planungs- und Entscheidungsprozess und der Irrtum bei der Erklärung des Willens in das nachfolgende Vertragshandeln.

Beides verbindet der Verfasser für sein Thema zur ersten, der „materiellen" Handlungskette. Sie schließt die Berücksichtigung des Irrtums im Zivilrecht ein und reicht bis zum Bilden des steuerrechtlichen Sachverhalts. Dieser bezeichnet einen zwecks Anwendung von Steuerrecht aufbereiteten Part der Lebenswirklichkeit und ist im betriebswirtschaftlichen Handeln gleichbedeutend mit dem Geschäftsvorfall der Finanzbuchhaltung. Ein Irrtum in der Lebenswirklichkeit – ein „primärer" Irrtum – hat Folgen, die sich in das Besteuerungsverfahren (von Umsatzsteuer, Grunderwerbsteuer, Einkommensteuer) auswirken.

Folgerichtig beginnt die zweite, die „formelle" Handlungskette mit dem Verbuchen der Geschäftsvorfälle und reicht über den Jahresabschluss, Erklärung und Veranlagung hinweg bis zu den steuerlichen Rechtsfolgen. Sie schließt die Behandlung des Irrtums im Strafrecht und Steuerstrafrecht ein. Ein Irrtum im Besteuerungsverfahren – ein „sekundärer" Irrtum – führt zur Interaktion mit dem Finanzamt.

Der Irrtum als Fehler im subjektiven Wissen im Entscheidungszeitpunkt ist zu unterscheiden vom unsicheren Wissen und der Erwartungsbildung für Entscheidungen. Die Überraschung des aufgedeckten Irrtums und die im Voraus als möglich angesehene und nun eingetretene Erwartungsabweichung beschreiben die jeweiligen ex-post-Situationen.

Der Jurist ist nicht unbedingt nachsichtig mit dem Irrenden, sondern hat die Neigung, ihm die Pflicht aufzulasten, dass er seinen Irrtum durch weitere Informationssuche schon damals hätte erkennen können. Damit wandelt er die Fehlvorstellung des Irrenden um in die unterlassenen Vergewisserungsbemühungen und verkennt folglich die subjektive Gewissheit des richtigen Wissens als das tragende Merkmal des Irrtums.

Naheliegenderweise ist das Abgrenzen zwischen Irrtum, unsicherem Wissen und bewusst unrichtiger Erklärung gegenüber dem Finanzamt jeweils ein Beweisproblem, wenn die Rechtsfolgen danach differenzieren. Dann ist die Fehlvorstellung des Irrenden einerseits von der Vermeidbarkeit bei unzureichender

Kenntnis und andererseits von der Absicht einer Steuerverkürzung zu unterscheiden.

Soweit ersichtlich, behandelt der Verfasser sein Thema als Erster monographisch. Die deshalb von ihm zu leistende Ordnungsarbeit ist beachtlich. Dabei sind die beiden beschriebenen Handlungsketten die Problemstränge seiner Abhandlung:

(1) der Irrtum im Zivilrecht im Hinblick auf dessen Behandlung im Steuerrecht, und

(2) der Irrtum im Steuererklärungsrecht einschließlich Steuerstrafrecht sowie im Veranlagungs- und Festsetzungsrecht.

Die Varianten des Irrtums von der Lebenswirklichkeit her und die Vielzahl an Regelungen, auf einen aufgedeckten Irrtum hin zu reagieren, führen zu einer ungeahnten Verästelung in Fall-Konstellationen. Hinzu kommt, dass sowohl die Lebenswirklichkeit als auch das Steuerrecht komplexer werden. Die unzureichende Information und spezifisch Irrtümer nehmen deshalb zu. Dem ist die ungewöhnlich differenzierte Struktur der Fälle-Lösungen nicht gewachsen, die der Verfasser herausgearbeitet hat. So wird z.B. der Problemzusammenhang von rechtskräftigem Steuerbescheid angesichts unzureichender Kenntnis und Irrtum ersetzt durch die vorläufige Veranlagung und Abwarten. Um darin die zweckgerechtere Lösung für die Besteuerung zu sehen, bedurfte es der Arbeit des Verfassers. Das von ihm in systematischem Vorgehen aufgedeckte Regelungsgeflecht zur Änderung von rechtskräftigen Steuerbescheiden erweist sich als Kasuistik, deren Zufälligkeit der Steuergerechtigkeit widerspricht.

Prof. Dr. Matthias Lehmann

Inhalt

Abbildungen

Abkürzungen

a.A.	andere Auffassung / Ansicht
Abs.	Absatz
Abschn.	Abschnitt
AEAO	Anwendungserlass zur Abgabenordnung
Alt	Alternative
AO	Abgabenordnung
Art.	Artikel
BB	Betriebs-Berater
BFH	Bundesfinanzhof
BFH/NV	Sammlung nicht veröffentlichter Entscheidungen des BFH
BGB	Bürgerliches Gesetzbuch
BGH	Bundesgerichtshof
BGHSt	Sammlung der Entscheidungen des BGH in Strafsachen
BMF	Bundesministerium der Finanzen
BStBl	Bundessteuerblatt
Buchst.	Buchstabe
BVerfG	Bundesverfassungsgericht
bzw.	beziehungsweise
DB	Der Betrieb
ders.	derselbe
DStR	Deutsches Steuerrecht
DStZ	Deutsche Steuer-Zeitung
EFG	Entscheidungen der Finanzgerichte
EStB	Der Ertrag-Steuer-Berater
EStG	Einkommensteuergesetz
etc.	et cetera
EuGH	Europäischer Gerichtshof
EuGHE	Entscheidungssammlung des EuGH
f	folgende
ff	fortfolgende
FG	Finanzgericht
FR	Finanz-Rundschau
gem.	gemäß
GG	Grundgesetz
GmbH-StB	Der-GmbH-Steuer-Berater
GrEStG	Grunderwerbsteuergesetz
h.M.	herrschende Meinung
HFR	Höchstrichterliche Finanzrechtsprechung

HGB	Handelsgesetzbuch
i.d.R.	in der Regel
i.d.Z.	in diesem Zusammenhang
i.e.S.	im engeren Sinne
i.R.	im Rahmen
i.R.d.	im Rahmen der / des
i.S.	im Sinne
i.S.d.	im Sinne der / des
i.S.v.	im Sinne von
i.V.m.	in Verbindung mit
i.w.S.	im weiteren Sinne
i.Z.m.	im Zusammenhang mit
INF	Information über Steuer und Wirtschaft
Jura	Juristische Ausbildung
JuS	Juristische Schulung
m.w.N.	mit weiteren Nachweisen
MDR	Monatsschrift für Deutsches Recht
Nr.	Nummer
NStZ	Neue Zeitschrift für Strafrecht
NStZ-RR	NStZ-Rechtsprechungs-Report
NvWZ	Neue Zeitschrift für Verwaltungsrecht
nwb	Neue Wirtschafts-Briefe
o.Ä.	oder Ähnliches
o.g.	oben genannte
o.J.	ohne Jahr
OFD	Oberfinanzdirektion
OVG	Oberverwaltungsgericht
OWiG	Gesetz über Ordnungswidrigkeiten
owi-rechtlich	ordnungswidrigkeitenrechtlich
RFH	Reichsfinanzhof
RGSt	Entscheidungen des Reichsgerichts in Strafsachen
RGZ	Entscheidungen des Reichsgerichts in Zivilsachen
RStBl	Reichssteuerblatt
Rz	Randziffer
S.	Seite / Satz
s.o.	siehe oben
s.u.	siehe unten
sog.	sogenannte
StAnpG	Steueranpassungsgesetz
StB	Steuern und Bilanzen
Stbg	Die Steuerberatung
StBp	Die steuerliche Betriebsprüfung

StGB	Strafgesetzbuch
StuB	Steuern und Bilanzen
StuW	Steuer und Wirtschaft
u.a.	unter anderem
u.U.	unter Umständen
UR	Umsatzsteuer-Rundschau
UStG	Umsatzsteuergesetz
UStR	Umsatzsteuerrichtlinie
v.	vom / von
vgl.	vergleiche
wistra	Zeitschrift für Wirtschafts- und Steuerstrafrecht
z.B.	zum Beispiel
z.T.	zum Teil

TEIL I: Grundlagen der Untersuchung

A. „Errare humanum est" (Seneca)

„Wissen ist wie ein toter Körper. Zum Leben gelangt es allein in jenem Prozeß, in welchem es von menschlichen Wesen erworben, »gewußt« und zur Anwendung gebracht wird."[1]

Innerhalb dieses Prozesses ist zu unterscheiden zwischen Erfahrungen und Innovationen. Um Erfahrungen handelt es sich dann, wenn das Wissen bereits in der Vergangenheit erworben, erkannt sowie mit bereits bekanntem Wissen vernetzt und angewendet worden ist. Innovation liegt dagegen dann vor, wenn neues Wissen erworben, erkannt sowie vernetzt und angewendet wird.

Sofern Erfahrungen weiterverwendet werden,[2] können diese zumindest auf längere Sicht als irrtumsfrei angesehen werden. Dagegen birgt jede Innovation ein gewisses Irrtums-Risiko.

Der Irrtum ist demzufolge untrennbar mit der Innovation verknüpft, ohne zumindest die Möglichkeit des Irrtums gibt es keinen Fortschritt. Irrtum ist daher als Begleiterscheinung des Fortschritts anzusehen, denn der Ausschluss des Irrtums hätte eine Beschränkung auf den bestehenden Erfahrungsschatz zur Folge.

Der Irrtum ist damit einerseits als Bestandteil des aktiven Strebens nach Innovation zu sehen, andererseits als Bestandteil der passiven Reaktion auf eine Umwelt, die aufgrund ihrer Komplexität ständig Innovationen auch von demjenigen verlangt, der nicht aktiv nach diesen strebt.

Hier stellt sich die Frage, welche Regelungen das Steuerrecht für den nicht nur mit dem Fortschritt, sondern auch dem täglichen Leben untrennbar verbundenen Irrtum vorsieht. Der erste Blick in die Steuergesetze ist jedoch ernüchternd, eine allgemeine Regelung des Irrtums ist nicht zu finden. Dies bedeutet aber nicht, dass dahingehend keinerlei Regelungen bestehen, vielmehr gilt es, von den bestehenden steuerrechtlichen Regelungen diejenigen zu untersuchen, die Bedeutung für die Klärung der Behandlung des Irrtums im Steuerrecht haben.

Der erheblichen Bedeutung, die dem Irrtum auch im Steuerrecht beizumessen ist, wird die Literatur nur bedingt gerecht. Einzelne Problemstellungen z.B. im

---

1 Guggenberger, Bernd (1987) S. 11

2 Erfahrungen werden dann weiterverwendet, wenn das beabsichtigte Ergebnis erzielt oder aber übertroffen worden ist.

Zusammenhang mit dem Steuerstrafrecht werden ausführlich erörtert, andere hingegen weitgehend vernachlässigt. Insbesondere mangelt es jedoch an einer Übersicht, die sich mit der Behandlung des Irrtums im Steuerrecht auseinandersetzt.[3]

---

[3] Die Darstellung der Behandlung des Irrtums im Steuerrecht kann nicht auf einen Verweis auf die Korrekturvorschriften beschränkt werden, wie dies z.B. von Enders, Matthias (MDR 1985 [S. 904 f]) versucht wird. Deutlich wird das z.B. in den Ausführungen von Janssen, Bernhard (nwb 2002 [S. 1 ff]), der auf die Problematik der Behandlung von zivilrechtlich beachtlichen Irrtümern im Steuerrecht aufmerksam macht, damit allerdings auch nur einem Teilgebiet Rechnung trägt.

B. Die Definition des Irrtums

Bevor auf die Behandlung des Irrtums im Steuerrecht anhand eines steuerlichen Handlungsmodells eingegangen werden kann, wird mit der Definition des Irrtums begonnen.

1 Die Definition des allgemeinen Sprachgebrauchs

Ausgegangen wird von der Definition des allgemeinen Sprachgebrauchs, in dem alle Vorstellungen, die von der Wirklichkeit abweichen und daher nicht zutreffen, als Irrtum bezeichnet werden.[4]

2 Entwicklung der zugrunde gelegten Definition

Wie sich im Folgenden zeigen wird, geht diese Auffassung jedoch über den Irrtum im eigentlichen Sinne hinaus und lässt dabei gleichzeitig viele Fragen offen.

Die Definition nach dem allgemeinen Sprachgebrauch unterstellt – ohne dies besonders herauszustellen – dass die dem Irrtum zugrunde liegende und von der Wirklichkeit abweichende Vorstellung in eine Entscheidung eingeht, die zu einer (Nicht-)Handlung führt. Die abweichende Vorstellung wird damit als Teil der menschlichen Handlungskette charakterisiert. Dem folgend, geht die Betrachtung des Irrtums daher von einer allgemeinen Handlungskette des menschlichen Verhaltens aus.

21 Die Handlungskette

Die Handlungskette kann in zwei Abschnitte unterteilt werden: Die Willensbildung und die Ausführung des gebildeten Willens zur Realisierung des gewünschten Ergebnisses. Die Handlungskette setzt sich damit aus der Willensbildung als einem „psychischen Teil" und aus der Ausführung als einem „physischen Teil" zusammen:

---

[4] Nach dem Wissenschaftlichen Rat der Dudenredaktion (1999 [Stichwort „Irrtum"]) ist Irrtum ein „aus Mangel an Urteilskraft, Konzentration, o.Ä. fälschlich für richtig gehaltener Gedanke; [eine] falsche Vorstellung, Handlungsweise".

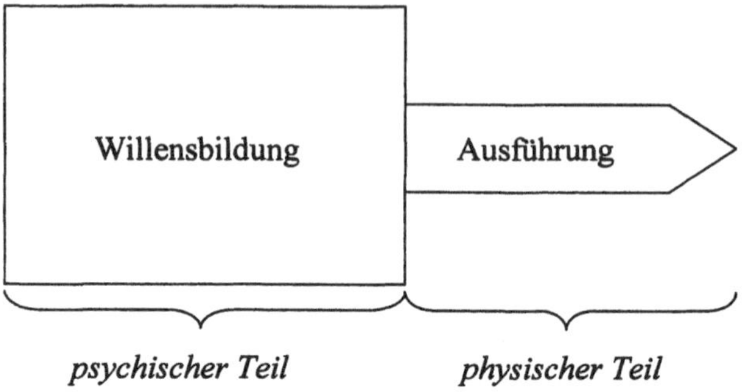

Abbildung 1: Die vereinfachte Handlungskette

Während der Willensbildung entsteht unter Berücksichtigung vielfältiger Einflüsse eine Vorstellung, die nach Abschluss eines Entscheidungsprozesses in einer konkretisierten Form dann in der zweiten Phase umgesetzt wird. Die Umsetzung kann dabei sowohl aus einer Handlung als auch einer Nichthandlung (i.S. eines Unterlassens) bestehen, Letzteres dann, wenn die Vorstellung zu der Entscheidung führt, dass eine mögliche Handlung unterlassen wird.

Die beiden Phasen der Handlungskette sind im Folgenden hinsichtlich der Definition des Irrtums genauer zu betrachten.

22 Die Willensbildung

Die Phase der Willensbildung wurde bereits als eine solche bezeichnet, in der aufgrund verschiedener Einflüsse eine Vorstellung entwickelt und letztlich zur abschließenden Entscheidung gebracht wird. Eine Willensbildung kann auf zwei Wegen erfolgen: Während der „kausal nexus" eine nicht zweckorientierte Handlungskette beschreibt, bei der in nicht zielgerichteter Abfolge Ursache-Wirkungs-Beziehungen aufeinander folgen, beschreibt der „final nexus" eine zielgerichtete Motivationsvorstellung.[5] Für die weitere Betrachtung kann hier eine Beschränkung auf den „final nexus" erfolgen, da das zu untersuchende wirtschaftliche Handeln i.w.S. immer zielgerichtet ist.

[5] Vgl. Stötter, Viktor (1956) S. 4; Hartmann, Nicolai (1954) S. 22 f

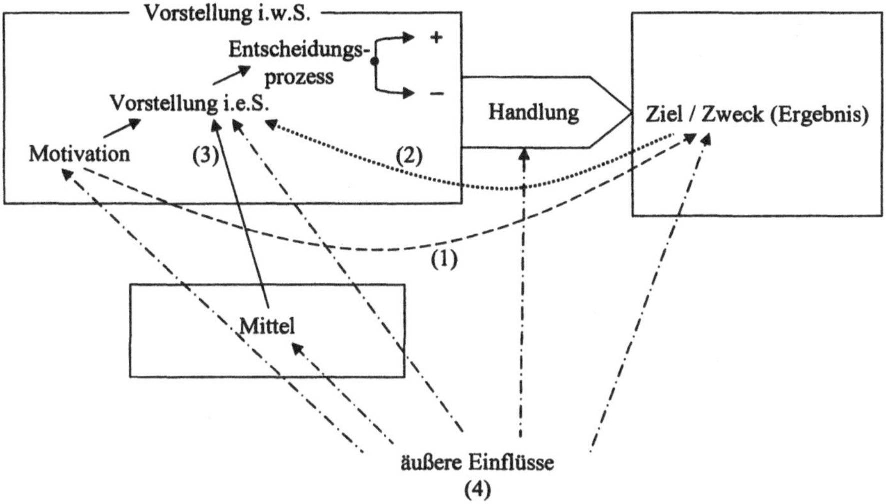

Abbildung 2: Die Willensbildung in der Übersicht

Beim „final nexus“ wird – ausgehend von einer Willensbildung als Vorstellung i.w.S. – unter Einsatz der verfügbaren Mittel eine Handlung zur Erfüllung des beabsichtigten Zwecks bzw. Ziels vorgenommen. Dabei gehen die Vorstellung i.w.S. und der Zweck bzw. das Ziel eine wechselseitige Beziehung ein, die bei Betrachtung der Elemente der Vorstellung i.w.S. deutlich wird. Ausgehend von einer Motivation erfolgt eine Zweck- bzw. Zielbestimmung (1). Diese wiederum führt zur Bildung einer Vorstellung i.e.S. zur Zweckverwirklichung bzw. Zielerreichung (2), welche damit – auch unter Berücksichtigung der zur Verfügung stehenden geeigneten Mittel (3) – Entscheidungssituationen vorbereitet, in denen – in Verbindung mit einer Konkretisierung – über die mögliche (Nicht-) Handlung zur Zweck- bzw. Zielerreichung entschieden wird. Der gesamte Ablauf unterliegt äußeren Einflüssen (4), wobei die Betrachtung auf selbstbedingte Einflüsse, also solche, die der Handelnde ohne Veränderung durch einen Dritten wahrnimmt, beschränkt wird.

Die Willensbildung ist damit gekennzeichnet als eine Vorstellung i.w.S., bei der aus einer Ausgangsmotivation eine Vorstellung i.e.S. entsteht, die unter Berücksichtigung der zur Verfügung stehenden Mittel unter Einbeziehung äußerer Einflüsse zu einer grundsätzlichen Entscheidungssituation (I) führt, über deren konkretisierte Umsetzung i.R. einer weiteren Entscheidungssituation (II) befunden wird. Folge der Entscheidungssituation (II) ist eine (Nicht-)Handlung zur Zweck- bzw. Zielerreichung.

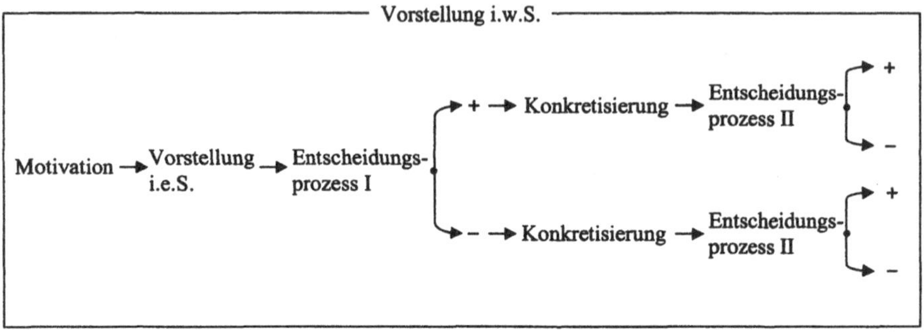

Abbildung 3: Die Vorstellung i.w.S.

22.1 Die Vorstellung i.e.S.

Die Vorstellung i.e.S. ist als das wesentliche Element für den Irrtum eingehender zu betrachten. Vorstellungen sind subjektiv geprägte zweck- oder zielgerichtete Überlegungen. Sie entstehen in der Willensbildung, wenn der Handelnde Zweck bzw. Ziel der Handlung und den Weg dorthin bestimmt, und werden dabei von dem zu erreichenden Zweck bzw. Ziel, von den Mitteln, die zur Zweck- bzw. Zielerreichung zur Verfügung stehen, ebenso wie von äußeren Umständen beeinflusst. Sie sind Grundlage der zu treffenden Entscheidung über die (Nicht-) Handlung. Vorstellungen basieren grundsätzlich auf dem subjektiven Wissen des Handelnden. Eine irrtumbehaftete Vorstellung liegt dann vor, wenn das subjektive Wissen des Handelnden nicht mit der Wirklichkeit übereinstimmt. Diese Abweichung kann sowohl auf einem Falschwissen („error") als auch auf einem unbewussten Nichtwissen („unbewusste ignorantia") beruhen.[6] Auf eine Differenzierung zwischen beiden Fällen kommt es nicht an, entscheidend ist vielmehr, dass die von dem Irrenden gebildete Vorstellung mit der subjektiven Gewissheit der Richtigkeit des subjektiven Wissens gebildet worden ist.[7] Stötter betont in diesem Zusammenhang, dass sich „Irrtum und Zweifel ... gegenseitig aus[schließen] ...".[8] Der Irrende muss demzufolge seine Vorstellungen selbst für wahr halten. Dabei ist zwischen Gewissheit (i.S. einer subjektiven Gewissheit des Irrenden) und Wahrheit zu trennen, denn Wahrheit ist die Er-

6 Im Fall einer bewussten Nichtkenntnis („bewusste ignorantia") kann es sich dagegen nicht um einen Irrtum handeln, da die bewusste Unkenntnis nicht zu einer Vorstellung – somit auch nicht zu einer falschen Vorstellung – von der Wirklichkeit führen kann. A.A. Stötter, Viktor (1956 [S. 16 ff]), der unzutreffenderweise die Nichtkenntnis insgesamt nicht dem Irrtum zuordnet.

7 Stötter, Viktor (1956 [S. 93]) weist zu Recht darauf hin, dass es sich beim Vorliegen einer subjektiven Ungewissheit nicht um einen Irrtum, sondern um eine Bedingung handelt.

8 Stötter, Viktor (1956) S. 86

kenntnis der Wirklichkeit, somit die objektive Gewissheit, die im Irrtumsfall gerade nicht mit der subjektiven Gewissheit übereinstimmt.[9] Liegt eine Übereinstimmung der Vorstellung mit der Wirklichkeit vor, so handelt es sich um die Wahrheit; es gibt dann keinen Unterschied zwischen dem subjektiven Wissen und der objektiven Wahrheit. Stimmt die Vorstellung jedoch (unbewusst) nicht mit der Wirklichkeit überein, handelt es sich um einen Irrtum. Auskunft über die Abweichung der Vorstellung von der Wirklichkeit gibt der Erkenntnisakt,[10] der i.R.d. Aufdeckung des Irrtums vollzogen wird.

22.2 Der Entscheidungsprozess (I)

Der Entscheidungsprozess (I) beginnt, sobald der Handelnde eine Vorstellung i.e.S. gebildet hat. Der Handelnde entscheidet an dieser Stelle darüber, welchen Zweck bzw. welches Ziel er erreichen möchte. Dabei ist zu beachten, dass Grundlage der Entscheidung (I) immer die (irrtumbehaftete) Vorstellung i.e.S. ist.

22.3 Die Konkretisierung

In der Phase der Konkretisierung gilt es, das Ergebnis des Entscheidungsprozesses (I) soweit aufzubereiten und weiterzuentwickeln, dass eine Handlungsentscheidung zum Erreichen des Zwecks bzw. Ziels getroffen werden kann.

22.4 Der Entscheidungsprozess (II)

Der Entscheidungsprozess (II) schließt sich an die Konkretisierung an. Bis zu diesem Zeitpunkt hat der Handelnde sowohl den zu erreichenden Zweck bzw. das zu erreichende Ziel als auch die zur Verfügung stehenden und geeignet erscheinenden Mittel bestimmt. Hinsichtlich der Ausführung Letzterer ist im Entscheidungsprozess (II) zu befinden. Die Entscheidung (II) wird dabei auf Grundlage der konkretisierten Entscheidung (I) getroffen.

23 Die Ausführung

Im vereinfachten Modell besteht der zweite Teil der Handlungskette einzig aus der Ausführung der i.R.d. Willensbildung als geeignet erachteten Mittel zur Zweck- bzw. Zielerreichung. Die Ausführung wird daher in diesem Fall als rei-

---

9 Zum Unterschied zwischen Wissen (für wahr gehaltene, subjektive Gewissheit) und Wahrheit (Erkenntnis der Wirklichkeit, objektive Gewissheit) vgl. Stötter, Viktor (1956) S. 88

10 Vgl. Stötter, Viktor (1956) S. 89

ne Folge der Willensbildung charakterisiert, sie setzt lediglich die i.R.d. Willensbildung getroffene Handlungsentscheidung um. Tatsächlich ist aber zu beachten, dass u.U. durch äußere Einflüsse während der Ausführung weitere Entscheidungssituationen entstehen können, deren Ausübung Voraussetzung für die Zweck- bzw. Zielerreichung ist. Diese sind strikt von der eigentlichen Ausführung zu trennen, sie führen vielmehr zu einer erneuten Willensbildung innerhalb der Ausführung:

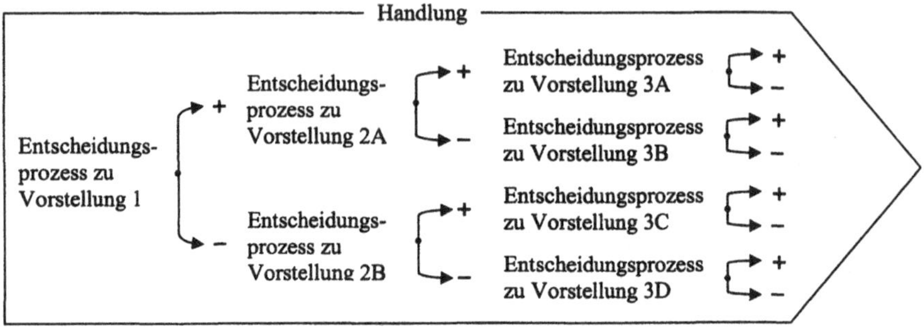

Abbildung 4: Die Handlung

Mit der Charakterisierung des physischen Teils des Handlungsmodells als reine Ausführung erübrigt sich zugleich die Frage, ob auch in diesem Teil der Handlungskette Irrtümer auftreten können, da dort keine Überlegungen angestellt werden und somit auch kein Raum für Vorstellungen besteht. Ein Irrtum kann damit nur im psychischen Bereich der Handlungskette auftreten.

24 Die Schnittstelle zwischen Willensbildung und Ausführung

Nachdem die beiden Teile der Handlungskette dargestellt worden sind, muss die Schnittstelle zwischen der Willensbildung und der Ausführung näher betrachtet werden. Die Ausführung der (Nicht-)Handlung setzt zunächst voraus, dass die Entscheidung, eine solche zu vollziehen, vollkommen abgeschlossen ist. Dies ist mit dem Abschluss des Entscheidungsprozesses (II) der Fall.

Strikt zu unterscheiden ist hinsichtlich möglicher Irrtümer zwischen der falschen Vorstellung über eine Handlung und einer fehlerhaften Handlung an sich. Während im ersten Fall ein Irrtum während der Konkretisierung vorliegt, bei dem die Handlung in Übereinstimmung mit der getroffenen Entscheidung – die jedoch das Resultat einer falschen Vorstellung von der Wirklichkeit (hier in Form einer falschen Vorstellung über eine Handlung) ist – ausgeführt wird, weicht im zweiten Fall die Handlung von der getroffenen Handlungsentscheidung ab, es handelt sich um eine fehlerhafte Handlung. Ein Irrtum kann nur im ersten Fall vorliegen, da nur hier eine falsche Vorstellung von der Wirklichkeit besteht.[11]

25 Die (Mit-)Beeinflussung der (Nicht-)Handlung durch den Irrtum

Die Beeinflussung der Entscheidungssituationen durch die abweichende Vorstellung führt zwangsläufig dazu, dass auch eine (Mit-)Beeinflussung der (Nicht-)Handlung durch den Irrtum vorliegt. Es stellt sich daher nicht die Frage, ob ein Irrtum kausal für einen Vorgang gewesen ist, sondern vielmehr, ob der Irrtum für genau diesen Vorgang kausal gewesen ist. Zu prüfen ist damit die Stringenz der Zusammenhänge. Sofern diese sichergestellt ist, ist das Ergebnis regelmäßig eine Folge des Irrtums. Dies gilt auch dann, wenn das beabsichtigte Ziel bzw. der Zweck trotz eines vorliegenden Irrtums erfüllt wird.

26 Abgrenzung des Irrtums von anderen Fehlerarten

In der Gruppe der Fehler ist der Irrtum insbesondere von ähnlichen Fehlerarten zu unterscheiden.

Zunächst gilt es, die enttäuschte Erwartung vom Irrtum zu trennen. Für die enttäuschte Erwartung gehört – im Gegensatz zum Irrtum – die Nichterreichung des Ziels bzw. Zwecks zu den Merkmalen.[12] Ursache der Nichterreichung ist jedoch nicht eine falsche Vorstellung von der Wirklichkeit, sondern vielmehr die fehlerhafte Einschätzung einer künftigen Entwicklung bei Übereinstimmung von Vorstellung und Wirklichkeit im Zeitpunkt der Entscheidung.[13]

Gleiches gilt für die Fälle einer fehlerhaften Ausführung der Handlung. Auch hier stimmen Vorstellung und Wirklichkeit im Zeitpunkt der Entscheidung überein. Der Fehler tritt erst nach der Entscheidung (II) aufgrund einer Handlung auf, wodurch diese dann nicht mehr mit der getroffenen Entscheidung (II) übereinstimmt. Dieser Fall ist strikt von dem zu trennen, dass eine falsche Vorstellung über die Handlung besteht, da die fehlerhafte Handlung nicht aufgrund einer falschen Vorstellung, sondern lediglich durch eine Abweichung von der geplanten Handlung bei der Ausführung entsteht. Während bei der enttäuschten Erwartung die Zielerreichung aufgrund externer Einflüsse verfehlt wird, ge-

11 Zur Abgrenzung zwischen fehlerhafter Handlung und Irrtum s.u.

12 Auch wenn Irrtümer, bei denen keine Zweck- bzw. Zielverfehlung vorliegt, hier nicht weiter betrachtet werden, führt schon ihre Existenz zwangsläufig dazu, dass die Ziel- bzw. Zweckverfehlung kein Merkmal eines Irrtums sein kann.

13 Stötter, Viktor (1956 [S. 77]) weist darauf hin, dass der Unterschied in der falschen Wissensvorstellung (Irrtum) bzw. falschen Erwartungsvorstellung (enttäuschte Erwartung) liegt.

schieht dies bei der fehlerhaften Ausführung aufgrund der eigenen Handlung des Ausführenden.

Hinsichtlich der Abgrenzung zur bewussten Unkenntnis ist zu beachten, dass bei dieser keinerlei Vorstellung gebildet werden kann. Es kann insofern nicht zu einer falschen Vorstellung von der Wirklichkeit kommen, da es regelmäßig an der Gewissheit der Richtigkeit des subjektiven Wissens mangeln muss. Anderes gilt dagegen für die unbewusste Unkenntnis. Hier kann der Handelnde von der Richtigkeit des subjektiven Wissens überzeugt sein, da er nicht erkennt, dass seine Kenntnis unvollständig ist; damit ist auch die Bildung einer Vorstellung möglich, im Gegensatz zur bewussten Unkenntnis ist daher die unbewusste Unkenntnis ein Irrtum.

Die betrachteten Fehler unterscheiden sich demnach vom Irrtum dadurch, dass beim Irrtum in der psychischen Phase die Vorstellung von der Wirklichkeit abweicht, weil der Handelnde entweder die Wirklichkeit unbewusst nicht kennt („unbewusste ignorantia") oder glaubt, sie zu kennen, wobei seine Vorstellung nicht der Wirklichkeit entspricht („error"), wohingegen bei den übrigen Fehlerarten Vorstellung und Wirklichkeit übereinstimmen oder es an einer Vorstellung überhaupt mangelt. Während der Irrtum als unbewusstes Abweichen von Vorstellung und Wirklichkeit definiert wird, sind die anderen betrachteten Fehler entweder als verfehlte Ziel- bzw. Zweckerreichung charakterisiert, bei denen die Vorstellung mit der Wirklichkeit übereinstimmt, oder es mangelt ihnen bereits an einer Vorstellung.

	Vorstellung und Wirklichkeit im Zeitpunkt der Entscheidung	**Zweck- bzw. Zielerreichung**
Irrtum (error und unbewusste ignorantia)	≠	[kein Merkmal]
enttäuschte Erwartung	=	nein
fehlerhafte Ausführung	=	nein
bewusste Unkenntnis (bewusste ignorantia)	nicht möglich	[kein Merkmal]

Abbildung 5: Fehlervarianten

27 Die zeitliche Dimension des Irrtums

Abschließend stellt sich die Frage der zeitlichen Einordnung des Irrtums. Bei Betrachtung der Handlungskette fällt auf, dass sich diese von der Vergangenheit bis in die Zukunft erstrecken kann. Es ist jedoch ein Missverständnis, wenn deshalb davon ausgegangen wird, dass damit auch ein Irrtum bezüglich der Vergangenheit, der Gegenwart und der Zukunft möglich ist. Lediglich für die Vergangenheit und die Gegenwart ist ein Irrtum möglich.[14] Vermeintliche Irrtümer in Bezug auf die Zukunft sind nicht ebensolche, sondern lediglich enttäuschte Erwartungen.[15] Diese zwingende Einschränkung beruht darauf, dass für das Vorliegen eines Irrtums das Abweichen der Vorstellung von der Wirklichkeit (als Wahrheit) erforderlich ist. Hinsichtlich der Zukunft fehlt es jedoch an der Wirklichkeit (Wahrheit), da diese (noch) nicht vorliegt; es besteht lediglich eine gewisse Wahrscheinlichkeit, mit der eine Wirklichkeit eintreten könnte.[16] Mit dem Fehlen einer objektiven Gewissheit ist jedoch ein Irrtum nicht möglich, da ein Abweichen der subjektiven von der objektiven Gewissheit nicht vorliegen kann.

Da – wie gezeigt – nach der Ausübung der Entscheidung (II) als Abschluss der Willensbildung die Entstehung eines Irrtums nicht mehr möglich ist[17] und das objektive Element nicht für die Zukunft vorliegt, ist ein Irrtum also nur bezüglich der Vergangenheit oder der Gegenwart möglich.

28 Zusammenfassung der Definition

Um einen Irrtum handelt es sich, wenn Vorstellungen (innerhalb der Willensbildung), die der Irrende mit subjektiver Gewissheit für die Wahrheit hält, die aber im gleichen Zeitpunkt objektiv nicht mit der Wirklichkeit übereinstimmen, eine Handlungsentscheidung beeinflussen. Ein Irrtum ist damit eine ungeahnte, feh-

---

[14] Vergangenheit und Gegenwart stellen die Wirklichkeit dar. Vgl. Stötter, Viktor (1956) S. 77

[15] Dies wird von Stötter, Viktor (1956 [S. 78]) zu Recht ausdrücklich betont: „Niemand kann die künftige Entwicklung vorherwissen. Irrtum ist aber ein Falschwissen (falsche Wissensvorstellungen); wer zweifelt, irrt nicht – falsche Schätzungen, Annahmen, Mutmaßungen sind deshalb keine irrigen Vorstellungen. Es gibt keinen Irrtum über Umstände der Zukunft, nur enttäuschte Erwartung."

[16] Diese ist im Gegensatz zur Wahrheit jedoch nicht feststellbar. Vgl. Stötter, Viktor (1956) S. 90

[17] Der Abschluss der Willensbildung ist stets als Zeitpunkt der Gegenwart zu betrachten, weil hier die Nahtstelle zwischen dem psychischen Innen- und dem physischen Außenbereich liegt. Der Beginn der Aktivität nach außen erfolgt regelmäßig in der Gegenwart. Erst in diesem Augenblick sind die Vorgänge des Innenbereiches beendet und das Rechtssubjekt beginnt seine Aktivität, die in der Realität stattfindet, was diesen Augenblick des Eintritts in die Realität automatisch zum Handlungsbeginn macht, dessen Verlauf dann in der Zukunft liegt. Entscheidend für die zeitliche Fixierung ist damit der Eintritt in den Außenbereich.

lerhafte Differenz in den Vorstellungen zwecks einer Entscheidung bzw. im subjektiven entscheidungsbezogenen Wissen.

C. Die Bewertung des Irrtums

1 Die Abweichungsanalyse

Regelmäßig führt eine Nichterreichung des beabsichtigten Ziels bzw. des beabsichtigten Zwecks zur Überprüfung des der Lebenswirklichkeit zugrunde liegenden Vorgangs. I.d.R. wird der Irrende dabei der realisierten Lebenswirklichkeit seine Ziel- bzw. Zweckvorstellungen, die Grundlage seiner Entscheidung waren, i.R. einer Abweichungsanalyse gegenüberstellen. Da diesen Ziel- bzw. Zweckvorstellungen jedoch in vielen Fällen subjektive Präferenzen zugrunde liegen, die sich einer objektiven Betrachtung entziehen, wird hier vereinfachend von Ziel- bzw. Zweckvorstellungen ausgegangen, die objektiv nachvollziehbar entstanden sind. Als Vergleichsmaßstab wird daher eine fiktive Lebenswirklichkeit gewählt, die sich bei vollständiger Information unter Ausschluss subjektiver Präferenzen bei einem vollständig rationalen Verhalten einstellen würde.

Die Auswirkungen des Irrtums zeigen sich erst dann, wenn die Lebenswirklichkeit als Ergebnis des irrtumbehafteten Vorgangs mit dem Abschluss der (Nicht-) Handlung realisiert wird und eine Verknüpfung mit den entsprechend vorgesehenen Folgen vorgenommen wird. Zu diesem Zeitpunkt wird damit auch der Irrtum in den meisten Fällen erst offenkundig, denn die Nichterreichung der Erwartung veranlasst i.d.R. den Irrenden, eine Überprüfung des Vorgangs in Form einer Abweichungsanalyse vorzunehmen, innerhalb derer sich dann im Erkenntnisakt zeigt, ob der Vorgang tatsächlich einen Irrtum oder einen sonstigen Fehler enthält.

Die Aufdeckung des Irrtums und seine Betrachtung durch den Irrenden erfolgen daher regelmäßig erst nach der Realisierung der Lebenswirklichkeit i.R. einer ex-post-Betrachtung.

Es wurde bereits dargestellt, dass die Zweck- bzw. Zielverfehlung nicht zwingend ist. Daher sind auch Fälle denkbar, in denen das Ziel bzw. der Zweck trotz eines der Willensbildung zugrunde liegenden Irrtums erreicht wird. Dies hat jedoch zur Folge, dass sich der Vorgang aus Sicht des Handelnden nicht von einem irrtumsfreien unterscheidet und daher der durch die Nichterreichung ausgelöste Erkenntnisakt i.d.R. ausbleibt.[18]

---

[18] Auf eine Betrachtung dieser Fälle wird daher verzichtet.

2 Die Unterscheidung zwischen positiven und negativen Irrtümern

Der Vergleich der Ziel- bzw. Zweckvorstellungen mit der realisierten Lebenswirklichkeit kann sowohl zu positiven als auch zu negativen Abweichungen führen, was darauf zurückzuführen ist, dass der Irrende sowohl eine zu positive als auch eine zu negative Vorstellung von der Wirklichkeit besitzen kann. Es ist daher im weiteren Verlauf zwischen positiven und negativen Irrtümern zu unterscheiden, wobei die Unterscheidung sich nicht an den Folgen des Irrtums, sondern vielmehr an der Abweichung der Vorstellung von der Wirklichkeit orientiert. Hat der Irrende eine zu negative Vorstellung von der Wirklichkeit, liegt ein negativer Irrtum vor, bei einer zu positiven Vorstellung handelt es sich hingegen um einen positiven Irrtum. Die Folgen des Irrtums verlaufen genau entgegengesetzt: Eine zu negative Vorstellung von der Wirklichkeit führt dazu, dass die realisierte Lebenswirklichkeit für den Irrenden zu positiven Folgen, eine zu positive Vorstellung hingegen zu negativen Folgen hinsichtlich der beabsichtigten Ziel- bzw. Zweckerreichung führt.

D. Die Folgen des Irrtums

1 Die realisierte Lebenswirklichkeit als Folge der (Nicht-)Handlung aufgrund eines Irrtums

Der irrtumbehaftete Vorgang – als eine aufgrund einer irrtümlichen Vorstellung vorgenommene (Nicht-)Handlung – führt zunächst grundsätzlich zur Realisierung einer Lebenswirklichkeit, denn durch die (Nicht-)Handlung werden Fakten geschaffen. Es liegt in der Natur der Dinge, dass eine solche realisierte Lebenswirklichkeit nicht ungeschehen gemacht werden kann, denn was tatsächlich geschehen ist, ist geschehen. Für die tatsächliche Realisierung bleibt es ohne Bedeutung, wie diese Lebenswirklichkeit entstanden ist, einzig ihr Vorliegen ist von Interesse. Die Lebenswirklichkeit tritt als Ergebnis des irrtumbehafteten Vorgangs ein, und zwar unabhängig davon, ob der Irrende den Irrtum aufdeckt oder nicht.

2 Die Aufbereitung der Lebenswirklichkeit zum Merkmalskonstrukt: Der Sachverhalt

Durch abstrahierend-konstruierendes Denken (Sachverhaltsanalyse) wird aus der Lebenswirklichkeit ein Sachverhalt als „... Ausschnitt aus der Lebenswirklichkeit, der zwecks Anwendung von Recht zu einem Merkmalsbündel aufbereitet worden ist, kurz: ein Merkmalskonstrukt.“[19] Dieser Sachverhalt unterliegt der Subsumtion und wird mit den Rechtsfolgen verknüpft.

3 Die Rückabwicklung bzw. Rückgängigmachung eines irrtumbehafteten Vorgangs

Liegt ein irrtumbehafteter Vorgang vor und ist er als solcher erkannt, stellt sich die Frage danach, ob es Möglichkeiten gibt, den bereits realisierten Vorgang noch zu verändern. Dabei muss zwischen den Möglichkeiten der Änderung der Lebenswirklichkeit und des (zunächst) daraus gebildeten Sachverhalts unterschieden werden.

---

[19] Lehmann, Matthias / Müller, Ursula (2002) S. 34; zur Sachverhaltslehre vgl. insbesondere auch Larenz, Karl / Canaris, Klaus-Wilhelm (1995) S. 99 ff

31 Die Veränderung (der Folgen) der realisierten Lebenswirklichkeit: Die Rückabwicklung

Unter einer Rückabwicklung sind die Fälle zu verstehen, in denen mittels eines weiteren Vorgangs als „contrarius actus" die Folgen eines irrtumbehafteten Vorgangs dadurch beseitigt werden, dass eine weitere Lebenswirklichkeit realisiert wird, deren Folgen dann die Folgen des ursprünglichen Vorgangs quasi aufheben. Auch wenn dabei der Anschein erweckt wird, dass die ursprünglich realisierte Lebenswirklichkeit beseitigt worden ist, trifft genau dies nicht zu, denn lediglich die gegenläufigen Folgen führen im Ergebnis dazu, dass es nicht bei den Folgen des irrtumbehafteten Vorgangs verbleibt; die ursprüngliche Lebenswirklichkeit ist und bleibt unverändert realisiert.

Bei der zeitlichen Betrachtung wird zudem deutlich, dass die Aufhebung der Folgen nur für die Zukunft gelten kann – und zwar ab dem Zeitpunkt der Realisierung der zweiten Lebenswirklichkeit, denn eine tatsächliche Rückwirkung ist nicht möglich, da die Wirklichkeit nicht rückwirkend verändert werden kann.

Die Rückabwicklung stellt für die Lebenswirklichkeit die einzige Möglichkeit dar, ungewollte Folgen (für die Zukunft) zu vermeiden, sofern die Folgen des ursprünglichen Vorgangs dies überhaupt zulassen.

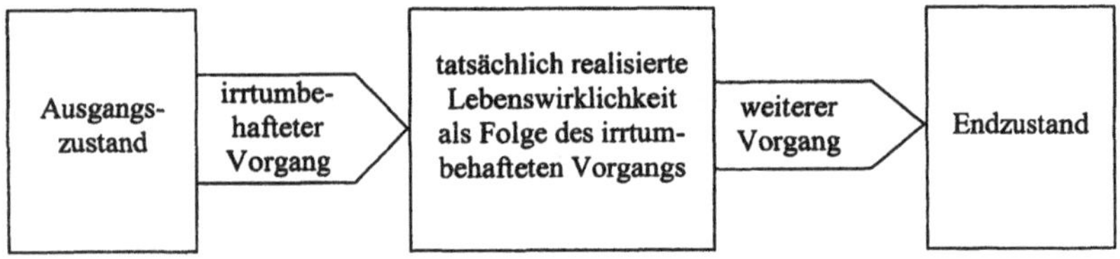

Abbildung 6a: Die Rückabwicklung im Zeitablauf

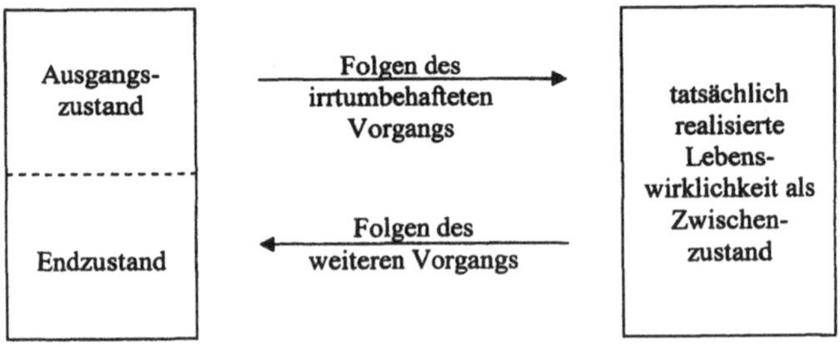

Abbildung 6b: Die Rückabwicklung im Wirkungsablauf

32 Die fiktive Veränderung der realisierten Lebenswirklichkeit: Die Rückgängigmachung

Im Gegensatz zur Rückabwicklung führt die Rückgängigmachung zu einer rückwirkenden vollständigen Beseitigung des irrtumbehafteten Vorgangs und seines Ergebnisses sowie der damit verknüpften Folgen. Dies ist jedoch in zweierlei Hinsicht bei einer Lebenswirklichkeit unmöglich: Zum einen kann in der Wirklichkeit nichts rückwirkend geschehen, zum anderen kann etwas Geschehenes grundsätzlich nicht ungeschehen gemacht werden.

Eine Rückgängigmachung ist daher regelmäßig nicht für die Lebenswirklichkeit, sondern ausschließlich für den Sachverhalt möglich, kann aber auch dort nur mittels einer Fiktion erreicht werden, die – sich über die Wirklichkeit hinwegsetzend – die tatsächliche Lebenswirklichkeit als nicht entstanden betrachtet und damit auch die sich daraus ergebenden Folgen beseitigt.

Eine solche Fiktion wird vom Gesetzgeber in einigen Fällen ausdrücklich ermöglicht. Dies hat dann zur Folge, dass es in diesen Fällen nicht bei dem aus der Lebenswirklichkeit abgeleiteten Sachverhalt verbleibt, sondern mittels einer Fiktion die eingetretene Lebenswirklichkeit ignoriert und entweder rückwirkend (ex-tunc) durch eine fiktive Lebenswirklichkeit ersetzt oder mit Wirkung für die Zukunft (ex-nunc) aufgehoben wird. Es erfolgt damit die Aufbereitung zu einem von der tatsächlichen Lebenswirklichkeit abweichenden Sachverhalt (II).

Das tatsächliche Nachvollziehen dieser Fiktion auf der Ebene der Lebenswirklichkeit ist dabei erst ab dem Zeitpunkt, in dem die Rückgängigmachung vollzogen wird, (ex-nunc) möglich. Damit muss die Einräumung der Rückgängigmachung in der Realität scheitern, da sie auf der Ebene der Lebenswirklichkeit nicht rückwirkend nachvollzogen werden kann. Mit Hilfe der Rechenökonomie kann jedoch – ausgehend von der ex-nunc-Betrachtung der Rückgängigmachung – eine hilfsweise Quantifizierung der tatsächlich nicht nachvollziehbaren Rückgängigmachung erfolgen.

Es ist daher in den Fällen, in denen der Gesetzgeber eine Rückgängigmachung ermöglicht, notwendigerweise zwischen zwei verschiedenen Sachverhalten zu unterscheiden: Zunächst entsteht mittels der Sachverhaltsanalyse ein auf der Lebenswirklichkeit aufbauender Sachverhalt (I). Durch die Einräumung der Rückgängigmachung entsteht bei deren Ausübung ein weiterer Sachverhalt (II), der auf einer Fiktion der Lebenswirklichkeit aufbaut und damit von der tatsächlichen Lebenswirklichkeit abweicht.

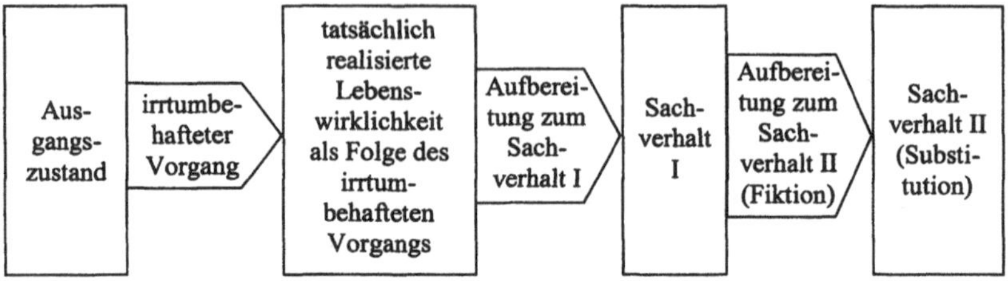

Abbildung7a: Die Rückgängigmachung im Zeitablauf

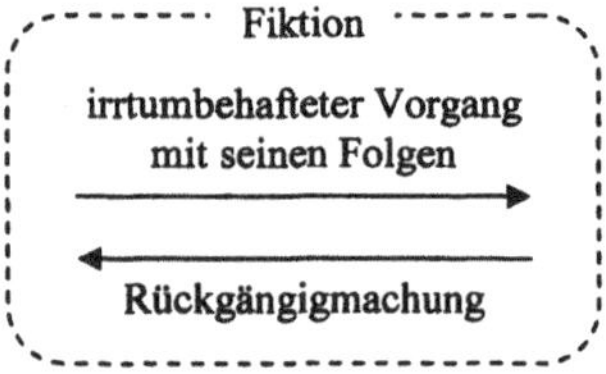

Abbildung 7b: Die Rückgängigmachung im Wirkungsablauf

4 Die Betrachtung des Zusammenhangs zwischen Lebenswirklichkeit und Sachverhalt

Die Möglichkeit einer gesetzlich vorgesehenen Loslösung von der Lebenswirklichkeit und der damit verbundenen Bildung des Sachverhalts (II) mittels einer Fiktion, macht es erforderlich, die Betrachtung des Zusammenhangs zwischen Lebenswirklichkeit und Sachverhalt eingehender zu untersuchen.

Es wurde bereits dargestellt, dass der Irrende den Irrtum an sich regelmäßig zwangsläufig aufgrund des späteren Aufdeckungszeitpunktes aus einer ex-post-Perspektive wahrnimmt,[20] die den Zeitraum des irrtumbehafteten Vorgangs umfasst.

Von dieser subjektiven Wahrnehmung durch den Irrenden zu unterscheiden ist jedoch die objektive Wahrnehmung des Vorgangs. Mittels der vier unterschiedlichen Betrachtungsweisen (tatsächlich, rechtlich, wirtschaftlich, steuerrechtlich) können die Unterschiede zwischen Lebenswirklichkeit und den Sachverhalten anhand von zwei Betrachtungshorizonten (zeitpunktbezogen, zeitraumbezo-

[20] Auch wenn die Untersuchung bereits im Zeitpunkt der Realisierung der Lebenswirklichkeit erfolgt, ist der Irrtum zu diesem Zeitpunkt bereits abgeschlossen, da der irrtumbehaftete (psychische) Vorgang beendet ist.

gen)[21] und zwei Betrachtungsperspektiven (ex-nunc, ex-post)[22] verdeutlicht werden.

41 Die tatsächliche Betrachtungsweise und die Lebenswirklichkeit

Die tatsächliche Betrachtungsweise geht von den tatsächlichen Zuständen aus, die in der Wirklichkeit vorliegen, der Lebenswirklichkeit.

Bei einer Betrachtung der Lebenswirklichkeit ist es bei einem zeitpunktbezogenen Betrachtungshorizont ohne Bedeutung, aus welcher Betrachtungsperspektive diese erfolgt, denn für den Zustand in einem Zeitpunkt der Wirklichkeit ist es unerheblich, ob er ex-nunc oder ex-post betrachtet wird, da er unabänderlich vorliegt.

Gleiches gilt auch für die Betrachtungsperspektive hinsichtlich einer zeitraumbezogenen Betrachtung.

42 Die rechtlichen Betrachtungsweisen und die Sachverhalte

Die rechtlichen Betrachtungsweisen gehen zunächst ebenfalls von den tatsächlich vorliegenden Zuständen der Lebenswirklichkeit aus, um diese nach ihrer Aufbereitung zum Sachverhalt hinsichtlich der Erfüllung rechtlicher Tatbestandsmerkmale zu prüfen. Bei der Erfüllung der Tatbestandsmerkmale erfolgt dann eine Verknüpfung mit den entsprechenden Rechtsfolgen, die – wie bereits dargestellt – gegebenenfalls unter Verwendung einer Fiktion auch zu einer rückwirkenden fiktiven Änderung der Lebenswirklichkeit und damit zu einem weiteren Sachverhalt (II) – unter Loslösung von der tatsächlichen Lebenswirklichkeit – führen können.

Sofern es bei der Aufbereitung zum Sachverhalt (I) verbleibt, weicht das Ergebnis der Betrachtung nicht von der Lebenswirklichkeit ab.[23] Anders verhält es

---

21 Der Unterschied zwischen den beiden Betrachtungshorizonten im Hinblick auf die Lebenswirklichkeit bzw. den Sachverhalt besteht darin, dass die zeitpunktbezogene Betrachtung zu jedem Zeitpunkt von der Realisierung der Lebenswirklichkeit an, die zeitraumbezogene Betrachtung dagegen immer erst nach der Bildung des Sachverhalts erfolgen kann. Stellt der Abschluss des Sachverhalts auch den Zeitpunkt der Betrachtung dar, sind die beiden Betrachtungshorizonte deckungsgleich, da dieser Zeitpunkt auch den zu betrachtenden Zeitraum abschließt.

22 Grundsätzlich können die Lebenswirklichkeit und der Sachverhalt sowohl aus einer ex-nunc- als auch aus einer ex-post-Perspektive betrachtet werden. Dabei ist auf den zu betrachtenden Zeitpunkt bzw. das Ende des zu betrachtenden Zeitraums als Anknüpfungspunkt abzustellen. Während eine (echte) ex-post-Betrachtung erst nach dem Vorliegen des Sachverhalts erfolgt, kann eine ex-nunc-Betrachtung bereits ab der Realisierung der Lebenswirklichkeit erfolgen.

23 unter der Voraussetzung, dass sich nicht bereits die Aufbereitung zum Sachverhalt (I) über die Lebenswirklichkeit hinwegsetzt

sich hingegen, wenn es nicht bei der Aufbereitung zum Sachverhalt (I) bleibt. In diesen Fällen ist bei einer zeitpunktbezogenen Betrachtung des Sachverhalts danach zu unterscheiden, aus welcher Perspektive die Betrachtung erfolgt. Bei einer ex-nunc-Betrachtung ist danach zu differenzieren, zu welchem Zeitpunkt diese erfolgt. Eine ex-nunc-Betrachtung bis zur Bildung des Sachverhalts (I) führt noch nicht zu einer Loslösung von der Lebenswirklichkeit, die Betrachtung zu einem späteren Zeitpunkt jedoch sehr wohl, was dann selbstverständlich auch für die zeitpunktbezogene ex-post-Betrachtung gilt.

Für die zeitraumbezogene Betrachtung liegt nach Bildung des Sachverhalts (II) regelmäßig eine Loslösung von der Lebenswirklichkeit vor.

Der Sachverhalt stellt sich damit als das Ergebnis der rechtlichen Aufbereitung der Lebenswirklichkeit dar. Seine Übereinstimmung bzw. Loslösung von der Lebenswirklichkeit hängt davon ab, ob mittels einer Fiktion die Bildung eines Sachverhalts (II) erfolgt, und zeigt sich in der objektiven Wahrnehmung je nach Art der Betrachtung.

43 Die wirtschaftliche Betrachtungsweise und das wirtschaftliche Resultat eines irrtumbehafteten Vorgangs

Wie die rechtlichen Betrachtungsweisen geht auch die wirtschaftliche Betrachtungsweise zunächst von den tatsächlich vorliegenden Zuständen, also der Lebenswirklichkeit, aus, um diese dann hinsichtlich ihrer wirtschaftlichen Konsequenzen zu betrachten. Dabei wird eine rechnerische Quantifizierung vorgenommen. Zu beachten ist hier, dass die wirtschaftlichen Zustände rechtlichen Einflüssen unterliegen. Diese sind i.R.d. rechnerischen Quantifizierung der Lebenswirklichkeit mittels entsprechender Korrekturen zu berücksichtigen.

Die zeitraumbezogene Betrachtung des wirtschaftlichen Resultats führt regelmäßig dann zu einer Abweichung von der Lebenswirklichkeit, wenn rechtliche Einflüsse rückwirkend das wirtschaftliche Resultat verändern.

Hinsichtlich der zeitpunktbezogenen Betrachtung ist zu beachten, dass sich ein rückwirkender rechtlicher Einfluss erst ex-post auf das wirtschaftliche Resultat eines Vorgangs in seiner Gesamtheit auswirkt, was mittels einer Betrachtung aus der ex-post-Perspektive deutlich wird. Anders dagegen in den Fällen, in denen eine zwischenzeitliche Zeitpunktbetrachtung erfolgt. Hier hat sich der rechtliche Einfluss noch nicht ausgewirkt, mit der Folge, dass es wirtschaftlich bei dem tatsächlich (in diesem Zeitpunkt) verwirklichten Resultat verbleibt. Damit gelten für die zeitpunktbezogenen Betrachtungen die für die rechtliche Betrachtungsweise festgestellten Erkenntnisse.

Das wirtschaftliche Resultat ist damit das Ergebnis der wirtschaftlichen Aufbereitung der Lebenswirklichkeit in Form einer rechnerischen Quantifizierung unter Berücksichtigung rechtlicher Einflüsse.

44 Die steuerrechtliche wirtschaftliche Betrachtungsweise und die steuerrechtlichen Sachverhalte

Die steuerrechtliche Betrachtung knüpft als eine Form der rechtlichen Betrachtungsweise – ausgehend von den tatsächlich vorliegenden Zuständen – an die wirtschaftliche Betrachtungsweise an, die ihrerseits rechtlichen Einflüssen unterliegt. Sie stellt damit eine Verknüpfung der tatsächlichen, der rechtlichen und der allgemeinen wirtschaftlichen Betrachtungsweise dar.

Ausgehend von den tatsächlich vorliegenden Zuständen, der Lebenswirklichkeit, die zu einem steuerrechtlichen Sachverhalt mittels rechnerischer Quantifizierung unter Berücksichtigung rechtlicher Einflüsse aufbereitet werden, erfolgt die „... Ermittlung der Merkmale im Sachverhalt, die im Hinblick auf die betreffende gesetzliche Bestimmung rechtlich relevant sind und tatsächlich realisiert wurden."[24]

Der steuerrechtliche wirtschaftliche Sachverhalt ist damit das Ergebnis der steuerrechtlich wirtschaftlichen Aufbereitung der Lebenswirklichkeit.

Seine Übereinstimmung bzw. Loslösung von der Lebenswirklichkeit hängt davon ab, inwieweit der steuerrechtliche Sachverhalt dem rechtlichen Sachverhalt folgt, wenn bei diesem mittels einer Fiktion die Bildung eines weiteren Sachverhalts (II) erfolgt. In diesen Fällen zeigt sich die Loslösung von der Lebenswirklichkeit in der objektiven Wahrnehmung je nach Art der Betrachtung.

[24] Biergans, Enno / Stockinger, Roland (FR 1982) S. 28

E. Die Ausgangsfragestellung der Untersuchung

Nach der Definition und der Bewertung des Irrtums sowie der Darstellung der sich aus dem irrtumbehafteten Vorgang ergebenden Lebenswirklichkeit einschließlich deren Aufbereitung zum Sachverhalt unter Berücksichtigung unterschiedlicher Betrachtungsweisen, kann nunmehr der Frage nach der Behandlung des Irrtums im Steuerrecht nachgegangen werden.

Zunächst ist festzuhalten, dass das Steuerrecht weder eine Definition des Irrtums noch spezielle, aber gemeingültige Vorschriften zur Behandlung eines irrtumbehafteten Vorgangs kennt.

Es gilt daher zu untersuchen, wie ein irrtumbehafteter Vorgang steuerlich betrachtet, wie er zum steuerrechtlichen Sachverhalt aufbereitet und mit welchen Folgen er verknüpft wird und inwieweit das Steuerrecht neben den eigenen Regelungen auf die anderer Rechtsbereiche zurückgreift.

TEIL II: Das steuerliche Handlungsmodell

Zur Klärung der Frage der Behandlung des Irrtums im Steuerrecht ist von dem steuerlichen Handlungsmodell auszugehen, das – aus der bereits dargestellten Handlungskette abgeleitet – dem Handlungsablauf aus steuerlicher Sicht Rechnung trägt.

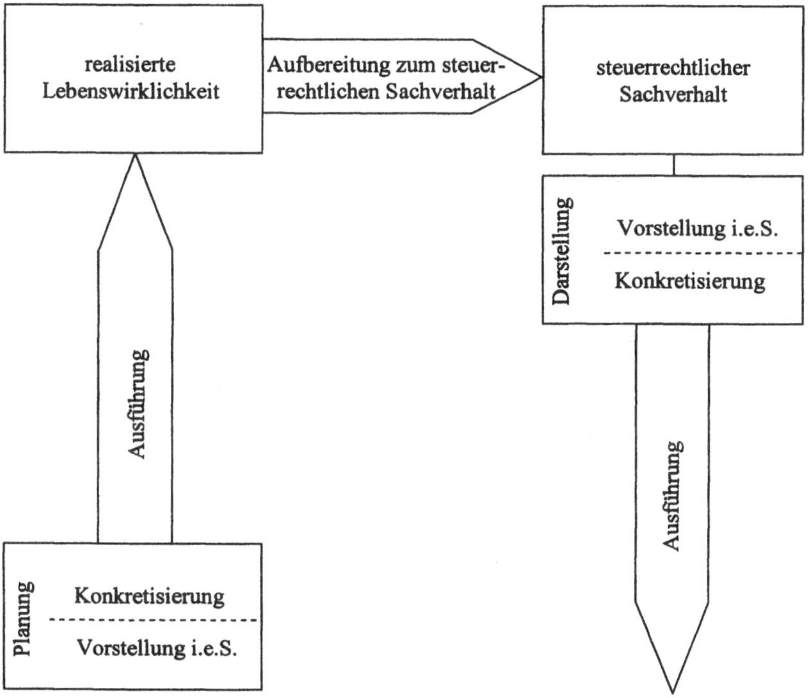

Abbildung 8: Das vereinfachte steuerliche Handlungsmodell

A. Die Handlungsketten des steuerlichen Handlungsmodells

Das steuerliche Handlungsmodell setzt sich aus zwei Handlungsketten zusammen: Die erste Handlungskette reicht vom Beginn der Willensbildungsphase über das Entstehen der Lebenswirklichkeit bis zum Bilden des steuerrechtlichen Sachverhalts. Die zweite Handlungskette beginnt mit der Erklärung des steuerrechtlichen Sachverhalts und endet mit dem Ende des Besteuerungsverfahrens.

Aufgrund der Tatsache, dass keine Handlung für sich alleine steht, ist es nicht ungewöhnlich, dass es zur Verknüpfung von Handlungsketten kommt. Die Beschränkung der Betrachtung einzig auf eine der beiden Handlungsketten – also eine Auflösung der Abhängigkeit zwischen den Handlungsketten – würde hier jedoch zwangsläufig zu einer unvollständigen Betrachtung führen, da in der nachfolgenden zweiten Handlungskette lediglich eine Darstellung i.w.S. des steuerrechtlichen Sachverhalts erfolgt, der das Ergebnis der ersten Handlungskette bildet.

B. Die Komponenten des steuerlichen Handlungsmodells

Die **Willensbildung** ist schon aus der allgemeinen Definition des Irrtums bekannt. Zu beachten sind im steuerlichen Handlungsmodell die unterschiedlichen Ausprägungen in den beiden Handlungsketten:

Als **Planung** wird die Willensbildung vor dem Entstehen der Lebenswirklichkeit bezeichnet, da der Handelnde an dieser Stelle Ziel bzw. Zweck der Handlung und die dazu dienenden Mittel frei wählen und die Lebenswirklichkeit sowie den daraus zu bildenden Sachverhalt planen kann. Hinsichtlich der Kriterien der Planung wird unterschieden zwischen steuerlichen Normen, sonstigen Normen und sonstigen Planungskriterien.

Nach dem Entstehen der Lebenswirklichkeit und dem Aufbereiten zum Sachverhalt wird die erneute Willensbildung als **Darstellung** bezeichnet. Grund dafür ist, dass der Handelnde hier nicht mehr dieselbe Freiheit genießt wie in der ersten Handlungskette, vielmehr ist er erheblich in seiner Willensbildung eingeschränkt, da die Grundlage der Willensbildung in der zweiten Handlungskette immer die bereits zum steuerrechtlichen Sachverhalt aufbereitete Lebenswirklichkeit ist. Gleichzeitig ist in der zweiten Handlungskette auch bereits das Ziel bzw. der Zweck dergestalt eingeschränkt, dass es sich ausschließlich um eine Darstellung aus steuerlicher Sicht handelt, wobei der zugrunde liegende Sachverhalt unabänderlich vorliegt. Die Willensbildung bezieht sich damit auf die Erklärung des Sachverhalts gegenüber der Finanzbehörde und die Ausübung von Wahlrechten. Hinsichtlich der Kriterien der Darstellung erfolgt eine Beschränkung auf die steuerlichen Normen.

Durch die **Ausführung** entsteht in der ersten Handlungskette die Lebenswirklichkeit; mittels der Ausführung wird die innerhalb der Willensbildung getroffene Entscheidung umgesetzt. In der zweiten Handlungskette besteht die Ausführung im Besteuerungsverfahren. Besondere Bedeutung kommen in der zweiten Handlungskette der Willens- und der Wissenserklärung des Steuerpflichtigen zu, wenn dieser i.R. seiner Willensbildung zu prüfen hat, ob eine entsprechende Äußerung gegenüber der Finanzbehörde in Form einer Anmeldung oder Erklärung zu erfolgen hat.

Von besonderem Interesse ist die Verbindung zwischen den beiden Handlungsketten, das Bilden des steuerrechtlichen **Sachverhalts** durch das Aufbereiten der **Lebenswirklichkeit** als Abschluss der ersten (materiellen) Handlungskette und die Erklärung des Sachverhalts als Beginn der zweiten (formellen) Handlungskette. In der Finanzbuchhaltung des betriebswirtschaftlichen Handelns wird die

Trennung deutlich. Hier heißt der Sachverhalt „Geschäftsvorfall".[25] Während die Bildung des Geschäftsvorfalls den Abschluss der ersten Handlungskette darstellt, beginnt mit der Verbuchung des Geschäftsvorfalls – als seine Darstellung – die zweite Handlungskette. Dabei ist auch für das Bilden des steuerrechtlichen Sachverhalts zu beachten, dass es aufgrund von gesetzlichen Vorschriften u.U. nicht bei dem Aufbereiten zum Sachverhalt (I) verbleibt, sondern dieser mittels einer Fiktion zu einem weiteren Sachverhalt (II) weiterentwickelt wird. Der endgültig vorliegende Sachverhalt ist i.R.d. Subsumtion hinsichtlich der Erfüllung von Tatbeständen der Steuergesetze zu untersuchen. Die in der zweiten Handlungskette realisierte Lebenswirklichkeit ist zugleich das Ergebnis der Besteuerung. Dieses wird dann u.U. wiederum zu einem weiteren Sachverhalt aufbereitet, wenn an dieser Stelle eine weitere Subsumtion erforderlich ist.

---

[25] Vgl. Lehmann, Matthias (1998) S. 69 ff

C. Die Handlungsabläufe innerhalb des steuerlichen Handlungsmodells

Innerhalb des Handlungsmodells sind verschiedene Handlungsabläufe möglich, die sich danach unterscheiden, welche Planungs- bzw. Darstellungsvorstellungen der Handelnde zugrunde legt. Folgende Handlungsabläufe sind denkbar:[26]

1) [Planung (steuerliche Normen)] – Lebenswirklichkeit / Sachverhalt – [Darstellung (steuerliche Normen)] – Besteuerung

In diesem Fall plant der Steuerpflichtige nur unter dem Ziel der steuerlichen Optimierung. Das Ergebnis der Besteuerung wird damit zum Ziel des Vorgangs; der Entstehung der Lebenswirklichkeit kommt nur dahingehend Bedeutung zu, dass die Besteuerung an den steuerrechtlichen Sachverhalt als Folge der Lebenswirklichkeit geknüpft ist. Der Planung innerhalb der ersten Handlungskette liegen demnach steuerliche Normen zugrunde, die dazu verwendet werden, eine Lebenswirklichkeit zu realisieren, die letztlich dazu führt, dass die gewünschten steuerlichen Folgen bewirkt werden. Die Planung der Lebenswirklichkeit stellt damit immer wieder auf das Ergebnis der Besteuerung ab. Mit der Einbindung der steuerlichen Überlegungen in die Planungsphase werden auch bereits die Weichen für die steuerliche Darstellung gestellt. Der Darstellung innerhalb der zweiten Handlungskette kommt dann zunächst eine Kontrollfunktion zu, in der zu prüfen ist, ob der dann vorliegende steuerrechtliche Sachverhalt mit dem, der sich aus der geplanten Lebenswirklichkeit ergeben hätte, übereinstimmt und zu dem gewünschten steuerlichen Ergebnis führt; außerdem sind gegebenenfalls steuerliche Wahlrechte auszuüben. Der dargestellte Handlungsablauf stellt eher eine theoretische Möglichkeit dar, da eine solche Vorgehensweise aus ökonomischer Sichtweise i.d.R. nicht sinnvoll erscheint.

2) [Planung (sonstige Normen / sonstige Kriterien)] – Lebenswirklichkeit / Sachverhalt – [Darstellung (steuerliche Normen)] – Besteuerung

Im zweiten Fall besteht die Zielvorstellung des Handelnden in der Realisierung der Lebenswirklichkeit. Die Planung der ersten Handlungskette ist daher ausschließlich auf die Lebenswirklichkeit ausgerichtet, in die Planung gehen nur

[26] Um eine bessere Übersicht zu gewährleisten, wurde bei der Darstellung der Handlungsmöglichkeiten jeweils auf den physischen Teil der Handlungsketten verzichtet. In den nachfolgenden Handlungsabläufen verdeutlichen die [...]-Klammern, dass es sich hier um einen Prozess innerhalb des Handlungsmodells handelt. Innerhalb des Prozesses zeigen die (...)-Klammern an, welche Faktoren in diesen Prozess einfließen.

sonstige Kriterien oder Normen ein. Erst wenn die Lebenswirklichkeit vorliegt, wird über die steuerliche Behandlung nachgedacht. Während in der zweiten Handlungskette im ersten Fall nur noch gegebenenfalls eine Korrektur nötig war, erfolgt hier erstmals eine steuerliche Einordnung, die jedoch aufgrund des bereits vorliegenden Sachverhalts erheblich eingeschränkt ist. Auch dieser Handlungsverlauf hat eher theoretischen Charakter, ist allerdings in den Fällen nicht auszuschließen, in denen entweder die Interessenlage des Steuerpflichtigen so eindeutig ist, dass die Besteuerung zunächst keine Rolle spielt, oder aber die Besteuerung (aus Unkenntnis) in der ersten Handlungskette zunächst vollständig außer Acht gelassen wird.

3) [Planung (steuerliche und sonstige Normen / sonstige Kriterien)] – Lebenswirklichkeit / Sachverhalt – [Darstellung (steuerliche Normen)] – Besteuerung

Der dritte Handlungsverlauf ist eine Kombination aus dem ersten und dem zweiten Fall: Es handelt sich um den Regelfall, dass der Steuerpflichtige die Lebenswirklichkeit unter Berücksichtigung steuerlicher Normen neben der Berücksichtigung sonstiger Kriterien und Normen plant. Als Folge der ersten Handlungskette liegt die Lebenswirklichkeit vor, gleichzeitig ist das Ziel der gesamten Handlungskette skizziert. Der Darstellung kommt damit die Aufgabe zu, den steuerrechtlichen Sachverhalt anhand der in die Planung eingegangenen Überlegungen – unter Berücksichtigung u.U. eingetretener Abweichungen – zum Zwecke der Besteuerung darzustellen.

4) Lebenswirklichkeit / Sachverhalt – [Darstellung (steuerliche Normen)] – Besteuerung

Während bislang davon ausgegangen wurde, dass der Steuerpflichtige mittels seiner Planung die Lebenswirklichkeit bilden konnte, hat er darauf in diesem Fall keinen Einfluss. Die Lebenswirklichkeit entsteht vielmehr durch äußere, hier nicht weiter zu betrachtende Einflüsse, wie z.B. Normen, die die Lebenswirklichkeit unmittelbar realisieren. Der Steuerpflichtige hat damit nur die Möglichkeit, mittels der Darstellung die Besteuerung zu optimieren; hinsichtlich der Darstellung kann damit auf den Fall verwiesen werden, in dem die steuerlichen Normen bei der Planung nicht berücksichtigt werden.

D. Die Einordnung der zu betrachtenden Irrtümer innerhalb des steuerlichen Handlungsmodells

Es wurde bereits dargestellt, dass Irrtümer innerhalb der Willensbildung möglich sind; unter Berücksichtigung des steuerlichen Handlungsmodells sind daher Irrtümer sowohl in der ersten als auch der zweiten Handlungskette denkbar.

In der ersten Handlungskette auftretende Irrtümer betreffen die Verwirklichung der Lebenswirklichkeit in Form von Planung, Plan-Entscheidung und Plan-Vollzug (= Durchführung); sie werden im Folgenden als primäre Irrtümer bezeichnet. Hinsichtlich dieser Irrtümer ist zu prüfen, welche Folgen sie für das Entstehen der Lebenswirklichkeit und deren Aufbereitung zu Sachverhalten entfalten (unmittelbare Folgen des primären Irrtums) und welche steuerlichen Konsequenzen damit einhergehen (mittelbare Folgen des primären Irrtums).

In der zweiten Handlungskette auftretende Irrtümer betreffen die Darstellung der Sachverhalte; sie werden im Folgenden als sekundäre Irrtümer bezeichnet. Hinsichtlich dieser Irrtümer ist zu prüfen, welche Folgen sie für die Besteuerung besitzen (unmittelbare Folgen des sekundären Irrtums).

Eine sich auf den ersten Blick anbietende isolierte Betrachtung ausschließlich der zweiten Handlungskette und der innerhalb dieser möglichen Irrtümer verbietet sich, da eine solche Betrachtung nur steuerrechtliche Irrtümer, nicht jedoch die Behandlung von Irrtümern im Steuerrecht beschreiben könnte. Aber selbst die Darstellung dieser Irrtümer wäre unvollständig, da solche steuerrechtlichen Irrtümer, die in der Planungsphase auftreten, unberücksichtigt blieben. Zudem würden die zugrunde liegenden Lebensvorgänge von der steuerlichen Betrachtung abgeschnitten; die Abhängigkeit der zweiten Handlungskette von der ersten würde ignoriert.

E. Die Handlungsmöglichkeiten und -beteiligten bei der Realisierung von Lebenswirklichkeiten und der Bildung von Sachverhalten bzw. deren Darstellung

Für die weitere Betrachtung muss danach unterschieden werden, wer an der Realisierung der Lebenswirklichkeit und der Bildung der Sachverhalte bzw. deren Darstellung beteiligt ist, wer von den jeweiligen Folgen betroffen ist und welche Interaktionsmöglichkeiten zwischen den Beteiligten bzw. Betroffenen bestehen.

1 Die Handlungsmöglichkeiten und -beteiligten der ersten Handlungskette

Innerhalb der ersten Handlungskette werden Lebenswirklichkeiten geplant, als Folge der Planung realisiert und anschließend Sachverhalte gebildet. Es gilt daher zu prüfen, welche Beteiligten welche Möglichkeiten besitzen, solche „primären Handlungen" zu vollziehen, die dadurch, dass ihnen ein irrtumbehafteter Vorgang zugrunde liegt, zu einem primären Irrtum führen, dessen unmittelbare und mittelbare Folgen es später zu untersuchen gilt.[27]

Zunächst ist der Fall denkbar, in dem der Irrende das einzige an der Handlung beteiligte Subjekt ist: Die Lebenswirklichkeit entsteht damit, ohne dass ein Dritter daran beteiligt ist. Wenn von dem Irrtum auch kein Dritter betroffen ist, handelt es sich um einen internen Irrtum ohne Außenwirkung. Ein echter interner Irrtum ist jedoch ein eher theoretischer Fall, da Planungsirrtümer i.d.R. früher oder später Außenwirkung entfalten und dann einer der beiden anderen Gruppen zuzuordnen sind.

Weiterhin kann die Lebenswirklichkeit unter Beteiligung eines Dritten entstehen. Dabei sind unterschiedliche Handlungsverläufe denkbar, die in zwei Gruppen zusammengefasst werden können: Zunächst kann die Handlung i.R. eines zivilen Rechtsgeschäfts oder eines rechtsgeschäftsähnlichen Vorgangs erfolgen. Seitens des Gesetzgebers sind dabei i.R.d. zivilrechtlichen Vorschriften Tatbestände geschaffen worden, die eine Abwägung zwischen dem Schutz des

[27] Nicht beachtet werden müssen die Fälle, in denen die Lebenswirklichkeit entweder von außen gebildet oder verändert wird, weil es sich in beiden Fällen nicht um einen Irrtum in der ersten Handlungskette handelt: Hat eine Planung vorgelegen, so handelt es sich um eine enttäuschte Erwartung. Lag dagegen keine Planung vor, so ist der Fall generell erst in der zweiten Handlungskette zu betrachten.

Irrenden und der Sicherstellung des allgemeinen Rechtsverkehrs vornehmen. Die Erfüllung der Tatbestände kann u.U. dann wiederum zu einer Veränderung des zunächst auf der Lebenswirklichkeit basierenden Sachverhalts (I) führen (Sachverhalt [II]). Gesonderte Regelungen sind hingegen für alle sonstigen Handlungen vorgesehen, die nicht i.R. eines Rechtsgeschäfts oder eines rechtsgeschäftsähnlichen Vorgangs erfolgen, sofern sie in den Geltungsbereich des Zivilrechts fallen.

Die Entstehung einer Lebenswirklichkeit kann schließlich auch unter Beteiligung des Staates erfolgen. In diesen Fällen ist auf die Vorschriften des öffentlichen Rechts zurückzugreifen. Auf die Betrachtung dieser Fallgruppe wird in der ersten Handlungskette verzichtet.

2 Die Handlungsmöglichkeiten und -beteiligten der zweiten Handlungskette

In der zweiten Handlungskette werden Sachverhalte dargestellt. Im Gegensatz zur ersten Handlungskette kann hier eine Beschränkung der Betrachtung auf die in der ersten Handlungskette als dritte Fallgruppe dargestellten Fälle – also des Irrenden und des Staates als Handlungsbeteiligte – erfolgen, da nunmehr ausschließlich die Darstellung des steuerrechtlichen Sachverhalts von Interesse ist und die Regelungen des Steuerrechts zu beachten sind.

TEIL III: Die erste Handlungskette: Primäre Irrtümer (Irrtümer bei der Realisierung von Lebenswirklichkeiten und der Bildung von Sachverhalten)

Nachdem das steuerliche Handlungsmodell mit seinen Komponenten, Handlungsabläufen, -möglichkeiten und -beteiligten dargestellt worden und die Einordnung der zu betrachtenden Irrtümer erfolgt ist, gilt es in einem ersten Schritt, die konkreten (primären) Irrtümer anhand der aufgezeigten Handlungsmöglichkeiten darzustellen. Im Anschluss daran ist zu prüfen, wie diese Irrtümer durch den Gesetzgeber zivilrechtlich bewertet werden (unmittelbare Folgen des primären Irrtums). In einem weiteren Schritt ist dann die steuerliche Bewertung der Irrtümer zu untersuchen (mittelbare Folgen des primären Irrtums).

A. Fallgruppe 1: Es ist nur der Steuerpflichtige selbst beteiligt: Der interne Irrtum

Möglich sind hier Irrtümer in der gesamten Planungsphase, also in der Vorstellung i.w.S. (bestehend aus Vorstellung i.e.S. und der Konkretisierung). Unabhängig davon, auf welchen Ursachen die Irrtümer basieren und in welcher Phase der Willensbildung sie auftreten, haben sämtliche internen Irrtümer gemeinsam, dass hier die Lebenswirklichkeit mit dem Sachverhalt übereinstimmt, da in diesen Fällen keine Weiterentwicklung zu einem weiteren Sachverhalt (II) vorgesehen ist (unmittelbare Folgen des primären Irrtums). Für die vorliegende Lebenswirklichkeit ist ihr Zustandekommen regelmäßig ohne Bedeutung. Damit erübrigt sich auch die Frage nach einer Rückgängigmachung. Hinsichtlich der mittelbaren Folgen des primären Irrtums wird auf die Ausführungen zur Fallgruppe 2 verwiesen.

B. Fallgruppe 2: Neben dem Steuerpflichtigen ist ein Dritter beteiligt: Der zivilrechtliche Irrtum und seine unmittelbaren und mittelbaren Folgen

1 Der zivilrechtliche Irrtum als primärer Irrtum

11 Privatautonomie und Geltungsbereich des Zivilrechts

Auch für Interaktionen zwischen mehreren Beteiligten gilt die schon aus dem Grundgesetz prinzipiell abzuleitende Entscheidungsfreiheit,[28] die i.Z.m. der Gestaltung von Rechtsverhältnissen gemeinhin als Privatautonomie bezeichnet wird[29] und ihre Normierung im Bürgerlichen Gesetzbuch findet. Entscheidungsfreiheit ist dabei jedoch nicht gleichzusetzen mit einer Regellosigkeit, vielmehr unterliegen Voraussetzungen, Grenzen und Folgen der Entscheidung einer differenzierten Regelung,[30] da es dem Zivilrecht nicht nur obliegt, die Privatautonomie zu sichern, sondern auch gleichzeitig die Verhältnisse der Beteiligten untereinander zu regeln.

Den nachfolgend zu betrachtenden Regelungen, die das Zivilrecht für den Irrtum vorsieht, unterliegen jedoch nicht alle Interaktionen zwischen mehreren Beteiligten. So ist zunächst danach zu unterscheiden, ob es sich bei den Interaktionen um solche innerhalb oder außerhalb des Geltungsbereiches des Zivilrechts handelt.[31] Liegen sie außerhalb des Geltungsbereiches des Zivilrechts,[32] so finden diese Regelungen naturgemäß keine Anwendung, es gilt die vollständige Handlungsfreiheit. Liegen sie innerhalb des Geltungsbereiches des Zivilrechts, ist wiederum danach zu unterscheiden, auf welche Art und Weise die Rechtsverhältnisse gestaltet werden, also danach, ob die Rechtsfolgen auf einem Rechtsgeschäft[33] oder einer Rechtshandlung[34] beruhen. Die Ausführungen be-

---

28 Vgl. Medicus, Dieter (2006) § 17 Rz 172; Heinrichs, Helmut (2007) Überbl v § 104 Rz 1
29 Vgl. Medicus, Dieter (2006) § 17 Rz 174; Heinrichs, Helmut (2007) Überbl v § 104 Rz 1
30 Vgl. Medicus, Dieter (2006) § 8 vor Rz 51 ff
31 Vgl. Medicus, Dieter (2006) § 18 Rz 184
32 Für diese Geschäfte existiert keine einheitliche Bezeichnung, oftmals werden sie als „Gefälligkeiten" oder auch als „Geschäfte auf der gesellschaftlichen Ebene" bezeichnet. Vgl. Medicus, Dieter (2006) § 18 Rz 184
33 Rechtsgeschäfte sind solche, bei denen die Rechtsfolgen eintreten, weil sie (erklärtermaßen) gewollt sind, ihnen liegen regelmäßig Willenserklärungen zugrunde. Vgl. Medicus, Dieter (2006) § 17 Rz 174 f, § 18 Rz 184, § 21 Rz 244 ff (mit Hinweis auf Rechtsgeschäfte aus sozialtypischem Verhalten und in Vollzug gesetzte Dauerrechtsverhältnisse); Heinrichs, Helmut (2007) Überbl v § 104 Rz 2, Einf v § 116 Rz 1

schränken sich im Folgenden auf die Rechtsgeschäfte.[35] Dazu erfolgt zunächst eine Darstellung der zivilrechtlichen Irrtumstheorie, bevor auf deren Einordnung in die hier verwendete Struktur des Irrtums eingegangen wird.

12 Die fehlende Definition des Irrtums im Zivilrecht

Die zivilrechtliche Regelung des Irrtums in § 119 BGB enthält keine Definition des Irrtums, stattdessen erfolgt eine Darstellung der Gruppe von Irrtümern, die das Zivilrecht als beachtlichen Willensmangel ansieht. In der Literatur wird dann, davon ausgehend, eine Abgrenzung der Irrtumsgruppe vorgenommen, die keinen beachtlichen Willensmangel i.S.d. Zivilrechts darstellt, eine Definition des Irrtums erfolgt jedoch auch hier nicht immer.[36]

Irrtümer werden im Zivilrecht zwei Irrtumsgruppen zugeordnet: Entweder der Gruppe der Willensbildungsirrtümer (Motivirrtümer) oder aber der Gruppe der Willensäußerungsirrtümer (Inhalts- und Erklärungsirrtümer). Während in der ersten Gruppe die Willensbildung aufgrund einer falschen Vorstellung von der Wirklichkeit zustande kommt, handelt es sich bei der zweiten Gruppe mit den Worten des Zivilrechts um ein Auseinanderfallen von Willen und Erklärung des Irrenden.

Im Folgenden gilt es zunächst, die Bedeutung der beiden Irrtumsgruppen zu erläutern, bevor auf die einzelnen Irrtumsarten innerhalb dieser Gruppen und anschließend auf die zivilrechtliche Bewertung dieser Irrtümer sowie die daraus resultierenden zivilrechtlichen Folgen einzugehen ist.

13 Der Theorienstreit zwischen der Willens- und der Erklärungstheorie

Grundsätzlich geht das Zivilrecht zur Regelung der Verhältnisse zwischen den Handelnden und zur Sicherstellung der Tauschfreiheit von der Privatautonomie

---

[34] In einigen Fällen verknüpft die Rechtsordnung Handlungen unmittelbar mit Rechtsfolgen, für deren Eintritt es gleichgültig ist, ob sie vom Handelnden gewollt sind oder nicht. Diese sog. Rechtshandlungen zerfallen in rechtswidrige und rechtmäßige. Rechtswidrige sind dabei solche, die wegen ihrer Widerrechtlichkeit eine Rechtsfolge auslösen. Rechtmäßige zerfallen wiederum in geschäftsähnliche Handlungen und Tathandlungen. Erstere sind dabei auf einen tatsächlichen Erfolg gerichtete Erklärungen, deren Rechtsfolgen kraft Gesetz eintreten, Letztere auf einen tatsächlichen Erfolg gerichtete Willensbetätigungen, die kraft Gesetz eine Rechtsfolge hervorbringen. Vgl. Heinrichs, Helmut (2007) Überbl v § 104 Rz 4 ff

[35] Zur Anwendbarkeit der Vorschriften über Rechtsgeschäfte auf rechtsgeschäftsähnliche Handlungen vgl. Medicus, Dieter (2006) § 18 Rz 198

[36] Keine Definition findet sich z.B. bei Medicus, Dieter (2006) § 48 Rz 737 ff; Brox, Hans / Walker, Wolf-Dietrich (2006) § 18 Rz 407 ff; Heinrichs, Helmut (2007 [§ 119 Rz 7]) definiert den Irrtum als unbewusstes Auseinanderfallen von Willen und Erklärung, was zur Folge hat, dass unzutreffenderweise eine Beschränkung auf die zivilrechtlich beachtlichen Irrtümer erfolgt.

aus; die Regelung der Verhältnisse zwischen den Handelnden hat jedoch gleichzeitig zur Folge, dass das Zivilrecht die unterschiedlichen Interessen der Beteiligten – also Schutz des Irrenden und Sicherheit für den Irrtumsgegner – in Einklang bringen muss.

Für die Irrtumsberücksichtigung besteht dabei hinsichtlich der Willenserklärungen ein grundsätzlicher Theorienstreit zwischen der sog. Willens- und der sog. Erklärungstheorie: Während Erstere davon ausgeht, dass der tatsächliche subjektive Wille des Erklärenden entscheidend ist und das Fehlen eines Rechtsfolgewillens die Wirksamkeit der Willenserklärung grundsätzlich ausschließt, hält Letztere es für entscheidend, wie der Erklärungsempfänger das Verhalten des anderen nach Treu und Glauben deuten durfte, sie will im Interesse des Vertrauensschutzes die Berufung auf das Fehlen eines Rechtsfolgewillens grundsätzlich nicht gestatten. Die unterschiedliche Betrachtungsweise geht darauf zurück, dass die Willenserklärung notwendiger Bestandteil eines jeden Rechtsgeschäfts – als Äußerung eines auf die Herbeiführung einer Rechtswirkung gerichteten Willens – ist: Sie bringt einen Willen zum Ausdruck, der auf die Begründung, inhaltliche Änderung oder Beendigung eines privaten Rechtsverhältnisses abzielt (Rechtsfolgewille). Während zum objektiven Tatbestand jede Äußerung ausreicht, die den Rechtsfolgewillen nach außen erkennen lässt, wird der subjektive Tatbestand der Willenserklärung unterteilt in den Geschäftswillen (die auf einen bestimmten rechtsgeschäftlichen Erfolg gerichtete Absicht), das Erklärungsbewusstsein (das Bewusstsein, überhaupt eine rechtsgeschäftliche Erklärung abzugeben) und den Handlungswillen (der das äußere Verhalten beherrscht). Während die Willenstheorie nunmehr darauf verweist, dass das Fehlen eines Rechtsfolgewillens die Wirksamkeit der Willenserklärung grundsätzlich ausschließt, gestattet dagegen die Erklärungstheorie keine Berufung auf das Fehlen des Rechtsfolgewillens.[37] Die Regelung, die der Gesetzgeber im Bürgerlichen Gesetzbuch vorgesehen hat,[38] folgt nicht strikt einer der Theorien, sondern versucht vielmehr, den Theorienstreit mittels der sog. „Geltungserklärung“ zu überbrücken:[39] Danach muss der Erklärende die Erklärung grundsätzlich gegen sich gelten lassen, wie der Erklärungsempfänger diese nach Treu und Glauben unter Berücksichtigung der Verkehrssitte verstehen musste. Allerdings werden vom Gesetzgeber einige Ausnahmen ausdrücklich zugelassen, in denen der Schutz des Irrenden der Rechtssicherheit des Irrtums-

---

37 Vgl. Heinrichs, Helmuth (2007) Einf v § 116 Rz 1 ff

38 Zur Entwicklung der Regelungen des Bürgerlichen Gesetzbuchs vgl. exemplarisch Haupt, Peter (1941) S. 1 ff; Brox, Hans (1960) S. 40 ff (mit Hinweisen auf die Motive zum Bürgerlichen Gesetzbuch)

39 Vgl. Heinrichs, Helmuth (2007) Einf v § 116 Rz 2 f. Entscheidend ist nach Brox, Hans (1960 [S. 49]) nicht die Anwendung einer der Theorien, sondern das Ergebnis einer Interessenabwägung hinsichtlich der gewünschten Schutzwürdigkeit, er schließt mit der Feststellung: „Damit ist der Theorienstreit tot, und man sollte ihn endlich begraben!“

gegners vorgeht.[40] Im Ergebnis sind daher alle Irrtümer, die nicht zu den Ausnahmen gehören, zivilrechtlich unerheblich, wobei es nicht darauf ankommt, ob der Erklärende den Irrtum verschuldet hat oder nicht; ebenfalls kommt es nicht darauf an, ob der Irrtum vom Gegner hervorgerufen wurde oder für diesen erkennbar war.[41] Sofern es sich um einen rechtserheblichen Irrtum handelt, steht dem Irrenden ein Anfechtungsrecht zu, dessen Ausübung zur Folge hat, dass das Rechtsgeschäft gem. § 142 BGB von Anfang an als nichtig anzusehen ist.[42] Macht der Irrende von seinem Anfechtungsrecht Gebrauch, so muss er dem gutgläubigen Gegner den entstandenen Vertrauensschaden ersetzen; hat der Gegner den Irrtum schuldhaft verursacht, steht dem Irrenden neben dem Anfechtungsrecht ein Schadensersatzanspruch wegen „culpa in contrahendo" zu.[43] Eine gegen Treu und Glauben verstoßende Anfechtung ist unzulässig, i.d.R. besteht daher kein Anfechtungsrecht, wenn der Gegner das Rechtsgeschäft so gelten lassen will, wie der Erklärende es verstanden hat.[44]

14 Der Irrtum bei der Willensbildung

Ein Irrtum bei der Willensbildung liegt dann vor, wenn der Irrende irrtümlich von solchen Umständen ausgeht, die für seinen Entschluss, eine Erklärung dieses Inhalts abzugeben, von Bedeutung sind. Dieser Irrtum, der aufgrund seines Zustandekommens auch als Motivirrtum bezeichnet wird, geht damit auf eine falsche Vorstellung i.e.S. zurück; der Wille wird auf einer fehlerhaften Grundlage gebildet, stimmt jedoch mit der Erklärung überein.

Eine gesetzliche Regelung dieser Irrtümer findet sich nicht expressis verbis im Bürgerlichen Gesetzbuch; die ausdrückliche Darstellung der Irrtümer, die der Gesetzgeber als beachtlich ansieht, macht jedoch deutlich, dass der Irrende in Fällen eines Irrtums bei der Willensbildung dem Gesetzgeber nicht schützenswerter als der Irrtumsgegner erscheint; Irrtümer bei der Willensbildung sind daher unbeachtlich.

15 Der Irrtum bei der Willensäußerung

Ein Irrtum bei der Willensäußerung liegt immer dann vor, wenn die Erklärung des Irrenden unbewusst von seinem eigentlichen Willen abweicht. Diese Form des Irrtums wird in §§ 119 Abs. 1, 120 BGB geregelt. Sie wird als beachtlich

---

40 Vgl. Heinrichs, Helmuth (2007) § 119 Rz 1
41 Vgl. Heinrichs, Helmuth (2007) § 119 Rz 1
42 Ein rechtserheblicher Irrtum führt damit nicht automatisch zur Nichtigkeit, vielmehr bedarf es explizit einer Ausübung des Anfechtungsrechts durch den Irrenden. Vgl. dazu bereits Bading, Wilhelm (1910) S. 28 ff
43 Vgl. Heinrichs, Helmuth (2007) § 119 Rz 2
44 Vgl. Heinrichs, Helmuth (2007) § 119 Rz 2

anerkannt, weil Geschäftswille und Erklärung nicht übereinstimmen, was nach Auffassung des Gesetzgebers schutzwürdiger als ein Willensbildungsirrtum ist. Folgende Arten des Irrtums sind dabei möglich:

15.1 Der Inhaltsirrtum

Einem Inhaltsirrtum unterliegt derjenige, der gem. § 119 Abs. 1 Alt 1 BGB „... bei der Abgabe einer Willenserklärung über deren Inhalt im Irrtume war ...", wenn anzunehmen ist, dass er diese „... bei Kenntnis der Sachlage und bei verständiger Würdigung des Falles nicht abgegeben haben würde." Der Erklärende hat folglich etwas anderes zum Ausdruck gebracht, als er eigentlich wollte. Es handelt sich dabei insofern um einen Mangel im Geschäftswillen, als der Erklärende eine irrige Vorstellung über die inhaltliche Tragweite seiner Erklärung hat.[45]

Inhaltsirrtümer können weiter dahingehend differenziert werden, ob ein Irrtum über den Sinn, der dem verwendeten Erklärungsmittel objektiv beigemessen wird, besteht (Verlautbarungsirrtum) oder ob ein richtiges Mittel vorliegt, das allerdings seine volle Bedeutung erst durch einen Bezug auf bestimmte Umstände, über die der Irrtum besteht, entfaltet (Bezugsirrtum).

15.2 Der Erklärungsirrtum

Einem Erklärungsirrtum unterliegt gem. § 119 Abs. 1 Alt 2 BGB derjenige, der „... eine Erklärung dieses Inhalts überhaupt nicht abgeben wollte ... wenn anzunehmen ist, ... dass er sie bei Kenntnis der Sachlage und bei verständiger Würdigung des Falles nicht abgegeben haben würde." Dem gleichgestellt werden Übermittlungsirrtümer gem. § 120 BGB.[46] Es handelt sich insofern um einen Mangel im Geschäftswillen, als der Erklärende eine irrige Vorstellung hinsichtlich des äußeren Erklärungstatbestandes aufweist.[47] Erklärungsirrtümer liegen vor allem beim Versprechen, Vergreifen und Verschreiben vor. Regelmäßig erforderlich ist eine Störung im Erklärungsvorgang.[48] Die nicht immer klare Abgrenzung des Erklärungsirrtums vom Inhaltsirrtum ist ausschließlich von theoretischem Interesse, da die Rechtsfolgen identisch sind.[49]

---

[45] Vgl. Heinrichs, Helmuth (2007) § 119 Rz 11
[46] Von einer Betrachtung der Übermittlungsirrtümer wird hier abgesehen.
[47] Vgl. Heinrichs, Helmuth (2007) § 119 Rz 10
[48] Vgl. Heinrichs, Helmuth (2007) § 119 Rz 10
[49] Vgl. Medicus, Dieter (2006) § 48 Rz 746; Heinrichs, Helmuth (2007) § 119 Rz 10

16 Zwischenfazit für den zivilrechtlichen Irrtum

Der Gesetzgeber hat sich dazu entschlossen, generell solche Irrtümer als beachtlich anzuerkennen, bei denen Erklärungswille und Erklärungsinhalt nicht übereinstimmen; alle anderen Irrtümer sind hingegen unbeachtlich. Von dieser Grundregel weicht der Gesetzgeber allerdings mit der – im Folgenden beschriebenen – Normierung des § 119 Abs. 2 BGB wieder ab, indem er den Irrtum über verkehrswesentliche Eigenschaften als beachtlich erklärt. Neben diesem Eigenschaftsirrtum gilt es, einige weitere Spezialfälle des Irrtums genauer zu betrachten und deren Zuordnung zu einer der beiden Gruppen zu klären.

17 Spezialfälle des zivilrechtlichen Irrtums

17.1 Der Eigenschaftsirrtum

Beim Eigenschaftsirrtum hat der Erklärende eine irrige Vorstellung hinsichtlich der Eigenschaften einer Person oder Sache.[50] Dabei gilt es zu unterscheiden, ob es sich bei der entsprechenden Eigenschaft um eine verkehrswesentliche handelt oder nicht.[51] Nur wenn eine irrtümliche Vorstellung über verkehrswesentliche Eigenschaften vorliegt, wird darin gem. § 119 Abs. 2 BGB ein beachtlicher Irrtum gesehen.[52]

---

[50] Zunächst gelten als Eigenschaften i.S.d. § 119 Abs. 2 BGB die auf der natürlichen Beschaffenheit beruhenden Merkmale; daneben gelten als Eigenschaften aber auch solche tatsächlichen und rechtlichen Verhältnisse und Beziehungen zur Umwelt – sofern sie ihren Grund in der Sache oder Person selbst haben – soweit sie nach der Verkehrsanschauung für die Wertschätzung oder Verwendbarkeit von Bedeutung sind. Vgl. Heinrichs, Helmuth (2007) § 119 Rz 24; Brox, Hans / Walker, Wolf-Dietrich (2006) § 18 Rz 417 ff; Larenz, Karl / Wolf, Manfred (2004) § 36 Rz 38

[51] Zur Klärung der Verkehrswesentlichkeit einer Eigenschaft i.S.d. § 119 Abs. 2 BGB ist nach Heinrichs, Helmuth (2007 [§ 119 Rz 25 ff]) zunächst von dem konkreten Rechtsgeschäft auszugehen. Erst wenn sich aus dem konkreten Rechtsgeschäft keine Anhaltspunkte dafür ergeben, welche Eigenschaften wesentlich und welche unwesentlich sind, wird die Verkehrsanschauung zur Beurteilungsgrundlage. Brox, Hans / Walker, Wolf-Dietrich (2006 [§ 18 Rz 419]) weisen darauf hin, dass damit solche Eigenschaften ausgeschlossen werden, die nur aus der subjektiven Betrachtung des Erklärenden erheblich sind; diese berechtigen nur dann zur Anfechtung, wenn sie ausdrücklich zum Inhalt der Erklärung gehören.

[52] Dabei stellt der Irrtum über die verkehrswesentlichen Eigenschaften keinen Willensäußerungsirrtum eigener Art dar, sondern vielmehr einen ausnahmsweise beachtlichen Motivirrtum. Vgl. Heinrichs, Helmuth (2007) § 119 Rz 23; Brox, Hans / Walker, Wolf-Dietrich (2006) § 18 Rz 416; differenzierter Larenz, Karl / Wolf, Manfred (2004) § 36 Rz 34 ff; a.A. Medicus, Dieter (2006) § 48 Rz 767 ff

17.2 Der Identitätsirrtum

Um einen Identitätsirrtum handelt es sich, wenn der Erklärende eine irrige Vorstellung hinsichtlich des Geschäftspartners oder -gegenstandes hat. Nur wenn der Irrtum tatsächlich hinsichtlich der Identität des Geschäftspartners bzw. -gegenstandes vorliegt, handelt es sich um einen beachtlichen Inhaltsirrtum; in den Fällen, in denen stattdessen ein Irrtum über andere Umstande hinsichtlich des Geschäftspartners bzw. -gegenstandes vorliegt, handelt es sich um unbeachtliche Motivirrtümer.[53]

17.3 Der Rechtsfolgeirrtum

Um einen Rechtsfolgeirrtum handelt es sich, wenn der Erklärende eine irrige Vorstellung hinsichtlich der Rechtsfolgen hat, die seine Willenserklärung auslöst. Eine eindeutige Klärung, wann ein Rechtsfolgeirrtum (un-)beachtlich ist, besteht nicht; nach der h.M. liegt ein beachtlicher Inhaltsirrtum in den Fällen vor, in denen die Rechtsfolge zum Inhalt der Erklärung gemacht worden ist bzw. wenn es sich um solche Rechtsfolgen handelt, die explizit erreicht werden sollten; um einen unbeachtlichen Motivirrtum handelt es sich dagegen dann, wenn die Rechtsfolge entweder nicht zum Inhalt der Erklärung gemacht worden ist oder wenn eine Rechtsfolge von Gesetz wegen von der Willenserklärung ausgelöst wird.[54]

17.4 Der Kalkulationsirrtum

Um einen Kalkulationsirrtum handelt es sich dann, wenn der Erklärende über einen Umstand irrt, auf dem seine Berechnung beruht. Unstrittig ist der Fall, in dem die Kalkulationsgrundlage dem Erklärungsempfänger nicht offengelegt wurde, es handelt es sich dabei um einen unbeachtlichen Motivirrtum.[55] Umstritten ist dagegen die Frage nach der Beachtlichkeit eines Irrtums bei offengelegter Kalkulationsgrundlage; nach der h.M. handelt es sich auch bei diesen Fällen um einen unbeachtlichen Motivirrtum, wobei eine Korrektur nach anderen Rechtsgrundsätzen vom Einzelfall abhängt.[56] Wird die Kalkulation hingegen aus-

---

[53] Vgl. Brox, Hans / Walker, Wolf-Dietrich (2006) § 18 Rz 425 ff; Heinrichs, Helmuth (2007) § 119 Rz 13 f

[54] Vgl. Brox, Hans / Walker, Wolf-Dietrich (2006) § 18 Rz 423; Larenz, Karl / Wolf, Manfred (2004) § 36 Rz 73 ff; Medicus, Dieter (2006) § 48 Rz 750 f; a.A. Heinrichs, Helmuth (2007 [§ 119 Rz 15 f]), der das Eintreten der angestrebten Rechtsfolgen für entscheidend hält.

[55] Vgl. Brox, Hans / Walker, Wolf-Dietrich (2006) § 18 Rz 424; Heinrichs, Helmuth (2007) § 119 Rz 18; Larenz, Karl / Wolf, Manfred (2004) § 36 Rz 71

[56] Vgl. Heinrichs, Helmuth (2007) § 119 Rz 19 ff; Brox, Hans / Walker, Wolf-Dietrich (2006) § 18 Rz 424; Medicus, Dieter (2006) § 48 Rz 757 ff; Larenz, Karl / Wolf, Manfred (2004) § 36 Rz 65 ff

drücklich zur Geschäftsgrundlage gemacht, kann eine ergänzende Vertragsauslegung oder eine Vertragsanpassung – bei Störung der Geschäftsgrundlage gem. § 313 Abs. 2 BGB – erfolgen.[57]

17.5 Unkenntnis über den Inhalt einer Urkunde und Blankettmissbrauch

Der Irrtum beim Unterzeichnen einer Urkunde ohne Kenntnis von ihrem Inhalt (Blankounterschrift) kann nur in Ausnahmefällen beachtlich sein.[58] Liegt eine Einigung zwischen den Beteiligten hinsichtlich des Geschäfts vor, so gilt das Gewollte und nicht das Erklärte; unterschreibt der Erklärende – im Bewusstsein, eine rechtsgeschäftliche Erklärung abzugeben – eine Urkunde, obwohl er keine Vorstellungen über deren Inhalt hat, mangelt es bereits an einem Irrtum; unterschreibt der Erklärende irrtümlich eine andere als die beabsichtigte Urkunde oder unterschreibt er eine von ihm selbst abgefasste oder diktierte Urkunde ungelesen, so handelt es sich um beachtliche Erklärungsirrtümer.[59] Ein Erklärungsirrtum liegt auch in den Fällen vor, in denen ein Blankettformular entgegen der Abrede ausgefüllt wird; eine Anfechtung ist dabei jedoch nicht möglich.[60]

2 Die zivilrechtlichen Rechtsfolgen des zivilrechtlichen Irrtums (unmittelbare Folgen des primären Irrtums)

Anstatt nach Kriterien wie Verschulden, Erkennbarkeit o.ä. vorzugehen, hat sich der Gesetzgeber dafür entschieden, die Abgrenzung zwischen beachtlichen und unbeachtlichen Irrtümern danach vorzunehmen, ob Wille und Erklärung übereinstimmen oder nicht. Zwar kann diese Vorgehensweise kritisiert werden, dabei muss jedoch beachtet werden, dass es wohl keine Lösung gibt, die aus jeglicher Hinsicht zu einem befriedigenden Ergebnis führen könnte.[61]

Dieses eingängige Grundprinzip wurde dann allerdings durch die Hinzufügung des § 119 Abs. 2 BGB wieder verlassen, was zu berechtigter Kritik in der Literatur führt.[62] Neben bestehenden Zuordnungsproblemen einiger Spezialfälle des

---

[57] Vgl. Larenz, Karl / Wolf, Manfred (2004) § 36 Rz 62
[58] Vgl. Brox, Hans / Walker, Wolf-Dietrich (2006) § 18 Rz 421
[59] Vgl. zu den Fällen im Einzelnen Brox, Hans / Walker, Wolf-Dietrich (2006) § 18 Rz 421
[60] Gegenüber dem das Blankettformular falsch ausfüllenden Erklärungsempfänger gilt das Gewollte, eine Anfechtung erübrigt sich daher; gegenüber Dritten ist der Erklärende in diesen Fällen nicht schutzwürdig. Vgl. Brox, Hans / Walker, Wolf-Dietrich (2006) § 18 Rz 422
[61] Zur Kritik an den Regelungen des BGB vgl. exemplarisch Drexelius, Matthias (1964) S. 7 ff m.w.N.; Brox, Hans (1960) S. 13 ff m.w.N.
[62] Vgl. Medicus, Dieter (2006) § 48 Rz 767

Irrtums ist jedoch bereits das Grundprinzip hinsichtlich der Zugehörigkeit zum Inhalt eines Rechtsgeschäfts umstritten.[63]

Die dadurch entstandene Kasuistik hat zwar eine Einzelfallgerechtigkeit im Sinn, bringt jedoch eine nicht unerhebliche Rechtsunsicherheit mit sich. Aus diesem Grund verschafft eine Systematisierung zwar eine Übersicht, im spezifischen Einzelfall kann jedoch die Rechtsfolge daraus nicht explizit abgeleitet werden.

Da der Gesetzgeber innerhalb der Irrtumsgruppen keine Unterschiede hinsichtlich der mit dem Sachverhalt zu verknüpfenden Rechtsfolgen macht, muss bei der Betrachtung der Rechtsfolgen nur nach den beiden Irrtumsgruppen unterschieden werden.

21 Der unbeachtliche Irrtum

Bei einem unbeachtlichen Irrtum wird die Schutzbedürftigkeit des Erklärungsempfängers höher eingeschätzt als die des Erklärenden. In diesen Fällen wird der Erklärungstheorie der Vorrang gegeben. Damit verbleibt es endgültig bei dem Sachverhalt (I), der sich aus der Aufbereitung der Lebenswirklichkeit zum Merkmalskonstrukt ergibt.

22 Der beachtliche Irrtum

Für die Fälle, in denen ein beachtlicher Irrtum vorliegt – der Gesetzgeber also die Schutzwürdigkeit des Erklärenden höher einschätzt als die des Erklärungsempfängers – hat zunächst eine Auslegung gem. §§ 133, 157 BGB zu erfolgen;[64] es ist der hinter der Erklärung stehende Wille des Erklärenden zu ermitteln. Konnte der Erklärungsempfänger den Willen erkennen oder hätte er diesen bei Anwendung der zumutbaren Sorgfalt erkennen müssen, so gilt das vom Erklärenden Gewollte, der Erklärende wird so gestellt, als hätte er seinen Willen irrtumsfrei erklärt, einer Anfechtung bedarf es hier nicht.[65] Führt die Auslegung nicht zu einer Beseitigung des Irrtums, räumt der Gesetzgeber dem Erklärenden

[63] So kommt Säcker, Angela (1985 [S. 17]) aus dogmengeschichtlicher, psychologischer und linguistischer Sicht zu dem Ergebnis, dass „... die Integration des geschäftlichen Sachverhaltsirrtums in den Tatbestand des § 119 Abs. 1 BGB ..., sowohl dem Wortlaut als auch der Entstehungsgeschichte und der Teleologie der Norm Rechnung trägt." Diese – im Übrigen auch vom Reichsgericht vertretene – Auffassung wird jedoch von der h.M. abgelehnt. Vgl. Heinrichs, Helmuth (2007) § 119 Rz 17; Brox, Hans / Walker, Wolf-Dietrich (2006) § 18 Rz 425

[64] Vgl. Heinrichs, Helmuth (2007) § 119 Rz 7; Brox, Hans / Walker, Wolf-Dietrich (2006) § 18 Rz 407 ff; Larenz, Karl / Wolf, Manfred (2004) § 36 Rz 30

[65] Vgl. Brox, Hans / Walker, Wolf-Dietrich (2006) § 18 Rz 408; Heinrichs, Helmuth (2007) § 119 Rz 7

im Anschluss daran ein Wahlrecht zur Anfechtung seiner Willenserklärung ein, da der Erklärende nicht an eine Erklärung gebunden werden soll, die er bei Kenntnis der Sachlage und bei verständiger Würdigung des Falles nicht abgegeben haben würde, die folglich seinem Willen nicht entspricht.

22.1 Die Anfechtung (§§ 119, 121 BGB)

Zunächst ist zu beachten, dass es sich bei der Anfechtung um ein Wahlrecht handelt. Nimmt der Irrende dies nicht in Anspruch, so verbleibt es bei dem irrtumbehafteten Vorgang, die Folgen entsprechen denen eines unbeachtlichen Irrtums.

Die Inanspruchnahme eines Wahlrechts zur Anfechtung eines beachtlichen Irrtums setzt voraus, dass der Irrtum für die erfolgte Erklärung ursächlich war,[66] der Anfechtung also eine „vernünftige" Kausalität zugrunde liegt.[67]

Weiterhin ist die Anfechtungsfrist gem. § 121 BGB zu beachten. Danach muss die Anfechtung unverzüglich, also ohne schuldhaftes Verzögern erfolgen, somit, sobald der Erklärende nach Entdeckung des Irrtums und der nötigen Überlegung zumutbarer Weise anfechten konnte, wobei die Unkenntnis der Anfechtungsmöglichkeit oder -notwendigkeit das Verschulden nur ausnahmsweise ausschließt.[68] Gem. § 121 Abs. 2 BGB muss eine Anfechtung grundsätzlich spätestens zehn Jahre nach Abgabe der Willenserklärung erfolgen, ansonsten ist sie ohnehin unwirksam. Neben dem Verstreichen der Anfechtungsfrist ist eine Anfechtung auch dann ausgeschlossen, wenn das anfechtbare Rechtsgeschäft durch den Anfechtungsberechtigten in Kenntnis des Anfechtungsgrundes formlos gem. § 144 BGB bestätigt wird.[69]

Nach der h.M. würde der Irrende gegen Treu und Glauben verstoßen, wenn er die Erklärung nicht zumindest in dem von ihm gemeinten Sinn gelten lassen würde.[70]

Sind die Voraussetzungen erfüllt, kann der Irrende die Anfechtung als einseitige empfangsbedürftige Willenserklärung gem. § 143 BGB gegenüber dem Anfech-

---

[66] Vgl. Heinrichs, Helmuth (2007) § 119 Rz 31; Brox, Hans / Walker, Wolf-Dietrich (2006) § 18 Rz 431; Larenz, Karl / Wolf, Manfred (2004) § 36 Rz 32

[67] Vgl. Brox, Hans / Walker, Wolf-Dietrich (2006) § 18 Rz 432; Medicus, Dieter (2006) § 48 Rz 773; Heinrichs, Helmuth (2007) § 119 Rz 31

[68] Vgl. Medicus, Dieter (2006) § 48 Rz 774; Brox, Hans / Walker, Wolf-Dietrich (2006) § 18 Rz 435; Heinrichs, Helmuth (2007) § 121 Rz 1 ff; Larenz, Karl / Wolf, Manfred (2004) § 36 Rz 87 ff

[69] Vgl. Brox, Hans / Walker, Wolf-Dietrich (2006) § 18 Rz 437; Heinrichs, Helmuth (2007) § 144 Rz 1 ff

[70] Vgl. Medicus, Dieter (2006) § 48 Rz 781; Larenz, Karl / Wolf, Manfred (2004) § 36 Rz 113; Heinrichs, Helmuth (2007) § 119 Rz 2

tungsgegner[71] erklären.[72] Die Anfechtungserklärung muss dabei erkennen lassen, dass der Anfechtende seine ursprüngliche Erklärung nicht gelten lassen will; Formvorschriften sind jedoch selbst in den Fällen nicht zu beachten, in denen sich die Anfechtung gegen ein förmliches Geschäft richtet.[73] Eine Begründung der Anfechtung ist gesetzlich nicht vorgeschrieben, jedoch dürfte die Erkennbarkeit des Anfechtungsgrundes zum Schutz der Interessen des Anfechtungsgegners zu fordern sein.[74]

Bis zur Anfechtung bleibt das ursprüngliche Rechtsgeschäft gültig,[75] erst die Anfechtung der Willenserklärung hat zur Folge, dass die Willenserklärung – und damit das auf ihr basierende Rechtsgeschäft – gem. § 142 Abs. 1 BGB von Anfang an („ex-tunc“) als nichtig angesehen wird.[76] Es erfolgt keine Umdeutung, vielmehr entfällt das Rechtsgeschäft vollständig;[77] es wird damit rückgängig i.S.d. hier verwendeten Definition gemacht.

Für die zivilrechtliche Rückgängigmachung der angefochtenen Rechtsgeschäfte ist danach zu unterscheiden, worauf sich die Anfechtung bezieht. Die Anfechtung der zum Verpflichtungsgeschäft gehörenden Willenserklärung hat zur Folge, dass das Verfügungsgeschäft aufgrund des Abstraktionsprinzips weiterhin gültig bleibt; wegen Fehlen des Rechtsgrundes handelt es sich um eine ungerechtfertigte Bereicherung, die nach § 812 Abs. 1 S. 1 BGB zu beseitigen ist. Die Anfechtung der zum Verfügungsgeschäft gehörenden Willenserklärung hat einen Herausgabeanspruch gem. § 985 BGB unter Beachtung des § 986 BGB zur Folge. Denkbar ist auch die Anfechtung der Willenserklärungen beider Geschäfte, wenn sie an demselben Willensmangel leiden.[78]

Schwierigkeiten bestehen dann, wenn es sich um (in Vollzug gesetzte) Dauerrechtsverhältnisse handelt.[79]

---

71 Zur Frage des Anfechtungsgegners vgl. Medicus, Dieter (2006) § 47 Rz 718 ff; Heinrichs, Helmuth (2007)§ 143 Rz 5 ff; Brox, Hans / Walker, Wolf-Dietrich (2006) § 18 Rz 434

72 Vgl. Heinrichs, Helmuth (2007) § 143 Rz 2 f; Brox, Hans / Walker, Wolf-Dietrich (2006) § 18 Rz 433 f

73 Vgl. Medicus, Dieter (2006) § 47 Rz 717; Brox, Hans / Walker, Wolf-Dietrich (2006) § 18 Rz 433 f; Larenz, Karl / Wolf, Manfred (2004) § 36 Rz 110

74 Vgl. Medicus, Dieter (2006) § 47 Rz 724; Heinrichs, Helmuth (2007) § 143 Rz 3; Brox, Hans / Walker, Wolf-Dietrich (2006) § 18 Rz 433

75 Vgl. Heinrichs, Helmuth (2007) § 142 Rz 3

76 Vgl. Heinrichs, Helmuth (2007) § 142 Rz 2

77 Vgl. Brox, Hans / Walker, Wolf-Dietrich (2006) § 18 Rz 438; Medicus, Dieter (2006) § 47 Rz 726; Larenz, Karl / Wolf, Manfred (2004) § 36 Rz 112

78 Vgl. Brox, Hans / Walker, Wolf-Dietrich (2006) § 18 Rz 440

79 Vgl. Medicus, Dieter (2006) § 48 Rz 782; Heinrichs, Helmuth (2007) § 119 Rz 5; Larenz, Karl / Wolf, Manfred (2004) § 36 Rz 100 ff; ausführlich zur Problematik der Anfechtung bei Dauerrechtsverhältnissen Brox, Hans (1960) S. 214 ff

22.2 Der Schadensersatz (§ 122 BGB)

Da es unbillig wäre, wenn der Irrende anfechten könnte und der gutgläubige Erklärungsempfänger einen möglichen Nachteil tragen müsste, hat sich der Gesetzgeber dazu entschlossen, mit § 122 BGB eine als „zentrale Vertrauensschutzbestimmung des Irrtumsrechts" bezeichnete Norm einzuführen, die besagt, dass der Vertrauensschaden, also gem. § 122 Abs. 1 BGB der Schaden, der dem Erklärungsempfänger dadurch entsteht, dass er auf die Gültigkeit der Erklärung vertraut hat, zu ersetzen ist.[80] Es handelt sich dabei um eine Veranlassungshaftung, der Anfechtende haftet daher auch, ohne dass ein Verschulden erforderlich ist.[81] Unerheblich für den Schadensersatz ist der Erfüllungsschaden, also der Schaden, der dem Erklärungsempfänger dadurch entstanden ist, dass der andere nicht erfüllt hat, denn es sollen lediglich konkrete Nachteile, also das negative Interesse ausgeglichen werden.[82] Dabei wird das zu ersetzende negative Interesse gem. § 122 Abs. 1 BGB der Höhe nach durch das positive Interesse begrenzt.[83] Gem. § 122 Abs. 2 BGB tritt jedoch eine Schadensersatzpflicht dann nicht ein, wenn der Geschädigte den Irrtum als Grund der Anfechtung kannte oder hätte kennen müssen.[84]

22.3 Die Folgen der Anfechtung für den Sachverhalt

Bei einer Anfechtung tritt der Fall ein, dass zunächst die Aufbereitung der Lebenswirklichkeit zum Merkmalskonstrukt zum Sachverhalt (I) führt. Die Anfechtung führt zu einer zivilrechtlichen Rückgängigmachung des der Lebenswirklichkeit zugrunde liegenden Vorgangs. Eine solche ist jedoch in der Lebenswirklichkeit nicht möglich. Daher muss mit einer Fiktion gearbeitet werden, die zu einer Weiterentwicklung des Sachverhalts (I) zum Sachverhalt (II) führt. Damit beruht der Sachverhalt (II) letztlich nicht mehr auf einer Lebens-

---

[80] Vgl. Heinrichs, Helmuth (2007) § 122 Rz 1; Brox, Hans / Walker, Wolf-Dietrich (2006) § 18 Rz 444 ff; Larenz, Karl / Wolf, Manfred (2004) § 36 Rz 114

[81] Vgl. Brox, Hans / Walker, Wolf-Dietrich (2006) § 18 Rz 444; Medicus, Dieter (2006) § 48 Rz 783; Heinrichs, Helmuth (2007) § 122 Rz 1; Larenz, Karl / Wolf, Manfred (2004) § 36 Rz 114

[82] Vgl. Brox, Hans / Walker, Wolf-Dietrich (2006) § 18 Rz 446; Larenz, Karl / Wolf, Manfred (2004) § 36 Rz 116 ff

[83] Das negative Interesse ist damit höchstens bis zum Erfüllungsinteresse zu ersetzen; der Anfechtungsgegner soll durch die Anfechtung nicht besser gestellt werden, als er auch bei Durchführung des Geschäfts gestanden hätte. Vgl. Medicus, Dieter (2006) § 48 Rz 784; Brox, Hans / Walker, Wolf-Dietrich (2006) § 18 Rz 447; Heinrichs, Helmuth (2007) § 122 Rz 4; Larenz, Karl / Wolf, Manfred (2004) § 36 Rz 120

[84] Vgl. Brox, Hans / Walker, Wolf-Dietrich (2006) § 18 Rz 445; Larenz, Karl / Wolf, Manfred (2004) § 36 Rz 115; Heinrichs, Helmuth (2007) § 122 Rz 5; Medicus, Dieter (2006 [§ 48 Rz 785]) weist i.d.Z. zu Recht darauf hin, dass, während die Fälle, in denen Kenntnis des Erklärungsempfängers vorlag, unstrittig sind, bei einem „Kennenmüssen" allerdings zu beachten ist, dass dies nur dann die Schadensersatzpflicht ausschließt, wenn der Irrtum derart auffällig ist, dass sich eine Rückfrage aufgedrängt hätte.

wirklichkeit, sondern vielmehr auf einer Fiktion. Diese Loslösung des Sachverhalts (II) von der Lebenswirklichkeit gilt solange, bis die Lebenswirklichkeit entsprechend angepasst werden kann, was jedoch nur für die Zukunft möglich ist, da etwas Geschehenes nicht ungeschehen gemacht werden kann. Für den Zeitraum zwischen der Realisierung der Lebenswirklichkeit und dem Zeitpunkt der Anfechtung besteht demnach zwangsläufig eine Abweichung zwischen der tatsächlichen und der zivilrechtlichen Betrachtung der Lebenswirklichkeit, der Sachverhalt (II) hat sich von der Lebenswirklichkeit gelöst.

23 Einordnung in die allgemeine Struktur des Irrtums

I.d.R. wird ein Irrtum im Zivilrecht als Abschlussmangel angesehen, was grundsätzlich dazu führen würde, dass auch im Zivilrecht eine Beschränkung des Irrtums hinsichtlich seiner Entstehung auf den psychischen Teil der Handlungskette vorgenommen würde, wie dies bei der hier zugrunde gelegten Definition erfolgt. Es hat sich aber gezeigt, dass im Zivilrecht neben dem Falschwissen („error“) auch das Nichtwissen („ignorantia“) und mechanische Fehler (Verschreiben, Vergreifen etc.) in die Irrtumsregelung einbezogen sind, auch wenn sie – wie Letztere als fehlerhafte Handlungen – keinen Irrtum i.S.d. hier verwendeten Definition darstellen.

Für die Irrtumsregelung im Zivilrecht steht demnach – insbesondere vor dem Hintergrund der gravierenden unterschiedlichen Rechtsfolgen – nicht die Abgrenzung der Irrtümer von anderen Fehlern und deren Regelung im Vordergrund, sondern vielmehr eine Abgrenzung der als beachtlich angesehenen Irrtümer (und ihnen gleichgestellter Fehler) von den als unbeachtlich hinsichtlich einer möglichen Anfechtung angesehenen.

3 Die steuerrechtlichen Rechtsfolgen des zivilrechtlichen Irrtums (mittelbare Folgen des primären Irrtums)

31 Das Spannungsverhältnis zwischen Zivil- und Steuerrecht

Nachdem die unmittelbaren Folgen des primären Irrtums dargestellt wurden, kann nun auf die mittelbaren, also steuerrechtlichen Folgen des primären Irrtums eingegangen werden.

Grundsätzlich ist der Ausgangspunkt sämtlicher Überlegungen die Lebenswirklichkeit, die zu einem Sachverhalt aufbereitet wird. Dabei stellt sich die Frage, ob der steuerrechtliche Sachverhalt auf den bereits zivilrechtlich gebildeten zurückgreift oder stattdessen – diesen unberücksichtigt lassend – auf einer eigenen

Aufbereitung der Lebenswirklichkeit beruht. Diese Frage ist immer dann von besonderem Interesse, wenn sich der zivilrechtliche Sachverhalt von der Lebenswirklichkeit gelöst hat.

Auch wenn das Steuerrecht oftmals dem Zivilrecht folgt, darf das nicht darüber hinwegtäuschen, dass es sich um zwei Rechtsbereiche mit unterschiedlichen Zwecken handelt; so dient das Zivilrecht dem Interessensausgleich zwischen Bürgern, das Steuerrecht hingegen der Regelung eines öffentlich-rechtlichen Verhältnisses zwischen Staat und Steuerpflichtigem.

Allein diese unterschiedliche Zwecksetzung führt schon dazu, dass die Pauschalaussage, dass das Steuerrecht regelmäßig dem Zivilrecht folgt, abzulehnen ist.[85] Andererseits darf aus dieser Ablehnung jedoch nicht geschlossen werden, dass das Steuerrecht aufgrund seiner Eigenständigkeit dem Zivilrecht keinerlei Bedeutung beimessen muss. Vielmehr besteht ein gewisses Spannungsverhältnis zwischen den beiden Rechtsbereichen, das darin begründet ist, dass der steuerrechtliche Sachverhalt zwar dem zivilrechtlichen Sachverhalt entsprechen kann, dies jedoch nicht muss.[86]

Statt der Überprüfung pauschaler Aussagen gilt es, die Anknüpfungspunkte der Besteuerung an die tatsächliche Lebenswirklichkeit oder eine u.U. bereits zivilrechtlich fiktiv gebildete Lebenswirklichkeit zu bestimmen. Da es dem Steuerrecht sowohl an einer Definition des Irrtums als auch an speziellen, aber gemeingültigen Vorschriften zur Behandlung irrtumbehafteter Vorgänge mangelt, muss zur Klärung des Anknüpfungspunktes der Besteuerung, also des steuerrechtlichen Sachverhalts, sowohl auf die Entstehung der Ansprüche aus dem Steuerschuldverhältnis (§ 38 AO) als auch auf die Behandlung unwirksamer Rechtsgeschäfte (§ 41 AO) zurückgegriffen werden.

---

[85] Vgl. z.B. Biergans, Enno / Stockinger, Roland (FR 1982) S. 26 ff; a.A. Barth, Kuno (BB 1987 [S. 1398]), der die Beteiligten nicht an die steuerlichen Folgen eines anfechtbaren Rechtsgeschäfts binden will und mit Verweis auf das BVerfG (v. 24.01.1962, 1 BvR 845/58, BStBl I 1962 S. 500) darlegt, dass „... Abweichungen von der zivilrechtlichen Gestaltung "von überzeugenden Gründen getragen" sein müssen“, um die Einheit der Rechtsordnung zu wahren.

[86] Vgl. Beker, Manfred (1969) S. 17 f; BVerfG v. 07.06.1993, 2 BvR 335/93, HFR 1993 S. 542; Biergans, Enno / Stockinger, Roland (FR 1982 [S. 26 ff]), die, eine Maßgeblichkeit des Zivilrechts für das Steuerrecht – wie sie z.B. Lüders, Jürgen (DB 1986 [S. 1945]) sieht – verneinend, darauf hinweisen, dass aufgrund der unterschiedlichen Zwecksetzung sogar trotz gleicher Begriffsverwendung ein unterschiedlicher Sinn und Inhalt vorliegen kann.

32 Die Entstehung der Ansprüche aus dem Steuerschuldverhältnis (§ 38 AO)

Gem. § 38 AO entstehen die Ansprüche aus dem Steuerschuldverhältnis, sobald der Tatbestand verwirklicht ist, an den das Gesetz die Leistungspflicht knüpft.[87] Dazu erfolgt die Prüfung der zum Sachverhalt aufbereiteten Lebenswirklichkeit hinsichtlich der Tatbestandsmerkmale der Einzelsteuergesetze, § 38 AO stellt insofern eine Blankettnorm dar.[88]

Die Ansprüche aus dem Steuerschuldverhältnis entstehen kraft Gesetz mit der Verwirklichung des gesetzlich umschriebenen Tatbestandes und werden unabänderlich, sofern der auf der Lebenswirklichkeit beruhende Sachverhalt nicht rückgängig gemacht werden kann.[89]

Die Unabänderlichkeit hat insbesondere zur Folge, dass aus steuerlicher Sicht eine Beeinflussung in Form einer rückwirkenden Vereinbarung hinsichtlich des vorliegenden Sachverhalts durch die Beteiligten – unabhängig von den zivilrechtlichen Möglichkeiten – generell ausgeschlossen ist;[90] dabei ist es unerheblich, ob es sich um das rückwirkende Ungeschehenmachen eines Vor-

---

[87] Unter einem (Steuer-)Tatbestand, an dessen Verwirklichung § 38 AO das Entstehen der Steuerschuld knüpft, wird die „... Gesamtheit der in den materiellen Steuerrechtsnormen enthaltenen abstrakten Voraussetzungen [verstanden], bei deren konkretem Vorliegen (Tatbestandsverwirklichung) bestimmte Rechtsfolgen eintreten ...“; Kruse, Heinrich Wilhelm (o.J.) § 38 AO Rz 6 m.w.N.

[88] Vgl. Schuster, Silvia (o.J.) § 38 AO Rz 26; Kruse, Heinrich Wilhelm (o.J.) § 38 AO Rz 1

[89] Vgl. z.B. BFH v. 18.09.1984, VIII R 119/81, BStBl II 1985 S. 55; Kruse, Heinrich Wilhelm (o.J.) § 38 AO Rz 29 ff; Schuster, Silvia (o.J.) § 38 AO Rz 52 f; Wedelstädt, Alexander v. (o.J.) § 175 AO Rz 45; Loose, Matthias (o.J.) § 175 AO Rz 22. In der Vergangenheit wurde von der Rechtsprechung ausnahmsweise vom Rückwirkungsverbot abgesehen, wenn ein Rechtsirrtum vorlag, Manipulationen nicht in Frage kamen und der Vorgang sich nicht bereits anderweitig steuerlich ausgewirkt hatte (vgl. BFH v. 22.10.1953, IV 278/53 U, BStBl III 1953 S. 359). Die Beteiligten hatten damit die Möglichkeit, steuerlich einen zivilrechtlich unbeachtlichen Irrtum mittels einer rückwirkenden Vereinbarung wie einen erfolgreich ex-tunc angefochtenen zu behandeln. Der BFH hat diese Rechtsprechung aufgegeben (vgl. BFH v. 02.08.1983, VIII R 15/80, BStBl II 1983 S. 736), danach ist eine Ausnahme vom Rückwirkungsverbot nur dann zulässig, wenn es sich ausschließlich um eine technische Vereinfachung der Besteuerung handelt (vgl. BFH v. 18.09.1984, VIII R 119/81, BStBl II 1985 S. 55 m.w.N.; BFH v. 25.11.1992, X R 148/90, BFH/NV 1993 S. 586). Vgl. Schuster, Silvia (o.J.) § 38 AO Rz 62; Wedelstädt, Alexander v. (o.J.) § 175 AO Rz 56; Loose, Matthias (o.J.) § 175 AO Rz 40

[90] Vgl. Schuster, Silvia (o.J.) § 38 AO Rz 52; Kruse, Heinrich Wilhelm (o.J.) § 38 AO Rz 35; BFH v. 28.07.2004, XI R 67/03, BStBl II 2005 S. 84; BFH v. 18.11.1998, X R 110/95, BStBl II 1999 S. 225; BFH v. 05.11.1953, IV 38/53 U, BStBl III 1954 S. 4; BFH v. 18.04.1973, I R 57/71, BStBl II 1973 S. 700; BFH v. 02.08.1983, VIII R 15/80, BStBl II 1983 S. 736; BFH v. 19.07.1993, GrS 2/92, BStBl II 1993 S. 897; BFH v. 25.11.1992, X R 148/90, BFH/NV 1993 S. 586. Die Unabänderlichkeit des bestehenden Steueranspruchs gilt auch in den Fällen, in denen der Steuerpflichtige Wahlrechte ausüben darf, da der Steuerpflichtige hier den unverändert bestehenden durch die Tatbestandsverwirklichung entstandenen Steueranspruch lediglich in der Höhe – jedoch nicht dem Grunde nach – beeinflussen kann. Vgl. Schmieszek, Hans-Peter (o.J.) § 38 AO Rz 20; Kruse, Heinrich Wilhelm (o.J.) § 38 AO Rz 14 m.w.N.

gangs oder um das rückwirkende Fingieren eines solchen handelt. Beides würde einen unzulässigen Eingriff in ein öffentliches Rechtsverhältnis darstellen.[91]

Zur Geltung kommt die Unabänderlichkeit jedoch nur dann, wenn die Steuertatbestände endgültig als erfüllt anzusehen sind. Davon ist erst auszugehen, wenn der Sachverhalt, der der Besteuerung zugrunde liegt, aus steuerlicher Sicht nicht mehr (rückwirkend) geändert werden kann. Eine steuerlich anzuerkennende rückwirkende Änderung führt hingegen dazu, dass der Steuertatbestand von vornherein als nicht erfüllt anzusehen, ein Steueranspruch demnach zwar (zunächst) festsetzungsfähig, aber nicht (endgültig) entstanden ist.[92] Dabei ist allerdings zu beachten, dass, wenn der Tatbestand an die tatsächlichen Handlungen anknüpft, bereits die Realisierung der Handlung zur (endgültigen) Erfüllung des Tatbestandes führt und es damit auf einen Verwirklichungswillen des Handelnden nicht mehr ankommt.[93]

33 Die Folgen für den zivilrechtlichen Irrtum

Die Regelung hinsichtlich des Entstehens der Ansprüche aus dem Steuerschuldverhältnis gem. § 38 AO führt dazu, dass zur Untersuchung ihrer steuerlichen Folgen, zwischen den (zivilrechtlich) unbeachtlichen bzw. beachtlichen jedoch (noch) nicht angefochtenen irrtumbehafteten Vorgängen einerseits und den (zivilrechtlich) erfolgreich angefochtenen irrtumbehafteten Vorgängen andererseits unterschieden werden muss.

Bei den (zivilrechtlich) unbeachtlichen und beachtlichen, jedoch (noch) nicht angefochtenen irrtumbehafteten Vorgängen stimmt die realisierte Lebenswirklichkeit in jedem Zeitpunkt bzw. im Zeitraum der Betrachtung mit dem zivilrechtlich gebildeten Sachverhalt überein. Damit ist die vorliegende Le-

---

91 Vgl. bereits RFH v. 09.05.1933, VI A 434/30, RFHE 1933 S. 277; Rust, Kai-Oliver (1995) S. 24 f m.w.N.

92 Vgl. Fischer, Peter (o.J.) § 41 AO Rz 41; Kruse, Heinrich Wilhelm (o.J. [§ 41 AO Rz 6]) sieht den Steuertatbestand von vornherein als nicht erfüllt an; so auch Kottke, Klaus (DStR 1982 [S. 547]). Für alle gemeinsam gilt, dass der Steuertatbestand letztlich nicht erfüllt ist. Der Einwand von Rust, Kai-Oliver (1995 [S. 26 f]), dass § 41 AO keine Aussage hinsichtlich der Wirkung für die Vergangenheit beinhaltet, geht ins Leere, denn der zulässige Umkehrschluss der Vorschrift (vgl. Kruse, Heinrich Wilhelm (o.J.) § 41 AO Rz 3) hätte dann nicht die steuerliche Beachtung der nichteintreten- oder -beste-hengelassenen unwirksamen Rechtsgeschäfte zur Folge (vgl. Fischer, Peter (o.J.) § 41 AO Rz 98; Kruse, Heinrich
Wilhelm (o.J.) § 41 AO Rz 6). Zu beachten sind allerdings die Ausnahmen gem. § 41 Abs. 1 S. 2 AO (s.u.).

93 Vgl. Kottke, Klaus (DStR 1982) S. 548; Giloy, Jörg (FR 1987) S. 26 ff; BFH v. 30.08.1978, II R 28/73, BStBl II 1979 S. 81; BFH v. 27.03.1990, VII R 26/89, BStBl II 1990 S. 939; BFH v. 05.03.1991, VII R 58/90, BFH/NV 1992 S. 1; BFH v. 25.11.1992, X R 148/90, BFH/NV 1993 S. 586; Kruse, Heinrich Wilhelm (o.J. [§ 38 AO Rz 8]) weist darauf hin, dass dies nicht gilt, sofern der Gesetzgeber subjektive Tatbestandsmerkmale normiert hat.

benswirklichkeit Grundlage für die Aufbereitung zum Sachverhalt und zwar sowohl zum zivilrechtlichen als auch zum steuerrechtlichen, es besteht insofern keine Differenz zwischen Steuer- und Zivilrecht. Die Besteuerung kann damit ohne Probleme an den aus der Lebenswirklichkeit aufbereiteten Sachverhalt anschließen.

Anders dagegen bei einer erfolgreichen zivilrechtlichen Anfechtung, denn in diesen Fällen führt die zivilrechtliche Bewertung kraft Gesetz (rückwirkend) zu einer Abweichung zwischen der Lebenswirklichkeit und dem letztlich zivilrechtlich gebildeten Sachverhalt (II). Hier ist zu klären, ob sich das Steuerrecht bei der Aufbereitung zum Sachverhalt ausschließlich an der Lebenswirklichkeit oder aber an dem zivilrechtlichen Sachverhalt orientiert.

Während für die erste Gruppe der primären Irrtümer damit die steuerlichen Folgen feststehen, ist für die zweite Gruppe weiter zu untersuchen, welche Folgen das Steuerrecht für die Fälle vorsieht, in denen der zivilrechtlich gebildete Sachverhalt (II) sich von der Lebenswirklichkeit aufgrund eines unwirksamen Rechtsgeschäfts gelöst hat.

34 Unbeachtliche und beachtliche aber (noch) nicht erfolgreich angefochtene zivilrechtliche Irrtümer

34.1 Die Folgen für die Aufbereitung zum steuerrechtlichen Sachverhalt

Irrtümer, die dieser Gruppe zuzuordnen sind, haben gemeinsam, dass die tatsächlich realisierte Lebenswirklichkeit mit dem zivilrechtlich gebildeten Sachverhalt übereinstimmt, da es hier endgültig beim Sachverhalt (I) verbleibt und es somit keine Unterschiede beim Ergebnis der Betrachtungen – unabhängig von Betrachtungsperspektive und -horizont – gibt. Da dem Steuerrecht eine explizite Irrtumsregelung fehlt, besteht prinzipiell kein Grund, von der Lebenswirklichkeit und dem damit übereinstimmenden zivilrechtlich gebildeten Sachverhalt (I) als Anknüpfungspunkt der Besteuerung, also des steuerrechtlichen Sachverhalts, abzuweichen. Aufgrund der Übereinstimmung zwischen Lebenswirklichkeit und zivilrechtlichem Sachverhalt (I) ist es für die Bildung des steuerrechtlichen Sachverhalts unerheblich, woran dieser anknüpft. Der Anknüpfungspunkt ist damit durch die Übereinstimmung von Lebenswirklichkeit und zivilrechtlichem Sachverhalt (I) eindeutig bestimmt. Dies gilt auch dann, wenn ihm ein irrtumbehafteter Vorgang zugrunde liegt.

Der Vorgang ist daher so, wie die Beteiligten diesen realisiert haben, nach seiner Aufbereitung zum steuerrechtlichen Sachverhalt hinsichtlich seiner steuerrechtlichen Tatbestandsmäßigkeit zu prüfen. Dies geschieht zunächst i.d.R. unter Berücksichtigung der wirtschaftlichen Betrachtungsweise, also der „... Ermittlung der Merkmale im Sachverhalt, die im Hinblick auf die betreffende gesetzliche Bestimmung rechtlich relevant sind und tatsächlich realisiert wurden."[94] Anschließend ist zu beachten, dass die Erfüllung der Tatbestandsmäßigkeit von Steuernormen dazu führen kann, dass in diesen Normen enthaltene Bewertungsvorschriften das Ergebnis der Lebenswirklichkeit anhand objektivierender Kriterien messen und gegebenenfalls wertmäßige Korrekturen vorgenommen werden müssen. Auch hier löst sich der Sachverhalt u.U. von der Lebenswirklichkeit. Allerdings unterscheidet sich die Vorgehensweise wesentlich von der des Zivilrechts, wenn sich dieses über die Lebenswirklichkeit hinwegsetzt. Während im Zivilrecht eine fiktive Lebenswirklichkeit aufgrund der Ausübung eines Wahlrechts durch den Irrenden gebildet wurde, handelt es sich bei der hier vorzunehmenden Objektivierung um eine reine Bewertungsfrage, eine Korrektur i.R.d. der rechnerischen Quantifizierung. Diese ist bereits bei der Aufbereitung zum Sachverhalt zu beachten, insofern wird hier auch nur ein einziger Sachverhalt gebildet.

34.2 Die allgemeinen Wirkungen der steuerrechtlichen Folgen

Zunächst werden die Fälle betrachtet, in denen das Ergebnis der Lebenswirklichkeit keinen steuerlichen Korrekturen unterliegt. Die steuerlichen Wirkungen dieser Fälle werden hier als allgemeine Wirkungen bezeichnet.

Zur Darstellung der allgemeinen Wirkungen ist danach zu unterscheiden, ob die Besteuerung an den Erfolg des Vorgangs anknüpft oder aber an die Substanz, die Gegenstand des Vorgangs gewesen ist.

Stellt die Besteuerung auf den Erfolg eines Vorgangs ab, so führt ein Irrtum mit negativen wirtschaftlichen Folgen zu einer niedrigeren, ein Irrtum mit positiven wirtschaftlichen Folgen hingegen zu einer höheren steuerlichen Bemessungsgrundlage. Die steuerlichen Folgen laufen den zunächst eingetretenen wirtschaftlichen Folgen entgegen und mindern diese.

Knüpft die Besteuerung dagegen an einer Substanz an, so verstärken die Steuereffekte für einen irrenden Erwerber die zunächst eingetretenen wirtschaftlichen Folgen noch zusätzlich; negative wirtschaftliche Folgen führen zu einer höheren, positive wirtschaftliche Folgen zu einer niedrigeren steuerlichen Bemessungsgrundlage. Für einen irrenden Veräußerer hingegen laufen die steuerlichen Folgen den zunächst eingetretenen wirtschaftlichen Folgen entgegen und mindern diese.

Zur Veranschaulichung werden die Erkenntnisse graphisch umgesetzt:

[94] Biergans, Enno / Stockinger, Roland (FR 1982) S. 28

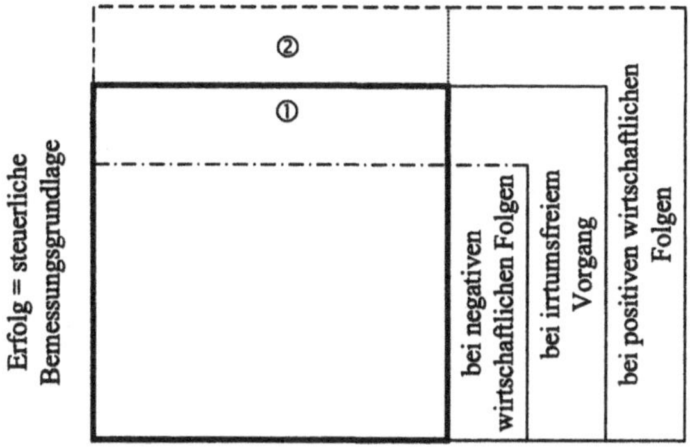

Abbildung 9a: Der Erfolg eines Vorgangs

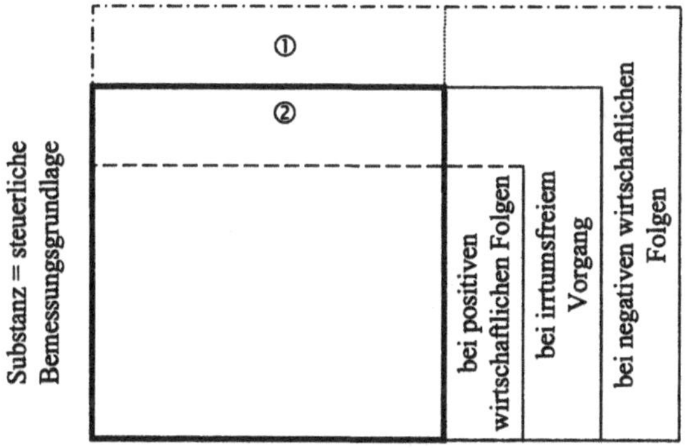

Abbildung 9b: Die Substanz eines Vorgangs (Erwerber)

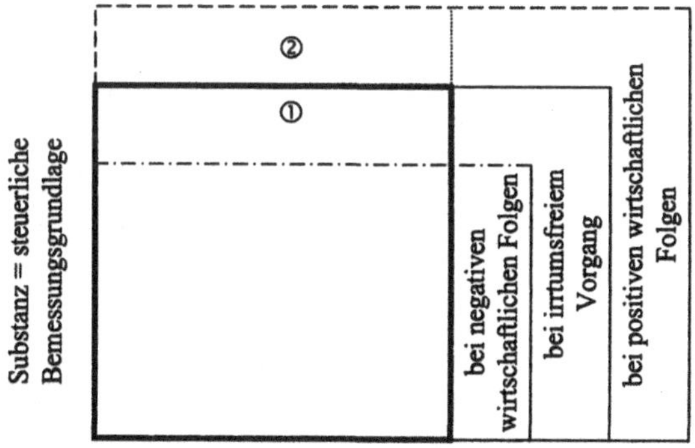

Abbildung 9c: Die Substanz eines Vorgangs (Veräußerer)

① negative wirtschaftliche Folgen

② positive wirtschaftliche Folgen

34.3 Die Wirkung steuerrechtlicher Folgen i.R. einer steuerlichen Bewertung

Anderes gilt dagegen in den Fällen, in denen die Erfüllung der Tatbestandsmäßigkeit steuerlicher Normen aufgrund objektivierender Kriterien zu Korrekturen i.R.d. rechnerischen Quantifizierung des wertmäßigen Ergebnisses der Lebenswirklichkeit führt.

Statt vom wertmäßigen Ergebnis der irrtumbehafteten Lebenswirklichkeit wird von einem solchen ausgegangen, welches sich bei einem irrtumsfreien Vorgang eingestellt hätte. Auf den ersten Blick handelt es sich damit um die Ignorierung des Irrtums. Ob eine solche tatsächlich vorliegt, hängt jedoch davon ab, auf welche Art und Weise die Korrekturen erfolgen, denn wenn die Korrekturen ebenfalls steuerliche Berücksichtigung finden, verbleibt es letztlich auch steuerlich bei dem ursprünglichen rechnerischen Erfolg der Lebenswirklichkeit. Anderes gilt dagegen in den Fällen, in denen die Korrekturen steuerlich unbeachtlich bleiben. Hier kommt es tatsächlich zur Ignorierung des Irrtums dergestalt, dass für steuerliche Zwecke von einem Wert ausgegangen wird, der vom wertmäßigen Ergebnis der Lebenswirklichkeit abweicht. Eine solche Korrektur kann selbstverständlich nur in den Fällen vorgenommen werden, in denen der Irrtum auch aufgedeckt worden ist.

Welche Folgen dies i.R.d. Einkommensteuer hat, wird im Folgenden anhand eines aktivierungspflichtigen Anschaffungsvorgangs dargestellt.

34.4 Die Wirkung steuerrechtlicher Folgen i.R.d. Gewinneinkünfte, die gem. §§ 4 Abs. 1, 5 Abs. 1 EStG ermittelt werden

Gewinn i.S.d. Vorschriften ist gem. § 4 Abs. 1 S. 1 EStG der Unterschiedsbetrag zwischen dem Betriebsvermögen am Schluss des Wirtschaftsjahres und dem Betriebsvermögen am Schluss des vorangegangenen Wirtschaftsjahres, vermehrt um den Wert der Entnahmen und vermindert um den Wert der Einlagen.

Das Anknüpfen an das Betriebsvermögen zu einem Stichtag hat zur Folge, dass eine periodengerechte Berücksichtigung der Erträge und Aufwendungen vorzunehmen ist, unabhängig von Ein- und Auszahlungen bzw. Einnahmen und Ausgaben.

Zur Ermittlung des Betriebsvermögens sind entsprechende steuerliche Bewertungen vorzunehmen.[95] Gem. § 6 Abs. 1 Nr. 1, Nr. 2 EStG sind Wirtschaftsgüter

[95] Die nachfolgenden Ausführungen beschränken sich auf die Betrachtung von aktivierungspflichtigen Anschaffungsvorgängen. Handelt es sich um nichtaktivierungspflichtige Anschaffungsvorgänge, so gelten die allgemeinen Regelungen hinsichtlich der steuerlichen Folgen i.R.d. Erfolgsbesteuerung. Bei Veräußerungsvorgängen treten die steuerlichen Fol-

mit den Anschaffungs- oder Herstellungskosten oder dem an deren Stelle tretenden Wert anzusetzen. Ist der Teilwert aufgrund einer voraussichtlich dauernden Wertminderung niedriger, so kann dieser angesetzt werden.[96]

In der Folge verbleibt es für Irrtümer mit positiven wirtschaftlichen Folgen bei dem Ansatz zu Anschaffungs- oder Herstellungskosten, die steuerliche Bewertung führt in diesem Fall nicht zu einem geänderten Wertansatz, es verbleibt bei den allgemein dargestellten Folgen.

Anders dagegen in den Fällen eines Irrtums mit negativen wirtschaftlichen Folgen. Hier ist der steuerliche Wertansatz unter Berücksichtigung des Zeitpunktes der Aufdeckung des Irrtums genauer zu betrachten.

Zunächst soll vereinfachend, die zeitliche Dimension der Aufdeckung vernachlässigend, danach unterschieden werden, ob der Irrtum im Zeitpunkt der steuerlichen Bewertung bereits aufgedeckt ist oder nicht.

Sofern der Irrtum nicht aufgedeckt ist, stellt sich die Frage des Wertansatzes nicht, der Irrtum wirkt sich erst im Zeitpunkt der endgültigen wirtschaftlichen Verwendung in Form eines Abgangs bzw. Verbrauchs erfolgswirksam aus und löst erst dann die entsprechenden Steuerfolgen aus.

Anders dagegen in den Fällen, in denen der Irrtum aufgedeckt ist. Hier sind die unterschiedlichen Folgen zu betrachten, die sich aus der steuerlichen Bewertung des Vorgangs ergeben.

Grundsätzlich wäre es hinsichtlich der steuerlichen Bewertung möglich, an die Anschaffungskosten oder den Teilwert anzuknüpfen. Tatsächlich erfolgt der Ansatz mit dem Teilwert jedoch höchstens mit den Anschaffungskosten. Im Folgenden werden kurz die Auswirkungen umrissen, die sich bei einer konsequenten Anknüpfung an die Anschaffungskosten bzw. den Teilwert einstellen würden.

---

gen ebenfalls umgehend ein, auch hier gelten die allgemeinen Feststellungen hinsichtlich der steuerlichen Folgen.

96 Handelsrechtlich ist zu beachten, dass gem. § 253 Abs. 2 S. 3 HGB bei Vermögensgegenständen des Anlagevermögens außerplanmäßige Abschreibungen auf den niedrigeren beizulegenden Wert vorgenommen werden dürfen; sie sind vorzunehmen bei einer voraussichtlich dauernden Wertminderung (gemildertes Niederstwertprinzip). Für Vermögensgegenstände des Umlaufvermögens ist gem. § 253 Abs. 3 HGB zu beachten, dass auf den niedrigeren Börsen- oder Marktpreis bzw. den niedrigeren beizulegenden Wert abzuschreiben ist (strenges Niederstwertprinzip). Die steuerlichen Wahlrechte sind daher aufgrund der Maßgeblichkeit der Handels- für die Steuerbilanz gem. § 5 Abs. 1 S. 1 EStG eingeschränkt, für die Ausübung der handelsrechtlichen Wahlrechte in der Steuerbilanz ist allerdings wiederum der Bewertungsvorbehalt gem. § 5 Abs. 6 EStG zu beachten. Im Folgenden wird vereinfachend davon ausgegangen, dass es sich bei der durch einen Irrtum verursachten Wertminderung um eine voraussichtlich dauernde handelt.

Eine ausschließliche Orientierung der Bewertung an den Anschaffungskosten hätte zur Folge, dass sich die Folgen des Irrtums erst dann einstellen würden, wenn die Wirtschaftsgüter abgehen, abgeschrieben oder verbraucht werden.

Liegen die Anschaffungskosten als Folge des Irrtums über dem Teilwert (negative wirtschaftliche Folgen des Irrtums), hätte deren Aktivierung zur Folge, dass (nicht zulässige) „stille Lasten" gebildet würden, die sich bei abnutzbaren Wirtschaftsgütern des Anlagevermögens zeitanteilig aufgrund einer – im Vergleich zur Aktivierung des objektiv zutreffenden Wertes (hier des Teilwertes) – gleichfalls zu hohen Abschreibung in der Folgezeit ausgleichen würden. Eine zwischenzeitliche Veräußerung würde diese „stillen Lasten" realisieren. Letzteres gilt auch für die „stillen Lasten" bei nichtabnutzbaren Wirtschaftsgütern des Anlagevermögens. Beim Umlaufvermögen würde gleichfalls eine „stille Last" entstehen, die beim Vorratsvermögen im Laufe des Verbrauchs realisiert wird.

Ein irrtümlich zu niedriger Wert bei den Anschaffungskosten (positive wirtschaftliche Folgen) hätte dagegen beim Anlagevermögen die Bildung stiller Reserven zur Folge, die erst bei einer Veräußerung realisiert werden. Da sich die Abschreibung an dem angesetzten Wert orientiert, erfolgen die Abschreibungen lediglich bis zur Höhe der Anschaffungskosten. Damit fällt die Abschreibung geringer aus als beim Ansatz zum Teilwert. Die Differenz zwischen den Anschaffungskosten und dem höheren Teilwert verbleibt als stille Reserve, die nur im Falle einer Veräußerung realisiert wird, sofern sie in diesem Zeitpunkt nicht schon aufgebraucht ist (was u.U. wiederum zu erspartem Aufwand in der Zwischenzeit führt). Die beim Umlaufvermögen entstehenden stillen Reserven werden bei einem Verbrauch entsprechend realisiert.

Im Gegensatz zu einer Aktivierung ausschließlich zu Anschaffungskosten führt die Aktivierung zum Teilwert zur sofortigen erfolgswirksamen Berücksichtigung der sich aus dem irrtumbehafteten Vorgang ergebenden Differenz und den entsprechenden Steuereffekten. Ein irrtümlich zu hoher Wert (negative wirtschaftliche Folgen) hätte zur Folge, dass die Differenz zwischen dem irrtümlichen Wert und dem anzusetzenden Wert sowohl für Wirtschaftsgüter des Anlage- als auch des Umlaufvermögens erfolgswirksam als Aufwand zu erfassen wäre. Die Differenz bei einem irrtümlich zu niedrigen Wert (positive wirtschaftliche Folgen) wäre dagegen als Ertrag zu erfassen.

Bislang wurde nur danach unterschieden, ob ein Irrtum aufgedeckt worden ist oder nicht. Besondere Bedeutung kommt jedoch dem Zeitpunkt der Aufdeckung des Irrtums zu. Es stellt sich damit die Frage, welche Folgen sich für die steuerliche Bewertung in den Fällen ergeben, in denen die Aufdeckung des Irrtums in dem Zeitraum zwischen der Realisierung der Lebenswirklichkeit des irrtumbehafteten Vorgangs und dem Zeitpunkt der endgültigen wirtschaftlichen Verwendung erfolgt.

I.R.d. Gewinnermittlung gem. §§ 4 Abs. 1, 5 Abs. 1 EStG ist neben dem Stichtagsprinzip des § 252 Abs. 1 Nr. 3 HGB auch das Vorsichtsprinzip des § 252 Abs. 1 Nr. 4 HGB zu beachten. Dazu muss zunächst auch hier zwischen positiven und negativen wirtschaftlichen Folgen des Irrtums unterschieden werden.[97]

Für positive wirtschaftliche Folgen des Irrtums gilt das Vorsichtsprinzip in Form des Realisationsprinzips, wonach Gewinne nur dann zu berücksichtigen sind, wenn sie bis zum Bilanzstichtag realisiert wurden. Diesem Gedanken entspricht die Regelung des § 6 Abs. 1 Nr. 1 S. 1 EStG i.V.m. § 253 Abs. 1 HGB, nach dem höchstens die Aktivierung der Anschaffungskosten möglich ist, auch dann, wenn der Teilwert entsprechend höher sein sollte. Es verbleibt damit für die Bewertung bei dem Ansatz des irrtümlich realisierten Wertes, was – wie bereits ausgeführt – dazu führt, dass die positiven wirtschaftlichen Folgen des Irrtums zunächst nicht erfolgswirksam und die Steuereffekte nicht ausgelöst werden. Vielmehr führt die steuerliche Unterstellung eines – hinsichtlich des irrtumbehafteten Vorgangs – erfolgsneutralen Geschäfts zur Bildung stiller Reserven, die erst dann erfolgswirksam werden, wenn das Wirtschaftsgut das Betriebsvermögen verlässt, sei es durch Verbrauch oder Abgang.

Anderes gilt hingegen für den Irrtum mit negativen wirtschaftlichen Folgen. Hier ist das Imparitätsprinzip als Ausprägung des Vorsichtsprinzips anzuwenden, vorhersehbare Risiken und Verluste sind zu berücksichtigen, soweit sie verursacht sind. Dies bedeutet zunächst, dass gem. § 5 Abs. 1 S. 1 EStG i.V.m. § 253 Abs. 2, Abs. 3 HGB und § 6 Abs. 1 Nr. 2 S. 2 i.V.m. § 5 Abs. 6 EStG nicht die Anschaffungskosten anzusetzen sind, sondern der niedrigere Teilwert gem. dem Niederstwertprinzip, sofern es sich um eine voraussichtlich dauernde Wertminderung handelt.[98] Die vorzunehmende Teilwertabschreibung[99] führt zu

---

[97] Um die Folgen des Irrtums darstellen zu können, wird zunächst die Annahme getroffen, dass der irrtumsfreie Vorgang für beide Seiten weder positive noch negative Folgen mit sich bringt, also neutral ist, und die erfolgswirksamen Folgen ausschließlich auf den Irrtum zurückzuführen sind.

[98] Für die Teilwertabschreibung ist damit eine zweistufige Prüfung notwendig. In einem ersten Schritt ist festzustellen, ob am Bilanzstichtag ein niedrigerer Teilwert vorliegt. Dazu sind alle zum Bilanzstichtag eingetretenen Ereignisse zu berücksichtigen, sofern diese bis zum Abschluss der Aufstellung des Jahresabschlusses bekannt geworden sind (Wertaufhellungstheorie). In einem weiteren Schritt ist dann zu prognostizieren, ob diese Wertminderung voraussichtlich von Dauer ist. Dietrich, Jörg (DStR 2000 [S. 1631 ff]) sieht die Voraussetzung einer voraussichtlich dauerhaften Wertminderung für Anlagevermögen insbesondere dann als erfüllt an, wenn für eine spätere Werterhöhung an den darauf folgenden fünf Abschlussstichtagen bzw. für die Restbehaltezeit kein Anlass gesehen wird. Nach Auffassung der Finanzverwaltung (BMF v. 25.02.2000, IV C 2-S2171b-14/00, Rz 6) kommt eine Teilwertabschreibung nur dann in Betracht, wenn der Wert des jeweiligen Wirtschaftsgutes zum Bilanzstichtag und für die halbe Restnutzungsdauer unter dem planmäßigen Restbuchwert liegt. Für das Umlaufvermögen ist ausschließlich auf die Behaltedauer abzustellen; nur eine außergewöhnlich lange Behaltedauer führt auch hier zur Anwendung der Kriterien des Anlagevermögens, ansonsten ist die Voraussetzung bereits dann erfüllt, wenn die Wertminderung für die voraussichtliche Behaltedauer eintreten wird.

einer unmittelbaren Berücksichtigung der wirtschaftlichen Folgen – und damit auch der gegenläufigen Steuereffekte – im Zeitpunkt der steuerlichen Erfassung des irrtumbehafteten Vorgangs. Dies setzt jedoch voraus, dass der Irrtum aufgedeckt worden ist, denn nur dann kann eine fehlerfreie Bewertung erfolgen. Ist die Aufdeckung nicht erfolgt, so muss davon ausgegangen werden, dass die vorzunehmende Bewertung ebenfalls irrtumbehaftet ist und es daher bei einer zeitanteiligen Wirkung verbleibt, bei der es zu einer unbewussten Bildung von „stillen Lasten" kommt. In diesen Fällen handelt es sich um einen doppelten Irrtum, denn der Steuerpflichtige hat sich zunächst hinsichtlich des zivilrechtlichen Vorgangs geirrt und aufgrund der nicht erfolgten Aufdeckung irrt er ein zweites Mal – weil er eine falsche Vorstellung hinsichtlich des zugrunde liegenden Vorgangs hat – über die Folgen des Vorgangs bei der Bewertung i.R.d. Erstellung des Jahresabschlusses. Es ist jedoch an dieser Stelle zu beachten, dass dieser zweite Irrtum bereits zur Sachverhaltsdarstellung gehört und deshalb erst in der zweiten Handlungskette abzuhandeln ist. Zu prüfen bleibt an dieser Stelle, bis zu welchem Zeitpunkt die Aufdeckung erfolgen muss, damit sie berücksichtigt und der sich daran anschließende Irrtum vermieden werden kann. Gem. § 252 Abs.1 Nr. 3 HGB hat die Bewertung zum Stichtag zu erfolgen, wobei allerdings gem. § 252 Abs. 1 Nr. 4 HGB die vorhersehbaren und verursachten Risiken und Verluste auch dann zu berücksichtigen sind, wenn sie erst zwischen dem Bilanzstichtag und dem Abschluss der Aufstellung des Jahresabschlusses bekannt werden (Wertaufhellungstheorie[100]). Es sind daher neben den am Bi-

---

Dabei dient der stichtagsnachgelagerte Geschehensverlauf (bis zur Beendigung der Aufstellung des Jahresabschlusses) der Objektivierung der mit Unsicherheit behafteten Prognose, wobei eine Widerlegung durch den Steuerpflichtigen möglich ist (vgl. Kessler, Harald (DB 1999) S. 2578 ff). Eine solche Widerlegung kann u.a. mit einer Fehlmaßnahme oder -kalkulation begründet werden, die auf einen Irrtum des Steuerpflichtigen zurückgeht (vgl. BFH v. 25.10.1972, GrS 6/71, BStBl II 1973 S. 79), wobei zu beachten ist, dass, wenn sich der Wert des Wirtschaftsgutes bis zum Bilanzstichtag erhöht hat, eine Teilwertabschreibung ausgeschlossen ist (vgl. Glanegger, Peter (2007) § 6 EStG Rz 237). Wenn weitere Einflüsse ausgeschlossen werden, verbleibt es für den unbeachtlichen Irrtum bei dem tatsächlich realisierten Vorgang und damit bei einer dauerhaften Wertminderung. Führen weitere Einflüsse dazu, dass nicht von einer voraussichtlich dauerhaften Wertminderung auszugehen ist, so würde dies bewirken, dass die sonstigen Einflüsse die negativen wirtschaftlichen Folgen des Irrtums vollständig kompensieren. In der Folge ist eine Teilwertabschreibung unzulässig, was dazu führt, dass sich die negativen wirtschaftlichen Folgen des Irrtums bis zum Eintritt der weiteren Ereignisse erst bei ihrem Verbrauch oder Abgang auswirken.

99 Es ist zu beachten, dass gem. §§ 6 Abs. 1 Nr. 1 S. 4, 6 Abs. 1 Nr. 2 S. 3 EStG i.V.m. § 5 Abs. 6 EStG das strenge Wertaufholungsgebot zu befolgen ist. Demnach hat der Steuerpflichtige am folgenden Bilanzstichtag nachzuweisen, dass weiterhin die Voraussetzungen für den Ansatz des niedrigeren Teilwertes vorliegen, ansonsten ist eine entsprechende Wertaufholung vorzunehmen.

100 Vgl. z.B. Plewka, Harald / Schmidt, Lutz (o.J.) § 5 EStG Rz 636 ff; Stobbe, Thomas (o.J.) § 6 EStG Rz 82 m.w.N.; Ortmann-Babel, Martina (o.J.) § 6 EStG Rz 117 ff m.w.N.; BFH v. 17.11.1987, VIII R 348/82, BStBl II 1988 S. 430; BFH v. 03.07.1991, X R 163-164/87, BStBl II 1991 S. 802; BFH v. 27.04.1965, I 324/62 S, BStBl III 1965 S. 409; BFH v. 28.03.2000, VIII R 77/96, BStBl II 2002 S. 227

lanzstichtag bestehenden Kenntnissen auch die nach dem Bilanzstichtag bis zur Beendigung der Aufstellung des Jahresabschlusses[101] erworbenen Kenntnisse über die am Bilanzstichtag bestehenden Verhältnisse – sowohl grundsätzlich als auch hinsichtlich einer zwischenzeitlich eingetretenen besseren Erkenntnis – zu berücksichtigen.[102] Zwar bleibt der Bilanzstichtag der entscheidende Zeitpunkt für den Jahresabschluss, für vorhersehbare und verursachte Verluste und Risiken gilt dies jedoch aufgrund der imparitätischen Ausprägung der Wertaufhellung hinsichtlich der bereits eingetretenen Ereignisse und nicht des Wissensstandes am Bilanzstichtag. Erfolgt die Aufdeckung des Irrtums mit negativen wirtschaftlichen Folgen zwischen dem Bilanzstichtag und dem Abschluss der Aufstellung des Jahresabschlusses, ist dieser damit ebenso zu behandeln, als wäre er bereits vor dem Bilanzstichtag aufgedeckt worden. Anders dagegen in den Fällen, in denen es erst nach der Aufstellung der Bilanz zu einer Aufdeckung des Irrtums

---

[101] Nach Stobbe, Thomas (o.J. [§ 6 EStG Rz 83]) und Glanegger, Peter (2007 [§ 6 EStG Rz 48]) ist generell auf den Zeitpunkt der Aufstellung der Handelsbilanz abzustellen, nur in bestimmten Ausnahmefällen kann die Aufstellung der Steuerbilanz ausschlaggebend sein; a.A. Ortmann-Babel, Martina (o.J. [§ 6 EStG Rz 123]), nach der es grundsätzlich auf den Zeitpunkt der Aufstellung der Steuerbilanz ankommt. Weiter halten Stobbe, Thomas (o.J. [§ 6 EStG Rz 83]) und Glanegger, Peter (2007 [§ 6 EStG Rz 48]) nicht den Zeitpunkt der Feststellung der Bilanz für entscheidend, sondern vielmehr den Abschluss der einzelnen Teile der Buchführung. Nachträgliche Informationen sollen nur dann Berücksichtigung finden, wenn sie zu erheblichen Änderungen führen würden; ebenso Adler, Hans / Düring, Walther / Schmaltz, Kurt (o.J.) § 252 Rz 77 ff; Winkeljohann, Norbert / Geißler, Horst (1999) § 252 Rz 39; a.A. Ortmann-Babel, Martina (o.J. [§ 6 EStG Rz 124]), nach der es auf den Zeitpunkt der Unterzeichnung der Bilanz ankommen soll.

[102] Vgl. Stobbe, Thomas (o.J.) § 6 EStG Rz 82. Es besteht eine unterschiedliche Auffassung hinsichtlich der Wertaufhellungskonzeption, was die Berücksichtigung des Wissenstandes angeht (vgl. Hommel, Michael / Berndt, Thomas (DStR 2000) S. 1745 ff). Die subjektive Wertaufhellungskonzeption geht davon aus, dass eine Bilanz dann richtig ist, „... wenn sie den im Zeitpunkt ihrer Aufstellung bestehenden Erkenntnismöglichkeiten über die am Bilanzstichtag objektiv bestehenden Verhältnisse entspricht, d.h. wenn sie subjektiv richtig ist" (BFH v. 14.08.1975, IV R 30/71, BStBl II 1976 S. 88). Maßgeblich ist nicht das subjektive Wissen des individuellen Kaufmanns, sondern „... der Erkenntnisstand des sorgfältigen Kaufmanns im Zeitpunkt der Bilanzaufstellung ..., und zwar bezogen auf die am Bilanzstichtag objektiv bestehenden Verhältnisse" (BFH v. 23.05.1984, I R 266/81, BStBl II 1984 S. 723). Die Bilanz ist so aufzustellen, wie sie ein vorsichtig abwägender ordentlicher Kaufmann unter verständiger Würdigung aller Umstände und Verhältnisse zum Bilanzstichtag aufgestellt hätte (vgl. BFH v. 28.03.2000, VIII R 77/96, BStBl II 2002 S. 227). Es gilt die „Maßgeblichkeit des am Abschlussstichtag Wissbaren" unter Berücksichtigung einer imparitätischen Betrachtungsweise i.R. einer Wahrscheinlichkeitsbeurteilung (vgl. Engel-Ciric, Dejan (DStR 1996) S. 1298 ff). Nach der objektiven Wertaufhellungskonzeption ist dagegen auf den Kenntnisstand der objektiv am Bilanzstichtag vorliegenden Verhältnisse abzustellen. In der Rechtsprechung wird i.d.R. von der subjektiven Wertaufhellungskonzeption ausgegangen (in Ausnahmen jedoch auch von der objektiven Wertaufhellungskonzeption vgl. Stobbe, Thomas (o.J.) § 6 EStG Rz 82 m.w.N. und Kritik dazu). Ciric, Dejan (1995 [S. 138 f]) weist ausdrücklich darauf hin, dass eine umfassende Verlustantizipation erforderlich ist, wenn die Verluste für die Vermögenslage von so entscheidender Bedeutung sind, dass eine Nichtberücksichtigung nicht vertretbar wäre (vgl. auch Engel-Ciric, Dejan (DStR 1996) S. 1302 f).

kommt, denn mit dem Abschluss der Aufstellung der Bilanz endet zugleich der Zeitraum für wertaufhellende Ereignisse.[103]

Bislang wurde von der Annahme ausgegangen, dass ausschließlich der Irrtum die wirtschaftlichen Folgen des Vorgangs bestimmt. Ist der wirtschaftliche Erfolg des Vorgangs dagegen an sich nicht neutral, muss auf die wirtschaftlichen Gesamtfolgen abgestellt werden, die dann die oben ausgeführten Vorgehensweisen bestimmen.

Sind die wirtschaftlichen Folgen insgesamt positiv, so gilt hinsichtlich positiver Folgen des Irrtums das oben Ausgeführte. Negative Folgen eines irrtümlichen Vorgangs innerhalb eines Vorgangs mit insgesamt positiven wirtschaftlichen Folgen führen nicht zu einer fiktiven Aufteilung des Vorgangs, sie haben lediglich eine Minderung der positiven Gesamtfolgen bewirkt, was nichts daran ändert, dass der gesamte Vorgang zu positiven wirtschaftlichen Folgen geführt hat.

Sind die wirtschaftlichen Folgen dagegen insgesamt negativ, führen darin enthaltene positive Folgen eines Irrtums zu einer Minderung der direkt zu berücksichtigenden wirtschaftlichen Folgen, die unmittelbar wirkenden Steuereffekte fallen dementsprechend geringer aus. Auch hier kommt es nicht zu einer Aufteilung, sondern es verbleibt bei der Zuordnung nach den Gesamtfolgen des Vorgangs. Sofern es sich um einen Irrtum mit negativen wirtschaftlichen Folgen innerhalb eines Vorgangs mit insgesamt negativen wirtschaftlichen Folgen handelt, gilt wiederum das oben Ausgeführte.

In den bisherigen Ausführungen wurde davon ausgegangen, dass es sich um einen Vorgang handelt, der im steuerlichen Sinn als realisiert angesehen werden kann, daneben ist jedoch auch der Fall denkbar, dass es sich um einen schwebenden Vorgang handelt.[104] Handelsrechtlich sind die Risiken und Verluste, die

[103] Erkenntnisse, die nach der Beendigung der Aufstellung des Jahresabschlusses gewonnen werden, sind nicht mehr zu berücksichtigen (vgl. Ehmcke, Torsten (o.J.) § 6 EStG Rz 44). Zu beachten ist dabei allerdings, dass, wenn der Abschluss der einzelnen Teile der Buchführung als Beendigung der Aufstellung des Jahresabschlusses angesehen wird, solche Erkenntnisse noch bis zur Beendigung der Abschlussarbeiten zu berücksichtigen sind, die zu erheblichen Änderungen der Positionen führen (vgl. Stobbe, Thomas (o.J.) § 6 EStG Rz 83, 85; a.A. Benne, Dietmar (BB 1980 [S. 1848]), der den Zeitpunkt der letztmöglichen Berücksichtigung wertaufhellender Ereignisse mit der Beendigung der Aufstellung des Jahresabschlusses zwar für die Handelsbilanz, nicht jedoch für die Steuerbilanz bejaht). Glanegger, Peter (2007 [§ 6 EStG Rz 48]) macht i.d.Z. auch darauf aufmerksam, dass der Wertaufhellungszeitraum höchstens bis zum Ablauf der gesetzlichen Aufstellungsfrist des Jahresabschlusses reicht. Da es sich bei der Bewertung nicht um eine (neue) Tatsache i.S.d. § 173 AO handelt, besteht dahingehend auch kein Konkurrenzverhältnis zu den Vorschriften der AO; vgl. Loose, Matthias (o.J.) § 173 AO Rz 9.

[104] „Ein schwebendes Geschäft ist immer dann gegeben, wenn ein zweiseitig verpflichtender Vertrag geschlossen wurde, der zumindest von demjenigen, der zu liefern oder zu leisten verpflichtet ist, noch nicht erfüllt wurde." Strahl, Martin (o.J. [§ 5 EStG Rz 607]) mit Verweis auf BFH v. 03.02.1993, I R 37/91, BStBl II 1993 S. 441; BFH v. 23.06.1997, GrS 2/93, BStBl II 1997 S. 735 m.w.N.

sich daraus ergeben, ebenfalls zu berücksichtigen, es sind Drohverlustrückstellungen gem. § 249 Abs. 1 HGB zu bilden,[105] die jedoch gem. § 5 Abs. 4a EStG steuerlich nicht zu beachten sind.[106]

Für den Irrtumsgegner gilt grundsätzlich das für den Irrenden Ausgeführte mit der Einschränkung, dass – sofern der Irrtumsgegner unter ökonomischen Gesichtspunkten gehandelt hat – der Vorgang für ihn keine negativen Folgen entfalten kann. Es sind daher nur positive bzw. neutrale Folgen innerhalb eines ansonsten neutralen oder positiven Vorgangs möglich.

Bei den beachtlichen aber (noch) nicht angefochtenen Irrtümern ist zu berücksichtigen, dass die Regelungen der unbeachtlichen Irrtümer dann gelten, wenn die Anfechtung durch den Irrenden nicht bis zum Bilanzstichtag erfolgt oder überwiegend wahrscheinlich ist, wenn der Irrende die Entscheidung getroffen hat, die Möglichkeit der Anfechtung nicht auszuüben, oder wenn die Anfechtung nicht innerhalb eines angemessenen Zeitraums erfolgt, was dazu führt, dass der Irrtumsgegner nach dem Grundsatz von Treu und Glauben davon ausgehen muss, dass der Irrende von der Möglichkeit der Anfechtung keinen Gebrauch mehr macht – mit der Folge, dass eine Anfechtung nicht mehr möglich ist.[107]

34.5 Die Wirkung steuerrechtlicher Folgen i.R.d. Überschusseinkünfte gem. §§ 8, 9 EStG und der Gewinneinkünfte, die gem. § 4 Abs. 3 EStG ermittelt werden

Anders als i.R.d. Gewinnermittlung gem. §§ 4 Abs. 1, 5 Abs. 1 EStG gilt für die Überschusseinkünfte gem. §§ 8, 9 EStG und die Gewinneinkünfte, die gem. § 4 Abs. 3 EStG ermittelt werden, das sog. „Zufluss-/Abflussprinzip" des § 11 EStG.[108] Dies hat zur Folge, dass hier einige Besonderheiten zu beachten sind. Für die Gewinnermittlung gem. § 4 Abs. 3 EStG gelten dabei unterschiedliche Vorgehensweisen für abnutzbares und nichtabnutzbares Anlagevermögen

---

[105] Hinsichtlich der notwendigen Unterscheidungen und Voraussetzungen kann, da es sich ausschließlich um einen handelsrechtlichen Ansatz handelt, auf die Kommentierungen verwiesen werden: z.B. Adler, Hans / Düring, Walther / Schmaltz, Kurt (o.J.) § 253 HGB Rz 242 ff; Schreiber, Jochen (o.J.) § 5 EStG Rz 854 ff; Plewka, Harald / Schmidt, Lutz (o.J.) § 5 EStG Rz 1320 ff; Strahl, Martin (o.J.) § 5 EStG Rz 604 ff

[106] Zu Recht weist Kanzler, Hans-Joachim (FR 1998 [S. 421 ff]) darauf hin, dass die Regelung des Verbots der Drohverlustrückstellungen innerhalb des § 5 EStG nicht zu der Annahme führen darf, dass diese Regelung nicht auch bei Gewinnermittlungen gem. § 4 Abs. 1 EStG anzuwenden ist. So auch Weber-Grellet, Heinrich (2007) § 5 EStG Rz 450; Schreiber, Jochen (o.J.) § 5 EStG Rz 883a; a.A. Bordewin, Arno (FR 1998) S. 230; Strahl, Martin (o.J.) § 5 EStG Rz 604

[107] Zur Behandlung der Probleme, die sich bis zu dem Zeitpunkt ergeben, ab dem ein (noch) nicht angefochtener Irrtum wie ein unbeachtlicher Irrtum angesehen werden kann, s.u.

[108] Es ist dabei zu beachten, dass es sich bei § 4 Abs. 3 EStG um die Ermittlung eines Gewinns handelt, die sich jedoch weitgehend der Techniken der Ermittlung der Überschusseinkünfte bedient.

sowie das Umlaufvermögen, die jeweils – bei Entsprechung – auch für die Anschaffung von Wirtschaftsgütern bei den Überschusseinkünften gem. §§ 8, 9 EStG Anwendung finden.

Während es für das Umlaufvermögen beim Zufluss-/Abflussprinzip gem. § 11 EStG verbleibt und ein irrtumbehafteter Vorgang somit immer bereits im Zeitpunkt der Zahlung berücksichtigt wird, ist die Betrachtung des Anlagevermögens differenzierter. Abweichend vom allgemeinen Zufluss-/Abflussprinzip ist in § 4 Abs. 3 S. 4 EStG eine gesetzliche Ausnahme normiert.

Nichtabnutzbares Anlagevermögen wird danach erst i.R.d. Abgangs des Wirtschaftsgutes berücksichtigt, wobei es nicht auf den Zahlungszeitpunkt, sondern auf den Veräußerungszeitpunkt ankommt.[109] Dem zwischenzeitlich festgehaltenen Buchwert kommt nur dahingehend Bedeutung zu, dass er von einem späteren Veräußerungserlös zur Ermittlung des Veräußerungserfolgs abzuziehen ist, eine Bewertung ist hingegen nicht vorgeschrieben. Dies hat zweierlei Folgen: Zum einen kann der Steuerpflichtige bei der Gewinnermittlung gem. § 4 Abs. 3 EStG nicht einem doppelten Irrtum dahingehend unterliegen, dass er aufgrund eines nicht aufgedeckten unbeachtlichen Irrtums eine irrtümliche Bewertung vornimmt, die Behandlung des Irrtums kann somit an dieser Stelle abschließend vorgenommen werden. Zum anderen kommt mangels Bewertung eine Teilwertabschreibung nicht in Betracht, der Irrtum wirkt sich demnach regelmäßig erst bei einem Abgang erfolgswirksam aus.[110] Positive wirtschaftliche Folgen des Irrtums führen deshalb zur Bildung stiller Reserven, negative wirtschaftliche Folgen führen zur Bildung „stiller Lasten", die erst bei einem Abgang aus dem Betriebsvermögen erfolgswirksam werden.

Anderes gilt hingegen für abnutzbare Wirtschaftsgüter des Anlagevermögens. Hier wird ebenfalls das Zufluss-/Abflussprinzip durchbrochen, da gem. § 4 Abs. 3 S. 3 EStG die Vorschriften über die Absetzung für Abnutzung oder Substanzverringerung anzuwenden sind und es auch hier sowohl für die An-

---

[109] Vgl. Heinicke, Wolfgang (2007) § 4 EStG Rz 398

[110] Die Nichtanwendbarkeit der Teilwertabschreibung für Wirtschaftsgüter des Anlagevermögens ist umstritten, ablehnend Wied, Edgar (o.J.) § 4 EStG Rz 159. Groh, Manfred (FR 1986 [S. 396]) zweifelt, ob nicht auch in diesen Fällen eine Bewertung der Wirtschaftsgüter wie beim Betriebsvermögensvergleich vorgenommen werden müsste; so auch Bergkemper, Winfried (o.J.) § 4 EStG Rz 536. Diese Überlegungen gehen wohl über den derzeitigen Gesetzesstand hinaus, denn wenn der Gesetzgeber dies im Sinn gehabt hätte, so wäre ein entsprechender Verweis auf die Bewertungsvorschriften vorzunehmen gewesen, dies ist jedoch nicht erfolgt. Allerdings lässt die Kritik die Frage danach aufkommen, ob an dieser Stelle nicht eine Weiterentwicklung erfolgen müsste, nicht zuletzt vor dem Hintergrund der praktischen Bedeutung dieser Form der Gewinnermittlung. Zwar handelt es um eine steuerliche Form der Gewinnermittlung, mangels eines anderen handelsrechtlichen Abschlusses wird diese aber auch dazu herangezogen, Gläubigern Auskunft zu geben. Das Vorhandensein möglicher „stiller Lasten" aus irrtümlichen Vorgängen widerspricht jedoch dem Gedanken des Gläubigerschutzes, wenn der Irrtum mit negativen wirtschaftlichen Folgen bis zum Zeitpunkt der Aufstellung der Gewinnermittlung aufgedeckt worden ist.

schaffung als auch die Veräußerung nicht auf den Zeitpunkt der Zahlung, sondern auf den tatsächlichen Vorgang ankommt.[111] Auch in diesem Fall ist jedoch eine Bewertung der Wirtschaftsgüter nicht vorgesehen, eine Teilwertabschreibung ist daher auch in diesen Fällen nicht vorzunehmen.[112] Bei irrtumbehafteten Vorgängen mit negativen wirtschaftlichen Folgen werden die gebildeten „stillen Lasten" zeitanteilig über die Abschreibung bzw. bei einem Abgang des Wirtschaftsgutes erfolgswirksam realisiert. Die bei positiven wirtschaftlichen Folgen entstehenden stillen Reserven werden hingegen regelmäßig erst bei einem Abgang aus dem Betriebsvermögen realisiert. Letztlich ist, obwohl es sich auch hier um eine abschnittsweise Gewinnermittlung handelt, der Aufdeckungszeitpunkt des Irrtums regelmäßig ohne Bedeutung, da mangels eines Wertansatzes keine Korrekturmöglichkeit gegeben ist.

35 Erfolgreich angefochtene beachtliche zivilrechtliche Irrtümer

35.1 Die Behandlung unwirksamer Rechtsgeschäfte (§ 41 AO)

Gem. § 41 Abs. 1 AO ist es für die Besteuerung unerheblich, ob ein Rechtsgeschäft unwirksam wird oder ist, soweit und solange die Beteiligten das wirtschaftliche Ergebnis dieses Rechtsgeschäfts eintreten und bestehen lassen. Einschränkungen ergeben sich lediglich aus den Einzelsteuergesetzen.

Grundsätzlich sollen gem. § 41 Abs. 1 S. 1 AO der Besteuerung die tatsächlichen wirtschaftlichen Verhältnisse unterliegen, dies ist Ausdruck der wirtschaftlichen Betrachtungsweise des Steuerrechts. Die tatsächlichen wirtschaftlichen Verhältnisse sind nicht gleichzusetzen mit der tatsächlich realisierten Lebenswirklichkeit, denn ein Anknüpfen der Besteuerung an diese würde nicht berücksichtigen, dass sich u.U. mit der zivilrechtlich rückwirkenden Nichtigkeit eines Rechtsgeschäfts kraft Gesetz auch das wirtschaftliche Ergebnis verändert.

Es wurde schon i.R.d. § 38 AO verdeutlicht, dass der Steueranspruch erst dann endgültig entstanden ist, wenn eine rückwirkende Änderung nicht mehr möglich ist. Dazu wurde zwischen rückwirkenden Vereinbarungen, für die das steuerliche Rückwirkungsverbot gilt, und solchen Rückwirkungen, in denen das zugrunde liegende Rechtsgeschäft entweder bereits in der Vergangenheit kraft Gesetz unwirksam gewesen ist und oder aufgrund einer in der Vergangenheit liegenden Ursache ohne erneute Vereinbarung durch die Beteiligten kraft Gesetz von Anfang an als nichtig behandelt wird, unterschieden, wobei festgestellt wurde, dass es sich bei den Letzteren gerade nicht um das Ungeschehenmachen

[111] Vgl. Heinicke, Wolfgang (2007) § 4 EStG Rz 392
[112] Vgl. BFH v. 24.11.1955, IV 231/53 U, BStBl III 1956 S. 38

oder das Fingieren einer Lebenswirklichkeit durch die Steuerpflichtigen handelt.[113]

Der zulässige Umkehrschluss des § 41 Abs. 1 S. 1 AO hat zur Folge, dass in diesen Fällen i.S.d. wirtschaftlichen Betrachtungsweise an das endgültige wirtschaftliche Ergebnis und nicht an die realisierte Lebenswirklichkeit anzuknüpfen ist.[114] Für die Beteiligten verbleibt es damit letztlich bei dem wirtschaftlichen Ergebnis, das sich aufgrund der zivilrechtlichen Anfechtung einstellt.[115] Dieses ist dann gem. § 41 Abs. 1 S. 1 AO der Besteuerung zugrunde zu legen, woran auch der nicht eindeutige Wortlaut der Vorschrift nichts ändert.[116]

Wird ein zunächst als wirksam angesehenes Rechtsgeschäft unwirksam und auch von den Beteiligten so behandelt, ist danach zu unterscheiden, ob die Unwirksamkeit ex-nunc oder ex-tunc wirkt. Tritt die Unwirksamkeit ex-nunc ein, so ist der Steuertatbestand erfüllt und der Steueranspruch entstanden; die Unwirksamkeit gilt nur für die Zukunft.[117] Tritt die Unwirksamkeit dagegen ex-tunc ein, so gilt der Steuertatbestand letztlich als nicht erfüllt, der Steueranspruch (zunächst festsetzungsfähig, letztlich jedoch) nicht entstanden.[118] Entscheidendes Kriterium dafür, ob die Beteiligten das Rechtsgeschäft nunmehr tatsächlich als unwirksam ansehen und gelten lassen wollen, ist nach Kruse der Beginn der „Rückabwicklung“,[119] wobei darunter die tatsächliche Beseitigung der Folgen aufgrund der zivilrechtlichen Rückgängigmachung und der damit

[113] Vgl. Barth, Kuno (DB 1988 [S. 671 f]) und ders. (BB 1987 [S. 1403]), der dazu ausführt, dass „... die rechtswirksame Anfechtung mit einer rückwirkenden Vereinbarung nichts zu tun [hat, da] bei der Anfechtung ... nicht rückwirkend eine Änderung in dem Sinn erstrebt [wird], daß ein Sachverhalt durch Vereinbarung zurückbezogen und damit der Steueranspruch im Zweifel verändert wird, vielmehr ... kraft Gesetzes die bisherige Vereinbarung von Anfang an als nichtig behandelt [wird], also ohne neue Vereinbarung der Parteien.“

[114] Vgl. Kruse, Heinrich Wilhelm (o.J.) § 41 AO Rz 2 f; Schmieszek, Hans-Peter (o.J.) § 41 AO Rz 2; BFH v. 22.07.1997, VIII R 13/96, BStBl II 1997 S. 767; BFH v. 09.06.1999, I R 43/97, BStBl II 2000 S. 695; BFH v. 17.02.2004, VIII R 26/01, BStBl II 2004 S. 651

[115] Die ausschließliche Berücksichtigung des wirtschaftlichen Ergebnisses im Falle einer (ex-tunc-)Anfechtung führt beim Irrtum nicht zu einer Abweichung vom Zivilrecht, da auch dort gem. § 142 BGB die Unwirksamkeit solange und insoweit unbeachtlich bleibt, als die Beteiligten das Rechtsgeschäft gelten lassen, was in ihrem eigenen Ermessen steht. Vgl. Kruse, Heinrich Wilhelm (o.J. [§ 41 AO Rz 4 m.w.N.]), der in § 41 Abs. 1 S. 1 AO den Ausdruck eines auch im bürgerlichen Recht geltenden allgemeinen Rechtsgedankens sieht.

[116] Vgl. Fischer, Peter (o.J.) § 41 AO Rz 98 ff; Kruse, Heinrich Wilhelm (o.J.) § 41 AO Rz 6; a.A. Ruppe, Hans Georg (o.J.) Einf. ESt Rz 688

[117] Vgl. Kruse, Heinrich Wilhelm (o.J.) § 41 AO Rz 6; Schmieszek, Hans-Peter (o.J.) § 41 AO Rz 16; BFH v. 03.02.1988, I R 399/83, BStBl II 1988 S. 416; BFH v. 03.02.1988, I R 400/83, BFH/NV 1989 S. 399; BFH v. 14.05.1976, III R 113/74, BStBl II 1976 S. 656; BFH v. 02.08.1983, VIII R 15/80, BStBl II 1983 S. 736

[118] Vgl. Kruse, Heinrich Wilhelm (o.J.) § 41 AO Rz 6; Fischer, Peter (o.J.) § 41 AO Rz 41; Schmieszek, Hans-Peter (o.J.) § 41 AO Rz 16; BFH v. 03.02.1988, I R 399/83, BStBl II 1988 S. 416; BFH v. 03.02.1988, I R 400/83, BFH/NV 1989 S. 399. Die Darstellung der verfahrensrechtlichen Abwicklung gem. § 175 Abs. 1 S. 1 Nr. 2 AO erfolgt im Anschluss an die Darstellung des § 41 AO.

[119] Vgl. Kruse, Heinrich Wilhelm (o.J.) § 41 AO Rz 6, 44

verbundenen Weiterentwicklung zum zivilrechtlichen Sachverhalt (II) zu verstehen ist. Die reine Möglichkeit der Anfechtbarkeit an sich ist für die Besteuerung ohne Bedeutung.[120]

Die bisherigen Feststellungen haben zugleich zur Folge, dass die Beteiligten sich dann nicht auf die Unwirksamkeit eines Rechtsgeschäfts berufen können, wenn das Rechtsgeschäft von vornherein unwirksam gewesen ist, sie es jedoch – in Kenntnis dessen – als wirksam behandelt und die wirtschaftlichen Folgen haben eintreten lassen. Der spätere Entschluss, das Rechtsgeschäft als unwirksam zu behandeln, hat auf die Erfüllung des Steuertatbestandes keinen Einfluss mehr, denn dieser wurde bereits dadurch erfüllt, dass die Beteiligten das unwirksame Rechtsgeschäft zunächst als wirksam behandelt haben, der Entschluss kann dann nur noch für die Zukunft wirken.[121]

Abweichend davon verbleibt es in den Fällen, in denen die Erfüllung der Steuertatbestände unmittelbar und ausschließlich an die tatsächliche Lebenswirklichkeit anknüpft, auch endgültig bei diesen; eine zivilrechtliche Anfechtung kann daran nichts ändern, da der Steueranspruch bereits entstanden ist.[122]

Die allgemeine Regelung des § 41 Abs. 1 S. 1 AO hat zur Folge, dass der Irrende – sofern er die steuerlichen Folgen in seinem Entscheidungsmodell berücksichtigt – bei seiner Entscheidung, ob er eine Anfechtung vornimmt oder nicht, zu beachten hat, dass die Anfechtung eine steuerliche Wirkung in dem Abschnitt entfaltet, für den die Anfechtung erfolgt. Während bei der ex-tunc-Anfechtung der nicht endgültig entstandene Steueranspruch rückwirkend entfällt, gilt für die ex-nunc-Anfechtung, dass der Steueranspruch ausschließlich für die Zukunft entfällt, für die Vergangenheit hingegen endgültig wird. Im Ergebnis folgt damit die steuerliche Behandlung der zivilrechtlichen Ausgestaltung des irrtumbehafteten Vorgangs durch die Beteiligten; mittels § 41 Abs. 1 S. 1 AO ist damit gewährleistet, dass das sich letztlich aufgrund der zivilrechtlichen Anfechtung einstellende wirtschaftliche Ergebnis des Vorgangs der steuerlichen Betrachtung zugrunde liegt und diese sich damit von der zunächst eingetretenen Lebenswirklichkeit löst.

Gem. § 41 Abs. 1 S. 2 AO gelten die bisherigen Ausführungen nicht, soweit sich aus den Steuergesetzen etwas anderes ergibt. Damit wird verdeutlicht, dass die Regelungen der Einzelsteuergesetze – die als lex specialis der Abgabenordnung

---

[120] Vgl. Kruse, Heinrich Wilhelm (o.J.) § 41 AO Rz 44; Schmieszek, Hans-Peter (o.J.) § 41 AO Rz 17.11, 19, 23; BFH v. 14.11.1962, II 97/60 U, BStBl III 1963 S. 44; BFH v. 11.12.1969, II R 51/69, BStBl II 1970 S. 132

[121] Vgl. Kruse, Heinrich Wilhelm (o.J.) § 41 AO Rz 5; Schmieszek, Hans-Peter (o.J.) § 41 AO Rz 3; Loose, Matthias (o.J.) § 175 AO Rz 37

[122] Vgl. Fischer, Peter (o.J.) § 41 AO Rz 73 ff; Wedelstädt, Alexander v. (o.J.) § 175 AO Rz 55; Schmieszek, Hans-Peter (o.J.) § 41 AO Rz 6; BFH v. 30.05.1997, I B 94/96, BFH/NV 1997 S. 739; FG Baden-Württemberg Außensenate Stuttgart v. 19.09.2000, 4 K 389/97

ohnehin vorgehen – nicht durch die Vorschrift des § 41 Abs. 1 S. 1 AO überlagert werden. Spezielle Vorschriften zur Regelung unwirksamer Rechtsgeschäfte sind in den meisten Einzelsteuergesetzen nicht enthalten, allerdings bereiten insbesondere die Vorschriften zu den Besteuerungsabschnitten bei den laufend veranlagten Steuern hinsichtlich der steuerlichen Nachvollziehung der zivilrechtlichen Rückwirkung erhebliche Probleme, was dazu führt, dass nicht jedes ex-tunc zivilrechtlich erfolgreich angefochtene Rechtsgeschäft auch steuerlich rückwirkend unbeachtlich wird.[123] Vielmehr besteht eine Konkurrenz hinsichtlich der Erfüllung der Steuertatbestände dahingehend, ob diese an die Kausalität des Rechtsgeschäfts oder an die tatsächliche Realisierung des Vorgangs innerhalb von Zeitabschnitten anknüpfen;[124] anders ausgedrückt, stellt sich im Hinblick auf das Anknüpfen der Besteuerung an das wirtschaftliche Ergebnis eines Vorgangs die Frage, ob die Abschnittsbesteuerung dazu führt, dass der Besteuerung nicht das endgültig realisierte wirtschaftliche Ergebnis – nach der zivilrechtlichen Anfechtung – zugrunde gelegt wird, sondern vielmehr das (vorläufig) tatsächliche wirtschaftliche Ergebnis vor einer möglichen zivilrechtlichen Fiktion.

Zunächst ist zu beachten, dass die Besteuerungsabschnitte technische Abgrenzungen zur Festlegung des Entstehungszeitpunktes der Steuer für bereits innerhalb des Abschnittes gebildete Sachverhalte und damit erfüllte Steuertatbestände darstellen.[125] Es ist für die Einzelsteuergesetze zu prüfen, welche Bedeutung dieser zeitlichen Abgrenzung im Einzelnen beigemessen wird. Dazu werden zunächst die einzelsteuergesetzlichen Regelungen innerhalb des Umsatzsteuer- und des Grunderwerbsteuergesetzes dargestellt, bevor auf die umstrittenen Regelungen innerhalb des Einkommensteuergesetzes eingegangen wird.

35.2 Umsatzsteuer

Steuerobjekte der Umsatzsteuer sind gem. § 1 Abs. 1 Nr. 1 S. 1 UStG Lieferungen und sonstige Leistungen, die ein Unternehmer im Inland gegen Entgelt i.R. seines Unternehmens ausführt.[126] Dabei knüpft die Besteuerung an die tatsächlichen Erfüllungshandlungen an, mit der Folge, dass es auf die tatsächlichen Vorgänge ankommt,[127] daher ist den zivilrechtlichen Rechtsbeziehungen eines

---

[123] Vgl. Fischer, Peter (o.J.) § 41 AO Rz 99
[124] Vgl. Fischer, Peter (o.J.) § 41 AO Rz 43
[125] Vgl. Kruse, Heinrich Wilhelm (o.J.) § 38 AO Rz 13; Groll, Rüdiger v. (o.J.) § 175 AO Rz 283
[126] Auf die Ausführung der weiteren Tatbestände gem. § 1 Abs. 1 Nr. 4 und Nr. 5 UStG wird hier verzichtet.
[127] Vgl. BFH v. 16.12.1965, V 242/63 U, BStBl III 1966 S. 181; BFH v. 28.02.1980, V R 90/75, BStBl II 1980 S. 535; Husmann, Eberhard (o.J.) § 1 UStG Rz 108; Tehler, Hermann-Josef (o.J.) § 1 UStG Rz 92; Probst, Ulrich (o.J.) § 1 Abs. 1 Nr. 1 UStG Rz 32

Leistungsvorgangs nur dann zu folgen, wenn sie auch tatsächlich erfüllt worden sind.[128]

Dies hat zunächst zur Folge, dass die schuldrechtliche Vereinbarung für die Besteuerung dann unerheblich ist, wenn darauf trotz bestehender Verpflichtung keine tatsächliche oder eine von der bestehenden Verpflichtung abweichende Leistung erfolgt.[129] Es liegt also dann kein zu besteuernder Vorgang vor, wenn die Leistung nicht ausgeführt oder rückgängig gemacht wird.[130]

Das Anknüpfen an die tatsächliche Erfüllung hat andererseits zur Folge, dass auch eine Leistung, der keine schuldrechtliche Vereinbarung zugrunde liegt, zu einem steuerbaren Umsatz führen kann,[131] sofern die Beteiligten die umsatzsteuerliche Leistung tatsächlich bestehen lassen.[132] Nach der h.M. gilt dies allerdings nur dann, wenn der leistende Unternehmer auch den Willen zu einer entsprechenden Leistung hat,[133] also der tatsächliche Übergang vom Leistenden auf den Leistungsempfänger von den Beteiligten endgültig gewollt ist.[134]

Es ist zu beachten, dass die Steuerbarkeit des Vorgangs nur dann entfällt, wenn es sich um eine „Rückgängigmachung" i.S.d. Umsatzsteuerrechts handelt.[135] Weder der ursprüngliche Vorgang noch die Rückgabe stellen dann eine Leistung im umsatzsteuerlichen Sinn dar.[136] Streng davon abzugrenzen sind die Fälle, in denen es sich stattdessen um eine Rücklieferung handelt, die eine neue, selbst-

---

[128] Vgl. BFH v. 16.03.1995, V R 128/92, BStBl II 1995 S. 651; BFH v. 16.01.2003, V R 72/01, BStBl II 2003 S. 620; Husmann, Eberhard (o.J.) § 1 UStG Rz 109; Brockmann, Andreas (o.J.) § 17 UStG Rz 5; Stadie, Holger (o.J.) § 17 Rz 20; Widmann, Werner (UR 2003) S. 254 f

[129] Vgl. Tehler, Hermann-Josef (o.J.) § 1 UStG Rz 59; BFH v. 28.02.1980, V R 90/75, BStBl II 1980 S. 535

[130] Vgl. Stadie, Holger (o.J.) § 17 UStG Rz 21

[131] Vgl. Husmann, Eberhard (o.J.) § 1 UStG Rz 113; Tehler, Hermann-Josef (o.J.) § 1 UStG Rz 59; BFH v. 28.02.1980, V R 90/75, BStBl II 1980 S. 535

[132] Vgl. BFH v. 06.12.1979, V R 87/72, BStBl II 1980 S. 279; Husmann, Eberhard (o.J.) § 1 UStG Rz 112; Probst, Ulrich (o.J.) § 1 Abs. 1 Nr. 1 UStG Rz 36

[133] Entscheidend ist dabei nicht der rechtsgeschäftliche, sondern der tatsächliche Wille des Leistenden. Vgl. Tehler, Hermann-Josef (o.J.) § 1 UStG Rz 111; Husmann, Eberhard (o.J.) § 1 UStG Rz 100; BFH v. 10.02.1966, V 105/63, BStBl III 1966 S. 257; BFH v. 28.02.1980, V R 90/75, BStBl II 1980 S. 535; Probst, Ulrich (o.J. [§ 1 Abs. 1 Nr. 1 UStG Rz 56]) macht zudem darauf aufmerksam, dass der erforderliche „natürliche Leistungswille", der ein „bewusstes, nicht reflexartiges menschliches Verhalten" verlangt, von dem „erklärten (rechtsgeschäftlichen) Leistungswillen" zu trennen ist und daher auch freiwillige Zuwendungen Leistungen i.S.d. § 1 Abs. 1 Nr. 1 UStG sein können.

[134] Vgl. BFH v. 06.12.1979, V R 87/72, BStBl II 1980 S. 279; BFH v. 20.02.1986, V R 133/75, BFH/NV 1986 S. 311; BFH v. 25.11.1986, V R 102/78, BStBl II 1987 S. 278; BFH v. 29.09.1987, X R 13/81, BStBl II 1988 S. 153; BFH v. 24.11.1992, V R 80/87, BFH/NV 1993 S. 634

[135] Auch bei der „Rückgängigmachung" i.S.d. Umsatzsteuerrechts handelt es sich nicht um eine tatsächliche Rückgängigmachung. Um dem Rechnung zu tragen, wird dieser Vorgang im Folgenden als „Rückgabe" bezeichnet. So auch Abschn. 1 Abs. 4 S. 1 UStR und Probst, Ulrich (o.J.) § 1 Abs. 1 Nr. 1 UStG Rz 50 ff

[136] Vgl. Abschn. 1 Abs. 4 UStR

ständige Leistung darstellt, die neben die ursprüngliche tritt.[137] Eine Rückgabe liegt nur dann vor, wenn Leistung und Gegenleistung zurückgewährt werden, also lediglich eine vollzogene Leistung beseitigt wird und der Leistungsempfänger das der Hinlieferung zugrunde liegende Umsatzgeschäft beseitigt oder sich auf dessen Unwirksamkeit beruft, die zuvor begründete Erwartung des Leistenden auf ein Entgelt dadurch entfällt und der Leistungsempfänger den empfangenen Gegenstand in Rückabwicklung des Umsatzgeschäfts zurückgibt.[138] Um eine Rücklieferung handelt es sich dagegen dann, wenn die Beteiligten ein neues Umsatzgeschäft eingehen und der Empfänger der Hinlieferung dieses dadurch erfüllt, dass er dem ursprünglichen Lieferer die Verfügungsmacht an dem hingelieferten Gegenstand in Erwartung einer Gegenleistung überträgt.[139] Zur Trennung der beiden Vorgänge stellt der BFH darauf ab, ob eine innere Verknüpfung mit der ursprünglichen Leistung besteht.[140] Diese ist insbesondere dann zu bejahen, wenn das ursprüngliche Umsatzgeschäft nachträglich aufgehoben und der ursprüngliche Rechtszustand durch Rückabwicklung der jeweils empfangenen Leistungen wieder hergestellt wird.[141]

Die Bemessungsgrundlage der Besteuerung gem. § 10 Abs. 1 UStG beläuft sich auf die Gegenleistung für einen Umsatz, die der Leistungsempfänger bzw. ein Dritter letztendlich tatsächlich aufwendet.[142] Sie ändert sich daher dann, wenn zunächst vereinbarte Beträge der Gegenleistung (teilweise) nicht (mehr) für die Leistung aufgewendet werden.[143] Der Grund der Änderung der Bemessungsgrundlage ist dabei unerheblich.[144] Es wurde bereits festgestellt, dass der ursprüngliche Vorgang aufgrund der Rückgabe keine Leistung im umsatzsteuerlichen Sinn darstellt, die Bemessungsrundlage ändert sich daher entsprechend.

---

[137] Zur Abgrenzung muss auf die Position des ursprünglichen Empfängers und nicht des ursprünglichen Lieferers abgestellt werden. Vgl. Husmann, Eberhard (o.J.) § 1 UStG Rz 163; BFH v. 17.12.1981, V R 75/77, BStBl II 1982 S. 233; BFH v. 27.06.1995, V R 27/94, BStBl II 1995 S. 756; zur Abgrenzung vgl. BFH v. 19.06.2002, V B 113/01, BFH/NV 2002 S. 1353

[138] Vgl. BFH v. 27.06.1995, V R 27/94, BStBl II 1995 S.756; BFH v. 20.08.1999, V B 74/99, BFH/NV 2000 S. 243; Husmann, Eberhard (o.J.) § 1 UStG Rz 162; Probst, Ulrich (o.J.) § 1 Abs. 1 Nr. 1 UStG Rz 50

[139] Vgl. BFH v. 27.06.1995, V R 27/94, BStBl II 1995 S. 756; Husmann, Eberhard (o.J.) § 1 UStG Rz 163; Probst, Ulrich (o.J.) § 1 Abs. 1 Nr. 1 UStG Rz 51

[140] Vgl. BFH v. 17.12.1981, V R 75/77, BStBl II 1982 S. 233; BFH v. 09.03.1967, V 96/64, BStBl III 1967 S. 379; RFH v. 26.04.1921, II A 116/21, RStBl 1921 S. 254; RFH v. 22.05.1936, V A 194/36, RStBl 1936 S. 819; RFH v. 11.11.1932, V A 485/32, RStBl 1933 S. 294; BFH v. 22.11.1962, V 214/58 S, BStBl III 1963 S. 194

[141] Dabei kann ein Umsatz grundsätzlich auch z.T. „rückgängig" gemacht werden. Vgl. Stadie, Holger (o.J.) § 17 UStG Rz 266

[142] Vgl. BFH v. 10.03.1983, V B 46/80, BStBl II 1983 S. 389; BFH v. 10.11.1983, V R 91/80, BStBl II 1984 S. 120; BFH v. 20.04.1988, X R 50/81, BFH/NV 1989 S. 199; BFH v. 27.05.1987, X R 2/81, BStBl II 1987 S. 739; Tehler, Hermann-Josef (o.J.) § 17 UStG Rz 14; Stadie, Holger (o.J.) § 17 UStG Rz 20 (mit Hinweis auf die Ungenauigkeit der üblichen Bezeichnung als vereinnahmte Gegenleistung)

[143] Vgl. Brockmann, Andreas (o.J.) § 17 UStG Rz 17

[144] Vgl. Brockmann, Andreas (o.J.) § 17 UStG Rz 21; Harbauer, Walter (BB 1995) S. 485

Gleichzeitig mangelt es andererseits aufgrund der Nichterbringung der vereinbarten Gegenleistung an der Rechtfertigung für die Vergütung der Vorsteuer gem. § 15 Abs. 1 S. 1 UStG.[145] Mit § 17 Abs. 1 UStG hat der Gesetzgeber für nachträgliche Änderungen der Bemessungsgrundlage eine eigenständige verfahrensrechtliche Regelung eingefügt. Hat sich demnach die Bemessungsgrundlage für einen steuerpflichtigen Umsatz geändert, so haben der Unternehmer – der diesen Umsatz ausgeführt hat – den dafür geschuldeten Steuerbetrag und der Unternehmer – an den dieser Umsatz ausgeführt worden ist – den dafür in Anspruch genommenen Vorsteuerabzug entsprechend zu berichtigen. Die Berichtigungen sind für den Besteuerungszeitraum vorzunehmen, in dem die Änderung der Bemessungsgrundlage eingetreten ist.[146] Gem. § 17 Abs. 2 Nr. 3 UStG sind diese Vorschriften sinngemäß dann anzuwenden, wenn eine steuerpflichtige Lieferung oder sonstige Leistung i.S.d. Umsatzsteuergesetzes „rückgängig" gemacht worden ist.[147] Damit behandelt der Gesetzgeber die Fälle einer Rückgabe genauso wie die einer rein betragsmäßigen Änderung der Bemessungsgrundlage, mit der Folge, dass, auch wenn in Fällen der Rückgabe weder diese noch der ursprüngliche Vorgang eine Leistung im umsatzsteuerlichen Sinne darstellen, eine rückwirkende Änderung der Bemessungsgrundlage nicht in Betracht kommt.

Hintergrund der Regelungen des § 17 Abs. 1 UStG ist die verfahrensrechtliche Vereinfachung der Berücksichtigung einer geänderten Bemessungsgrundlage unter Wahrung des Zusammenhangs zwischen der Steuer des Leistenden und des Leistungsempfängers,[148] was dadurch erreicht wird, dass die Änderung der Bemessungsgrundlage nicht zu einer rückwirkenden Korrektur der ursprünglichen Steuerfestsetzung führt, sondern zur Berichtigung in dem Besteuerungs-

---

145 Vgl. BFH v. 15.09.1983, V R 125/78, BStBl II 1984 S. 71; Stadie, Holger (o.J.) § 17 UStG Rz 22

146 Zum Zeitpunkt der Berichtigung hat der BFH festgestellt, dass die Berichtigungspflicht gem. § 17 Abs. 1 UStG für die Soll-Besteuerung im Zeitpunkt der Vereinbarung und nicht der tatsächlichen Durchführung dieser Vereinbarung besteht (vgl. BFH v. 30.11.1995, V R 57/94, BStBl II 1996 S. 206; BFH v. 13.12.1995, XI R 16/95, BStBl II 1996 S. 208; BFH v. 20.08.1999, V B 74/99, BFH/NV 2000 S. 243; so auch Harbauer, Walter (BB 1995) S. 485 f; ders. (BB 1996) S. 1923; Birkenfeld, Wolfram (USt o.J.) UStG § 207 Rz 77.2; Brockmann, Andreas (o.J.) § 17 UStG Rz 52). Grundsätzliche Voraussetzung ist, dass die Rückgabe tatsächlich vollzogen wird (vgl. BFH v. 20.01.1997, V R 5/96, BFH/NV 1997 S. 811). Z.T. wird in der Literatur jedoch die tatsächlich vollzogene Rückgabe als Berichtigungszeitpunkt angesehen (vgl. Voelcker, Andreas (BB 1995) S. 1824 ff; Tehler, Hermann-Josef (o.J.) § 17 UStG Rz 64; Stadie, Holger (o.J.) § 17 UStG Rz 111). Die Vorsteuerberichtigung hat grundsätzlich in dem Besteuerungszeitraum zu erfolgen, in dem der leistende Unternehmer seine Steuer berichtigen muss (vgl. Birkenfeld, Wolfram (USt o.J.) UStG § 207 Rz 77.3; Brockmann, Andreas (o.J.) § 17 UStG Rz 43; Tehler, Hermann-Josef (o.J.) § 17 UStG Rz 66, 70).

147 Die Rückgängigmachung einer sonstigen Leistung ist nicht möglich, soweit es sich um eine Dienstleistung handelt, die sich im Augenblick ihrer Erbringung verbraucht hat. Vgl. Stadie, Holger (o.J.) § 17 UStG Rz 259

148 Vgl. Brockmann, Andreas (o.J.) § 17 UStG Rz 5

zeitraum, in dem die Änderung der Bemessungsgrundlage eingetreten ist. Der sich aufgrund der Berichtigung ergebende Steuer- und Vorsteueranspruch entsteht bereits mit Ablauf des Voranmeldungszeitraums der Berichtigungspflicht gem. § 18 Abs. 1 S. 2 UStG und ist dafür anzumelden.[149] Berichtigungsgrundlage ist dabei der Änderungsbetrag unter Anwendung des seinerzeit gültigen Steuersatzes,[150] wobei zur entsprechenden Berichtigung laut Gesetz (abgesehen von § 17 Abs. 4 UStG) weder ein Belegtausch noch die Korrektur der ursprünglichen Rechnung vorgeschrieben ist.[151] Die Berichtigung entfällt nicht dadurch, dass sich der zu berichtigende Steuerbetrag und Vorsteuerabzug ausgleichen,[152] vielmehr handelt es sich um eine „Muss"-Vorschrift, die die Beteiligten zur Berichtigung von Steuer und Vorsteuer verpflichtet.[153] Ebenso hat die Finanzbehörde den Steuerbetrag oder den Vorsteuerabzug aufgrund einer ihr bekannt gewordenen Änderung der Bemessungsgrundlage von Amts wegen zu berichtigen und die maßgebende Steuerfestsetzung zu korrigieren, sofern dies verfahrensrechtlich noch möglich ist.[154] Die Berichtigungsansprüche hinsichtlich Steuer und Vorsteuer sind dabei voneinander unabhängig.[155]

Die umsatzsteuerliche Regelung geht aufgrund ihrer Spezialität hinsichtlich der Behandlung „rückgängig gemachter" steuerpflichtiger Lieferungen bzw. sonstiger Leistungen gem. § 41 Abs. 1 S. 2 AO der allgemeinen Regelung des § 41 Abs. 1 S. 1 AO i.V.m. § 175 Abs. 1 S. 1 Nr. 2 AO vor.[156]

Einer Anwendung des § 17 UStG bedarf es allerdings nur dann, wenn die Änderung der Bemessungsgrundlage nach der Entstehung des Steuer- bzw.

---

[149] Auf den zeitlichen Abstand zwischen dem Entstehungszeitpunkt und dem Eintritt des Ereignisses i.S.d. § 17 UStG kommt es nicht an. Hinsichtlich der Durchführung der Berichtigung innerhalb eines Zeitraums, für den bereits eine Festsetzung erfolgt ist, sind die Vorschriften der Abgabenordnung zu beachten. Vgl. Stadie, Holger (o.J.) § 17 UStG Rz 33

[150] Vgl. Brockmann, Andreas (o.J.) § 17 UStG Rz 40; Stadie, Holger (o.J.) § 17 UStG Rz 76

[151] Vgl. Brockmann, Andreas (o.J.) § 17 UStG Rz 45; Birkenfeld, Wolfram (USt o.J.) UStG § 207 Rz 64; Stadie, Holger (o.J. [§ 17 Rz 51 f]) und Tehler, Hermann-Josef (o.J. [§ 17 Rz 81]) weisen darauf hin, dass dahingehend eine Ausnahme für den Leistungsempfänger gelten muss, wenn es sich um eine Erhöhung der Bemessungsgrundlage handelt.

[152] Vgl. Birkenfeld, Wolfram (USt o.J.) UStG § 206 Rz 45

[153] Vgl. Birkenfeld, Wolfram (USt o.J.) UStG § 207 Rz 59; Brockmann, Andreas (o.J.) § 17 UStG Rz 7; Tehler, Hermann-Josef (o.J.) § 17 UStG Rz 74; zu den Folgen einer unterlassenen Berichtigung vgl. Birkenfeld, Wolfram (USt o.J.) UStG § 208 Rz 97

[154] Vgl. Birkenfeld, Wolfram (USt o.J.) UStG § 206 Rz 46; Brockmann, Andreas (o.J.) § 17 UStG Rz 42; Tehler, Hermann-Josef (o.J.) § 17 UStG Rz 76

[155] Vgl. BFH v. 21.04.1987, V B 73/86, BFH/NV 1987 S. 604; Birkenfeld, Wolfram (USt o.J.) UStG § 207 Rz 59.1; Stadie, Holger (o.J.) § 17 UStG Rz 35

[156] Vgl. BFH v. 09.04.2002, VII R 108/00, BStBl II 2002 S. 562; Tehler, Hermann-Josef (o.J.) § 17 UStG Rz 30; Brockmann, Andreas (o.J.) § 17 UStG Rz 10, 52; Harbauer, Walter (BB 1995) S. 485; a.A. Stadie, Holger (o.J. [§ 17 Rz 28]), nach dem keine Konkurrenz vorliegt, da es sich bei § 17 UStG lediglich um eine materiell-rechtliche Bestimmung handele.

Vorsteueranspruchs eingetreten ist. Vor diesem Zeitpunkt eingetretene Änderungen der Bemessungsgrundlage sind unmittelbar zu berücksichtigen.[157]

Liegt eine von vornherein falsche Bemessungsgrundlage vor, ist ausschließlich eine Korrektur nach den Vorschriften der Abgabenordnung möglich, die Anwendung der umsatzsteuerlichen Sonderregelungen ist in diesen Fällen ausgeschlossen.[158]

Für einen unbeachtlichen oder endgültig nicht angefochtenen Irrtum[159] verbleibt es umsatzsteuerlich bei der Erfüllung der Steuertatbestände i.S.d. § 1 UStG. Gleiches gilt für die Fälle, in denen die Rückgabe nicht tatsächlich erfolgt ist.

Nur dann, wenn die Rückgabe tatsächlich vollzogen worden ist, führt weder der ursprüngliche Vorgang noch die Rückgabe zur Erfüllung der Steuertatbestände des § 1 UStG. Der damit einhergehenden Änderung der Bemessungsgrundlage gem. § 10 UStG wird mittels § 17 Abs. 2 Nr. 3 UStG Rechnung getragen. In der bestehenden Konkurrenzsituation hinsichtlich der Behandlung rückwirkender Ereignisse geht die Regelung des § 17 Abs. 2 Nr. 3 UStG derjenigen des § 175 Abs. 1 S. 1 Nr. 2 AO als lex specialis vor.

Neben den bisherigen Feststellungen sind besondere Regelungen zu beachten, die für Irrtümer i.R.d. Ausstellens von Rechnungen gelten. Mit § 14c UStG wurde zum 01.01.2004 eine Neufassung des § 14 Abs. 2, Abs. 3 UStG a.F. vorgenommen.[160] Dabei wurde die Trennung in den sog. „unrichtigen" und den „unberechtigten" Steuerausweis beibehalten, was vor dem Hintergrund der damit verbundenen unterschiedlichen Folgen von Bedeutung ist und in der Literatur kritisiert wird.[161] Gemeinsamer Zweck beider Vorschriften innerhalb des § 14c UStG ist es, der Gefährdung des Steueraufkommens zu begegnen – was bei einem Gleichgewicht von Steuer und Vorsteuerabzug mittels eines Gefährdungstatbestandes erreicht werden soll.[162] Dazu wurde mit § 14c UStG ein weiterer Steuertatbestand neben dem Grundtatbestand des § 1 UStG definiert, der abweichend von diesem ausschließlich an die Rechnungserstellung anknüpft

---

[157] Vgl. Stadie, Holger (o.J. [§ 17 UStG Rz 31 f]), der zu Recht darauf hinweist, dass die Anwendung des § 17 UStG bereits mit Ablauf des jeweiligen Voranmeldungszeitraums zu erfolgen hat, also auch dann, wenn die Änderungen der Bemessungsgrundlage innerhalb eines Kalenderjahres erfolgt. So auch Brockmann, Andreas (o.J.) § 17 UStG Rz 52; Tehler, Hermann-Josef (o.J.) § 17 UStG Rz 47; Birkenfeld, Wolfram (USt o.J.) UStG § 208 Rz 59.2

[158] Vgl. Brockmann, Andreas (o.J.) § 17 UStG Rz 10; Tehler, Hermann-Josef (o.J.) § 17 UStG Rz 31; Birkenfeld, Wolfram (USt o.J.) UStG § 208 Rz 59.2

[159] Für Fälle, in denen weiterhin die Möglichkeit zur Anfechtung besteht, verbleibt es dabei, dass der Steueranspruch festsetzungsfähig, jedoch nicht (endgültig) entstanden ist.

[160] Die zitierten Urteile des BFH beziehen sich noch auf die Vorgängernormen.

[161] Vgl. Scharpenberg, Benno (o.J.) § 14c UStG Rz 2; Wagner, Wilfried (UR 2003) S. 485 f; Nieskens, Hans (UR 2004) S. 118 f; Zeuner, Helga (UR 2004) S. 229; Stadie, Holger (o.J. [§ 14c UStG Rz 3, 17 f, 22, 101, 165]) sieht darin ein „... Armutszeugnis der Gehilfen des Gesetzgebers."

[162] Vgl. Stadie, Holger (o.J.) § 14c UStG Rz 10

und damit zur Entstehung eines festsetzungsfähigen Steueranspruchs führt.[163] Es handelt sich um eine vorsorgliche Gefährdungshaftung, auf subjektive Merkmale kommt es dabei nicht an.[164]

Gem. Art. 21 Abs. 1 Buchst. d der 6. EG-Richtlinie schuldet jede Person die Mehrwertsteuer,[165] die sie in einer Rechnung ausweist. Die Ausgestaltung der Berichtigung ist den Mitgliedstaaten nicht vorgeschrieben. Allerdings ist aufgrund der Forderung nach der Neutralität der Umsatzsteuer[166] sicherzustellen, dass jede zu Unrecht in Rechnung gestellte Umsatzsteuer berichtigt werden kann, wenn der Aussteller der Rechnung seinen guten Glauben nachweisen kann.[167] Dabei erfordert jedoch die Beachtung des Verhältnismäßigkeitsgrundsatzes, dass zu Unrecht in Rechnung gestellte Steuer – unabhängig vom guten Glauben des Ausstellers der Rechnung – berichtigt werden kann, sofern der Aussteller der Rechnung die Gefährdung des Steueraufkommens rechtzeitig und vollständig beseitigt.[168] Nur dann, wenn die Gefährdung nicht beseitigt wird, darf die Berichtigung davon abhängig gemacht werden, dass der Aussteller der Rechnung seinen guten Glauben nachweisen kann.[169]

Gem. § 14 UStG sind hinsichtlich der Rechnungserstellung zwei Rechtsverhältnisse zu beachten.[170] So besteht eine aus dem Grundsatz von Treu und Glauben gem. § 242 BGB abgeleitete zivilrechtliche Nebenpflicht des Vertragsverhältnisses zwischen den Beteiligten[171] und gem. § 14 Abs. 2 UStG eine öffentlichrechtliche Verpflichtung zur Ausstellung einer Rechnung.[172] Die Zuordnung der Vorschriften des § 14c UStG zu einer der beiden Handlungsketten bereitet Schwierigkeiten, die Betrachtung erfolgt hier aufgrund der bestehenden zivilrechtlichen Nebenpflicht bereits i.R.d. ersten Handlungskette.

Sofern ein Unternehmer in einer Rechnung für eine Lieferung oder sonstige Leistung einen höheren Steuerbetrag, als er nach dem Gesetz für den Umsatz schuldet, gesondert ausgewiesen hat, so schuldet er diesen dann auch gem.

---

[163] Vgl. Stadie, Holger (o.J.) § 14c UStG Rz 11 ff

[164] Vgl. Stadie, Holger (o.J.) § 14c UStG Rz 12. Zu beachten ist allerdings, dass der EuGH (v. 06.11.2003, Rs. C 78-80/02, EuGHE 2003 S. 13308) nunmehr entschieden hat, dass es sich bei einer schuldlosen Ausgabe einer unrichtigen Rechnung nicht um einen Fall von § 14c UStG (analog) handelt, wenn ein irrtümlich unzutreffender Steuerausweis vorliegt, eine Berichtigung ist insoweit nicht erforderlich.

[165] Bei einem als Mehrwertsteuer ausgewiesenen Betrag handelt es sich nur dann um Mehrwertsteuer lt. EuGH, wenn der Betrag für Leistungen berechnet wird, die nach Art. 2 Nr. 1 der 6. EG-Richtlinie der Mehrwertsteuer unterliegen.

[166] Vgl. Lohse, W. Christian (UR 2004) S. 582 ff m.w.N.; Reiß, Wolfram (UR 2004) S. 275 ff m.w.N.

[167] Vgl. EuGH v. 13.12.1989, Rs. C 342/87, EuGHE 1989 S. 4227

[168] Vgl. EuGH v. 19.09.2000, Rs. C 454/89, EuGHE 2000 S. 6973

[169] Vgl. Stadie, Holger (o.J.) § 14c UStG Rz 5 ff

[170] Vgl. Stadie, Holger (o.J.) § 14 UStG Rz V18

[171] Vgl. Stadie, Holger (o.J.) § 14 UStG Rz V24, V28, 141

[172] Vgl. Stadie, Holger (o.J.) § 14 UStG Rz V20, V25, V28

§ 14c Abs. 1 UStG (unrichtiger Steuerausweis).[173] Voraussetzung für die Anwendung der Vorschrift ist, dass es sich um einen Unternehmer handelt, der tatsächlich eine Lieferung oder sonstige Leistung ausgeführt hat,[174] für die die ausgewiesene Steuer im Zeitpunkt der Rechnungserteilung zu hoch gewesen ist.[175] Die Gründe, die zu dem unrichtigen Ausweis geführt haben, sind prinzipiell unerheblich; daher ist nach ständiger Rechtsprechung des BFH § 14c Abs. 1 UStG auch dann anzuwenden, wenn ein Unternehmer in einer Rechnung rechtsirrtümlich oder versehentlich bei nichtsteuerbaren oder steuerfreien Leistungen einen gesonderten Ausweis der Umsatzsteuer vornimmt.[176]

Eine höhere Steuer i.S.d. § 14c Abs. 1 UStG kann daraus resultieren, dass eine höhere als die dafür geschuldete Umsatzsteuer[177] oder in Fällen steuerfreier bzw. nichtsteuerbarer Leistungen überhaupt Umsatzsteuer gesondert ausgewiesen wird[178] bzw. wenn die Steuer für eine nicht versteuerte steuerpflichtige Leistung wegen des Ablaufs der Festsetzungsfrist nicht mehr erhoben werden kann[179] oder der Steuerausweis trotz der Steuerschuld des Leistungsempfängers erfolgt.[180]

Der Steueranspruch entsteht gem. § 13 Abs. 1 Nr. 3 UStG in dem Zeitpunkt, in welchem die Steuer für die Lieferung oder sonstige Leistung entsteht, spätestens jedoch im Zeitpunkt der Ausgabe der Rechnung. Verbleibt es bei dem unrichti-

---

173 Eine gesonderte Regelung für einen zu niedrig ausgewiesenen Steuerbetrag erübrigt sich, da die Steuer für einen Umsatz unabhängig von einem zutreffenden Ausweis gem. § 13 UStG entsteht. Vgl. Scharpenberg, Benno (o.J.) § 14c UStG Rz 23 f

174 Nach der Auffassung des BFH gilt § 14c Abs. 1 UStG immer dann, wenn ein Unternehmer eine Leistung erbracht hat, folglich auch in den Fällen, in denen es sich um eine nicht steuerbare oder steuerfreie Leistung handelt (vgl. Stadie, Holger (o.J.) § 14c UStG Rz 119, 126; Scharpenberg, Benno (o.J.) § 14c UStG Rz 3 ff; Kraeusel, Jörg / Schmidt, Alexander (o.J.) § 14c UStG Rz 29 ff). Handelt es sich dagegen um einen Nicht- oder Kleinunternehmer bzw. eine nicht tatsächlich ausgeführte Leistung, dann findet § 14c Abs. 2 UStG Anwendung (vgl. Stadie, Holger (o.J.) § 14c UStG Rz 16; Scharpenberg, Benno (o.J.) § 14c UStG Rz 3; BFH v. 08.12.1988, V R 28/84, BStBl II 1989 S. 250).

175 Eine Anwendung der Vorschrift für Fälle, in denen sich die Bemessungsgrundlage nachträglich mindert, scheidet daher aus. Vgl. Stadie, Holger (o.J.) § 14c UStG Rz 23 f; Kraeusel, Jörg / Schmidt, Alexander (o.J.) § 14c UStG Rz 22

176 Vgl. Stadie, Holger (o.J.) § 14c UStG Rz 119, 126; Scharpenberg, Benno (o.J.) § 14c UStG Rz 4, 13; BFH v. 07.05.1981, V R 126/75, BStBl II 1981 S. 547; BFH v. 07.05.1987, V R 63/78, BStBl II 1987 S. 581; BFH v. 10.12.1992, V R 73/90, BStBl II 1993 S. 383; BFH v. 01.02.2001, V R 23/00, BFH/NV 2001 S. 991. An dieser Stelle ist jedoch die bereits zitierte Entscheidung des EuGH (v. 06.11.2003, Rs. C 78-80/02, EuGHE 2003 S. 13308) zu beachten.

177 Vgl. Stadie, Holger (o.J.) § 14c UStG Rz 103 ff; Scharpenberg, Benno (o.J.) § 14c UStG Rz 12

178 Vgl. Stadie, Holger (o.J.) § 14c UStG Rz 119 f, 126 ff; Scharpenberg, Benno (o.J.) § 14c UStG Rz 12

179 Vgl. Scharpenberg, Benno (o.J.) § 14c UStG Rz 12; Stadie, Holger (o.J.) § 14c UStG Rz 117; BFH v. 13.11.2003, V R 79/01, BFH/NV 2004 S. 685

180 Vgl. Stadie, Holger (o.J.) § 14c UStG Rz 124 f

gen Ausweis, wird der sich aus dem Mehrbetrag[181] ergebende Steueranspruch für den Leistenden endgültig.

Mittels § 14c Abs. 1 S. 2 UStG erfolgt jedoch die explizite Einräumung einer Berichtigungsmöglichkeit gem. § 17 Abs. 1 UStG, die zur Folge hat, dass auch hier eine Rückwirkung ausscheidet, die Berichtigung entfaltet daher immer nur ex-nunc-Wirkung.[182] Der Gesetzgeber hat sich bei der Neuformulierung des § 14c UStG entschieden, abweichend von den zwischenzeitlichen Tendenzen zur Erfordernis der Beseitigung der Gefährdungslage auch beim Ausweis unrichtiger Umsatzsteuer, eine Korrektur – unter Beachtung der Voraussetzungen des § 17 Abs. 1 UStG – regelmäßig dann zu ermöglichen, wenn dem Leistungsempfänger eine schriftliche Berichtigung tatsächlich zugegangen ist.[183] Die Änderung ist dabei letztlich unter Beachtung der Voraussetzungen des § 17 Abs. 1 UStG unabhängig von der Durchsetzbarkeit des Anspruchs auf Vorsteuerkorrektur beim Leistungsempfänger und dem guten Glauben des Rechnungsausstellers; das Risiko des Steuerausfalls liegt daher allein beim Steuergläubiger, wobei es sich schon nach dem Gesetzeswortlaut um eine gewollte Risikoverteilung handelt.[184]

Da gem. § 15 Abs. 1 Nr. 1 UStG[185] der Vorsteuerabzug beim Leistungsempfänger nur insoweit möglich ist, als die Umsatzsteuer vom Leistungserbringer gesetzlich geschuldet ist, wird an dieser Stelle das Korrespondenzprinzip zwischen Umsatzsteuer und Vorsteuer durchbrochen, weil die gem. § 14c UStG geschuldete Umsatzsteuer nicht als Vorsteuer abzugsfähig ist.[186] Hat der Leistungsempfänger zu Unrecht die gesamte ausgewiesene Steuer geltend gemacht, erfolgt die Berichtigung nach den allgemeinen Vorschriften der Abgabenordnung.[187] In den Fällen eines zu niedrigen Steuerausweises verbleibt es für den Leistenden unabhängig von der ausgewiesenen Steuer bei der gesetzlich richtigen Steuerschuld, der Leistungsempfänger darf hingegen nur den ausgewiesenen

---

[181] Zur Berechnung des Mehrbetrages unterscheidet Scharpenberg, Benno (o.J. [§ 14c UStG Rz22 ff]) zwischen einer Brutto- und einer Nettovereinbarung. Dies wird von der h.M. abgelehnt; vgl. Stadie, Holger (o.J.) § 14c UStG Rz 129 ff; Kraeusel, Jörg / Schmidt, Alexander (o.J.) § 14c UStG Rz 37.

[182] Vgl. BFH v. 21.06.1988, V B 33/88, BFH/NV 1990 S. 198

[183] Vgl. Scharpenberg, Benno (o.J.) § 14c UStG Rz 28 f; Stadie, Holger (o.J.) § 14c UStG Rz 141

[184] Vgl. Scharpenberg, Benno (o.J.) § 14c UStG Rz 28 ff; Stadie, Holger (o.J.) § 14c UStG Rz 134 ff. Liegen die Voraussetzungen des § 17 UStG nicht vor, kommt lediglich eine Billigkeitslösung in Betracht.

[185] in der Fassung ab 01.01.2004

[186] Die Gesetzesänderung trägt der geänderten Rechtsprechung des BFH (v. 02.04.1998, V R 34/97, BStBl II 1998 S. 695) Rechnung, die ihrerseits wiederum auf die Rechtsprechung des EuGH (v. 13.12.1989, Rs. C 342/87, EuGHE 2003 S. 13308) zurückgeht. Vgl. Stadie, Holger (o.J.) § 14c UStG Rz 233 ff (mit kritischen Anmerkungen dazu)

[187] Vgl. BFH v. 01.02.2001, V R 23/00, BFH/NV 2001 S. 991

Betrag als Vorsteuer geltend machen; der leistende Unternehmer kann den zu niedrig ausgewiesenen Steuerbetrag jedoch jederzeit berichtigen.[188]

Neben der bereits dargestellten grundsätzlichen Kritik an der Beibehaltung der Trennung zwischen dem unrichtigen und dem unberechtigten Steuerausweis führt beim unrichtigen Ausweis die fehlende Trennung danach, ob der Ausweis gutgläubig erfolgte oder nicht, dazu, dass die Berichtigung auch in Fällen der Bösgläubigkeit des Rechnungsausstellers vorzunehmen ist.[189] Zugleich führt die Durchbrechung des Korrespondenzprinzips von Umsatz- und Vorsteuer dazu, dass auch dem gutgläubigen Rechnungsempfänger der Vorsteuerabzug versagt wird; diese unverhältnismäßige Regelung führt zu einer unzumutbaren Risikoverteilung zugunsten des Steuergläubigers und verstößt gegen das Übermaßverbot.[190]

Gem. § 14c Abs. 2 UStG schuldet derjenige, der in einer Rechnung einen Steuerbetrag gesondert ausweist, obwohl er zum gesonderten Ausweis nicht berechtigt ist, diesen auch; gleiches gilt, wenn jemand wie ein leistender Unternehmer abrechnet, einen Steuerbetrag gesondert ausweist, obwohl er nicht Unternehmer ist oder eine Lieferung oder sonstige Leistung nicht ausführt (unberechtigter Steuerausweis). Mit dieser Vorschrift hat der Gesetzgeber einen Gefährdungstatbestand geschaffen, der verhindern soll, dass unberechtigte Abrechnungen mit gesondert ausgewiesener Steuer zu einer Gefährdung des Steueraufkommens führen, wobei es auf die persönliche Schuld grundsätzlich nicht ankommt.[191]

Erfasst werden dabei die Fälle, in denen ein Unternehmer, der hierzu nicht berechtigt ist, in einer Rechnung Steuer gesondert ausweist,[192] ein Unternehmer als Nichtunternehmer leistet,[193] ein Nichtunternehmer in einer Rechnung gesondert Steuer ausweist[194] oder ein Unternehmer über eine Leistung abrechnet, die er

[188] Vgl. Scharpenberg, Benno (o.J.) § 14c UStG Rz 24 f

[189] Vgl. Scharpenberg, Benno (o.J.) § 14c UStG Rz 33 f; Stadie, Holger (o.J. [§ 14c UStG Rz 161]) weist in diesem Zusammenhang auf die Ausfallhaftung des Rechnungsausstellers gem. § 71 AO hin.

[190] Vgl. Stadie, Holger (o.J.) § 14c UStG Rz 234 ff

[191] Vgl. Scharpenberg, Benno (o.J.) § 14c UStG Rz 51, 55 f; Kraeusel, Jörg / Schmidt, Alexander (o.J.) § 14c UStG Rz 65; BFH v. 10.12.1981, V R 3/75, BStBl II 1982 S. 229; BFH v. 16.03.1993, XI R 103/90, BStBl II 1993 S. 531; BFH v. 24.04.1986, V R 110/76, BFH/NV 1987 S. 745; BFH v. 08.12.1988, V R 28/84, BStBl II 1989 S. 250; BFH v. 28.01.1993, V R 75/88, BStBl II 1993 S. 357; BFH v. 23.07.1992, V B 90/91, BFH/NV 1993 S. 334. Auch hier ist allerdings die bereits zitierte Entscheidung des EuGH (v. 06.11.2003, Rs. C 78-80/02, EuGHE 2003 S. 13308) zu berücksichtigen.

[192] Vgl. Scharpenberg, Benno (o.J.) § 14c UStG Rz 52 ff; BFH v. 18.05.1988, X R 43/81, BStBl II 1988 S. 752

[193] Vgl. Scharpenberg, Benno (o.J.) § 14c UStG Rz 52, 81; BFH v. 17.05.2001, V R 77/99, BFH/NV 2001 S. 1168; a.A. Stadie, Holger (o.J.) § 14c UStG Rz 171

[194] Vgl. Scharpenberg, Benno (o.J.) § 14c UStG Rz 52, 82 f; Stadie, Holger (o.J.) § 14c UStG Rz 178; BFH v. 07.07.1988, V B 72/86, BStBl II 1988 S. 913; BFH v. 08.12.1988, V R 28/84, BStBl II 1989 S. 250

nicht ausgeführt hat.[195] Grundlage kann dabei jede Abrechnung sein, die dazu geeignet ist, dass sie zur unberechtigten Geltendmachung von Vorsteuer benutzt werden kann.[196] Dabei ist es zwar erforderlich, dass eindeutig und klar ein gesonderter Ausweis der Umsatzsteuer, des Preises ohne Steuer sowie der auf die einzelnen Steuersätze entfallenden Steuerbeträge[197] erfolgen muss und das Abrechnungspapier an den Adressaten ausgehändigt wird.[198] Dagegen ist es nicht erforderlich, dass alle in § 14 Abs. 4 UStG vorgeschriebenen Anforderungen erfüllt sind.[199]

Gem. § 13 Abs. 1 Nr. 4 UStG entsteht der Steueranspruch im Zeitpunkt der Ausgabe der Rechnung.[200]

Die Neufassung des § 14c Abs. 2 UStG wurde dahingehend ergänzt, dass eine Berichtigung möglich ist, sofern die Gefährdung des Steueraufkommens rechtzeitig und vollständig beseitigt worden ist.[201] Dies setzt voraus, dass der Rechnungsaussteller nachweist, dass der Rechnungsempfänger die ausgewiesene Umsatzsteuer nicht als Vorsteuer abgezogen hat, diesem der Vorsteuerabzug versagt bzw. die Vorsteuer durch Rückzahlung oder Verrechnung rückgängig gemacht worden ist.[202] Die Minderung der Steuerschuld erfolgt dann unter den Voraussetzungen des § 17 Abs. 1 UStG,[203] wenn die Gefährdungslage beseitigt worden ist.[204] Die Berichtigung darf gem. § 14c Abs. 2 S. 5 UStG jedoch erst

---

[195] Vgl. Scharpenberg, Benno (o.J.) § 14c UStG Rz 52, 84 ff; Stadie, Holger (o.J.) § 14c UStG Rz 183 f; Kraeusel, Jörg / Schmidt, Alexander (o.J.) § 14c UStG Rz 67 ff

[196] Vgl. BFH v. 01.08.1996, V R 9/96, BFH/NV 1997 S. 381; BFH v. 18.01.2001, V R 83/97, BFH/NV 2001 S. 874; Scharpenberg, Benno (o.J.) § 14c UStG Rz 59

[197] Vgl. BFH v. 30.01.2003, V R 98/01, BStBl II 2003 S. 498; BFH v. 07.07.1988, V B 72/86, BStBl II 1988 S. 913; BFH v. 18.01.2001, V R 83/97, BFH/NV 2001 S. 874; Scharpenberg, Benno (o.J.) § 14c UStG Rz 60

[198] Dabei ist auf die körperliche Übergabe („Begebung") des Abrechnungspapiers abzustellen. Mit der Begebung bestätigt der Aussteller seinen Willen, das Abrechnungspapier in Umlauf zu bringen. Hinsichtlich der Willensbetätigung reicht es aus, wenn der Aussteller es in Kauf nimmt, dass der Adressat von der Rechnung Gebrauch macht; es genügt damit eine abstrakte Gefährdung. Vgl. BFH v. 16.03.1993, XI R 103/90, BStBl II 1993 S. 531; BFH v. 27.10.1993, XI R 99/90, BStBl II 1994 S. 277; BFH v. 09.12.1987, X R 35/82, BFH/NV 1988 S. 269; Scharpenberg, Benno (o.J.) § 14c UStG Rz 65; Kraeusel, Jörg / Schmidt, Alexander (o.J.) § 14c UStG Rz 71

[199] Vgl. Scharpenberg, Benno (o.J.) § 14c UStG Rz 60

[200] Ausgabe i.S.v. Aushändigung oder Absendung an den Rechnungsempfänger; vgl. Nieskens, Hans (o.J.) § 13 UStG Rz 397; Reiß, Wolfram (o.J.) § 13 UStG Rz 54; Scharpenberg, Benno (o.J.) § 14c UStG Rz 65; BFH v. 10.12.1981, V R 3/75, BStBl II 1982 S. 229

[201] sog. Ausfallhaftung des Rechnungsausstellers

[202] Vgl. Stadie, Holger (o.J.) § 14c UStG Rz 209; Scharpenberg, Benno (o.J.) § 14c UStG Rz 115; BFH v. 22.03.2001, V R 11/98, BFH/NV 2001 S. 1088; BFH v. 22.02.2001, V R 5/99, BFH/NV 2001 S. 997

[203] In diesen Fällen ist auch die Rückzahlung des der Steuer entsprechenden Betrages durch den Rechnungsaussteller erforderlich, sofern er diesen erhalten hat. Vgl. Stadie, Holger (o.J.) § 14c UStG Rz 207

[204] Vgl. BFH v. 22.02.2001, V R 5/99, BFH/NV 2001 S. 997; Scharpenberg, Benno (o.J.) § 14c UStG Rz 117; Stadie, Holger (o.J.) § 14c UStG Rz 221 ff

dann vorgenommen werden, wenn die Finanzbehörde einem entsprechenden Antrag zugestimmt hat.[205]

Für den Vorsteuerabzug beim Leistungsempfänger ist zu beachten, dass die in der Abrechnung ausgewiesene Steuer keine Steuerschuld für einen ausgeführten steuerbaren und steuerpflichtigen Umsatz darstellt und somit schon nach dem Gesetzestext des § 15 Abs. 1 Nr. 1 UStG eine Anrechnung beim Leistungsempfänger nicht in Frage kommt.[206] Sofern eine Anrechnung von Vorsteuer erfolgt ist, muss eine Berichtigung nach den Vorschriften der Abgabenordnung vorgenommen werden.

Neben den bereits dargestellten Problematiken der Trennung zwischen unrichtigem und unberechtigtem Steuerausweis sowie der Durchbrechung des Korrespondenzprinzips zwischen Umsatz- und Vorsteuer ist zu beachten, dass die fehlende Differenzierung nach Gut- bzw. Bösgläubigkeit zu nicht befriedigenden Ergebnissen führt.[207] Damit ist der Gesetzgeber den Vorgaben der EU-Richtlinie nur teilweise nachgekommen.[208]

35.3 Grunderwerbsteuer

Grundsätzlich gelten die bisher gemachten allgemeinen Ausführungen hinsichtlich der Entstehung des Steueranspruchs auch für die Grunderwerbsteuer. Dabei gilt es jedoch, die Besonderheiten des Grunderwerbsteuergesetzes zu beachten. Bei dem Ziel der Grunderwerbsteuer, den Übergang von Grundstücken von einem auf einen anderen Rechtsinhaber zu besteuern,[209] ist Voraussetzung für die Steuerbarkeit, dass es sich um einen Erwerbsvorgang i.S.d. § 1 GrEStG handelt.[210] Dabei knüpft das Grunderwerbsteuergesetz hinsichtlich der Entstehung der Steuer allerdings nicht an den Eigentumsübergang an, sondern vielmehr an die erforderlichen zivilrechtlichen Handlungsschritte.[211] Die Erfüllung des Steuertatbestandes ist dabei von der Art des Erwerbsvorganges abhängig.

Für den häufigsten Fall – den Kaufvertrag bzw. ein anderes Verpflichtungsgeschäft gem. § 1 Abs. 1 Nr. 1 GrEStG – entsteht die Steuerschuld beim Abschluss

---

[205] Vgl. Stadie, Holger (o.J.) § 14c UStG Rz 222 ff

[206] Vgl. BFH v. 02.04.1998, V R 34/97, BStBl II 1998 S. 695

[207] Vgl. Scharpenberg, Benno (o.J.) § 14c UStG Rz 119 ff

[208] Vgl. Scharpenberg, Benno (o.J.) § 14c UStG Rz 121; Stadie, Holger (o.J.) § 14c UStG Rz 7

[209] Vgl. Pahlke, Armin (2005) § 1 GrEStG Rz 6, 11

[210] Vgl. Sigloch, Heinrich (DStR 1986) S. 458

[211] Vgl. Jehner, Hansgeorg (DStR 1986) S. 634; Fischer, Peter (2007) Vorb GrEStG Rz 66 f, 173; Sack, Hans-Joachim (2007) § 16 GrEStG Rz 11; BFH v. 22.05.1974, II R 71/68, BStBl II 1974 S. 687; Regierungserklärung zum GrEStG 1940, RStBl 1940 S. 387 (mit Verweis auf die „Rechtssicherheit" und die „Geschäftseinfachheit", die bei einem Anknüpfen an wirtschaftliche Vorgänge in dieser Art nicht zu realisieren wären)

des Kaufvertrags bzw. des Verpflichtungsgeschäfts dann, wenn der Erwerber einen Anspruch auf Übereignung des Grundstücks erlangt.[212]

An einem solchen Anspruch mangelt es in den Fällen, in denen es sich um einen nichtigen[213] oder erfolgreich angefochtenen[214] Kaufvertrag handelt. Der Steueranspruch ist daher zunächst festsetzungsfähig, jedoch nicht (endgültig) entstanden.[215] Wird die Nichtigkeit festgestellt oder die Anfechtung erfolgreich vollzogen, erlischt der Steueranspruch, da es an der Erfüllung der Steuertatbestände des § 1 GrEStG mangelt.

Dies gilt allerdings nur dann, wenn die Übereignung des Grundstücks noch nicht tatsächlich vollzogen wurde,[216] denn die Nichtigkeit bezieht sich ausschließlich auf das schuldrechtliche Rechtsgeschäft. Hinsichtlich des dinglichen Rechtsgeschäfts besteht aufgrund der Anfechtung des Verpflichtungsgeschäfts gem. §§ 812 ff BGB lediglich ein Herausgabeanspruch.[217] Das Anknüpfen der Grunderwerbsteuer an zivilrechtliche Handlungsschritte führt jedoch dazu, dass die Erfüllung des dinglichen Rechtsgeschäfts in Form der Übereignung bereits die Steuertatbestände des § 1 GrEStG erfüllt. Die Erfüllung des entstandenen Anspruchs auf Herausgabe gem. §§ 812 ff BGB – hier auf Rückübertragung des Grundstücks in Form einer Rückauflassung – stellt einen weiteren zivilrechtlichen Handlungsschritt dar, der gleichfalls zur Erfüllung der Steuertatbestände gem. § 1 Abs. 1 Nr. 2 GrEStG führt. Da jedoch die doppelte Erfüllung der Steuertatbestände in den Fällen, in denen es sich um eine Rückabwicklung eines Vorgangs handelt, zu vom eigentlichen Steuerzweck nicht gedeckten Härten führen würde,[218] wird gem. § 16 Abs. 2 Nr. 2 GrEStG auf Antrag[219] die Grunderwerbsteuer sowohl für den Rückerwerb als auch den ursprünglichen Erwerbsvorgang nicht festgesetzt oder die Steuerfestsetzung aufgehoben, wenn der Veräußerer das Eigentum an dem veräußerten Grundstück zurückerwirbt, unter der Voraussetzung, dass das dem Erwerbsvorgang zugrunde liegende Rechtsgeschäft nichtig oder infolge einer Anfechtung[220] als von Anfang an ob-

---

[212] Vgl. Fischer, Peter (2007) § 1 GrEStG Rz 281; Viskorf, Hermann-Ulrich (2007) § 14 GrEStG Rz 25. Zum Zeitpunkt der Entstehung der Steuerschuld durch sonstige Erwerbsvorgänge vgl. Viskorf, Hermann-Ulrich (2007) § 14 GrEStG Rz 27 ff

[213] Vgl. Fischer, Peter (2007) § 1 GrEStG Rz 312 ff

[214] Vgl. Fischer, Peter (2007) § 1 GrEStG Rz 331

[215] Vgl. dazu die Ausführungen zu §§ 38, 41 AO

[216] Übereignung i.S. einer Übertragung gem. §§ 873, 925 BGB; vgl. Fischer, Peter (2007) § 1 GrEStG Rz 340

[217] Vgl. Pahlke, Armin (2005) § 16 GrEStG Rz 54

[218] Sack, Hans-Joachim (2007 [§ 16 GrEStG Rz 11]) sieht deswegen in § 16 GrEStG eine „... Rückführung auf den eigentlichen Besteuerungszweck ...“; so auch Hofmann, Ruth / Hofmann, Gerda (2004) § 16 GrEStG Rz 2; Pahlke, Armin (2005) § 16 GrEStG Rz 2; BFH v. 09.03.1994, II R 86/90, BStBl II 1994 S. 413.

[219] Vgl. Hofmann, Ruth / Hofmann, Gerda (2004) § 16 GrEStG Rz 55 ff; Pahlke, Armin (2005) § 16 GrEStG Rz 78 ff; BFH v. 20.01.2005, II B 52/04, BStBl II 2005 S. 492

[220] Die Möglichkeit zur Anfechtung allein ist ohne Bedeutung für die Besteuerung. Vgl. Pahlke, Armin (2005) § 16 GrEStG Rz 53; Hofmann, Ruth / Hofmann, Gerda (2004) § 1

jektiv als nichtig anzusehen ist.[221] Es verbleibt jedoch bei der Erfüllung der Steuertatbestände, so dass § 16 GrEStG nicht zu einem Erlöschen des Steueranspruchs führt, vielmehr handelt es sich bei den Ansprüchen aus § 16 GrEStG um selbstständige, gegenläufige Ansprüche aus dem Steuerschuldverhältnis, die den ursprünglichen Steueranspruch unberührt lassen und lediglich dazu führen, dass seine Konkretisierung auf Antrag des Steuerpflichtigen unterbleibt.[222] Damit stellt § 16 GrEStG eine gem. § 172 Abs. 1 S. 1 Nr. 2d AO sonst gesetzlich zugelassene besondere Vorschrift dar, die die Anwendbarkeit der allgemeinen Korrekturvorschriften der Abgabenordnung unberührt lässt.[223] Voraussetzung der Anwendung des § 16 Abs. 2 GrEStG ist neben dem Antrag und der Nichtigkeit des schuldrechtlichen Rechtsgeschäfts der rechtliche und tatsächliche Rückerwerb, Letzterer i.S. eines tatsächlichen wirtschaftlichen Rückführens.[224]

Auch i.R.d. Grunderwerbsteuer ist eine weitere Ebene zu berücksichtigen, denn das Anknüpfen an zivilrechtliche Handlungsschritte macht es erforderlich, dass die entsprechenden formellen Voraussetzungen ebendieser eingehalten werden. Ist dies (irrtümlicherweise) nicht der Fall, hat das die zivilrechtliche Nichtigkeit des Vorgangs und das Erlöschen des Steueranspruchs zur Folge, wenn das Rechtsgeschäft überhaupt nicht beurkundet wurde, da gem. §§ 125, 925a BGB kein Anspruch auf Übereignung begründet werden kann.[225] Dagegen werden die Beteiligten dann nicht gem. § 925a BGB an der Übereignung des Grundstücks gehindert, wenn es sich um den Anschein eines beurkundeten Rechtsgeschäfts

---

GrEStG Rz 30, Vor § 15 GrEStG Rz 10, § 16 GrEStG Rz 35; Sack, Hans-Joachim (2007) § 16 GrEStG Rz 164; Fischer, Peter (2007) § 1 GrEStG Rz 331

[221] Vgl. BFH v. 27.01.1999, II R 78/96, BFH/NV 1999 S. 964

[222] Vgl. Hofmann, Ruth / Hofmann, Gerda (2004) § 16 GrEStG Rz 3 f; Pahlke, Armin (2005) § 16 GrEStG Rz 3; Sack, Hans-Joachim (2007) § 16 GrEStG Rz 15; BFH v. 26.08.1992, II R 120/89, BStBl II 1993 S. 58; BFH v. 09.03.1994, II R 86/90, BStBl II 1994 S. 413; BFH v. 17.04.2002, II B 120/00, BFH/NV 2002 S. 1170; BFH v. 05.06.1991, II R 83/88, BFH/NV 1992 S. 267; BFH v. 09.08.1989, II R 145/86, BStBl II 1989 S. 981; BFH v. 16.01.2002, II R 52/00, BFH/NV 2002 S. 1053; BFH v. 07.04.2004, II B 2/03 (bislang nicht veröffentlicht)

[223] Vgl. Sack, Hans-Joachim (2007) § 16 GrEStG Rz 13; Pahlke, Armin (2005) § 16 GrEStG Rz 4; Hofmann, Ruth / Hofmann, Gerda (2004) § 16 GrEStG Rz 5; BFH v. 17.04.2002, II B 120/00, BFH/NV 2002 S. 1170

[224] Vgl. Pahlke, Armin (2005) § 16 GrEStG Rz 20 ff, 42 f; Sack, Hans-Joachim (2007) § 16 GrEStG Rz 181 ff; Hofmann, Ruth / Hofmann, Gerda (2004) § 16 GrEStG Rz 29; BFH v. 09.03.1994, II R 86/90, BStBl II 1994 S. 413; BFH v. 17.10.1990, II R 148/87, BFH/NV 1991 S. 413; BFH v. 04.12.1985, II R 171/84, BStBl II 1986 S. 271; BFH v. 06.10.1976, II R 131/74, BStBl II 1977 S. 253; BFH v. 08.11.1995, II R 87/93, BFH/NV 1996 S. 577; BFH v. 14.08.2001, II B 85/00, BFH/NV 2001 S. 1605; BFH v. 27.01.1982, II R 119/80, BStBl II 1982 S. 425; BFH v. 28.11.2003, II B 143/02, BFH/NV 2004 S. 368; BFH v. 19.03.2003, II R 12/01, BStBl II 2003 S. 770; BFH v. 19.01.2005, II B 27/04, BFH/NV 2005 S. 913

[225] Vgl. Fischer, Peter (2007) § 1 GrEStG Rz 317 ff; Hofmann, Ruth / Hofmann, Gerda (2004) § 1 GrEStG Rz 29; Pahlke, Armin (2005) § 1 GrEStG Rz 138; BFH v. 17.12.1975, II R 35/69, BStBl II 1976 S. 465; BFH v. 19.03.1980, II R 26/75, BStBl II 1980 S. 522; BFH v. 08.03.1978, II R 131/76, BStBl II 1978 S. 635; BFH v. 21.12.1981, II R 124/79, BStBl II 1982 S. 330; BFH v. 10.07.1996, II B 139/95, BFH/NV 1997 S. 61

handelt. Lassen die Beteiligten das wirtschaftliche Ergebnis des Rechtsgeschäfts eintreten – wenn also die Übereignung erfolgt – so ist zwar das zugrunde liegende Rechtsgeschäft nichtig, es verbleibt jedoch gem. § 41 Abs. 1 S. 1 AO bei der Entstehung des Steueranspruchs im Zeitpunkt des Abschlusses des Rechtsgeschäfts; lassen die Beteiligten das wirtschaftliche Ergebnis des Rechtsgeschäfts hingegen nicht eintreten, so erlischt auch der Steueranspruch.[226]

Für den erfolgreich angefochtenen Irrtum i.R.d. Grunderwerbsteuer ist demnach zu unterscheiden, ob es sich um einen Irrtum zwischen den Steuerpflichtigen innerhalb des eigentlichen Rechtsgeschäfts handelt oder ob ein irrtümlicher Verstoß gegen gesetzliche Formvorschriften vorliegt.

Für einen Irrtum innerhalb des eigentlichen Rechtsgeschäfts verbleibt es endgültig bei der Erfüllung der Tatbestandsmerkmale des § 1 GrEStG, da ein unbeachtlicher oder endgültig nicht angefochtener Irrtum[227] keine Auswirkungen auf das Rechtsgeschäft hat.[228] Für Fälle, in denen eine Anfechtung erfolgreich vorgenommen worden ist, muss im Weiteren danach unterschieden werden, ob die Übereignung stattgefunden hat oder nicht. Erfolgt die Anfechtung vor der Übereignung, so sind die Tatbestandsmerkmale des § 1 GrEStG endgültig nicht erfüllt, ein trotzdem ergangener Bescheid ist nach den Korrekturvorschriften der Abgabenordnung zu ändern.[229] Hat dagegen die Übereignung bereits stattgefunden, so verbleibt es bei der endgültigen Erfüllung der Steuertatbestände des § 1 GrEStG; die Möglichkeit der Nichtfestsetzung, Aufhebung bzw. Änderung der Festsetzung besteht nur dann, wenn auch ein Rückerwerb i.S.d. § 16 Abs. 2 GrEStG erfolgt. In der bestehenden Konkurrenzsituation hinsichtlich der Behandlung rückwirkender Ereignisse geht die Regelung des

---

[226] Vgl. Fischer, Peter (2007) § 1 GrEStG Rz 320 ff; Hofmann, Ruth / Hofmann, Gerda (2004) § 1 GrEStG Rz 29; Pahlke, Armin (2005) § 1 GrEStG Rz 138, 140; BFH v. 27.01.1982, II R 119/80, BStBl II 1982 S. 425; BFH v. 19.07.1989, II R 83/85, BStBl II 1989 S. 989; BFH v. 05.06.1991, II R 82/88, BFH/NV 1992 S. 267; BFH v. 15.12.1993, X R 49/91, BStBl II 1994 S. 687; a.A. Jehner, Hansgeorg (DStR 1986 [S. 636 ff]), der die Auffassung vertritt, dass ein nichtiger Vertrag grundsätzlich keine Grunderwerbsteuer auslöst, was gem. § 41 Abs.1 S. 2 AO der Regelung des § 41 Abs. 1 S. 1 AO vorgehe. Letzterem ist jedoch nicht zuzustimmen, da dies voraussetzen würde, dass § 1 Abs. 1 Nr. 1 GrEStG ausdrücklich ein rechtswirksames Rechtsgeschäft verlangt, was jedoch nicht der Fall ist (vgl. Fischer s.o.).

[227] Für Fälle, in denen weiterhin die Möglichkeit zur Anfechtung besteht, verbleibt es dabei, dass der Steueranspruch festsetzungsfähig, jedoch nicht (endgültig) entstanden ist.

[228] Die Beteiligten haben jedoch u.U. in der Folge die Möglichkeit, die Nichtfestsetzung der Grunderwerbsteuer bzw. eine Aufhebung oder Änderung der Festsetzung gem. § 16 Abs. 1, Abs. 2 Nr. 1 GrEStG dann zu erreichen, wenn die entsprechenden Tatbestandsvoraussetzungen erfüllt sind.

[229] Vgl. Hofmann, Ruth / Hofmann, Gerda (2004) Vor § 15 GrEStG Rz 10; die Anwendung des § 16 Abs. 1 GrEStG scheitert daran, dass dieser einen wirksamen und nicht einen mit Wirkung für die Vergangenheit unwirksam gewordenen Erwerbsvorgang voraussetzt. Vgl. Sack, Hans-Joachim (2007) § 16 GrEStG Rz 13; Pahlke, Armin (2005) § 16 GrEStG Rz 55

§ 16 Abs. 2 Nr. 2 GrEStG der des § 175 Abs. 1 S. 1 Nr. 2 AO als lex specialis vor.[230]

Anders dagegen in den Fällen, in denen das Rechtsgeschäft irrtümlich gegen gesetzliche Formvorschriften verstößt. Hier führt das vollständige Fehlen einer Beurkundung zur endgültigen Nichterfüllung der Steuertatbestände. Wird die Beurkundung hingegen nur unvollständig ausgeführt und erweckt den Anschein eines beurkundeten und damit wirksamen Rechtsgeschäfts, so verbleibt es dann gem. § 41 Abs. 1 S. 1 AO bei der Erfüllung der Steuertatbestände, wenn die Beteiligten das wirtschaftliche Ergebnis des Rechtsgeschäfts bestehen lassen, ansonsten ist auch in diesen Fällen der Steueranspruch endgültig nicht entstanden.

35.4 Einkommensteuer

Die Anwendbarkeit des § 41 Abs. 1 S. 1 AO i.R.d. Einkommensteuer ist strittig. Rechtsprechung und Verwaltung vertreten die Auffassung, dass die Anwendung von § 41 Abs. 1 S. 1 AO für alle laufend veranlagten Steuerarten, für die das Stichtagsprinzip gilt, generell ausgeschlossen sei.[231] Die Auffassung geht auf ein Urteil des RFH aus dem Jahre 1936 zurück,[232] nach dem für die Vermögensteuer ein anfechtbares Rechtsgeschäft als gültig zu behandeln ist, wenn die Beteiligten selbst es am Stichtag als gültig behandelt haben. In der Begründung wird zunächst auf den Zeitraum vor der Geltung des Steueranpassungsgesetzes verwiesen, wonach die Steuerfestsetzung zu berichtigen war, wenn ein Tatbestandsmerkmal, dessen Vorliegen das Gesetz für die Besteuerung fordert, nachträglich mit Wirkung für die Vergangenheit z.B. aufgrund einer Anfechtung weggefallen ist.[233] Dies sei aber hier gerade nicht der Fall, da Tatbestandsmerkmal der Vermögensteuer für die Bewertung das wirtschaftliche Eigentum am Stichtag sei, das aufgrund der Tatsache, dass die Beteiligten das Rechtsgeschäft am Stichtag als gültig behandelt haben, eben nicht entfallen sei; daran habe auch die Einführung des Steueranpassungsgesetzes nichts geändert. Im Anschluss daran erfolgt ein Verweis auf die erheblichen praktischen Schwierigkeiten, die sich gerade bei einer Besteuerung ergeben, die nicht an das anfechtbare Rechtsgeschäft selbst anknüpft. Ausdrücklich offengelassen wurde allerdings noch die Frage nach der Anwendbarkeit des § 5 Abs. 5 StAnpG[234] für die Einkommensteuer. Mit Urteil vom 17.02.1959 zu einer Anfechtung i.S.d. § 119 BGB hat der

[230] Vgl. Hofmann, Ruth / Hofmann, Gerda (2004) § 16 GrEStG Rz 35
[231] Abschließend m.w.N. BFH v. 17.03.1999, X B 193/98, BFH/NV 1999 S. 1181; mit Einschränkungen auch Potthast, Bernd (1952) S. 41
[232] RFH v. 09.01.1936, III A 226/35, RStBl 1936 S. 116
[233] Vgl. § 225 Abs. 2 AO 1931
[234] also der Anpassung bereits erfolgter Steuerfeststellungen und -festsetzungen für die Fälle, in denen das bereits eingetretene wirtschaftliche Ergebnis mittels erfolgreicher Anfechtung beseitigt wird

BFH[235] – ohne weitere Begründung – bestätigt, dass für das Bilanzsteuerrecht nichts anderes gelte als für die Vermögensteuer. An dieser Rechtsprechung hat der BFH festgehalten.[236]

Die Betrachtung der Regelungen innerhalb der Einkommensteuer beginnt mit der Prüfung der beiden Hauptargumente der Rechtsprechung – des Praktikabilitätsgesichtspunktes und des allgemeinen Stichtagsprinzips.

Im Gegensatz zu den Rechtsgeschäften, in denen die Besteuerung an das Rechtsgeschäft selbst anknüpft,[237] müssten in den Fällen, in denen dies nicht der Fall ist, die Besteuerungsgrundlagen ermittelt werden, die sich am Stichtag eingestellt hätten, wenn das anfechtbare Rechtsgeschäft nicht abgeschlossen worden wäre, wenn hier die Regelung des § 41 Abs. 1 S. 1 AO Anwendung finden würde. Der RFH hat darin – i.V.m. der „tatsächlichen Sachbeherrschung" und dem u.U. (teilweisen) Verbleib der zwischenzeitlich gezogenen Nutzungen – so erhebliche praktische Schwierigkeiten gesehen, dass dies zu einem der Hauptargumente der Ablehnung der Rückwirkung wurde.[238]

Beker vertritt die Auffassung, dass das Argument der praktischen Schwierigkeiten zunächst schon deswegen ohne Bedeutung ist, da es sich nicht um eine hypothetische, sondern vielmehr die nach den rechtlichen und wirtschaftlichen Verhältnissen wirkliche Besteuerungsgrundlage handele.[239] Dem ist nicht zu folgen, denn wie Rust zu Recht bemerkt, sind bei einem (rückwirkend) angefochtenen Rechtsgeschäft am Stichtag weder die rechtlichen noch die wirtschaftlichen Verhältnisse – die sich nach der Anfechtung einstellen – tatsächlich erfüllt gewesen.[240] Dies würde voraussetzen, dass die Anfechtung die Lebenswirklichkeit rückwirkend ändert, was jedoch gerade nicht der Fall ist. Deutlich wird dies i.R. einer ex-nunc-Punktbetrachtung zum Bilanzstichtag. Da sich die bereits realisierte Lebenswirklichkeit nicht ändern lässt, kann dies lediglich mittels der rechnerischen Quantifizierung der Lebenswirklichkeit erreicht werden, die dann die zivilrechtliche Fiktion berücksichtigt.

Jedoch macht Lauer zu Recht darauf aufmerksam, dass es mit dem Rechtsstaatsprinzip unvereinbar sei, wenn ein Steuertatbestand nach bestandskräftiger Veranlagung ganz oder teilweise entfällt und eine Korrekturvorschrift, die diesen Sachverhalt regeln will, nur wegen des „unverhältnismäßigen Verwal-

---

[235] BFH v. 17.02.1959, I 154/58 U, BStBl III 1959 S. 250

[236] Vgl. BFH v. 13.12.1963, VI 22/61 S, BStBl III 1964 S. 184; BFH v. 17.08.1967, IV R 80/67, BStBl II 1968 S. 93; BFH v. 28.03.1969, III 177/65, BStBl II 1969 S. 432; BFH v. 14.05.1976, III R 113/74, BStBl II 1976 S. 656; BFH v. 12.10.1977, I R 248/74, BStBl II 1978 S. 191; BFH v. 17.03.1999, X B 193/98, BFH/NV 1999 S. 1181; BFH v. 13.09.2000, X R 148/97, BStBl II 2001 S. 641

[237] Als Beispiele werden vom RFH (v. 09.01.1936, III A 226/35, RStBl 1936 S. 116) die Erbschaftsteuer, die Grunderwerbsteuer und die Kapitalverkehrsteuer angeführt.

[238] Vgl. RFH v. 09.01.1936, III A 226/35, RStBl 1936 S. 116

[239] Vgl. Beker, Manfred (1969) S. 31

[240] Vgl. Rust, Kai-Oliver (1995) S. 91

tungsaufwands" nicht angewendet wird; es handele sich dabei um einen Verstoß gegen Art. 20 Abs. 3 GG, der alle staatliche Gewalt an Gesetz und Recht bindet.[241] Für die Fälle, in denen sich die Korrektur zugunsten des Steuerpflichtigen auswirken würde, sieht er zudem einen Verstoß gegen Art. 14 GG, da die Ablehnung einer Steuererstattung – ohne gesetzliche Grundlage und trotz Verpflichtung – zu einer Verletzung des Grundrechts auf Eigentum führen würde.[242]

Auch wenn praktische Schwierigkeiten bestehen, können diese aus den bereits genannten Gründen keinesfalls zu einer generellen Nichtanwendung des § 41 Abs. 1 S. 1 AO bei allen laufend veranlagten Steuern führen.[243]

In seinem Urteil vom 09.01.1936 hat der RFH[244] ausgeführt, dass das für die Vermögensteuer entscheidende Tatbestandsmerkmal das Eigentum des Steuerpflichtigen am Stichtag sei, wobei es ausschließlich auf das wirtschaftliche Eigentum ankomme. Eine rückwirkende Beachtlichkeit sei dann zu versagen, wenn die Beteiligten das Rechtsgeschäft am Stichtag als gültig behandelt haben, unabhängig davon, ob es später zu einer zivilrechtlich rückwirkenden Anfechtung gekommen ist. Mit der Anwendung dieser Auffassung auf sämtliche laufend veranlagten Steuern erfolgt eine fragwürdige Pauschalisierung des Stichtagsprinzips als zentrales Argument.

Grundlage des Stichtagsprinzips ist, dass der Besteuerung nicht nur Einzelvorgänge, sondern auch laufende Vorgänge und Bewertungen zugrunde liegen, die in einer bestimmten Form abgegrenzt werden müssen.[245] Dabei entsteht der Steueranspruch in den Fällen der Abschnittsbesteuerung mit Ablauf des Steuerabschnitts unabhängig davon, ob der Steueranspruch anschließend zutreffend festgesetzt wird, wobei die Entstehungszeitpunkte insofern nur technischer Art sind, als die Erfüllung der Steuertatbestände bereits fortlaufend realisiert wird.[246]

Das bereits angesprochene Konkurrenzverhältnis zwischen der Kausalität des Vorgangs und seiner zeitlichen Zuordnung bleibt dabei ungelöst, da aus dem allgemeinen Stichtagsprinzip nicht abgeleitet werden kann, was letztlich der Besteuerung zugrunde gelegt werden muss. Dies kann nur i.R. einer gesonderten Betrachtung innerhalb der Einzelsteuergesetze, also hier des Einkommensteuer-

[241] Vgl. Lauer, Georg Dietmar (1984) S. 34
[242] Vgl. Lauer, Georg Dietmar (1984) S. 34
[243] Vgl. Benne, Dietmar (BB 1980) S. 1847; Barth, Kuno, (DB 1988) S. 674 f; ders. (BB 1987) S. 1402; Lauer, Georg Dietmar (1984) S. 34; Rust, Kai-Oliver (1995) S. 91; Beker, Manfred (1969) S. 31; Kottke, Klaus (DStR 1982) S. 549
[244] Vgl. RFH v. 09.01.1936, III A 226/35, RStBl 1936 S. 116
[245] Vgl. Beker, Manfred (1969) S. 34
[246] Vgl. Kruse, Heinrich Wilhelm (o.J.) § 38 AO Rz 13; Groll, Rüdiger v. (o.J.) § 175 AO Rz 283

gesetzes, erfolgen, ein verallgemeinertes Stichtagsprinzip hingegen ist kein Argument, das einer Anwendung des § 41 Abs. 1 S. 1 AO entgegensteht.[247]

Zunächst lässt sich damit festhalten, dass keine Sondervorschriften für laufend veranlagte Steuern bestehen, die zu einer pauschalen Einschränkung der Anwendung des § 41 Abs. 1 S. 1 AO führen würden. Grundsätzlich ist daher von der Geltung der Vorschrift auch für laufend veranlagte Steuern auszugehen.[248] Die sich aus dieser Feststellung ergebende Reichweite der Vorschrift hängt gem. § 41 Abs. 1 S. 2 AO davon ab, ob einzelsteuergesetzliche Vorschriften der generellen Anwendung des § 41 Abs. 1 S. 1 AO vorgehen. Dazu ist es zunächst erforderlich, zwischen den Überschusseinkünften (einschließlich der Gewinneinkünfte, die gem. § 4 Abs. 3 EStG ermittelt werden) einerseits und den Gewinneinkünften andererseits zu unterscheiden.

35.41 Überschusseinkünfte gem. §§ 8, 9 EStG und Gewinneinkünfte, die gem. § 4 Abs. 3 EStG ermittelt werden

Die Einkommensteuer ist gem. § 2 Abs. 7 EStG eine Jahressteuer (Satz 1), deren Grundlagen jeweils für ein Kalenderjahr zu ermitteln sind (Satz 2). Die Veranlagung erfolgt gem. § 25 Abs. 1 EStG mit Ablauf des Kalenderjahres nach dem Einkommen, das der Steuerpflichtige in diesem Veranlagungszeitraum bezogen hat. Gem. § 11 EStG sind Einnahmen in dem Kalenderjahr bezogen, in dem sie dem Steuerpflichtigen zugeflossen, und Ausgaben in dem Kalenderjahr abzusetzen, in dem sie abgeflossen sind. Das Zufluss-/Abflussprinzip soll als spezielle Vorschrift zu einer Nichtanwendung des § 41 Abs. 1 S. 1 AO i.R.d. Ermittlung der Einnahmen gem. § 8 EStG über die Werbungskosten gem. § 9 EStG bzw. der Ermittlung der Betriebseinnahmen über die Betriebsausgaben gem. § 4 Abs. 3 EStG führen.[249]

Zu Recht wird darauf hingewiesen, dass es sich bei § 11 EStG nur um die zeitliche Zuordnung von Einnahmen und Ausgaben handelt.[250] Ein Konkurrenzverhältnis zwischen den beiden Vorschriften würde demnach nur dann bestehen, wenn jeglicher Zu-/Abfluss zu Einnahmen bzw. Ausgaben führen würde, denn dann käme es ausschließlich auf die zeitliche Zuordnung an. Dem ist jedoch

---

[247] Vgl. Barth, Kuno (BB 1987) S. 1400 f; Lauer, Georg Dietmar (1984) S. 33 f; Rust, Kai-Oliver (1995) S. 87 ff; Beker, Manfred (1969) S. 34; Kottke, Klaus (DStR 1982) S. 549; Benne, Dietmar (BB 1980) S. 1847

[248] Vgl. Kruse, Heinrich Wilhelm (o.J.) § 41 AO Rz 9; Fischer, Peter (o.J.) § 41 AO Rz 44 f; Groll, Rüdiger v. (o.J.) § 175 AO Rz 283, 341; Loose, Matthias (o.J.) § 175 AO Rz 29; Kottke, Klaus (DStR 1982) S. 546; Lauer, Jörg (BB 1981) S. 1517; Lauer, Georg Dietmar (1984) S. 33 f; Rust, Kai-Oliver (1995) S. 92

[249] Eine Auflistung entsprechender RFH-/BFH-Urteile findet sich bei Rust, Kai-Oliver (1995) S. 95.

[250] Vgl. z.B. Beker, Manfred (1969) S. 36 f; Lauer, Georg Dietmar (1984) S. 35; Rust, Kai-Oliver (1995) S. 98

nicht so, denn Einnahmen bzw. Ausgaben liegen nur bei einer tatbestandsmäßigen Erfüllung der §§ 8, 9 EStG bzw. § 4 Abs. 3 EStG vor. Nur dann, wenn sowohl der ursprüngliche Vorgang als auch die zivilrechtliche Rückgängigmachung als zweiter Vorgang die Tatbestandsmerkmale einer Einnahme bzw. Ausgabe erfüllen und damit die zeitliche Zurechnung gem. § 11 EStG erfolgt, liegt ein Konkurrenzverhältnis zu § 41 Abs. 1 S. 1 AO vor.

Gem. § 8 Abs. 1 EStG sind Einnahmen[251] definiert als „... alle Güter, die in Geld oder Geldeswert bestehen und dem Steuerpflichtigen im Rahmen einer der Einkunftsarten des § 2 Abs. 1 S. 1 Nr. 4 - 7 EStG zufließen.“ Neben den allgemein gefassten Tatbeständen der persönlichen und der sachlichen Zurechnung zu einer der Einkunftsarten, deren Erfüllung sich bereits jeweils aus den Einzelvorschriften der §§ 1, 2 Abs. 1 S. 1 EStG bzw. §§ 19 - 23 EStG ergeben,[252] enthält § 8 Abs. 1 EStG den Zufluss als Tatbestandsvoraussetzung.[253]

Wie Birk zu Recht anmerkt, kommt dem Zufluss damit aufgrund einer mangelnden Abstimmung der §§ 8 Abs. 1, 11 Abs. 1 EStG eine zweifache Bedeutung zu.[254] So ist der Zufluss zunächst gem. § 8 Abs. 1 EStG Tatbestandsvoraussetzung für das Vorliegen einer Einnahme, gleichzeitig ist er gem. § 11 EStG Tatbestandsvoraussetzung für die zeitliche Zuordnung zu einer Besteuerungsperiode. Der Zufluss stellt dabei einen tatsächlichen Vorgang dar, der dann als erfüllt anzusehen ist, wenn eine von außen kommende Vermögensmehrung beim Steuerpflichtigen eingetreten ist und er die wirtschaftliche Verfügungsmacht darüber erlangt.[255] Einnahmen sind damit alle Zuflüsse, für die nicht nur ein formal-rechtlicher, sondern ein tatsächlicher und wirtschaftlicher Zusammenhang mit der entsprechenden Einkunftsart besteht.[256]

---

[251] Die Darstellung beschränkt sich im Folgenden auf das Zuflussprinzip; für das Abflussprinzip gilt jedoch nichts anderes. Vgl. Birk, Dieter / Kister, Jan-Hendrik (o.J.) § 11 EStG Rz 105

[252] Vgl. Drenseck, Walter (2007) § 8 EStG Rz 2

[253] Vgl. Glenk, Heinrich (o.J.) § 8 EStG Rz 19. Das Tatbestandsmerkmal „Zufluss“ gilt zunächst gem. § 8 Abs. 1 EStG nur für Einkunftsarten des § 2 Abs. 1 S. 1 Nr. 4-7 EStG. Für die Ermittlung der Betriebseinnahmen über die Betriebsausgaben gem. § 4 Abs. 3 EStG fehlt es an einer gesetzlichen Definition der Einnahmen. Eine analoge Anwendung erscheint jedoch geboten, denn die Einnahmen-Überschuss-Rechnung unterscheidet sich gerade durch den Realisationszeitpunkt vom Betriebsvermögensvergleich, was sich in der Anwendung des Zufluss-/Abflussprinzips widerspiegelt. Allerdings kommt bei der Analogie hinzu, dass es sich hier um eine betriebliche Veranlassung dergestalt handeln muss, dass in wiederum analoger Anwendung der Definition der Betriebsausgaben gem. § 4 Abs. 4 EStG als zugeflossene Einnahmen die Wertzugänge im Betriebsvermögen zu erfassen sind, die in einem objektiv wirtschaftlichen oder sachlichen Zusammenhang mit dem Betrieb stehen. Vgl. Meurer, Ingetraut (o.J.) § 4 EStG Rz 430

[254] Vgl. Birk, Dieter / Kister, Jan-Hendrik (o.J.) § 8 EStG Rz 35, § 11 EStG Rz 15

[255] Vgl. Birk, Dieter / Kister, Jan-Hendrik (o.J.) § 8 EStG Rz 36. Es ist dabei nicht erforderlich, dass eine uneingeschränkte Verfügungsmacht besteht. Vgl. Heinicke, Wolfgang (2007) § 11 EStG Rz 15

[256] Vgl. Drenseck, Walter (2007) § 8 EStG Rz 3

Das Anknüpfen der Definition an den Zufluss als tatsächlichen Vorgang hat zur Folge, dass die Rückgängigmachung einer Einnahme nicht möglich ist, vielmehr ist der Steuertatbestand mit dem Zufluss endgültig erfüllt.

Zur Klärung, ob es sich um eine Einnahme handelt, muss daher zunächst auf die wirtschaftliche Leistungsfähigkeit durch den realen Zufluss abgestellt werden,[257] wobei jedoch eine „... bestimmte Qualifikation der Einnahmen im Sinn der Tatbestandsmäßigkeit ..." vorausgesetzt wird, was zwar über eine „... bloß wirtschaftliche Vermögensmehrung ..." hinausgeht, jedoch dann als erfüllt angesehen werden kann, wenn sich erst im Nachhinein die Qualifikation ändert, zunächst jedoch die Erfüllung eines steuerlichen Tatbestandes vorgelegen hat;[258] und zwar auch dann, wenn der Empfänger über die Einnahmen nur vorübergehend wirtschaftlich verfügen kann.[259] Ein zivilrechtlicher oder wirtschaftlicher Grund für einen Verbleib der Einnahmen wird nicht vorausgesetzt, vielmehr verbleibt es bei dem tatsächlichen Vorgang des Zuflusses, der von einem Entfallen des Rechtsgrundes und einem späteren Rückfluss nicht berührt wird,[260] was damit begründet wird, dass die tatsächliche Verfügungsmacht nicht rückwirkend entfallen kann.[261] Dieses Ergebnis folgt zwangsläufig aus der Feststellung, dass die Einnahme an den tatsächlichen Vorgang des Zuflusses anknüpft. Die weite Auslegung des Begriffs der Einnahme, verbunden mit dem Anknüpfen an den tatsächlichen Vorgang des Zuflusses, hat zur Folge, dass es bei der ursprünglichen Qualifikation verbleibt.

Im Ergebnis mag zwar das Rechtsgeschäft zunächst kausal für die Erfüllung des Tatbestandes gewesen sein, seine spätere (ex-tunc-)Unwirksamkeit kann jedoch nicht zu einer steuerlichen rückwirkenden Änderung führen, da die ursprüngliche Einzahlung nach wie vor die Tatbestandsvoraussetzungen der Einnahme erfüllt. § 8 Abs. 1 EStG stellt damit explizit nicht auf die Kausalität des Rechtsgeschäfts, sondern den tatsächlichen Zufluss als Anknüpfungspunkt ab. Ausnahmen von diesem Prinzip können sich nach Auffassung des BFH nur aus einer abweichenden gesetzlichen Regelung,[262] der gesetzlichen Definition des Besteuerungsgegenstandes[263] oder zwangsläufig aus der Art einmaliger Leistungen i.S.d. § 22 Nr. 3 EStG[264] ergeben.[265] Dabei hat es der Gesetzgeber nach

[257] Vgl. RFH v. 25.02.1931, VI A 604/30, RStBl 1931 S. 526; BFH v. 02.04.1974, III R 76/69, BStBl II 1974 S. 540; Fischer, Peter (o.J.) § 41 AO Rz 77

[258] Ruppe, Hans Georg (o.J.) Einf. ESt Rz 688

[259] Vgl. BFH v. 01.03.1977, VIII R 106/74, BStBl II 1977 S. 545; BFH v. 30.01.1975, IV R 190/71, BStBl II 1975 S. 776

[260] Vgl. BFH v. 13.10.1989, III R 30-31/85, BStBl II 1990 S. 287; BFH v. 02.04.1974, III R 76/69, BStBl II 1974 S. 540; BFH v. 22.11.1962, IV 179/59 U, BStBl III 1963 S. 132

[261] Vgl. BFH v. 29.04.1982, IV R 95/79, BStBl II 1982 S. 593; BFH v. 11.10.1983, III R 61/81, BStBl II 1984 S. 267; Fischer, Peter (o.J.) § 41 AO Rz 78

[262] Vgl. BFH v. 17.07.1991, X R 6/91, BStBl II 1991 S. 916

[263] Vgl. BFH v. 06.10.1993, I R 97/92, BStBl II 1994 S. 287

[264] Vgl. BFH v. 03.06.1992, X R 91/90, BStBl II 1992 S. 1017

[265] Vgl. BFH v. 26.01.2000, IX R 87/95, BStBl II 2000 S. 396

Auffassung des BFH in Kauf genommen, dass es durch die Zusammenballung von Einnahmen (und Ausgaben) in einem Veranlagungszeitraum u.U. „... zu steuerlichen Zufallsergebnissen kommen kann, die gegebenenfalls zu einer erheblichen steuerlichen Be- oder Entlastung führen ...“.[266]

Die endgültige Erfüllung des Steuertatbestandes der Einnahme, aufgrund des Anknüpfens an den tatsächlichen Vorgang des Zuflusses, verbunden mit der zeitlichen Zuordnung der Einnahme, hat zur Folge, dass § 41 Abs. 1 S. 1 AO damit hinter dieser speziellen Regelung für die Überschusseinkünfte gem. §§ 8, 9 EStG bzw. Gewinneinkünfte, die gem. § 4 Abs. 3 EStG ermittelt werden, zurücktritt.

Hinsichtlich der Rückzahlung aufgrund einer rechtlichen oder tatsächlichen Verpflichtung ist zu beachten, dass auch hier die Qualifizierung als Ausgabe zweifellos erfüllt ist und damit eine endgültige Erfüllung der Steuertatbestände vorliegt. Strittig ist dabei jedoch die Qualifizierung der Rückzahlung als negative Einnahme bzw. eigenständige Ausgabe, da die Rückzahlung nach den bisherigen Feststellungen einen eigenen Vorgang darstellt, der jedoch seine Wurzeln in der ausschließlichen Rückgängigmachung des ursprünglichen Vorgangs hat. Es stellt sich hiermit die Frage danach, ob der kausale Zusammenhang oder die Auffassung, dass es sich bei der Anfechtung um einen neuen Vorgang handelt, ausschlaggebend ist. Beide Lösungen können nicht vollständig überzeugen. Für negative Einnahmen spricht zunächst, dass die Ignorierung des kausalen Zusammenhangs mitunter zu als unbillig empfundenen Rechtsfolgen führen kann und die begriffliche Einordnung von Rückzahlungen als Werbungskosten fraglich erscheint. Gegen negative Einnahmen spricht allerdings, dass die Einordnung der Rückzahlung in diese „Negativ-Kategorie“ vom Gesetz nicht gedeckt ist,[267] auch wenn diese durch den BFH erfolgt.[268] Nach der Auffassung von Fischer handelt es sich bei dieser Einordnung lediglich um eine Zweckschöpfung zur Vermeidung als unbillig empfundener Rechtsfolgen.[269] Auch wenn das vollständige Abschneiden von der Kausalität mitunter zu unbefriedigenden Ergebnissen führt, ist eine andere Qualifizierung bei der bestehenden Gesetzeslage nicht möglich.

In steuerschuldrechtlicher und verfahrenstechnischer Hinsicht ist eine Rückwirkung damit ausgeschlossen,[270] eine Anwendung des § 41 Abs. 1 S. 1 AO ist

[266] Vgl. BFH v. 26.01.2000, IX R 87/95, BStBl II 2000 S. 396; BFH v. 24.09.1985, IX R 2/80, BStBl II 1986 S. 284
[267] Vgl. Wüllenkemper, Dirk (1987) S. 32
[268] Vgl. BFH v. 13.12.1963, VI 22/61 S, BStBl III 1964 S. 184
[269] Vgl. Fischer, Peter (FR 2000 I) S. 776
[270] Vgl. Fischer, Peter (o.J.) § 41 AO Rz 78 m.w.N.

daher abzulehnen, nachträgliche Veränderungen werden im Zeitpunkt ihres Eintretens entsprechend berücksichtigt.[271]

Anders ist dagegen die Behandlung bei einer Rückgängigmachung im Kalenderjahr des ursprünglichen Vorgangs zu beurteilen, da das Zufluss-/Abflussprinzip lediglich eine Zuordnung zu Kalenderjahren vornimmt. Erfolgt die Rückgängigmachung innerhalb des Kalenderjahres, in dem auch der irrtumbehaftete Vorgang stattgefunden hat, so besteht kein Konkurrenzverhältnis zwischen der zeitlichen Zuordnung und der Kausalität bzw. wird dieses durch die Saldierung der gegenläufigen Vorgänge aufgehoben. Damit bedarf es insofern keiner Anwendung des § 41 Abs. 1 S. 1 AO. Davon ausgenommen sind die Fälle, in denen die Erfüllung der Tatbestände allein vom tatsächlichen Geschehen abhängig ist, hier verbleibt es grundsätzlich bei der endgültigen Erfüllung der Tatbestände.

Weiterhin zu betrachten ist die Behandlung bei einer Beseitigung der wirtschaftlichen Folgen von unwirksamen Rechtsgeschäften, die Einmaltatbestände darstellen. Für diese Fälle ist § 41 Abs. 1 S. 1 AO grundsätzlich immer anwendbar, selbst dann, wenn aufgrund der Vorschriften des Einzelsteuergesetzes die Anwendung des § 41 Abs. 1 S. 1 AO eigentlich nicht in Frage kommt.[272] Einmaltatbestände sind solche Vorgänge, in denen qua „... Gesetz eine besondere Gewinnermittlung (bzw. Einkünfteermittlung) für ein außergewöhnliches, punktuelles Ereignis verlangt“ wird, an dessen Eintreten die Erfüllung der Steuertatbestände geknüpft sind.[273] Die besondere Gewinnermittlung erfolgt dabei in dem Zeitpunkt der Erfüllung der Steuertatbestände, der damit aufgrund seiner Spezialität der allgemeinen Regelung vorgeht, und zwar auch dann, wenn dies nicht wie z.B. in § 16 Abs. 2 S. 2 EStG im Gesetz angeordnet ist.[274] Zu Recht wird darauf hingewiesen, dass in diesen Fällen, die zwar grundsätzlich i.R. einer laufenden Besteuerung erfolgen, aufgrund der besonderen Form der Gewinnermittlung eine „punktgenaue Berichtigung“[275] erforderlich und damit ein zeitlich versetzter (späterer) Fehlerausgleich nicht mehr möglich ist.[276] Es ist dabei nach materiellem Recht sowohl zu prüfen, ob die Änderung des Sachverhalts den Steuertatbestand tangiert, als auch ob der Steueranspruch geändert werden kann.[277] Der BFH sieht Einmaltatbestände in Veräußerungsvor-

[271] So auch Lauer, Georg Dietmar (1984) S. 35 ff; Lauer, Jörg (BB 1981) S. 1517 f; Fitsch, Joachim (o.J.) § 11 EStG Rz 13, 17; Birk, Dieter / Kister, Jan-Hendrik (o.J.) § 11 EStG Rz 27 ff, 113 ff; Fischer, Peter (o.J.) § 41 AO Rz 77; Wedelstädt, Alexander v. (o.J.) § 175 AO Rz 64; a.A. Loose, Matthias (o.J.) § 175 AO Rz 30; Barth, Kuno (DB 1988) S. 675 f; Beker, Manfred (1969) S. 36 f; Rust, Kai-Oliver (1995) S. 95 ff; Kottke, Klaus (DStR 1982) S. 549

[272] Vgl. Fischer, Peter (o.J.) § 41 AO Rz 93

[273] Paus, Bernhard (DStZ 2001) S. 281

[274] Vgl. BFH v. 21.12.1993, VIII R 69/88, BStBl II 1994 S. 648

[275] Fischer, Peter (FR 2000 I) S. 776

[276] Vgl. Fischer, Peter (o.J.) § 41 AO Rz 96

[277] Vgl. BFH v. 19.07.1993, GrS 2/92, BStBl II 1993 S. 897

gängen gem. §§ 16, 17 EStG,[278] einmaligen (sonstigen) Leistungen gem. § 22 Nr. 3 EStG,[279] privaten Veräußerungsgeschäften gem. § 23 EStG[280] und in Veräußerungsvorgängen i.S.d. § 6b EStG.[281] Diskutiert wird in diesem Zusammenhang, ob die Rückwirkung sowohl für den ursprünglichen Veräußerer als auch den ursprünglichen Erwerber gilt. Während die Rückwirkung für den ursprünglichen Veräußerer anerkannt wird, bleibt die Behandlung beim ursprünglichen Erwerber umstritten.[282] Auch wenn eine analoge Behandlung bei Veräußerer und Erwerber nicht zwingend ist, kann der Vorgang als solcher nur einheitlich beurteilt werden, die Rückwirkung muss daher auch hier gelten. Die unterschiedliche Beurteilung ist zwar vom sich einstellenden Ergebnis zu begrüßen, systematisch jedoch nicht zu rechtfertigen: Was für die eine Seite eine Rückgängigmachung darstellt, kann für die andere nicht einen neuen Veräußerungsvorgang begründen. Mit Fischer ist daher eine einheitliche Beurteilung des Vorgangs zu fordern.[283] In diesem Zusammenhang ist zu beachten, dass eine u.U. zwischenzeitlich erfolgte laufende Einkunftserzielung nicht rückgängig gemacht werden kann, der Steuertatbestand ist diesbezüglich endgültig erfolgt.

Die Anwendung von § 41 Abs. 1 S. 1 AO i.R.d. Überschusseinkünfte gem. §§ 8, 9 EStG und Gewinneinkünfte, die gem. § 4 Abs. 3 EStG ermittelt werden,

---

[278] Vgl. BFH v. 21.12.1993, VIII R 69/88, BStBl II 1994 S. 648; BFH v. 10.02.1994, IV R 37/92, BStBl II 1994 S. 564; BFH v. 23.06.1988, IV R 84/86, BStBl II 1989 S. 41; BFH v. 19.07.1993, GrS 2/92, BStBl II 1993 S. 897; BFH v. 19.08.2003, VIII R 67/02, BStBl II 2004 S. 107; Groll, Rüdiger v. (o.J.) § 175 AO Rz 385; Wedelstädt, Alexander v. (o.J.) § 175 AO Rz 65.1 f; Loose, Matthias (o.J.) § 175 AO Rz 31; Theisen, Manuel René (DB 1989) S. 1639 ff; ders. (DStR 1988) S. 403 ff; Bahns, Jochen (FR 2004) S. 317 ff; Düll, Alexander / Fuhrmann, Gerd / Eberhard, Martin (DStR 2004) S. 850; Moritz, Joachim (INF 2004) S. 45; Schimmele, Jürgen (GmbH-StB 2004) S. 4 f; Weber-Grellet, Heinrich (FR 2004) S. 108; Paus, Bernhard (FR 1994) S. 241 ff; Bordewin, Arno (FR 1994) S. 556

[279] Vgl. BFH v. 10.08.1994, X R 42/91, BStBl II 1995 S. 57; BFH v. 03.06.1992, X R 91/90, BStBl II 1992 S. 1017; Fischer, Peter (FR 2000 I) S. 775 f; Groll, Rüdiger v. (o.J.) § 175 AO Rz 385; Wedelstädt, Alexander v. (o.J.) § 175 AO Rz 65.3. Dies gilt jedoch nicht bei wiederkehrenden Leistungen gem. § 22 Nr. 3 EStG; vgl. Fischer, Peter (FR 2000 I) S. 776.

[280] Vgl. BFH v. 15.12.1993, X R 49/91, BStBl II 1994 S. 687; BFH v. 03.06.1992, X R 91/90, BStBl II 1992 S. 1017; Groll, Rüdiger v. (o.J.) § 175 AO Rz 385; Düll, Alexander / Fuhrmann, Gerd / Eberhard, Martin (DStR 2004) S. 850

[281] Die steuerliche Rückwirkung hat der BFH (v. 13.09.2000, X R 148/97, BStBl II 2001 S. 641) auch bei der Veräußerung eines einzelnen Wirtschaftsgutes i.V.m. einer Rücklagenbildung gem. § 6b EStG bejaht. Der BFH sieht in der Veräußerung eines gem.§ 6b EStG begünstigten Anlagegutes einen Steuertatbestand, der an ein einmaliges, punktuelles Ereignis anknüpft; vgl. Groll, Rüdiger v. (o.J.) § 175 AO Rz 385; Wedelstädt, Alexander v. (o.J.) § 175 AO Rz 65.4; Loose, Matthias (o.J.) § 175 AO Rz 31. Paus, Bernhard (DStZ 2001 [S. 281 f]) weist darauf hin, dass die Bildung einer Rücklage gem. § 6b EStG nicht den bisher geltenden Anforderungen für Einmaltatbestände entspricht.

[282] Für den ursprünglichen Erwerber zustimmend Fischer, Peter (FR 2000 II) S. 394; a.A. Bahns, Jochen (FR 2004) S. 322; Häger, Michael / Forst, Paul (EStB 2002) S. 31 ff; Fox, Thomas (GmbHR 2000) S. 342 f; BFH v. 21.10.1999, I R 43, 44/98, BStBl II 2000 S. 424; OFD Frankfurt a.M. v. 12.07.2001, S 2256 A-19-St II 27

[283] Vgl. Fischer, Peter (FR 2000 II) S. 394

ist daher dann ausgeschlossen, wenn die Anfechtung in einem späteren Besteuerungszeitraum erfolgt und es sich nicht um einen Einmaltatbestand handelt.

Es hat sich damit gezeigt, dass hinsichtlich der Überschusseinkünfte gem. §§ 8, 9 EStG und Gewinneinkünfte, die gem. § 4 Abs. 3 EStG ermittelt werden, vier Gruppen zu bilden sind.

Einer Anwendung des § 41 Abs. 1 S. 1 AO bedarf es nicht, wenn die Rückgängigmachung innerhalb des gleichen Kalenderjahres erfolgt, in dem auch der irrtumbehaftete Vorgang stattgefunden hat. Bestätigt werden konnte dagegen die Anwendbarkeit des § 41 Abs. 1 S. 1 AO, wenn es sich um Einmaltatbestände handelt. Beide Gruppen haben – wenn auch mit unterschiedlicher Begründung – gemeinsam, dass sich im Ergebnis die Besteuerung von der ursprünglichen Lebenswirklichkeit löst. Während die Rückzahlung innerhalb des gleichen Kalenderjahres unmittelbar zur Aufhebung der wirtschaftlichen und steuerlichen Folgen i.S. einer Rückabwicklung führt, weil Entstehungszeitraum der Steuer das Kalenderjahr ist, sind hinsichtlich der Einmaltatbestände verfahrenstechnische Vorschriften zu beachten, die im Anschluss an die Betrachtung i.R.d. Gewinnermittlung gem. §§ 4 Abs. 1, 5 Abs. 1 EStG dargestellt werden.

Anders dagegen in den Fällen der dritten Gruppe, in denen die Rückgängigmachung erst in einem späteren Kalenderjahr als dem des ursprünglichen Vorgangs erfolgt und es sich nicht um Einmaltatbestände handelt. Die Nichtanwendbarkeit des § 41 Abs. 1 S. 1 AO führt in diesen Fällen dazu, dass aus steuerlicher Sicht an die realisierte Lebenswirklichkeit angeknüpft wird. Es besteht damit eine Abweichung zum zivilrechtlichen Sachverhalt (II), der sich seinerseits von der realisierten Lebenswirklichkeit gelöst hat. Das steuerliche Nichtnachvollziehen der rückwirkenden zivilrechtlichen Anfechtung hat damit zur Folge, dass es steuerlich zu einer zeitlichen Trennung zwischen dem ursprünglichen Vorgang und dem tatsächlichen Nachvollziehen der Anfechtung und damit mitunter zu Rechtsfolgen kommt, die nicht mehr der wirtschaftlichen Betrachtung des Vorgangs in seiner Gesamtheit gerecht werden, jedoch die wirtschaftlichen Verhältnisse in den einzelnen Zeitabschnitten bzw. zu den einzelnen Zeitpunkten zutreffend erfassen, allerdings unter Nichtberücksichtigung des sich letztlich insgesamt einstellenden wirtschaftlichen Ergebnisses. Die Nichtanwendbarkeit des § 41 Abs. 1 S. 1 AO wurde auch in den Fällen eines Anknüpfens der Besteuerung an das tatsächliche Geschehen bestätigt, die damit die vierte Gruppe darstellen.

Gemeinsam haben alle Gruppen i.R.d. Überschusseinkünfte gem. §§ 8, 9 EStG und Gewinneinkünfte, die gem. § 4 Abs. 3 EStG ermittelt werden, aufgrund der Geltung des Zufluss-/Abflussprinzips, dass es zwingend auf die tatsächliche Durchführung der Anfechtung ankommt.

35.42 Gewinneinkünfte, die gem. §§ 4 Abs. 1, 5 Abs. 1 EStG ermittelt werden

Der BFH sieht in den Regelungen der §§ 4 Abs. 1, 5 Abs. 1 EStG Sondervorschriften, die auch hier zu einer Nichtanwendung des § 41 Abs. 1 S. 1 AO führen sollen.[284] Wie Lauer zu Recht bemerkt, besteht ein Konkurrenzverhältnis zwischen den Vorschriften jedoch erst dann, wenn gem. § 5 Abs. 1 S. 1 EStG auch die Grundsätze ordnungsmäßiger Buchführung in die Betrachtung einbezogen werden.[285]

Tatbestandsmerkmal der §§ 4 Abs. 1, 5 Abs. 1 EStG ist das Vorliegen eines Gewinnes am Bilanzstichtag. Der Gewinn ist dabei gem. § 4 Abs. 1 EStG der Unterschiedsbetrag zwischen dem Betriebsvermögen am Schluss des Wirtschaftsjahres und dem Betriebsvermögen am Schluss des vorangegangenen Wirtschaftsjahres, berichtigt um Einlagen und Entnahmen. Das entsprechende Betriebsvermögen wiederum ist für buchführungspflichtige Kaufleute gem. § 5 Abs. 1 EStG nach den handelsrechtlichen Grundsätzen ordnungsmäßiger Buchführung zu ermitteln, soweit dem keine steuerrechtlichen Sondervorschriften gem. § 5 Abs. 6 EStG entgegenstehen. Im Folgenden gilt es deshalb zu prüfen, welche Regelungen sich für eine zivilrechtlich rückwirkende Anfechtung aus den Grundsätzen ordnungsmäßiger Buchführung ergeben und ob diese in Konkurrenz zu § 41 Abs. 1 S. 1 AO stehen. Dies entscheidet sich an der Frage, wann handelsrechtlich ein Vorgang als realisiert angesehen wird.

Ausgangspunkt der Betrachtung sind die Grundsätze der Vollständigkeit und der Richtigkeit, nach denen zu prüfen ist, ob die Berücksichtigung der rückwirkenden Anfechtung nach den Grundsätzen ordnungsmäßiger Buchführung geboten, zulässig oder ausgeschlossen ist.[286]

Der Grundsatz der Vollständigkeit gem. § 246 Abs. 1 HGB besagt, dass der Jahresabschluss sämtliche Vermögensgegenstände, Schulden, Aufwendungen und Erträge zu enthalten hat. Dazu gehört auch, dass gem. § 239 Abs. 2 HGB Eintragungen in die Bücher vollständig, richtig, zeitgerecht und geordnet erfolgen müssen, insbesondere sind die Aufzeichnungen periodengerecht zu führen. Insgesamt muss die Buchführung gem. § 238 Abs. 1 S. 2 HGB so beschaffen sein, dass sie einem sachverständigen Dritten innerhalb angemessener Zeit einen Überblick über die Geschäftsvorfälle und über die Lage des Unternehmens ver-

---

[284] Vgl. BFH v. 17.02.1959, I 154/58 U, BStBl III 1959 S. 250; BFH v. 17.08.1967, IV R 80/67, BStBl II 1968 S. 93; BFH v. 12.10.1977, I R 248/74, BStBl II 1978 S. 191; BFH v. 26.07.1984, IV R 10/83, BStBl II 1984 S. 747; BFH v. 26.03.1991, VIII R 315/84, BStBl II 1992 S. 472; BFH v. 26.03.1991, VIII R 55/86, BStBl II 1992 S. 479; BFH v. 19.07.1993, GrS 1/92, BStBl II 1993 S. 894; BFH v. 19.07.1993, GrS 2/92, BStBl II 1993 S. 897

[285] Vgl. Lauer, Georg Dietmar (1984) S. 37

[286] Die Erfüllung des Grundsatzes der Richtigkeit gem. § 239 Abs. 2 HGB wird für die hier zu betrachtende Problematik an den Grundsatz der Vollständigkeit geknüpft.

mitteln kann. Inwieweit handelsrechtlich die Rückwirkung der zivilrechtlichen Anfechtung nachzuvollziehen ist, muss anhand der Anknüpfungspunkte des Grundsatzes der Vollständigkeit ermittelt werden.

Zunächst knüpft die Vollständigkeit an einen Stichtag an. Das pauschale Argument eines Stichtags wurde mit Verweis auf die damit bezweckte, rein technische Abgrenzung, als nicht hinreichend angesehen, die Anwendung des § 41 Abs. 1 S. 1 AO auszuschließen, vielmehr ist daher stattdessen auf die konkrete Ausgestaltung des allgemeinen handelsrechtlichen Stichtagsprinzips gem. § 252 Abs. 1 Nr. 3 HGB abzustellen.[287] Danach sind die Vermögensgegenstände und Schulden zum Abschlussstichtag einzeln zu bewerten, wobei es für die Bewertung auf die Verhältnisse am Stichtag ankommt.[288] Damit ist jedoch noch nichts darüber ausgesagt, um welche Verhältnisse es sich an dieser Stelle handelt, ob hier die Kausalität des Rechtsgeschäfts oder die tatsächliche Realisierung zum Stichtag entscheidend ist. Zur Bestimmung dieser Verhältnisse müssen § 252 Abs. 1 Nr. 4, Nr. 5 HGB beachtet werden.

Gem. § 252 Abs. 1 Nr. 5 HGB sind Aufwendungen und Erträge unabhängig von den Zeitpunkten der entsprechenden Zahlungen im Jahresabschluss zu berücksichtigen. Mit dieser Regelung ist zwar festgelegt, dass die Erfolgsermittlung periodengerecht und von finanziellen Gegebenheiten unabhängig vorgenommen werden muss, aber auch hier bleiben die Kriterien, die der entsprechenden Periodenabgrenzung zugrunde liegen, im Dunkeln.

Deutlich werden diese erst unter Berücksichtigung eines nicht kodifizierten Grundsatzes, des sog. Verursachungsprinzips, wonach Aufwendungen und Erträge grundsätzlich in der Periode ihrer wirtschaftlichen Verursachung zu berücksichtigen sind.[289] Die Ermittlung der wirtschaftlichen Ursachen bereitet jedoch Schwierigkeiten, da diese z.T. selbst in einem Ursachenzusammenhang entstehen und es daher zu mehr oder minder komplexen Ursachenketten kommt.[290] Um manipulativen Periodenzuordnungen vorzubeugen, muss nach Selchert daher eine enge Auslegung des Verursachungsprinzips erfolgen, was dazu führt, dass als maßgebliche wirtschaftliche Ursache nur das letzte Glied der Ursachenkette zu erfassen ist, dessen Periodenzugehörigkeit folglich für die zeitliche Zuordnung der entsprechenden Erträge und Aufwendungen ausschlaggebend ist.[291] Es gilt daher zu überprüfen, wo die wirtschaftliche Ursache eines angefochtenen Vorgangs liegt. In der vorliegenden Ursachenkette bestimmt zunächst der ursprünglich irrtumbehaftete Vorgang die wirtschaftlichen Folgen, die bis zur Anfechtung bestehen bleiben, die Option zur Anfechtung folgt aus

---

287 Zur steuerlichen Anwendbarkeit vgl. BFH v. 17.11.1987, VIII R 348/82, BStBl II 1988 S. 430; BFH v. 07.04.1994, IV R 56/92, BStBl II 1994 S. 740
288 Vgl. z.B. Adler, Hans / Düring, Walther / Schmaltz, Kurt (o.J.) § 252 HGB Rz 38
289 Vgl. Selchert, Friedrich Wilhelm (1995) § 252 HGB Rz 94
290 Vgl. Selchert, Friedrich Wilhelm (1995) § 252 HGB Rz 94
291 Vgl. Selchert, Friedrich Wilhelm (1995) § 252 HGB Rz 94

der zivilrechtlichen Aufbereitung des irrtumbehafteten Vorgangs und führt bei ihrer Ausübung zur zivilrechtlich rückwirkenden Beseitigung der ursprünglichen wirtschaftlichen Folgen. Ursächlich für die letztlich sich einstellenden wirtschaftlichen Folgen ist daher der Eintritt des Ereignisses der Anfechtung; ohne ein solches Ereignis verbliebe es bei den wirtschaftlichen Folgen des ursprünglichen irrtumbehafteten Vorgangs. Aufgrund der engen Auslegung des Verursachungsprinzips ist es dann unerheblich, dass die Anfechtung andererseits eine optionale Folge der wirtschaftlichen Folgen des ursprünglichen irrtumbehafteten Vorgangs ist, vielmehr ist ausschließlich auf die Anfechtung als Ursache der wirtschaftlichen Folgen abzustellen. Das Verursachungsprinzip führt i.R.d. Periodenabgrenzung zu einer Aufteilung von Ursachenketten, die wirtschaftlichen Folgen der Anfechtung sind daher erst in der Periode der Anfechtung zu berücksichtigen.

Das Stichtagsprinzip umfasst daneben jedoch auch das Vorsichtsprinzip des § 252 Abs. 1 Nr. 4 HGB, wonach Gewinne nur bei einer Realisierung bis zum Abschlussstichtag (Realisationsprinzip), Verluste und Risiken unter der Voraussetzung, dass sie bis zum Abschlussstichtag verursacht sind, auch dann zu berücksichtigen sind, wenn sie erst nach dem Abschlussstichtag bis zur Aufstellung des Jahresabschlusses bekannt geworden sind (Imparitätsprinzip). Es ist daher zu prüfen, ob das Vorsichtsprinzip in seinen Ausprägungen zu einer Durchbrechung der Regelung des Verursachungsprinzips führt.

Für das Realisationsprinzip kommt es nach überwiegender Auffassung darauf an, ob die Leistungserbringung bis zum Abschlussstichtag erfolgt ist und damit ein Anspruch auf Gegenleistung am Abschlussstichtag besteht.[292] Im Fall der Anfechtung ist zu beachten, dass ein Anspruch erst dann entsteht, wenn die Anfechtung erfolgt ist. Sofern die Anfechtung bis zum Bilanzstichtag nicht erfolgt, besteht damit für eine nach dem Bilanzstichtag erfolgte Anfechtung zu ebendiesem keinerlei Anspruch auf Gegenleistung. Das Realisationsprinzip steht folglich dem Verursachungsprinzip hier nicht entgegen.

Für das Imparitätsprinzip hingegen kommt es darauf an, ob das Ereignis, das das Risiko oder den Verlust begründet, bereits am Abschlussstichtag verursacht ist.[293] Wirtschaftlich verursacht ist am Abschlussstichtag jedoch nur der (noch) nicht angefochtene Vorgang. Die Folgen der Anfechtung können auch erst durch diese ausgelöst werden. Eine rückwirkende Berücksichtigung kommt daher nicht in Frage. Nur dann, wenn bereits am Bilanzstichtag mit überwiegender Wahrscheinlichkeit davon ausgegangen werden muss, dass eine Anfechtung erfolgt, gebietet es das Vorsichtsprinzip, dies entsprechend zu berücksichtigen. Auch das Imparitätsprinzip steht folglich dem Verursachungsprinzip nicht entgegen.

---

[292] Vgl. z.B. Selchert, Friedrich Wilhelm (1995) § 252 HGB Rz 83
[293] Vgl. z.B. Winkeljohann, Norbert / Geißler, Horst (2006) § 252 Rz 34

Zutreffenderweise wird die Irrtumsanfechtung als wertbegründendes und nicht als wertaufhellendes Ereignis aufgefasst, da es sich um eine Rechtsgestaltung handelt, die als ein neues Ereignis nach dem Bilanzstichtag angesehen werden muss.[294] Etwas anderes kann nur dann gelten, wenn mit überwiegender Wahrscheinlichkeit davon auszugehen ist, dass von der Anfechtung als Gestaltungsrecht Gebrauch gemacht wird.[295] Dem kann auch nicht entgegnet werden, dass der Abschluss objektiv falsch sei, wenn eine nach dem Abschlussstichtag erfolgte Anfechtung nicht entsprechend berücksichtigt worden ist, denn nach der h.M. muss der Jahresabschluss unter Beachtung der subjektiven Richtigkeit der Bilanz aufgestellt werden, also den im Zeitpunkt seiner Aufstellung[296] vorliegenden Erkenntnisstand des sorgfältigen Kaufmanns hinsichtlich der objektiv am Bilanzstichtag bestehenden Verhältnisse wiedergeben, mit der Folge, dass eine Bilanz dann noch nicht falsch ist, wenn sich nach ihrer Aufstellung herausstellen sollte, dass bestimmte tatsächliche oder rechtliche Verhältnisse am Bilanzstichtag objektiv anders waren, als bei der Aufstellung der Bilanz unter Berücksichtigung der Wertaufhellungstheorie bei einer angemessenen Sorgfalt angenommen worden ist.[297] Entscheidend für die Beurteilung der (Un-)Richtig-

---

[294] Der BFH sieht zutreffenderweise in rechtsgestaltenden Maßnahmen wie der Anfechtung i.d.R. wertbegründende Tatsachen, da sie zum Bilanzstichtag weder die Voraussetzungen des subjektiven noch des objektiven Wertaufhellungskonzepts erfüllen (vgl. BFH v. 26.03.1991, VIII R 55/86, BStBl II 1992 S. 479; BFH v. 17.11.1987, VIII R 348/82, BStBl II 1988 S. 430; BFH v. 28.03.2000, VIII R 77/96, BStBl II 2002 S. 227); a.A. Paus, Bernhard (DStZ 2000 [S. 790]), der in der Ausschöpfung gegebener rechtlicher Möglichkeiten keine wertbegründende Tatsache sieht, da die Möglichkeiten am Bilanzstichtag bereits vorhanden waren.

[295] Zu Recht weisen Hommel, Michael / Berndt, Thomas (DStR 2000 [S. 1746 f]) darauf hin, dass hier ansonsten die „... Gefahr einer formalrechtlichen, den Bilanzzweck verfehlenden Betrachtungsweise ...“ bestehen würde. Nach zutreffender Auffassung des BFH (v. 28.03.2000, VIII R 77/96, BStBl II 2002 S. 227) ist daher eine Passivierung dann vorzunehmen, wenn die Ausübung des Gestaltungrechts mit überwiegender Wahrscheinlichkeit angenommen wird; im Umkehrschluss ist eine Passivierung dann unzulässig, wenn zum Bilanzstichtag keine Anhaltspunkte ersichtlich sind, dass von dem Gestaltungsrecht Gebrauch gemacht wird. Für die Frage der Berücksichtigung ist nach Hommel, Michael / Berndt, Thomas (DStR 2000 [S. 1746]) eine imparitätische Objektivierung erforderlich, wonach Gewinne erst dann ausgewiesen werden dürfen, wenn sie „quasi-sicher“ sind, Verluste hingegen, wenn eine objektivierte Mindestwahrscheinlichkeit besteht. Es liegt bei Letzterem insofern ein Spannungsverhältnis zwischen der hier zugrunde gelegten Form der Objektivierung und dem Vorsichtsprinzip vor.

[296] Zur Frage, zu welchem Zeitpunkt von einem aufgestellten Jahresabschluss gesprochen werden kann, vgl. Stobbe, Thomas (o.J.) § 6 EStG Rz 83; Adler, Hans / Düring, Walther / Schmaltz, Kurt (o.J.) § 252 HGB Rz 77 f und (a.A.) Ortmann-Babel, Martina (o.J.) § 6 EStG Rz 123 f

[297] Vgl. Lauer, Jörg (BB 1981) S. 1518; Wuttke, Ralf (FR 1993) S. 459 ff (mit dem Hinweis, dass dies nur für Tatsachenirrtümer, nicht jedoch für Rechtsirrtümer gelten kann); Ortmann-Babel, Martina (o.J.) § 6 EStG Rz 121; Plewka, Harald / Schmidt, Lutz (o.J.) § 5 EStG Rz 635 mit Verweisen auf BFH v. 14.08.1975, IV R 30/71, BStBl II 1976 S. 88 und BFH v. 23.05.1984, I R 266/81, BStBl II 1984 S. 723; BFH v. 17.11.1987, VIII R 348/82, BStBl II 1988 S. 430. Der Grundsatz der Richtigkeit führt daher nicht wie von Barth, Kuno (DB 1988 [S. 675]) dargestellt, zwangsläufig zu einer Übereinstimung von Abschluss und endgültiger Rechtslage.

keit einer Bilanz ist dabei der Erkenntnisstand des sorgfältigen Kaufmanns im Zeitpunkt der Bilanzaufstellung. Damit bleibt die Bilanz als stichtagsbezogene Vermögensaufstellung (§ 252 Abs. 1 Nr. 3 HGB) auch dann richtig, wenn sich nach ihrer Aufstellung herausstellt, dass ein bisher als wirksam angesehenes Rechtsgeschäft unwirksam (geworden) ist, was dem Gedanken der subjektiven Richtigkeit der Bilanz entspricht.[298] Ereignisse, die erst nach dem Bilanzstichtag eingetreten sind, dürfen grundsätzlich keine Berücksichtigung finden.[299] Adler/Düring/ Schmaltz weisen darauf hin, dass, sofern diese Ereignisse negativer Art sind und sich wesentlich auf die Vermögens-, Finanz- und Ertragslage auswirken, es richtig erscheint, diesen durch die Bildung von Rücklagen und eine besonders vorsichtige Bewertung Rechnung zu tragen sowie entsprechende nachrichtliche Hinweise in den Jahresabschluss aufzunehmen.[300] Die Konsequenzen der zivilrechtlichen Rückgängigmachung können jedoch erst zum nächsten Bilanzstichtag gezogen werden.[301]

Während bislang die Betrachtung auf den Irrenden beschränkt gewesen ist, muss vor dem Hintergrund der bisherigen Feststellungen jedoch auch der Irrtumsgegner einbezogen werden. Hinsichtlich des entsprechenden Veräußerungsgeschäfts des Irrtumsgegners stellt sich die Frage, inwieweit bei einem Veräußerungsvorgang ein Veräußerungsgewinn bereits realisiert ist. Nach zutreffender Auffassung des BFH ist wegen der Verpflichtung zur Rückerstattung des Kaufpreises dann keine Rückstellung zu bilden, wenn am Bilanzstichtag nicht mit einer entsprechenden Ausübung des Gestaltungsrechts gerechnet werden muss, da eine spätere Vertragsauflösung einer Gewinnrealisierung grundsätzlich nicht entgegensteht, unabhängig davon, auf welchen Gründen sie beruht.[302] Es gelten insoweit die Feststellungen, die bereits hinsichtlich des Irrenden getroffen wurden.

---

298 Vgl. Gschwendtner, Hubertus (DStZ 2000) S. 647; a.A. Barth, Kuno (BB 1987 [S. 1400 ff]), der die Stichtagstheorie als „... nirgends dem Gesetz zu entnehmen und ... realitätsfern“ ablehnt; ebenso Benne, Dietmar (BB 1980) S. 1848 f (für die Steuerbilanz).

299 Sog. wertbegründende, -verändernde oder -beeinflussende Umstände oder Ereignisse; vgl. z.B. Ortmann-Babel, Martina (o.J.) § 6 EStG Rz 125 ff; RFH v. 03.12.1929, I A a 671/29, RStBl 1930 S. 45; BFH v. 04.04.1973, I R 130/71, BStBl II 1973 S. 485; BFH v. 11.10.1973, VIII R 1/69, BStBl II 1974 S. 90; BFH v. 17.05.1978, I R 89/76, BStBl II 1978 S. 497; BFH v. 17.02.1965, I 400/62 U, BStBl III 1965 S. 354

300 Vgl. Adler, Hans / Düring, Walther / Schmaltz, Kurt (o.J. [§ 252 HGB Rz 44]) mit dem Hinweis auf die Berücksichtigung innerhalb von Fußnoten oder im Anhang, die Nutzung von Abschreibungen gem. §§ 253 Abs. 3 S. 3 bzw. 253 Abs. 4 HGB und die Verpflichtung von Kapitalgesellschaften, diese im Lagebericht zu berücksichtigen (§ 289 Abs. 2 Nr. 1 HGB)

301 Vgl. Fischer, Peter (FR 2000 I) S. 775; so wohl auch Lohse, W. Christian / Madle, Ulrich (DStR 2003) S. 664 (für den Rechtsmittelverzicht als wertbegründendes Ereignis)

302 Vgl. BFH v. 12.10.1977, I R 248/74, BStBl II 1978 S. 191; BFH v. 25.01.1996, IV R 114/94, BStBl II 1997 S. 382; BFH v. 28.03.2000, VIII R 77/96, BStBl II 2002 S. 227; so auch Hoffmann, Wolf-Dieter (DB 2000) S. 1444; Ekkenga, Jens (BB 2000) S. 2569; Gschwendtner, Hubertus (DStZ 2000) S. 648; Stoschek, Uwe / Peter, Alexander F. (DB 2003) S. 954

Bislang erfolgte die Beschränkung auf die Grundsätze ordnungsmäßiger Buchführung, also die handelsrechtliche Betrachtung. Trotz z.T. abweichender Auffassungen kann das handelsrechtliche Ergebnis, dass eine zivilrechtliche Anfechtung nicht (rückwirkend) nachvollzogen wird, als h.M. angesehen werden. Das Ergebnis hat auch, wie Beker anmerkt, vor dem Zweck der Handelsbilanz, dem Gläubigerschutz, Bestand, da eine spätere Korrektur dem Gläubigerschutz nicht mehr dient.[303]

Dagegen stellt sich die Frage, wie das steuerrechtliche Konkurrenzverhältnis zwischen den Grundsätzen ordnungsmäßiger Buchführung einerseits und § 41 Abs. 1 S. 1 AO andererseits zu lösen ist. Zu Recht weist Rust darauf hin, dass der vorschnelle Hinweis auf § 41 Abs. 1 S. 2 AO nicht dazu führen darf, dass das Konkurrenzverhältnis zugunsten der Grundsätze ordnungsmäßiger Buchführung aufgelöst wird.[304] Dabei ist allerdings zu beachten, dass § 41 Abs. 1 S. 1 AO nur dann Wirkung entfaltet, wenn dem nicht eine andere steuergesetzliche Vorschrift (hier i.R.d. Gewinnermittlung) entgegensteht. Über den Maßgeblichkeitsgrundsatz werden die Grundsätze ordnungsmäßiger Buchführung zu Vorschriften der steuerlichen Gewinnermittlung, und wie gezeigt wurde, schließen ebendiese dann die rückwirkende Berücksichtigung der Anfechtung aus. Auch das weitere Argument, dass § 41 Abs. 1 S. 1 AO den steuerlichen Zielsetzungen einer Besteuerung des endgültigen wirtschaftlichen Ergebnisses besser gerecht werde, vermag vor dem Hintergrund des Ausschlusses der Rückwirkung innerhalb der Grundsätze ordnungsmäßiger Buchführung nicht zu überzeugen. Allerdings erscheint es erforderlich, das gewonnene Ergebnis zu überprüfen, was in Anlehnung an Lauer erfolgen kann.[305]

Zunächst wurde bereits ausgeführt, dass es aus handelsrechtlicher Sicht zutreffend ist, dass von einer Rückwirkung abgesehen wird, da diese nicht dem Gläubigerschutz als handelsrechtlichem Bilanzzweck dient. Die steuerliche Bilanz dient dementgegen der periodengerechten Gewinnermittlung unter Beachtung der Grundsätze der Gleichmäßigkeit der Besteuerung und der wirtschaftlichen Leistungsfähigkeit. Keiner der beiden Grundsätze ist durch den Vorrang der Grundsätze ordnungsmäßiger Buchführung verletzt.[306] Zum einen gilt es zu beachten, dass das wirtschaftliche Ergebnis am Stichtag zutreffend er-

[303] Vgl. Beker, Manfred (1969) S. 35; so auch Benne, Dietmar (BB 1980) S. 1848
[304] Vgl. Rust, Kai-Oliver (1995) S. 104
[305] Vgl. Lauer, Georg Dietmar (1984) S. 41 ff
[306] Vgl. Lauer, Georg Dietmar (1984) S. 41 ff; a.A. Benne, Dietmar (1980 [S. 1848 f]), der in der Voraussetzung der subjektiven Richtigkeit hinsichtlich der Steuerbilanz einen Verstoß gegen den Grundsatz der wirtschaftlichen Leistungsfähigkeit sieht und daraus folgert, dass die Anfechtung steuerlich (aber nicht handelsrechtlich) zu berücksichtigen ist. Ebenso Beker, Manfred (1969 [S. 35 f]) und ders. (1966 [S. 98 f]) jeweils mit Verweis darauf, dass der Zweck der Steuerbilanz ein anderer als der der Handelsbilanz sei und die zivilrechtliche Anfechtung dazu führe, dass das wirtschaftliche Ergebnis des Vorgangs ebenfalls rückwirkend entfallen sei. I.d.S. auch Kottke, Klaus (DStR 1982) S. 550

mittelt wird, zum anderen, dass die Rückgängigmachung im Zeitpunkt ihres tatsächlichen Vollzugs berücksichtigt wird.

Auch ein Blick auf das Steuerobjekt und die Tatbestandsmäßigkeit stützt die hier vertretene Auffassung, denn der Besteuerung unterliegt der insgesamt im Besteuerungsabschnitt erzielte Erfolg, der anhand der Grundsätze ordnungsmäßiger Buchführung zu ermitteln ist; zudem führt die aufgrund der Grundsätze ordnungsmäßiger Buchführung mit dem Zeitpunkt des Stichtags eingetretene Endgültigkeit gleichzeitig zur endgültigen Erfüllung des Steuertatbestandes.[307]

Zutreffend hat Lauer ausgeführt, dass die handelsrechtliche Regelung aufgrund der Maßgeblichkeit der Handelsbilanz für die Steuerbilanz gilt, solange dem nicht steuerliche Vorschriften i.R.d. Gewinnermittlung widersprechen.[308]

Es bleibt daher gem. dem Maßgeblichkeitsprinzip auch steuerlich dabei, dass eine Anwendung des § 41 Abs. 1 S. 1 AO für die Gewinnermittlung gem. § 5 Abs. 1 EStG ausgeschlossen ist.

Da gem. § 141 Abs. 1 S. 2 AO die §§ 238, 240 - 242 Abs. 1 HGB und §§ 243 - 256 HGB ebenfalls für die aus steuerlicher Sicht Buchführungspflichtigen gelten, hat dies zur Folge, dass die bisherigen Feststellungen auch für die Gewinnermittlung gem. § 4 Abs. 1 EStG zu beachten sind, obwohl das gem. § 5 Abs. 1 EStG geltende Maßgeblichkeitsprinzip keine Anwendung findet.[309] Auch hier gehen daher die speziellen Vorschriften der Gewinnermittlung der Vorschrift des § 41 Abs. 1 S. 1 AO vor.

Die bereits dargestellten Regelungen hinsichtlich der Einmaltatbestände sind auch im Bereich der Gewinnermittlung gem. §§ 4 Abs. 1, 5 Abs. 1 EStG zu beachten.

Die Anwendung von § 41 Abs. 1 S. 1 AO i.R.d. Gewinneinkünfte ist daher dann ausgeschlossen, wenn die Anfechtung in einem späteren Besteuerungszeitraum erfolgt und es sich nicht um einen Einmaltatbestand handelt.

---

[307] So wohl auch Lauer, Georg Dietmar (1984) S. 43 f; Lauer, Jörg (BB 1981) S. 1520. I.R.d. § 38 AO wurde bereits dargestellt, dass es sich bei dieser Regelung um eine Blankettnorm handelt, die Erfüllung des Steuertatbestandes daher nach den Einzelnormen zu beurteilen ist.

[308] Vgl. Lauer, Georg Dietmar (1984 [S. 38 ff]), der z.B. in § 4 Abs. 2 EStG eine Vorschrift sieht, die dem vorgehen könnte, dies aber verneint, da die Bilanzberichtigung gem. § 4 Abs. 2 S. 1 EStG voraussetzt, dass die Bilanz im Hinblick auf steuerliche Vorschriften oder die Grundsätze ordnungsmäßiger Buchführung unrichtig gewesen ist. Dies ist in den Fällen der Anfechtung aber gerade nicht der Fall, da es ausschließlich auf die subjektive Richtigkeit der Bilanz ankommt, die hier auch dann gegeben ist, wenn der spätere Eintritt eines Ereignisses zu einer zivilrechtlichen Rückwirkung führt. A.A. Benne, Dietmar (BB 1980) S. 1849; Barth, Kuno (DB 1988) S. 675; Beker, Manfred (1969) S. 35; sowie Rust, Kai-Oliver (1995 [S. 105]), der in § 41 Abs. 1 S. 1 AO eine steuerliche Sondervorschrift sieht, die dem Maßgeblichkeitsgrundsatz vorgehen soll.

[309] Vgl. Trzaskalik, Christoph (o.J.) § 141 AO Rz 64; BFH v. 13.09.1989, I R 117/87, BStBl II 1990 S. 57

Bislang wurde davon ausgegangen, dass Aufdeckung,[310] Anfechtung[311] und deren Durchführung[312] zeitgleich nach dem Bilanzstichtag erfolgen. Dabei handelt es sich jedoch lediglich um eine vereinfachende Annahme. Unter Beibehaltung der Annahme des zeitlichen Zusammenfallens von Aufdeckung, Anfechtung und Durchführung ist zunächst deren Eintritt vor dem Bilanzstichtag, zwischen Bilanzstichtag und Bilanzaufstellung sowie nach der Bilanzaufstellung zu untersuchen (Szenario A). Im Anschluss daran sind die Folgen eines zeitlichen Auseinanderfallens von Aufdeckung, Anfechtung und Durchführung innerhalb der drei Zeitabschnitte also bis zum Bilanzstichtag, vom Bilanzstichtag bis zur Bilanzaufstellung und nach der Bilanzaufstellung zu betrachten (Szenario B). Abschließend werden die Fälle dargestellt, in denen die Aufdeckung durch den Irrtumsgegner erfolgt (Szenario C).

Szenario A:

Das zeitliche Zusammenfallen von Aufdeckung, Anfechtung und Durchführung

Fall A: Das zeitliche Zusammentreffen von Aufdeckung, Anfechtung und Durchführung im Zeitraum des irrtumbehafteten Vorgangs

Erfolgen – abweichend von der bisherigen Betrachtung – die Anfechtung und ihre Durchführung innerhalb des Gewinnermittlungszeitraums, in dem auch der irrtumbehaftete Vorgang vollzogen wurde, so führt die Durchführung dazu, dass das wirtschaftliche Ergebnis des ursprünglichen Vorgangs bereits im laufenden Jahr beseitigt wird, was dann lediglich die Frage nach dem Ausweis der Buchungen offenlässt. Grundsätzlich verstößt eine Stornierung in diesen Fällen nicht gegen das Verrechnungsverbot gem. § 246 Abs. 2 HGB. Der Blick auf Steuerobjekt und die Erfüllung der Tatbestandsmerkmale der Gewinnermittlungsvorschriften zeigt, dass eine Stornierung auch aus steuerlicher Sicht keine Probleme bereitet.[313] Dabei kommt es auf die Summe des im Besteuerungszeit-

[310] Unter der Aufdeckung des Irrtums ist die grundsätzliche Aufdeckung des Irrtums zu verstehen und nicht etwa die Aufdeckung der Anfechtbarkeit wegen Irrtums. Die Aufdeckung der Anfechtbarkeit ist hier ohne Bedeutung, da das Steuerrecht dieser erst dann Bedeutung beimisst, wenn die Anfechtung tatsächlich erfolgt.

[311] Prinzipiell entscheidend ist der Zeitpunkt der tatsächlichen Anfechtung i.S.d. Zivilrechts. Allerdings ist es – wie bereits ausgeführt – ausreichend, wenn die Anfechtung überwiegend wahrscheinlich ist und sich dies bereits hinreichend konkretisiert hat. Letztere Fälle sind daher im Folgenden in der Bezeichnung „Anfechtung“ eingeschlossen. Nicht ausreichend ist dabei in jedem Fall die Aufdeckung des Irrtums oder die Aufdeckung der Anfechtbarkeit wegen Irrtums.

[312] Unter der Durchführung der Anfechtung wird hier die tatsächliche Abwicklung der Anfechtung, also die Umsetzung ihrer Folgen in der Lebenswirklichkeit verstanden.

[313] So auch Barth, Kuno (BB 1989) S. 750

raum realisierten Erfolges an, es erfolgt bereits eine Saldierung. Hinsichtlich des Steuertatbestandes ist zu beachten, dass dieser dann als erfüllt anzusehen ist, wenn dem Steuerpflichtigen Einkünfte i.S.d. § 2 Abs. 1 EStG zugeflossen sind. Dies bestimmt sich jedoch nach §§ 4 Abs. 1, 5 Abs. 1 EStG i.V.m. den handelsrechtlichen Vorschriften. Mittels dieser Argumentationskette wird der Steueranspruch endgültig, wenn die handelsrechtlichen Vorschriften eine entsprechende rückwirkende Erfassung nicht mehr zulassen. Dies ist aber gerade in den Fällen, in denen die Rückgängigmachung im gleichen Besteuerungszeitraum wie der ursprüngliche Vorgang erfolgt, nicht der Fall. Der Steueranspruch ist demnach noch nicht (endgültig) entstanden.

Etwas anderes gilt nur in den Fällen, in denen die Besteuerung am tatsächlichen Geschehen anknüpft. In diesen Fällen ist der Steueranspruch bereits mit der Verwirklichung des ursprünglichen Vorgangs entstanden, eine Rückgängigmachung ist hier generell nicht möglich.

In den Fällen der Anfechtung innerhalb des Zeitraums der Realisierung des irrtumbehafteten Vorgangs gilt es daher festzuhalten, dass die abschnittsweise Betrachtung i.R.d. Bilanzierung dazu führt, dass sich der steuerrechtliche Sachverhalt – in Übereinstimmung mit dem zivilrechtlichen Sachverhalt (II) – von der Lebenswirklichkeit löst. Ausgenommen sind dabei die Fälle, in denen der steuerrechtliche Tatbestand unmittelbar an die tatsächliche Realisierung der Lebenswirklichkeit anknüpft. Handelt es sich nicht um ebendiese Ausnahme, beschränken sich die Folgen neben der Beseitigung der negativen wirtschaftlichen Folgen für den Irrenden damit auf den mit der Anfechtung verbundenen Ausgleich des negativen Vertragsinteresses an den Irrtumsgegner. Für den Irrtumsgegner dagegen bestehen die Folgen in der Differenz zwischen der Erfüllung des positiven Vertragsinteresses und dem Ersatz des negativen Vertragsinteresses durch den Irrenden.

Fall B: Das zeitliche Zusammentreffen von Aufdeckung, Anfechtung und Durchführung nach dem Zeitraum des irrtumbehafteten Vorgangs, jedoch vor der Bilanzaufstellung

Bei diesem Fall handelt es sich um den bereits ausführlich diskutierten Grundfall. Es wurde dabei dargestellt, dass eine Berücksichtigung der Anfechtung in dem Zeitraum der Realisierung des irrtumbehafteten Vorgangs nicht erfolgt.

Auch bei dem engen zeitlichen Zusammenhang zwischen Aufdeckung, Anfechtung und Durchführung darf nicht übersehen werden, dass es sich bei der Aufdeckung um ein wertaufhellendes Ereignis, bei der Anfechtung hingegen um die Ausübung eines Gestaltungsrechts, ein wertbegründendes Ereignis handelt. Sowohl der Irrtumsgegner als auch der Irrende müssen daher den anfechtbaren Irrtum wie einen unbeachtlichen behandeln.

Wie bereits dargestellt, hat ein unbeachtlicher Irrtum keine Folgen für den Irrtumsgegner. Erst die Anfechtung führt dazu, dass der ursprüngliche Vorgang im Zeitraum der Anfechtung entfällt, ein realisierter Gewinn korrigiert, dafür jedoch das negative Vertragsinteresse ersetzt wird. Die Folgen der Anfechtung im Folgejahr bestehen für den Irrtumsgegner in der Differenz zwischen der Erfüllung des positiven und des negativen Vertragsinteresses. Für den Irrenden hingegen stellen sich zunächst zum Abschlussstichtag die bereits dargestellten Folgen eines unbeachtlichen Irrtums ein. Es ist dabei ohne Bedeutung, dass diese Folgen letztlich aufgrund der Anfechtung nicht tatsächlich eintreten. Erst im Zeitpunkt der Anfechtung entfallen diese Folgen und werden durch die eines beachtlichen, angefochtenen Irrtums ersetzt. Mit der Anfechtung stellt der Irrende die ursprünglichen Verhältnisse wieder her, muss allerdings dem Irrtumsgegner das negative Vertragsinteresse ersetzen.

Erst mit der Anfechtung erfolgt dahingehend eine Korrektur, dass die zunächst berücksichtigten negativen wirtschaftlichen Folgen des Irrtums beseitigt werden und stattdessen der Schadensersatz Berücksichtigung findet. Dieses Ergebnis verwundert auf den ersten Blick, da Aufdeckung und Anfechtung nahezu zeitgleich erfolgen, jedoch unterschiedlich berücksichtigt werden. Dabei ist jedoch zu beachten, dass der Irrtum am Stichtag bereits (unaufgedeckt) vorgelegen hat und seine Aufdeckung daher ein wertaufhellendes, die Ausübung der Anfechtung als ein Wahlrecht jedoch ein wertbegründendes Ereignis darstellt, das am Stichtag noch nicht vorgelegen hat und daher nicht zu berücksichtigen ist. Darüber kann auch der enge zeitliche Bezug zwischen der Aufdeckung und der Anfechtung nicht hinwegtäuschen.

Fall C: Das zeitliche Zusammentreffen von Aufdeckung, Anfechtung und Durchführung nach der Bilanzaufstellung

Es hat sich gezeigt, dass es unerheblich ist, zu welchem Zeitpunkt nach dem Zeitraum der Realisierung des irrtumbehafteten Vorgangs die Anfechtung erfolgt, sie ist dann grundsätzlich nicht zu berücksichtigen, so dass hier diesbezüglich die bereits im Fall B beschriebenen Folgen eintreten. Allerdings ist hier abweichend zu beachten, dass der Irrtum bis zur Bilanzaufstellung nicht aufgedeckt worden ist. Damit scheidet seine Berücksichtigung am Bilanzstichtag in jedem Fall aus. Es sind weder der Irrtum noch seine Anfechtung im Abschluss zu berücksichtigen, was dazu führt, dass der Zwischenschritt des Falles B, in dem der Irrende den Irrtum als unbeachtlichen zu behandeln hat, entfällt. Statt dessen treten hier die Folgen des beachtlichen angefochtenen Irrtums im Folgejahr ein, die für den Irrenden in der Rückgängigmachung der negativen wirtschaftlichen Folgen des irrtumbehafteten Vorgangs sowie im Ausgleich des negativen Vertragsinteresses und für den Irrtumsgegner in der

Differenz zwischen der Erfüllung des negativen und des positiven Vertragsinteresses bestehen.

Szenario B:

Das zeitliche Auseinanderfallen von Aufdeckung, Anfechtung und Durchführung

Auch wenn zivilrechtlich die Anfechtung unmittelbar auf die Aufdeckung erfolgen muss, trifft die vereinfachende Annahme, dass Aufdeckung, Anfechtung und Durchführung zeitgleich erfolgen,[314] in vielen Fällen nicht zu, da zwischen der Aufdeckung des Irrtums und der Anfechtung eine mehr oder minder lange Überlegens- und Entscheidungsphase liegt und insbesondere auch die Durchführung oftmals nicht unmittelbar auf die Anfechtung erfolgt. Solange Aufdeckung, Anfechtung und Durchführung zwar zu unterschiedlichen Zeitpunkten, jedoch innerhalb des gleichen Zeitraums erfolgen, verbleibt es bei der Anwendung des Szenarios A. Szenario B beschränkt sich damit auf die Fälle, in denen zumindest eines der drei Ereignisse in einem anderen Zeitraum als die Übrigen liegt. Dabei wird vereinfachend davon ausgegangen, dass die Aufdeckung des Irrtums durch den Irrenden und den Irrtumsgegner im gleichen Zeitraum erfolgt. Das Auseinanderfallen von Aufdeckung, Anfechtung und Durchführung macht es erforderlich, diese Ereignisse hinsichtlich ihrer Bedeutung für die steuerlichen Folgen eingehender zu betrachten.

Während es für die steuerliche Berücksichtigung des nicht anfechtbaren Irrtums auf seine Aufdeckung ankommt, ist für die Berücksichtigung des anfechtbaren Irrtums die zivilrechtliche Anfechtung ausschlaggebend. Verbleibt es bis zu dem entsprechenden Stichtag ausschließlich bei der Aufdeckung des Irrtums, so treten die steuerlichen Folgen eines unbeachtlichen Irrtums ein, da der Irrende sein Wahlrecht zur Anfechtung bis zum Stichtag nicht ausgeübt hat. Die sich an die Anfechtung anschließende Durchführung ist zwar unabdingbar für die Berücksichtigung der Anfechtung, ausschlaggebender Zeitpunkt bleibt jedoch die tatsächliche Anfechtung. Allerdings verbleibt es dann bei einem unbeachtlichen Irrtum, wenn die Durchführung der Anfechtung endgültig ausbleibt. Diese Erkenntnisse sind nun i.R.d. auseinanderfallenden Zeitpunkte zu berücksichtigen.

[314] Zur besseren Übersicht wird die Aufdeckung im Folgenden als 1. Ebene, die Anfechtung als 2. Ebene und die Durchführung als 3. Ebene bezeichnet.

Zeitraum bis zum Abschlussstichtag	**Zeitraum nach dem Abschlussstichtag aber vor Bilanz-aufstellung**	**Zeitraum nach Bilanzaufstellung**
Aufdeckung Anfechtung Durchführung	--	--
Aufdeckung Anfechtung	Durchführung	--
Aufdeckung Anfechtung	--	Durchführung
Aufdeckung	Anfechtung (Durchführung)	(Durchführung)
Aufdeckung	--	Anfechtung Durchführung
--	Aufdeckung (Anfechtung Durchführung)	(Anfechtung Durchführung)
--	--	Aufdeckung Anfechtung Durchführung

Abbildung 10: Der Zeitpunkt von Aufdeckung, Anfechtung und Durchführung

Die *Aufdeckung* erfolgt innerhalb des Zeitraums des irrtumbehafteten Vorgangs und ... [1. Ebene]

... die *Anfechtung* erfolgt innerhalb des Zeitraums des irrtumbehafteten Vorgangs und ... [2. Ebene]

... ihre *Durchführung* erfolgt unmittelbar auf die Anfechtung, zumindest jedoch im gleichen Zeitraum wie die Anfechtung. [3. Ebene]

Wie bereits dargestellt, gelten für diesen Fall die Ausführungen zu Szenario A.

... ihre *Durchführung* außerhalb des Zeitraums der Anfechtung, jedoch bis zur Bilanzaufstellung. [3. Ebene]

Es wurde bereits ausgeführt, dass mit der Durchführung lediglich die Anfechtung nachvollzogen wird. Entscheidend für die steuerlichen Folgen bleibt jedoch der Zeitpunkt der Anfechtung. Auch hier gelten damit die Ausführungen zu Szenario A.

... ihre *Durchführung* erfolgt nach der Bilanzaufstellung. [3. Ebene]

Auch in diesem Fall gelten grundsätzlich die Ausführungen zu Szenario A. Fraglich bleibt dann aber noch der Fall, in dem die Durchführung letztlich doch nicht erfolgt. Aus zivilrechtlicher Sicht wurde das ursprüngliche Rechtsgeschäft mit der Anfechtung nichtig, woran auch die ausbleibende Durchführung nichts ändert, vielmehr führt diese dazu, dass es sich nunmehr um ein neues Rechtsgeschäft handelt. Steuerlich ist dabei zu beachten, dass der Durchführung zwar ausschließlich bestätigende Bedeutung beigemessen wird, diese aber zwingend erforderlich ist. Erfolgt die Durchführung endgültig nicht, mangelt es an den Voraussetzungen zur steuerlichen Berücksichtigung der Anfechtung. Insofern ist eine entsprechende Korrektur erforderlich.

... die *Anfechtung* erfolgt außerhalb des Zeitraums des irrtumbehafteten Vorgangs, jedoch bis zur Bilanzaufstellung. [2. Ebene]

An dieser Stelle kann auf die Ausführungen zu Fall B des Szenario A verwiesen werden. Da die Aufdeckung ein wertaufhellendes Ereignis darstellt, ist es ohne Bedeutung, ob sie vor oder nach dem Bilanzstichtag erfolgt, solange dies bis zur Bilanzaufstellung geschieht. Prinzipiell gilt daher das bei Fall B des Szenario A Dargestellte. Da die Anfechtung zum Stichtag nicht berücksichtigt wird, ist auch der Zeitpunkt der Durchführung der Anfechtung ohne Bedeutung, weshalb an dieser Stelle auch nicht mehr zwischen der Durchführung vor und nach der Bilanzaufstellung zu unterscheiden ist.

Für beide Beteiligte treten steuerlich die Folgen des beachtlichen Irrtums erst im Zeitpunkt der Anfechtung ein, selbst dann, wenn die Aufdeckung des Irrtums bereits im Zeitraum des irrtumbehafteten Vorgangs lag. Bis zu diesem Zeitpunkt gelten die Regelungen des unbeachtlichen Irrtums. Bedingt durch den Ersatz des negativen Vertragsinteresses durch den Irrenden, beschränken sich die Auswirkungen beim gutgläubigen Irrtumsgegner – im Zeitraum der Anfechtung durch den Irrenden – auf den entgangenen Gewinn, der ihm nicht ersetzt wird. Dabei ist zu beachten, dass die Auswirkungen nur insoweit erfolgswirksam sind, als der Gewinn bereits realisiert worden ist. Die verspätete Anfechtung – i.S. einer Anfechtung in einem späteren Zeitabschnitt – hat daher für den Irrtumsgegner zur Folge, dass im Zeitraum der Anfechtung der im vorangegangenen Zeitraum zunächst realisierte Gewinn beseitigt wird.

Im Gegensatz zum Irrtumsgegner entfaltet für den Irrenden – wie bereits dargestellt – auch der unbeachtliche Irrtum Folgen. Dabei ist zu beachten, dass eine Anfechtung nur dann vollzogen wird, wenn der Irrende sich dadurch insgesamt besserstellt. Mit der Anfechtung stellt der Irrende die ursprünglichen Verhältnisse wieder her, muss allerdings dem Irrtumsgegner das negative Vertragsinteresse ersetzen. Die zum Bilanzstichtag noch nicht erfolgte Anfechtung führt für den Irrenden dazu, dass statt des negativen Vertragsinteresses die negativen wirtschaftlichen Folgen des Irrtums im Jahresabschluss zu berücksichtigen sind. Die zunächst berücksichtigten negativen wirtschaftlichen Folgen des Irrtums werden erst mit der Anfechtung in deren Zeitraum beseitigt – unter Berücksichtigung des Schadensersatzes. Auch hier werden die Aufdeckung und die nahezu zeitgleich erfolgte Anfechtung unterschiedlich berücksichtigt, da der Irrtum am Stichtag bereits (unaufgedeckt) vorgelegen hat und seine Aufdeckung daher ein wertaufhellendes, die Anfechtung als Ausübung eines Wahlrechts jedoch ein wertbegründendes Ereignis darstellt, das am Stichtag noch nicht vorgelegen hat und daher nicht zu berücksichtigen ist. Dabei wird vorausgesetzt, dass im Zeitpunkt der Aufdeckung die Anfechtung als Rechtsgestaltung noch nicht überwiegend wahrscheinlich ist. Ansonsten handelt es sich bei der Anfechtung nicht um ein wertbegründendes Ereignis, mit der Folge, dass hier die Ausführungen zu Fall A des Szenario A gelten.

... die *Anfechtung* erfolgt nach der Bilanzaufstellung, die *Durchführung* erfolgt dann zwangsläufig ebenfalls nach der Bilanzaufstellung. [2. Ebene]

Da es keinen Unterschied macht, wann die Anfechtung nach dem Bilanzstichtag erfolgt, gilt in diesem Fall nichts anderes als in dem vorgenannten.

Die *Aufdeckung* erfolgt außerhalb des Zeitraums des irrtumbehafteten Vorgangs. [1. Ebene]

Solange die Aufdeckung bis zum Zeitpunkt der Aufstellung der Bilanz erfolgt, gelten die Feststellungen, die bereits für die Aufdeckung des Irrtums innerhalb des Zeitraums des irrtumbehafteten Vorgangs gemacht wurden, da die Aufdeckung als wertaufhellendes Ereignis zu berücksichtigen ist.

Erfolgt die Aufdeckung dagegen erst nach der Aufstellung der Bilanz, verbleibt es sowohl für den Irrenden als auch für den Irrtumsgegner bei den ursprünglichen Ansätzen.

Die Anfechtung braucht in diesen beiden Fällen nicht betrachtet zu werden, da sie erst nach der Aufdeckung erfolgen kann, somit zwangsläufig nach dem Bilanzstichtag erfolgt und damit zum Bilanzstichtag als wertbegründendes Ereignis unberücksichtigt bleibt.

Szenario C:

Aufdeckung durch den Irrtumsgegner

Bislang wurde davon ausgegangen, dass der Irrtum entweder vom Irrenden bzw. zugleich vom Irrtumsgegner und Irrenden aufgedeckt wurde oder der Irrende vom Irrtumsgegner unmittelbar nach dessen Aufdeckung des Irrtums informiert wurde. Nicht berücksichtigt wurden damit die Fälle, in denen der Irrtum zunächst vom Irrtumsgegner aufgedeckt wird und der Irrende (zunächst) nicht informiert wird. Prinzipiell sind diese Fälle nur dann von Bedeutung, wenn die Aufdeckung des Irrenden auch bis zur Aufstellung der Bilanz nicht erfolgt ist.[315] Verbleibt es bis zu diesem Zeitpunkt bei der Aufdeckung durch den Irrtumsgegner, hat ihn dieser wie einen unbeachtlichen Irrtum zu behandeln. Unbeachtliche Irrtümer haben jedoch – wie bereits gezeigt – keine Auswirkungen für den Irrtumsgegner. Hat der Irrende bis zur Bilanzaufstellung keine Kenntnis von dem Irrtum erlangt, so kann dieser auch zwangsläufig keine bilanziellen Folgen entfalten. Es verbleibt vielmehr bei den ursprünglichen Ansätzen. Eine eingehende Betrachtung erübrigt sich damit.

35.5 Fazit für den erfolgreich angefochtenen beachtlichen zivilrechtlichen Irrtum

Abschließend lässt sich damit für den erfolgreich angefochtenen beachtlichen zivilrechtlichen Irrtum feststellen, dass Irrtümer, die dieser Gruppe zuzurechnen sind, gemeinsam haben, dass der zivilrechtliche Sachverhalt (II) nicht der tatsächlich realisierten Lebenswirklichkeit entspricht. Demzufolge weichen die beiden Betrachtungsweisen dann voneinander ab, wenn es sich um eine zeitpunkt- oder zeitraumbezogene ex-post-Betrachtung handelt, was den Normalfall für die Besteuerung darstellt. Hinsichtlich des steuerrechtlichen Sachverhalts und damit des Anknüpfungspunkts für die Besteuerung muss danach unterschieden werden, ob eine Übereinstimmung mit der zivilrechtlichen Fiktion besteht oder nicht. Dazu muss zunächst danach differenziert werden, ob die Anwendbarkeit des § 41 Abs. 1 S. 1 AO möglich ist. Sofern diese aufgrund von § 41 Abs. 1 S. 2 AO i.V.m. einer einzelsteuergesetzlichen Vorschrift nicht mög-

[315] Wird der Irrtum bis zum Stichtag vom Irrenden aufgedeckt – sei es durch eigene Erkenntnis oder aufgrund eines Hinweises des Irrtumsgegners – handelt es sich um einen Fall der Szenarien A oder B, da eine zeitliche Abweichung der Aufdeckung des Irrtums durch den Irrtumsgegner bzw. Irrenden innerhalb des Zeitraums der Realisierung des irrtumbehafteten Vorgangs unerheblich ist.

lich ist, muss weiter danach unterschieden werden, welche Vorschriften dem entgegenstehen und welche Folgen dies mit sich bringt.

Für alle Fälle, bei denen § 41 Abs. 1 S. 1 AO Anwendung findet,[316] löst sich der steuerrechtliche Sachverhalt – einvernehmlich mit dem zivilrechtlichen Sachverhalt (II) – von der Lebenswirklichkeit und stellt auf ein endgültig eingetretenes wirtschaftliches Ergebnis ab, was dem gesamten wirtschaftlichen Vorgang Rechnung trägt. Steuerlich wird damit die zivilrechtliche Fiktion übernommen, was durch eine Berücksichtigung dieser Fiktion i.R.d. rechnerischen Quantifizierung erfolgt. Dabei muss aus verfahrenstechnischer Sicht danach unterschieden werden, ob im Zeitpunkt der Durchführung der Anfechtung die Festsetzung des Steueranspruchs bereits erfolgt ist oder nicht. Sofern der Steueranspruch noch nicht festgesetzt worden ist, muss die durchgeführte Anfechtung i.R.d. Festsetzung Berücksichtigung finden. Die verfahrenstechnische Berücksichtigung einer Anfechtung i.R. eines bereits festgesetzten Steueranspruchs erfolgt mittels der Korrekturvorschriften gem. § 175 Abs. 1 S. 1 Nr. 2 AO. Da die Rückwirkung in jedem Fall steuerlich zu berücksichtigen ist, kommt es nicht auf den Zeitpunkt der Durchführung der Anfechtung, sondern vielmehr auf die Durchführung der Anfechtung an sich an. Zu beachten sind lediglich die Beschränkungen einer Korrektur gem. § 175 Abs. 1 S. 1 Nr. 2 AO.

Die verfahrensrechtliche Anpassung von bereits erlassenen Steuerbescheiden erfolgt gem. § 175 Abs. 1 S. 1 Nr. 2 AO. Danach ist ein Steuerbescheid zu erlassen, aufzuheben oder zu ändern, soweit ein Ereignis eintritt, das steuerliche Wirkung für die Vergangenheit hat (rückwirkendes Ereignis).[317]

Ein differenziertes Bild ergibt sich für die Fälle der Anfechtung, in denen aufgrund von § 41 Abs. 1 S. 2 AO einzelsteuergesetzliche Vorschriften Anwendung finden. Dabei hat sich gezeigt, dass einige Einzelsteuergesetze gesonderte Vorschriften zur Behandlung zivilrechtlich erfolgreich angefochtener Vorgänge beinhalten, andere sich dagegen ausschließlich auf die Nichtanwendbarkeit des § 41 Abs. 1 S. 1 AO beschränken.

[316] also für alle Fälle, für die keine einzelsteuerlichen Sondervorschriften gelten und für Einmaltatbestände

[317] Vgl. dazu auch die Ausführungen zu den Korrekturvorschriften (s.u.).

TEIL IV: Die zweite Handlungskette: Sekundäre Irrtümer (Irrtümer bei der Darstellung von Sachverhalten)

Auch für die zweite Handlungskette gilt es, in einem ersten Schritt die konkreten (sekundären) Irrtümer anhand der aufgezeigten Handlungsmöglichkeiten und dann in einem weiteren Schritt die steuerlichen Folgen darzustellen.

Es wurde bereits ausgeführt, dass in der zweiten Handlungskette eine Beschränkung der Betrachtung auf das Verhältnis von Steuerpflichtigem und Staat erfolgt. Auf eine Bildung von Fallgruppen kann daher verzichtet werden. Zudem wird die Betrachtung dahingehend eingeschränkt, dass nur solche Vorgänge Berücksichtigung finden, die aus steuerlicher Sicht von Bedeutung sind.

Aufgrund des eingangs festgestellten Mangels des Steuerrechts sowohl an einer Definition des Irrtums als auch an speziellen, aber gemeingültigen Vorschriften zur Behandlung irrtumbehafteter Vorgänge, ist an dieser Stelle statt einer einheitlichen Vorschrift eine Vielzahl solcher zu betrachten, wobei sowohl sachliche als auch zeitliche Grenzen zu berücksichtigen sind. Zusätzlich zu der bestehenden Normenvielfalt innerhalb des Steuerrechts müssen andere Rechtsbereiche in die Betrachtung einbezogen werden.[318]

Innerhalb der zweiten Handlungskette muss danach unterschieden werden, ob es sich um die Ausübung von Wahlrechten bzw. die Stellung von Anträgen (Willenserklärung)[319] oder um die Erklärung von Sachverhalten (Wissenserklärung)[320] handelt. Eine solche Trennung wird erforderlich, da sich im Folgenden zeigen wird, dass die Voraussetzungen der Regelungen, die die Abgabenordnung für die Erklärungen von Sachverhalten vorsieht, nicht erfüllt sind, wenn es

---

[318] Die nachfolgenden grundlegenden Feststellungen verstehen sich zunächst ohne die Berücksichtigung solcher Folgen, die sich aufgrund des Zusammenwirkens mit anderen Rechtsbereichen ergeben.

[319] Hinsichtlich der Wahlrechte bzw. Anträge ist zu beachten, dass i.R.d. zweiten Handlungskette ausschließlich solche Wahlrechte bzw. Anträge betrachtet werden, die sich auf die Darstellung eines Sachverhalts beziehen. Vgl. dazu auch Weber-Grellet, Heinrich (DStR 1992) S. 1418

[320] Es ist dabei unbedingt zu beachten, dass die Erklärung von Sachverhalten (Wissenserklärung) sich nicht auf Tatsachenangaben beschränkt, sondern auch bereits rechtliche Schlussfolgerungen i.R.d. Aufbereitung zum Sachverhalt beinhaltet. Vgl. Trzaskalik, Christoph (o.J.) Vor §§ 149-153 AO Rz 6; Tipke, Klaus (o.J.) Vor § 149 AO Rz 3; Stöcker, Ernst E. (o.J.) Vor §§ 149-153 AO Rz 6

sich um die Ausübung von Wahlrechten bzw. die Stellung von Anträgen handelt.

A. Die Irrtümer bei der steuerlichen Darstellung des Sachverhalts

Auch wenn der Steuerpflichtige – im Gegensatz zur ersten Handlungskette – nunmehr erheblich in seinen Entscheidungen eingeschränkt ist, da er zum einen die Lebenswirklichkeit nicht mehr verändern kann und zum anderen die steuerliche Gestaltungsfreiheit nur i.R. bestehender steuerlicher Wahlrechte möglich ist, bildet er dennoch Vorstellungen. In der zweiten Handlungskette ist eine Willensbildung sowohl hinsichtlich der Abgabe der steuerlichen Erklärung als auch gegebenenfalls hinsichtlich der Gestaltung mittels Wahlrechten erforderlich. Grundsätzlich ist auch hier wiederum zwischen den beiden Phasen, der Vorstellung i.e.S. und der Konkretisierung, zu unterscheiden.

1 Der Irrtum bei der Vorstellung i.e.S.

Für den bereits beschriebenen Irrtum bei der Vorstellung i.e.S., der zum Entscheidungsprozess (I) führt, muss nunmehr zwischen zwei Ausprägungen differenziert werden:

11 Der Sachverhaltsirrtum (Irrtum über Tatsachen)

Um einen Irrtum auf der Sachverhaltsebene handelt es sich immer dann, wenn die Vorstellungen des Steuerpflichtigen hinsichtlich der Umstände des Sachverhalts nicht der Wirklichkeit entsprechen. Es handelt sich dabei um Irrtümer i.R.d. Aufbereitung des steuerrechtlichen Sachverhalts aus der Lebenswirklichkeit. Dazu zählen auch die Irrtümer, die sich aus der notwendigen rechnerischen Quantifizierung der Lebenswirklichkeit ergeben.

12 Der Rechtsirrtum (Irrtum über Tatbestände)

Um einen Rechtsirrtum handelt es sich dagegen immer dann, wenn die Vorstellungen des Steuerpflichtigen hinsichtlich der (Steuer-)Rechtsnormen nicht der Wirklichkeit entsprechen.

2 Der Irrtum bei der Konkretisierung

Auch bei der Aufbereitung[321] des Ergebnisses des Entscheidungsprozesses (I) zu einer konkreten Handlung, über die dann im Entscheidungsprozeß (II) befunden wird, können Irrtümer auftreten. Wie bereits dargestellt, handelt es sich dabei um solche Irrtümer, bei denen eine falsche Vorstellung hinsichtlich der Handlung – über die letztlich entschieden wird – besteht, wobei die Handlung mit der getroffenen Handlungsentscheidung übereinstimmt.

3 Die Folgen anderer Rechtsbereiche

Wie bereits angedeutet, sind neben dem Steuerrecht in der zweiten Handlungskette weitere Rechtsbereiche zu beachten. Diese werden gesondert dargestellt, bevor auf die Folgen, die sich danach für die Behandlung des Irrtums im Steuerrecht ergeben, eingegangen wird.

[321] die auch aus einer rechnerischen Quantifizierung bestehen kann

B. Die Behandlung des Irrtums bei Wahlrechten bzw. Anträgen (Willenserklärung)

In vielen Fällen sind in Steuergesetzen für die Erfüllung bestimmter Tatbestände mehrere Rechtsfolgen vorgesehen, wobei es dem Steuerpflichtigen überlassen ist, sich für eine dieser Rechtsfolgen mittels Ausübung eines Wahlrechts oder eines Antrags zu entscheiden.[322] Bei der Betrachtung dieser Willenserklärungen ist grundsätzlich zwischen den materiell-rechtlichen und den verfahrensrechtlichen Voraussetzungen zu unterscheiden.

Aus verfahrensrechtlicher Sicht setzt die Ausübung eines Wahlrechts oder die Stellung eines Antrags voraus, dass – wenn es sich nicht um eine fristgebundene Willenserklärung handelt – die Festsetzungsfrist noch nicht abgelaufen ist und außerdem, dass der Steuerbescheid – sofern er bereits unanfechtbar ist – nach §§ 129, 164, 165, 172 ff AO oder den entsprechenden Vorschriften in den Einzelsteuergesetzen geändert werden kann; das gilt auch für den Widerruf, sofern ein solcher überhaupt vorgesehen ist.[323] Allerdings scheitert die Anwendbarkeit der Regelungen, die nach der Abgabenordnung für die Erklärungen von Sachverhalten vorgesehen sind, an der Nichterfüllung der Tatbestandsmerkmale, an die diese Regelungen geknüpft sind, da neben den Voraussetzungen der einzelnen Regelungen die Rechtswidrigkeit des bestehenden Regelungsvorgangs als ungeschriebenes Tatbestandsmerkmal innerhalb des gesamten Regelungssystems angesehen wird.[324] Der erforderliche Widerspruch zwischen dem gesetzlich Gebotenen und der tatsächlich getroffenen Einzelfallentscheidung ist in den Fällen der Ausübung eines Wahlrechts bzw. der Stellung eines Antrags regelmäßig nicht vorhanden, denn auch die irrtümliche Ausübung eines möglichen Wahlrechts bzw. Stellung eines Antrags kann nicht zu einem solchen Widerspruch führen.[325] Allerdings lässt der BFH[326] zu Recht dann eine analoge Anwendung von § 175 Abs. 1 S. 1 Nr. 2 AO zu, wenn es sich um die formelle Geltendmachung einer materiell zulässigen Ausübung eines Wahlrechts bzw. Stellung eines Antrags handelt.[327]

---

[322] Vgl. AEAO Vor §§ 172-177 Nr. 8

[323] Vgl. Wedelstädt, Alexander v. (o.J.) Vor §§ 172-177 AO Rz 38

[324] Vgl. Groll, Rüdiger v. (o.J.) Vor § 172-177 AO Rz 70; Wedelstädt, Alexander v. (o.J.) Vor §§ 172-177 AO Rz 26; Loose, Matthias (o.J.) Vor § 172 AO Rz 29; Marfels, Michael (DB 1983) S. 2110; BFH v. 30.08.2001, IV R 30/99, BStBl II 2002 S. 49. Zu den Tatbestandsvoraussetzungen der Korrekturvorschriften im Einzelnen s.u.

[325] Vgl. Wedelstädt, Alexander v. (o.J.) Vor §§ 172-177 AO Rz 40; Groll, Rüdiger v. (o.J.) Vor § 172-177 AO Rz 126; BFH v. 30.08.2001, IV R 30/99, BStBl II 2002 S. 49

[326] Vgl. BFH v. 30.08.2001, IV R 30/99, BStBl II 2002 S. 49

[327] so auch Weber-Grellet, Heinrich (DStR 1992) S. 1421; a.A. Wedelstädt, Alexander v. (o.J.) Vor §§ 172-177 AO Rz 40

Damit ist bislang jedoch nur geklärt, dass das Nachvollziehen aus steuerlicher Sicht möglich ist; unklar ist jedoch, in welchen Fällen überhaupt die abgegebene Willenserklärung verändert werden kann. Mangels steuerlicher Sondervorschriften ist auf die Behandlung von öffentlich-rechtlichen Willenserklärungen im allgemeinen Verwaltungsrecht zurückzugreifen. Zunächst ist festzustellen, dass auch das Verwaltungsrecht nur wenige Regelungen zur Behandlung öffentlich-rechtlicher Willenserklärungen enthält, was zur Folge hat, dass weitgehend wiederum auf die Regelungen des Zivilrechts zurückgegriffen wird.[328] Die vorliegenden offensichtlichen Unterschiede beider Rechtsbereiche machen es allerdings erforderlich, bei analogen Anwendungen zivilrechtlicher Regelungen im Verwaltungsrecht Vorsicht walten zu lassen. Unproblematisch ist eine solche Analogie dann, wenn die zivilrechtlichen Regelungen lediglich allgemeingültigen Rechtsgedanken Ausdruck verleihen oder zwischen den beiden Rechtsbereichen eine gleiche Interessenlage besteht.[329] Auch wenn die Voraussetzungen für die Irrtumsregelungen, die nach dem Zivilrecht angeboten werden, erfüllt sind, ist die Anwendung nicht unumstritten; die Strittigkeit besteht zu Recht hinsichtlich der Ausgestaltung, nicht jedoch hinsichtlich der grundsätzlichen Überlegung der Anwendbarkeit.[330] Kluth macht i.d.Z. darauf aufmerksam, dass ein einfacher Rückgriff auf das Zivilrecht – aufgrund der vielfältigen Unterscheidungen, die hinsichtlich öffentlich-rechtlicher Erklärungen zu treffen sind – ausgeschlossen ist und es Aufgabe der Rechtsprechung sei, eine Systematik zu entwickeln und einen im Einzelfall gerechten Rückgriff auf die allgemeinen Rechtsgedanken des Verwaltungsrechts und des Zivilrechts zu ermöglichen, um für die verschiedenen Gebiete des besonderen Verwaltungsrechts angemessene Grundsätze herauszuarbeiten; die dabei zu erstellende Systematisierung soll nicht an eine schematische Übernahme des Zivilrechts gebunden werden.[331] Da diese Aussage vor dem Hintergrund eines komplexen Zusammenwirkens unterschiedlicher Regelungen letztlich nicht weiterführt, wird für die weiteren Ausführungen vereinfachend an das Zivilrecht angeknüpft, dessen grundsätzliche Überlegungen hier zweifellos Gültigkeit erlangen.

Die innerhalb des Steuerrechts bestehende Vielzahl von Wahlrechten und Anträgen unterscheidet sich in vielerlei Hinsicht. Es kann daher keine allgemeingültige Aussage über ihre Behandlung getroffen werden, die Darstellung kann lediglich eine Systematisierung anhand einiger Kriterien vornehmen. Zur

---

[328] Vgl. Kluth, Winfried (NVwZ 1990) S. 608; Middel, Dieter (1971) S. 39, 112; Schnell, Martin (1986) S. 145

[329] Vgl. Kluth, Winfried (NVwZ 1990) S. 610

[330] Vgl. Kluth, Winfried (NVwZ 1990) S. 613 f; Middel, Dieter (1971) S. 112 ff; Schnell, Martin (1986) S. 145 ff; Weber-Grellet, Heinrich (DStR 1992) S. 1419; Federmann, Hans-Wolfgang (DB 1983) S. 78; OVG Koblenz v. 21.12.1983, 2 A 50/83; OVG Münster v. 09.04.1987, 7 A 2686/86

[331] Vgl. Kluth, Winfried (NVwZ 1990) S. 614

Klärung von Einzelfällen ist eine eingehende Prüfung des jeweiligen Wahlrechts bzw. Antrags erforderlich.

Zunächst ist zu prüfen, ob eine irrtümliche Annahme der Erfüllung der Voraussetzungen von Wahlrechten bzw. Anträgen oder eine irrtümliche Ausübung eines Wahlrechts bzw. Stellung eines Antrags vorliegt. Hinsichtlich der irrtümlichen Annahme der Erfüllung der Voraussetzungen kann auf die Behandlung von Irrtümern i.R. von Wissenserklärungen verwiesen werden. In den Fällen einer irrtümlichen Ausübung eines Wahlrechts bzw. Stellung eines Antrags ist anschließend die Widerruflichkeit des ausgeübten Wahlrechts bzw. Antrags zu prüfen. Ist der Widerruf (im gewünschten Umfang)[332] möglich, muss weiter geprüft werden, ob die erneute Ausübung eines Wahlrechts bzw. Stellung eines Antrags erforderlich und möglich ist. Nur wenn diese Kriterien erfüllt sind, erfolgt der Widerruf für das irrtümlich ausgeübte Wahlrecht bzw. den irrtümlich gestellten Antrag. In der Folge wird das ausgeübte Wahlrecht bzw. der gestellte Antrag entsprechend unwirksam. Sofern eine dieser Voraussetzungen nicht erfüllt ist, muss für die Erklärung hinsichtlich der Ausübung eines Wahlrechts bzw. der Stellung eines Antrags geprüft werden, ob die Anfechtung der Erklärung in Anlehnung an das Zivilrecht möglich ist. Die Anfechtung führt – wie der Widerruf – zur Unwirksamkeit der Ausübung eines Wahlrechts bzw. eines Antrags.

---

[332] also entweder mit Wirkung für die Vergangenheit oder ausschließlich mit Wirkung für die Zukunft

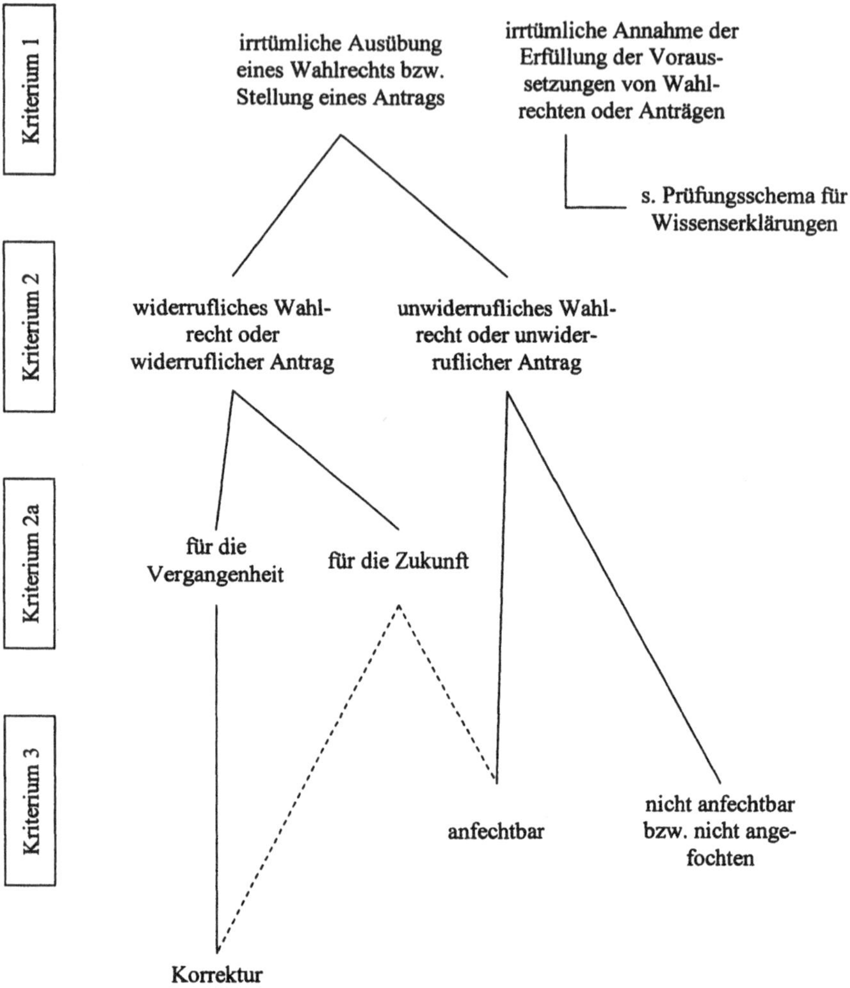

Abbildung 11: Prüfungsschema für Irrtümer bei Willenserklärungen

1 Kriterium 1: Die irrtümliche Annahme der Erfüllung der Voraussetzungen von Wahlrechten bzw. Anträgen oder die irrtümliche Ausübung von Wahlrechten bzw. Stellung von Anträgen

Bei der Behandlung des Irrtums i.R.d. Ausübung von Wahlrechten bzw. der Stellung von Anträgen ist zunächst danach zu unterscheiden, ob die Voraussetzungen zur Inanspruchnahme eines Wahlrechts bzw. der Stellung eines Antrags überhaupt erfüllt waren oder lediglich irrtümlich von deren Erfüllung ausgegangen wurde.

11 Die Behandlung einer irrtümlichen Annahme der Erfüllung der Voraussetzungen von Wahlrechten bzw. Anträgen

Fälle, in denen irrtümlich von der Erfüllung der Voraussetzungen zur Ausübung von Wahlrechten bzw. der Stellung von Anträgen ausgegangen wird, haben zur Folge, dass der Vorgang insgesamt rechtswidrig wird und daher einer Anwendung der allgemeinen Korrekturvorschriften der Abgabenordnung nichts im Wege steht. Die Behandlung dieser Fälle erfolgt daher nach dem Prüfungsschema für die Wissenserklärung von Sachverhalten.

12 Die Behandlung einer irrtümlichen Ausübung von Wahlrechten bzw. Stellung von Anträgen

Nur in den Fällen, in denen die Voraussetzungen zur Inanspruchnahme eines Wahlrechts bzw. der Stellung eines Antrags erfüllt waren, ist zum zweiten Kriterium überzugehen.

2 Kriterium 2: Die (Un-)Widerruflichkeit der Ausübung von Wahlrechten bzw. Stellung von Anträgen

Grundsätzlich ist zwischen der widerruflichen Ausübung von Wahlrechten bzw. Stellung von Anträgen und der unwiderruflichen Ausübung bzw. Stellung zu unterscheiden.

21 Die widerrufliche Ausübung von Wahlrechten bzw. Stellung von Anträgen

Sofern die Möglichkeit besteht, das ausgeübte Wahlrecht bzw. den Antrag zu widerrufen, ist zunächst zu prüfen, ob der Widerruf mit Wirkung für die Vergangenheit oder ausschließlich für die Zukunft möglich ist. Während der erste Fall für den Irrenden regelmäßig kein Problem darstellt, gilt dies für den zweiten nur dann, wenn die irrtümliche Ausübung bzw. Stellung lediglich für die Zukunft widerrufen werden soll, denn für die Vergangenheit kann eine Änderung nur unter den selben Voraussetzungen wie für unwiderrufliche Wahlrechte bzw. Anträge erfolgen.

Grundsätzlich sind jeweils die zeitlichen Beschränkungen zu beachten, denen die Ausübung bzw. Stellung und der Widerruf von Wahlrechten bzw. Anträgen unterliegt. Bei widerruflichen Wahlrechten bzw. Anträgen ist der Grund für die zunächst fehlerhafte Ausübung bzw. Stellung grundsätzlich unerheblich.

22 Die unwiderrufliche Ausübung von Wahlrechten bzw. Stellung von Anträgen

Handelt es sich um die unwiderrufliche Ausübung eines Wahlrechts bzw. Stellung eines Antrags, so ist der Steuerpflichtige an die einmal erfolgte Ausübung gebunden. Dies gilt auch dann, wenn eine andere als die irrtümliche Ausübung bzw. Stellung für den Steuerpflichtigen günstiger gewesen wäre, es sei denn, die vorgenommene Ausübung ist ohne Einfluss auf die Höhe der Steuer gewesen.[333] Nur unter bestimmten Voraussetzungen besteht für den Steuerpflichtigen die Möglichkeit der Änderung einer unwiderruflichen Ausübung eines Wahlrechts bzw. Stellung eines Antrags. Dazu ist zunächst eine Trennung unbeachtlicher und beachtlicher Irrtümer in Anlehnung an die Kriterien des Zivilrechts erforderlich.

3 Kriterium 3: Die Trennung unbeachtlicher bzw. beachtlicher Irrtümer in Anlehnung an die Kriterien des Zivilrechts

Während bei den widerruflichen Wahlrechten bzw. Anträgen ein Verweis auf die Behandlung der irrtümlichen Ausübung von Wahlrechten bzw. Stellung von Anträgen im allgemeinen Verwaltungsrecht nicht erforderlich war, macht die Unwiderruflichkeit von Wahlrechten bzw. Anträgen dies nun notwendig.

Zunächst gilt es zu beachten, dass sich eine Behörde nicht mit dem objektiv Erklärten begnügen und dies aus dem Empfängerhorizont auslegen kann, sondern vielmehr in Durchführung des Untersuchungsgrundsatzes den wirklichen Willen des Bürgers erforschen muss, was technisch z.B. durch Auslegung und gegebenenfalls Umdeutung eines Antrags geschehen kann, sobald der Verwaltung Anhaltspunkte vorliegen, dass die Erklärung des Bürgers seinen Willen nicht zu-

333 Vgl. BFH v. 21.10.1960, VI 199/60 U, BStBl III 1960 S. 482; BFH v. 04.05.1965, VI 296/64 U, BStBl III 1965 S. 511; BFH v. 18.12.1973, VIII R 101/69, BStBl II 1974 S. 319

treffend wiedergibt.[334] Ergänzt wird diese Verpflichtung der Behörde im Steuerrecht durch § 89 AO, wonach die „... Finanzbehörde ... die Abgabe von Erklärungen, die Stellung von Anträgen oder die Berichtigung von Erklärungen oder Anträgen anregen [soll], wenn diese offensichtlich nur versehentlich oder aus Unkenntnis unterblieben oder unrichtig abgegeben worden sind." Die Voraussetzung einer „Offensichtlichkeit" führt allerdings zu einer erheblichen Einschränkung der Beratungspflicht, mit der Folge, dass eine solche dann vorliegen soll, wenn ein Unterlassen bestimmter Verfahrenshandlungen trotz der Erkennbarkeit aus den Erklärungsangaben zum jeweiligen Veranlagungszeitraum vorliegt.[335] Mängeln in der Auslegung oder Beratung bzw. Auskunft wird verfahrenstechnisch mittels Wiedereinsetzung in den vorigen Stand gem. § 110 AO abgeholfen.[336]

Konnten weder Auslegung noch Beratung bzw. Auskunft zu dem gewünschten Erfolg führen, muss danach unterschieden werden, ob die irrtümliche Ausübung von Wahlrechten bzw. Stellung von Anträgen aufgrund eines zivilrechtlich als beachtlich oder als nicht beachtlich angesehenen Irrtums erfolgt ist. Im Einzelnen kann dabei auf die Ausführungen zum Zivilrecht verwiesen werden.

31 Beachtliche Irrtümer i.S.d. Zivilrechts

Im allgemeinen Verwaltungsrecht wird in den Fällen einer öffentlich-rechtlichen Erklärung in Form einer irrtümlichen Antragstellung die grundsätzliche Anwendbarkeit der zivilrechtlichen Regelung von der h.M. geteilt,[337] nicht zuletzt auch deswegen, weil ein Ausschluss der Irrtumsanfechtung im Bereich des öffentlichen Rechts zu sachwidrigen Ergebnissen führen würde – eine Erkenntnis, die gleichermaßen für das Steuerrecht gilt.[338] Diese Auffassung wird jedoch vom BFH nicht geteilt, nach seiner Auffassung kommt eine sinngemäße Anwendung der zivilrechtlichen Vorschriften grundsätzlich nicht bei einseitigen Anträgen von privaten Personen an Behörden in Betracht.[339] Dieser Feststellung steht es nach Meinung des BFH nicht entgegen, dass der Steuerpflichtige dann nicht an eine Willenserklärung gebunden sein soll, wenn diese seinem Willen nicht entspricht.[340] Dagegen hat das FG Köln die Anwendbarkeit der zivilrechtlichen Irrtumsregelungen auf Erklärungen im Besteuerungsverfahren ausdrücklich be-

---

[334] Vgl. Kluth, Winfried (NVwZ 1990) S. 611 m.w.N.
[335] Vgl. FG des Saarlandes v. 24.06.1997, 1 K 153/95, EFG 1997 S. 1342
[336] Vgl. BFH v. 20.01.1955, V 187/54 U, BStBl III 1955 S. 81; BFH v. 18.12.1958, V 98/57 U, BStBl III 1959 S. 87; Tipke, Klaus (o.J.) § 110 AO Rz 66 f, § 89 AO Rz 8
[337] Vgl. OVG Koblenz v. 21.12.1983, 2 A 50/83
[338] Vgl. FG Köln v. 09.10.1997, 2 K 5347/95, EFG 1998 S. 552
[339] Vgl. BFH v. 11.01.1967, I 78/65, BStBl III 1967 S. 208; BFH v. 09.04.1975, I R 55/73, BStBl II 1975 S. 616; so auch Kurz, Volker (StuW 1979) S. 246 f
[340] Vgl. BFH v. 09.04.1975, I R 55/73, BStBl II 1975 S. 616

jaht.[341] Es kann dahingestellt bleiben, welcher Auffassung gefolgt wird, da im Ergebnis beide zu einer dem Zivilrecht entsprechenden Lösung kommen, die – was insbesondere durch die vom BFH vertretene Auffassung deutlich wird – jedoch steuerlichen Besonderheiten, was die Anfechtungsmöglichkeiten betrifft, genügen muss.[342] Unstrittig ist i.d.Z. die Forderung nach einer unverzüglichen Anfechtung nach Aufdeckung des Irrtums.[343]

Die Anfechtung der Ausübung eines Wahlrechts bzw. eines Antrags hat zur Folge, dass die vorgenommene Ausübung ungeschehen gemacht wird, wobei die zeitlichen Beschränkungen der Anfechtung und der erneuten Ausübung eines Wahlrechts bzw. Antrags zu beachten sind. Im Einzelnen gelten die bereits bei der Betrachtung des Zivilrechts dargestellten Erkenntnisse.

32 Unbeachtliche Irrtümer i.S.d. Zivilrechts

Sofern es sich um die nichtanfechtbare irrtümliche Ausübung eines unwiderruflichen Wahlrechts bzw. Stellung eines Antrags handelt, verbleibt es endgültig bei der vorgenommenen Ausübung des Wahlrechts bzw. der Stellung des Antrags.

4 Die zeitliche Beschränkung der Ausübung von Wahlrechten bzw. Stellung von Anträgen

Im allgemeinen Verwaltungsrecht wird die Bindung des Bürgers an die von ihm abgegebenen verwaltungsrechtlichen Willenserklärungen diskutiert, wobei eine freie Widerrufbarkeit grundsätzlich bis zum Erlass des verfahrensabschließenden Verwaltungsaktes – teilweise sogar bis zum Eintritt der Bestandskraft – für möglich gehalten wird; für nicht verfahrensrechtliche Willenserklärungen wird demgegenüber in entsprechender Anwendung des § 130 BGB eine Bindung bereits mit Zugang der Erklärung angenommen.[344]

Im Steuerrecht wird bei unwiderruflichen Wahlrechten bzw. Anträgen von der Bindung des Steuerpflichtigen an die Ausübung eines Wahlrechts bzw. Stellung eines Antrags ab dem Zeitpunkt des Zugangs bei der Finanzbehörde gem. § 130 BGB ausgegangen,[345] mit der Folge, dass ab dem Zugang von dem ausge-

---

[341] Vgl. FG Köln v. 09.10.1997, 2 K 5347/95, EFG 1998 S. 552

[342] A.A. Stöcker, Ernst E. (o.J. [Vor §§ 149-153 AO Rz 9]), der eine Anfechtung steuerlicher Willenserklärungen nach § 119 BGB – ohne weitere Differenzierungen – grundsätzlich ausschließt.

[343] Vgl. BFH v. 09.04.1975, I R 55/73, BStBl III 1975 S. 616; FG Köln v. 09.10.1997, 2 K 5347/95, EFG 1998 S. 552

[344] Vgl. Kluth, Winfried (NVwZ 1990) S. 612

[345] Vgl. BFH v. 17.01.1995, IX R 37/91, BStBl II 1995 S. 410; BFH v. 15.10.1996, IX R 10/95, BStBl II 1997 S. 178; AEAO Vor §§ 172-177 Nr. 8 S. 10

übten Wahlrecht bzw. Antrag nur noch bei Erfüllung der Voraussetzungen einer möglichen Anfechtung abgewichen werden kann.

Während für befristete Wahlrechte bzw. Anträge die entsprechende Frist aus der Vorschrift hervorgeht, ist die Ausübung unbefristeter Wahlrechte bzw. Stellung von Anträgen nach Auffassung des BFH bis zur Bestandskraft der Steuerfestsetzung möglich, andererseits sind die Wahlrechte und Anträge auch erst mit Eintritt der Unanfechtbarkeit[346] des entsprechenden Bescheides verbraucht.[347]

Der Fristablauf ist nicht nur bei der erstmaligen Ausübung eines Wahlrechts bzw. Stellung eines Antrags, sondern auch dann zu beachten, wenn entweder der Widerruf oder die Anfechtung der Erklärung hinsichtlich der Ausübung eines Wahlrechts bzw. Stellung eines Antrags zu dessen Unwirksamkeit geführt hat. Ein Widerruf oder eine Anfechtung nach Ablauf dieser Fristen läuft damit dann ins Leere, wenn statt des ausgeübten Wahlrechts bzw. gestellten Antrags eine Alternative in Anspruch genommen werden soll.[348] Die (erneute) Ausübung eines Wahlrechts bzw. Stellung eines Antrags ist nach Fristablauf nur mittels Wiedereinsetzung in den vorigen Stand gem. § 110 AO möglich, sofern es sich um eine wiedereinsetzungsfähige gesetzliche Frist handelt.

Die zeitliche Beschränkung kann durch die Anwendung des § 110 AO durchbrochen werden. Danach ist demjenigen, der ohne Verschulden[349] verhindert war, eine gesetzliche Frist[350] einzuhalten, die Wiedereinsetzung in den vorigen Stand zu gewähren. Nach Auffassung der Rechtsprechung kommt die Wieder-

---

[346] Die Unanfechtbarkeit tritt dann ein, wenn eine Steuerfestsetzung nicht mehr mit ordentlichen Rechtsbehelfen des außergerichtlichen Rechtsbehelfsverfahrens oder mit Rechtsbehelfen des Steuerprozesses angefochten werden kann. Vgl. BFH v. 30.08.2001, IV R 30/99, BStBl II 2002 S. 49

[347] Vgl. BFH v. 30.08.2001, IV R 30/99, BStBl II 2002 S. 49; BFH v. 18.12.1973, VIII R 101/69, BStBl II 1974 S. 319; BFH v. 13.02.1997, IV R 59/95, BFH/NV 1997 S. 635; BFH v. 21.07.1989, III R 303/84, BStBl II 1989 S. 960

[348] Vgl. BFH v. 11.01.1967, I 78/65, BStBl III 1967 S. 208

[349] Verschulden umfasst dabei sowohl Vorsatz als auch Fahrlässigkeit, wobei die leichte Fahrlässigkeit ausreicht (vgl. BFH v. 22.10.1971, VI R 159/68, BStBl II 1971 S. 812; BFH v. 01.10.1981, IV R 100/80, BStBl II 1982 S. 131; BFH v. 09.07.1992, V R 62/91, BFH/NV 1993 S. 251; BFH v. 29.03.1994, VII R 64/93, BFH/NV 1995 S. 37; BFH v. 22.06.1994, II R 104/93, BFH/NV 1995 S. 134; BFH v. 07.04.1998, VII R 70/96, BFH/NV 1998 S. 1115; BFH v. 19.12.2000, VII R 7/99, BStBl II 2001 S. 158 i.V.m. BVerfG v. 02.09.2002, 1 BvR 476/01, BStBl II 2002 S. 835). Zum Verschulden vgl. Söhn, Hartmut (o.J.) § 110 AO Rz 51 ff; Kuczynski, Peter (o.J.) § 110 AO Rz 14 ff; Tipke, Klaus (o.J.) § 110 AO Rz 11 ff; danach gilt es insbesonders, einen subjektiven Schuldmaßstab zugrunde zu legen, der sowohl die besonderen Umstände des individuellen Falles als auch die persönlichen Verhältnisse berücksichtigt; vgl. Söhn, Hartmut (o.J.) § 110 AO Rz 54 f; Tipke, Klaus (o.J.) § 110 AO Rz 12; Kuczynski, Peter (o.J.) § 110 AO Rz 14 f

[350] Darunter ist auch die Beschränkung der Ausübung von unbefristeten Wahlrechten bzw. der Stellung von Anträgen durch die laufende Rechtsprechung des BFH zu verstehen, da eine durch Auslegung einer Rechtsnorm entwickelte Ausschlussfrist ebenfalls eine wiedereinsetzungsfähige gesetzliche Frist darstellt. Vgl. Söhn, Hartmut (o.J.) § 110 AO Rz 4b; BFH v. 23.08.1995, II R 97/92, BFH/NV 1996 S. 358; FG Hamburg v. 28.09.1992, III 30/92, EFG 1993 S. 356

einsetzung für Rechtsirrtümer dann in Betracht, wenn es sich um entschuldbare Irrtümer über das Verfahrensrecht handelt;[351] Irrtümer über das materielle Recht hingegen sollen nicht zu einer Wiedereinsetzung führen können.[352] Ausnahmen davon hat der BFH nur zugelassen, wenn „... die Rechtslage in hohem Maße unsicher war ...“ und die Fristversäumnis aufgrund rechtlich vertretbarer Erwägungen erfolgte.[353] Nach Auffassung des BFH führt der Irrtum über den Sachverhalt gleichfalls nicht zu einer Wiedereinsetzung in den vorigen Stand gem. § 110 AO.[354] Dieser Auffassung ist nicht zu folgen, vielmehr ist auch bei Irrtümern über das materielle Recht und Irrtümern über den Sachverhalt gleichfalls darauf abzustellen, ob es sich um einen entschuldbaren Irrtum handelt.[355] Eine Wiedereinsetzung gem. § 110 AO hat zur Folge, dass die Rechtsfolgen der Fristversäumnis rückwirkend entfallen.

5 Verfahrensrechtliche Folgen

Wie bereits erwähnt, setzt die Ausübung eines Wahlrechts bzw. Stellung eines Antrags voraus, dass diese auch verfahrensrechtlich nachvollzogen werden kann. Dazu ist es erforderlich, dass eine Änderung des unanfechtbaren Steuerbescheides nach §§ 129, 164, 165, 172 ff AO oder den entsprechenden Vorschriften in den Einzelsteuergesetzen möglich ist, da die Ausübung eines Wahlrechts bzw. Stellung eines Antrags ansonsten ins Leere läuft. Die analoge Anwendung des § 175 Abs. 1 S. 1 Nr. 2 AO hat der BFH[356] mit Verweis auf den aus Art. 19 Abs. 4 GG folgenden Grundsatz einer rechtsschutzgewährenden Anwendung und Auslegung von Verfahrensvorschriften[357] dann zugelassen, wenn es sich um die formelle Geltendmachung einer materiell zulässigen Ausübung eines Wahlrechts bzw. Stellung eines Antrags handelt.[358]

---

[351] Vgl. BFH v. 17.11.1970, II R 121/70, BStBl II 1971 S. 143; BFH v. 23.07.1992, VIII R 73/91, BFH/NV 1993 S. 40

[352] Vgl. BFH v. 24.11.1970, II B 42/70, BStBl II 1971 S. 110; BFH v. 03.07.1986, IV R 133/84, BFH/NV 1986 S. 717; BFH v. 14.12.1989, III R 116/85, BFH/NV 1990 S. 530; BFH v. 22.07.1991, III B 22/91, BFH/NV 1992 S. 257

[353] Vgl. BFH v. 20.06.1985, IV R 17/83, BFH/NV 1987 S. 343; BFH v. 14.12.1989, III R 116/85, BFH/NV 1990 S. 530; BFH v. 20.06.1985, IV R 17/83, BFH/NV 1987 S. 343; BFH v. 23.08.1995, II R 97/92, BFH/NV 1996 S. 358

[354] Vgl. BFH v. 01.09.1961, III 77/59 U, BStBl III 1962 S. 45; BFH v. 09.05.1967, II B 3/67, BStBl III 1967 S. 472

[355] Vgl. Tipke, Klaus (o.J.) § 110 AO Rz 46; Söhn, Hartmut (o.J.) § 110 AO Rz 173, 185

[356] Vgl. BFH v. 28.09.1984, VI R 48/82, BStBl II 1985 S. 117; BFH v. 21.07.1989, III R 303/84, BStBl II 1989 S. 960; BFH v. 09.10.1992, III R 72/91, BFH/NV 1994 S. 217; BFH v. 30.08.2001, IV R 30/99, BStBl II 2002 S. 303

[357] Vgl. BFH v. 23.01.1997, IV R 84/95, BStBl II 1997 S. 462

[358] so auch Weber-Grellet, Heinrich (DStR 1992) S. 1421; a.A. Wedelstädt, Alexander v. (o.J.) Vor §§ 172-177 AO Rz 40

Es ist zu beachten, dass auch für Willenserklärungen die Vorschriften zur Berichtigung von Erklärungen gem. § 153 AO und die Vorschriften des Steuerstraf- und -ordnungswidrigkeitenrechts Anwendung finden.

C. Die Behandlung des Irrtums bei der Erklärung von Sachverhalten (Wissenserklärung)

Für die Behandlung von Wissenserklärungen von Sachverhalten ist – ausgehend von der allgemeinen Berichtigungspflicht gem. § 153 AO – eine Abfolge von Kriterien zu prüfen, nach denen eine Berichtigung des irrtumbehafteten Vorgangs erforderlich bzw. möglich ist.

Nach §§ 149, 150 AO hat der Steuerpflichtige die Angaben in der Steuererklärung wahrheitsgemäß nach bestem Wissen und Gewissen zu machen; aufgrund von § 153 AO hat er die Verpflichtung eine unverzügliche Anzeige und Richtigstellung vorzunehmen, wenn er den Verpflichtungen der §§ 149, 150 AO hinsichtlich der Erklärung von steuererheblichen Angaben nicht gerecht geworden ist[359] und eine von ihm erstellte unrichtige[360] oder unvollständige[361] Erklärung ursächlich[362] zu einer Verkürzung von Steuern führen kann oder bereits dazu geführt hat, oder wenn die Voraussetzungen für einen Steuervorteil wegfallen.[363] Die Verpflichtung gem. § 153 AO bleibt bis zum Ablauf der Festsetzungsfrist bestehen. Dabei ist die Ablaufhemmung gem. § 171 Abs. 9 AO zu beachten, wonach die Festsetzungsfrist nicht vor Ablauf eines Jahres nach Eingang der Anzeige endet; eine Anlaufhemmung besteht dagegen nicht, da es sich nicht um eine Anzeige i.S.d. § 170 Abs. 2 Nr. 1 AO handelt.[364]

Das Unterlassen der Anzeige kann je nach den Umständen den Tatbestand der Steuerhinterziehung bzw. leichtfertigen Steuerverkürzung erfüllen. Umstritten ist die Frage, ob bei einer Steuerhinterziehung die – zu einer Selbstbezichtigung führende – Anzeigepflicht gem. § 153 AO ebenfalls besteht. Nach Tipke und Stöcker besteht die Anzeigepflicht nicht für den vorsätzlich, wohl aber für den leichtfertig Handelnden; Trzaskalik hält dem entgegen, dass es sich bei

---

[359] Maßgeblich ist dabei der Zeitpunkt der Abgabe der Erklärung. Vgl. Stöcker, Ernst E. (o.J.) § 153 AO Rz 15

[360] Unrichtig ist eine Erklärung dann, wenn die darin gemachten Angaben dem steuerlich maßgeblichen Sachverhalt nach objektiven Kriterien nicht entsprechen. Vgl. Stöcker, Ernst E. (o.J.) § 153 AO Rz 13

[361] Unvollständig ist eine Erklärung dann, wenn mit ihr nicht alle zulässigerweise gestellten und im Einzelfall einschlägigen Fragen im amtlichen Vordruck beantwortet werden. Vgl. Stöcker, Ernst E. (o.J.) § 153 AO Rz 13

[362] Vgl. Stöcker, Ernst E. (o.J.) § 153 AO Rz 16; Trzaskalik, Christoph (o.J.) § 153 AO Rz 10

[363] Die Vorschrift beinhaltet damit auch die Berichtigungspflicht für Bilanzierungsfehler, die nicht aufgrund von § 4 Abs. 2 S. 1 EStG eingeschränkt ist (vgl. Stöcker, Ernst E. (o.J.) § 153 AO Rz 14; Tipke, Klaus (o.J.) § 153 AO Rz 9; Trzaskalik, Christoph (o.J.) § 153 AO Rz 8). Dagegen besteht keine Berichtigungspflicht des Steuerpflichtigen für Fehler des Finanzamtes – gleich welcher Art (vgl. Trzaskalik, Christoph (o.J.) § 153 AO Rz 14; Stöcker, Ernst E. (o.J.) § 153 AO Rz 12).

[364] Vgl. Tipke, Klaus (o.J.) § 153 AO Rz 14; BFH v. 22.01.1997, II B 40/96, BStBl II 1997 S. 266

§ 153 AO um eine steuerverwaltungsrechtliche Vorschrift handelt und der Steuerpflichtige schon nach § 150 Abs. 1, Abs. 2 AO verpflichtet ist, richtige und vollständige Erklärungen abzugeben; seiner Auffassung nach kann auch der vorsätzlich Handelnde nicht von dieser Verpflichtung entbunden sein.[365] Die Auffassung von Trzaskalik hat zur Folge, dass bei einer Steuerhinterziehung gleichzeitig ein Verstoß gegen § 153 AO vorliegt, wobei allerdings, der strafrechtlichen Tatbestandslösung folgend, der Tatbestand der Steuerhinterziehung schon durch den Vorsatz der Ersttat erfüllt wird bzw., der strafrechtlichen Konkurrenzlösung folgend, für die Ahndung der Tat nicht auf den Verstoß gegen § 153 AO abzustellen ist.

Im Ergebnis wird der Steuerpflichtige verpflichtet, Irrtümer – gleich welcher Art – die aufgrund einer unvollständigen oder unrichtigen Erklärung zu einer Verkürzung von Steuern führen können oder bereits geführt haben, unverzüglich nach ihrer Aufdeckung anzuzeigen und richtig zu stellen. Dies hat nach den im Folgenden dargestellten Kriterien zu erfolgen.

Neben der bestehenden Verpflichtung zur Berichtigung von Irrtümern, die zu seinen Gunsten ausgefallen sind, kann der Steuerpflichtige die Kriterienabfolge auch zur Prüfung von Berichtigungsmöglichkeiten für Irrtümer, die sich zu seinen Ungunsten ausgewirkt haben, nutzen.

Das Prüfungsschema besteht aus zwei miteinander verknüpften Prüfungsketten. Während die erste Kette – die eine Prüfung hinsichtlich der Erfüllung von Tatbeständen des Steuerstraf- und -ordnungswidrigkeitenrechts beinhaltet – nur für solche Irrtümer gilt, die sich zugunsten des Steuerpflichtigen auswirken, gilt die zweite Kette – die eine Prüfung hinsichtlich der Möglichkeiten beinhaltet, mittels derer der Irrtum beseitigt werden kann bzw. muss – sowohl für solche Irrtümer, die sich zugunsten als auch zuungunsten des Irrenden auswirken. Dabei ist zu beachten, dass sich die beiden Prüfungsketten in zweifacher Hinsicht unterscheiden. Zunächst gilt dies hinsichtlich der Qualität der Betrachtungsweise. Während die zweite Prüfungskette darauf abstellt, welche Möglichkeiten bestehen, einen Irrtum zu beseitigen, stellt sich in der ersten Prüfungskette die Frage, welche weiteren Folgen sich für die Fälle einstellen, in denen der Irrtum zur Erfüllung von Tatbeständen des Steuerstraf- bzw. -ordnungswidrigkeitenrechts führt, bevor dann innerhalb der zweiten Prüfungskette eine Beseitigung der steuerlichen Folgen des Irrtums untersucht wird. Zudem gilt es zu beachten, dass während i.R.d. ersten Prüfungskette auf andere Rechtsbereiche und deren Einteilung und Unterscheidung verschiedener Irrtumsarten und -gruppen zurückgegriffen wird, in der zweiten Prüfungskette ausschließlich auf die Behandlung innerhalb des steuerlichen Verfahrensrechts abgestellt wird.

---

[365] Vgl. Stöcker, Ernst E. (o.J.) § 153 AO Rz 19; Tipke, Klaus (o.J.) § 153 AO Rz 11; Trzaskalik, Christoph (o.J.) § 153 AO Rz 12 f

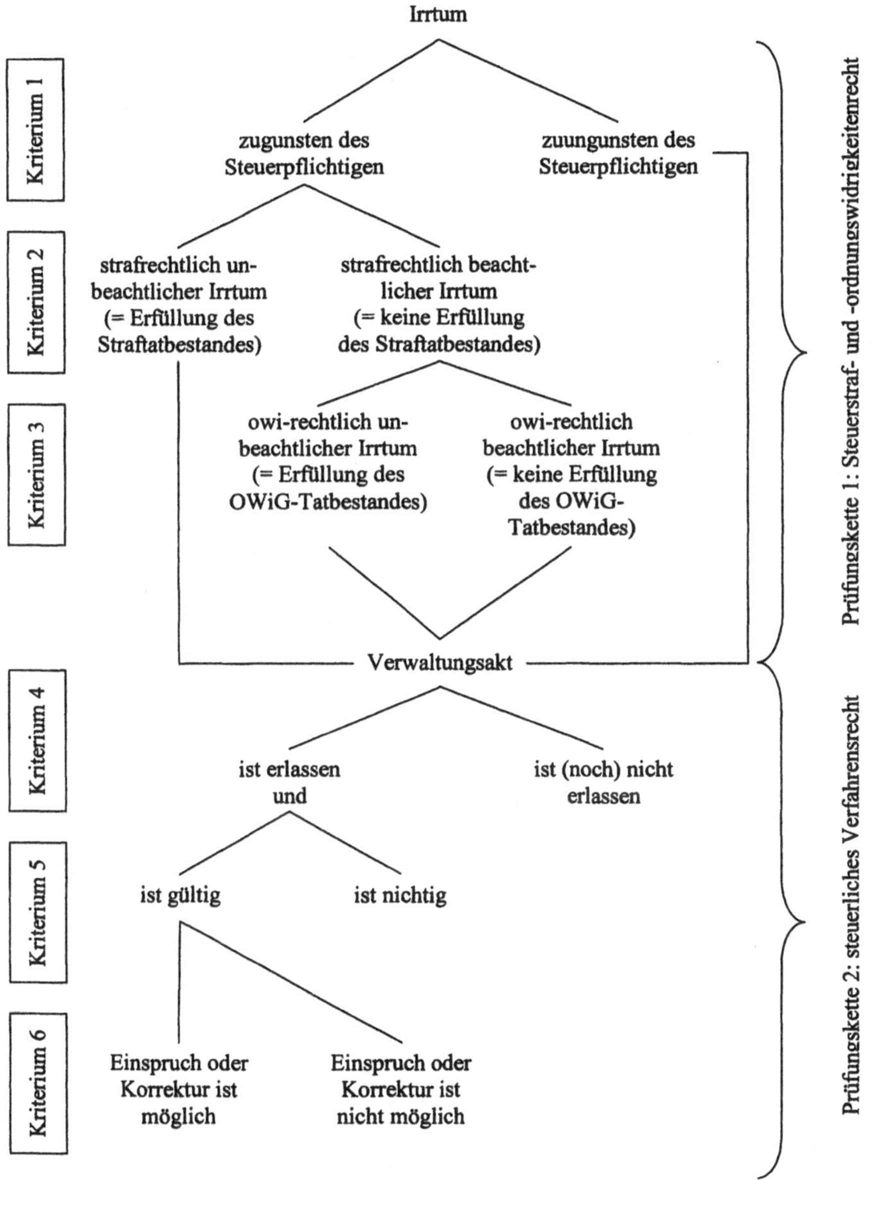

Abbildung 12: Prüfungsschema für Irrtümer bei Wissenserklärungen

Die unterschiedliche Vorgehensweise hinsichtlich der Prüfungsabfolge je nach Auswirkung des Irrtums macht es erforderlich, dass zunächst im ersten Kriterium danach unterschieden werden muss, ob sich der Irrtum zuungunsten oder zugunsten des Steuerpflichtigen auswirkt. Während bei Ersterem direkt zum vierten Kriterium übergegangen werden kann, muss bei Letzterem mit der Prüfung des zweiten Kriteriums fortgefahren werden.

Bei Irrtümern, die sich zugunsten des Steuerpflichtigen auswirken, ist im zweiten Kriterium danach zu trennen, ob der irrtumbehaftete Vorgang zur Erfüllung eines Steuerstraftatbestandes führt oder nicht. Ist Ersteres der Fall, so handelt es sich um einen steuerstrafrechtlich unbeachtlichen Irrtum; die steuerstrafrechtlichen Folgen treten ein. Die entsprechenden – damit ebenfalls verbundenen – steuerlichen Korrekturen erfolgen mittels der Korrekturvorschriften gem. §§ 172 ff AO. Es ist daher mit den Kriterien 4 ff fortzufahren, wobei zu beachten ist, dass deren Folgen nur eingeschränkt zur Anwendung kommen.

Liegt dagegen ein steuerstrafrechtlich beachtlicher Irrtum vor, so ist der Steuerstraftatbestand nicht erfüllt. Im dritten Kriterium muss für diese Fälle untersucht werden, ob die Tatbestandsmerkmale einer Steuerordnungswidrigkeit erfüllt sind oder nicht. Ist der Irrtum im Steuerordnungswidrigkeitenrecht unbeachtlich, so treten die steuerordnungswidrigkeitenrechtlichen Folgen ein. Die entsprechenden steuerlichen Korrekturen erfolgen dabei mittels der Korrekturvorschriften gem. §§ 172 ff AO. Auch hier ist daher mit den Kriterien 4 ff fortzufahren, wobei zu beachten ist, dass deren Folgen ebenfalls nur eingeschränkt zur Anwendung kommen.

Handelt es sich dagegen um einen im Steuerordnungswidrigkeitenrecht beachtlichen Irrtum, ist hinsichtlich der Möglichkeit, den Irrtum zu berichtigen, mit dem vierten Kriterium fortzufahren.

Im vierten Kriterium ist zu prüfen, ob ein Verwaltungsakt erlassen worden ist oder nicht. Ist dies noch nicht geschehen, so kann die Erklärung eines Sachverhalts jederzeit geändert werden.

Ist ein Verwaltungsakt schon erlassen, muss im fünften Kriterium danach unterschieden werden, ob dieser nichtig oder gültig ist. Bei Nichtigkeit ist der Verwaltungsakt grundsätzlich unbeachtlich, der Steuerpflichtige ist so zu behandeln, als wäre kein Verwaltungsakt ergangen.

Ist der Verwaltungsakt hingegen gültig, muss im sechsten Kriterium untersucht werden, ob es sich bei dem Irrtum um einen beachtlichen Fehler dahingehend handelt, dass dieser bis zum Ablauf der Einspruchsfrist angefochten oder bis zum Ablauf der Festsetzungsfrist korrigiert werden kann. Ist dies nicht möglich, wird der Irrtum mit seinen steuerlichen Folgen endgültig.

1 Kriterium 1: Irrtum zugunsten oder zuungunsten des Steuerpflichtigen

Für die Bestimmung der weiteren Folgen des Irrtums und deren Berichtigung ist zunächst danach zu unterscheiden, ob es sich bei dem Irrtum um einen solchen handelt, der sich zugunsten oder zuungunsten des Steuerpflichtigen auswirkt.

Während für Letzteren die erste Prüfungskette übersprungen und mit der Prüfung des vierten Kriteriums fortgefahren werden kann, gilt es hingegen in den Fällen, in denen es sich um einen Irrtum zugunsten des Steuerpflichtigen handelt, i.R.d. ersten Prüfungskette zunächst das Kriterium 2 zu untersuchen.

2 Kriterium 2: Das Vorliegen einer Steuerstraftat

Bevor auf das Steuerstrafrecht eingegangen werden kann, müssen zunächst die wesentlichen Züge der Irrtumsvorschriften des allgemeinen Strafrechts erläutert werden, auf die bei der Betrachtung des Steuerstrafrechts zurückgegriffen werden kann.[366]

21 Die Behandlung des Irrtums im Strafrecht

Mit dem Strafrecht hat der Staat Handlungen normiert, an deren Nicht-Existenz er ein Interesse hat. Gleichzeitig wird die Nichteinhaltung dieser Normen im Strafrecht mit entsprechenden Sanktionen verknüpft. Dem Strafrecht liegt damit ein öffentlich-rechtliches Verhältnis zugrunde, mit dem Ziel der Einhaltung der entsprechenden Strafrechtsnormen.[367]

21.1 Die Straftat und ihre Merkmale

Eine Straftat setzt eine tatbestandsmäßige, rechtswidrige und schuldhaft begangene Handlung voraus. Dabei stellt nach der h.M. jedes willensgetragene menschliche Verhalten eine Handlung dar, die auch in einem Unterlassen bestehen kann.[368] Tatbestandsmäßig ist eine Handlung dann, wenn sie einer Deliktbeschreibung durch den Gesetzgeber entspricht. Von der Rechtswidrigkeit einer tatbestandsmäßigen Handlung wird immer dann ausgegangen, wenn keine

---

366 Zur grundsätzlichen Anwendbarkeit der Irrtumsregelungen des Strafrechts i.R.d. Steuerstrafrechts vgl. Schlüchter, Ellen (wistra 1985) S. 51

367 Von der Einhaltung der Strafrechtsnormen zu unterscheiden ist der zivilrechtliche Anspruch, der sich aus dem Strafrecht i.V.m. § 823 Abs. 2 BGB ergibt und seinen Ausdruck im Schadensersatz findet. Von einer Betrachtung dieser Ebene wird im Folgenden abgesehen.

368 Vgl. Tröndle, Herbert / Fischer, Thomas (2006) Vor § 13 StGB Rz 2 ff

Rechtfertigungsgründe geltend gemacht werden können.[369] Schuldhaft ist eine tatbestandsmäßige, rechtswidrige Handlung dann, wenn der Täter für diese verantwortlich ist, also keine Entschuldigungsgründe vorliegen. Von dieser grundsätzlichen Systematik wird auch hier zur Darstellung des Irrtums ausgegangen.

21.2 Die Tatbestandsmäßigkeit

Nach der h.M.[370] enthält die Tatbestandsmäßigkeit sowohl eine objektive als auch eine subjektive Komponente, nach denen hier im Folgenden unterschieden wird.

21.21 Die objektive Tatbestandsmäßigkeit: Die verschiedenen Abschnitte der Verwirklichung der objektiven Tatbestände

Der Betrachtung der objektiven Tatbestandsmäßigkeit im Einzelnen – die erst i.R.d. Steuerstrafrechts erfolgt – vorweggenommen werden soll die Darstellung der unterschiedlichen Abschnitte der Verwirklichung der objektiven Tatbestandsmäßigkeit. Zu unterscheiden ist dabei danach, ob die Erfüllung der objektiven Tatbestandsmäßigkeit vollendet bzw. beendet ist oder es sich um den Versuch der Erfüllung der objektiven Tatbestandsmäßigkeit handelt.

21.21.1 Die vollendete bzw. beendete Erfüllung der objektiven Tatbestände

Die objektive Tatbestandsmäßigkeit ist dann erfüllt (vollendet), wenn eine konkrete Handlung oder ein konkretes Unterlassen sämtliche Tatbestandsmerkmale verwirklicht hat.

Von der Vollendung einer Straftat ist ihre Beendigung zu unterscheiden, die dann vorliegt, wenn der Täter seine Absicht endgültig verwirklicht hat. Oftmals fallen Vollendung und Beendigung zusammen, dies gilt stets für Tätigkeitsdelikte, oft aber auch für Erfolgsdelikte.

---

[369] Kritisch zu dieser Auffassung der h.M., die dazu führt, dass die Rechtswidrigkeit im Steuerstrafrecht ohne Bedeutung bleibt, Kohlmann, Günter (o.J.) Teil B Rz 44 ff, 54

[370] als Ausdruck der neoklassisch-finalistischen Synthese der Verbrechenslehre; vgl. Roxin, Claus (2006) § 7 Rz 23 ff S. 204 f

21.21.2 Der Versuch der Erfüllung der objektiven Tatbestände

Für den Versuch der Erfüllung der objektiven Tatbestände reicht eine teilweise Verwirklichung der Tatbestandsmerkmale oder bereits das unmittelbare Ansetzen zur Verwirklichung aus; hinsichtlich der Erfüllung der – noch zu betrachtenden – subjektiven Tatbestandsmäßigkeit bestehen dagegen dieselben Voraussetzungen, wie sie auch für die Fälle einer tatsächlichen Erfüllung der Tatbestände gelten. Dabei ist der Versuch von den unzutreffenden Annahmen der Erfüllung objektiver Tatbestände zu trennen.

Gem. § 22 StGB versucht derjenige eine Straftat, der nach seinen Vorstellungen von der Tat zur Verwirklichung des Tatbestandes unmittelbar ansetzt.[371] Nach der sog. Eindruckstheorie der h.M. muss die „… auf die Tatbestandsverwirklichung gerichtete Betätigung des Willens geeignet sein, das Vertrauen der Allgemeinheit in die Sicherheit der Rechtsgüter und die Geltung der Rechtsordnung zu erschüttern."[372] Dazu erforderlich ist der sog. Tatentschluss, der dem Vorsatz bei der vollendeten Straftat entspricht.[373] Der Versuch wird dabei als eine begonnene, aber (aus tatsächlichen oder rechtlichen Gründen) unvollendet gebliebene Straftat definiert.[374]

Da gem. § 23 Abs. 1 StGB der Versuch eines Vergehens[375] nur dann, wenn dies ausdrücklich durch ein Gesetz festgestellt ist, der Versuch eines Verbrechens[376] hingegen regelmäßig strafbar ist, kommt der Abgrenzung des Versuchs von der Vorbereitungshandlung – die nur dann strafbar ist, wenn dies ausdrücklich im Gesetz vorgesehen ist – insbesondere bei Verbrechen und Vergehen, deren versuchte Erfüllung bereits strafbewehrt ist, erhebliche Bedeutung zu.[377] Um eine Vorbereitungshandlung handelt es sich dann, wenn die Tätigkeit zwar auf die Tatbestandsverwirklichung hinzielt, aber noch nicht unmittelbar dazu ansetzt. Zur Abgrenzung wird auf die Vorstellung des Täters von der Tat als subjektiven Faktor[378] und das unmittelbare Ansetzen des Täters nach der Maßgabe seines Tatplans als objektiven Faktor abgestellt.[379] Erst mit der Erfüllung sämtlicher

[371] Vgl. Kohlmann, Günter (o.J.) Teil B Rz 235

[372] Tröndle, Herbert / Fischer, Thomas (2006) § 22 StGB Rz 2a m.w.N.; vgl. BGH v. 29.04.1958, 5 StR 28/58, BGHSt 11 S. 324

[373] Vgl. Kohlmann, Günter (o.J.) Teil B Rz 233

[374] Vgl. Kohlmann, Günter (o.J.) Teil B Rz 232 f

[375] Gem. § 12 Abs. 2 StGB handelt es sich bei rechtswidrigen Taten, die mit einer Freiheitsstrafe von unter einem Jahr oder Geldstrafe bedroht sind, um Vergehen.

[376] Gem. § 12 Abs. 1 StGB handelt es sich bei rechtswidrigen Taten, die mit einer Freiheitsstrafe von mindestens einem Jahr bedroht sind, um Verbrechen.

[377] Vgl. Tröndle, Herbert / Fischer, Thomas (2006) § 22 StGB Rz 3 ff, 7 ff

[378] Dabei erfordert der subjektive Faktor den konkreten Tatvorsatz des Täters, der dabei in der gleichen Form wie bei der Vollendung vorliegen muss. Vgl. Tröndle, Herbert / Fischer, Thomas (2006) § 22 StGB Rz 7 ff; Kohlmann, Günter (o.J.) Teil B Rz 239 ff

[379] Für die Erfüllung des objektiven Faktors kommt es auf das unmittelbare Ansetzen des Täters an, wobei auf den Zeitpunkt abzustellen ist, in dem der Täter subjektiv zur Tat ansetzt und nach seiner Vorstellung das geschützte Rechtsgut in eine konkrete Gefahr bringt. Da-

Tatbestandsmerkmale liegt kein Versuch, sondern vielmehr die Vollendung einer Straftat vor.

Das Anknüpfen an den Täterplan hat zur Folge, dass auch dann ein Versuch vorliegt, wenn die Handlung niemals zur Erfüllung der objektiven Tatbestandsmäßigkeit führen kann. Es handelt sich damit um Fälle, in denen der Täter lediglich glaubt, dass er die objektiven Tatbestände eines Delikts erfüllen könnte. Nach der h.M. ist in diesen Fällen das sog. Umkehrprinzip anzuwenden.[380] Dabei sind grundsätzlich zwei Fälle zu unterscheiden:

Beim untauglichen Versuch irrt der Täter über das tatsächliche Vorliegen von Tatbestandsmerkmalen. Die von ihm angestrebte Vollendung der Tat ist daher von vornherein zum Scheitern verurteilt.

Da es als Folge der Eindruckstheorie entscheidend auf das unmittelbare Ansetzen zur Erfüllung der Straftat und die Vorstellung des Täters ankommt, führt der Handlungsentschluss auch dann zur Verwirklichung des § 22 StGB i.V.m. § 23 Abs. 3 StGB, wenn es sich dabei um einen untauglichen Versuch handelt. Die h.M. sieht nach dem Umkehrprinzip in der vorsatzbegründenden irrtümlichen Annahme über das Vorliegen der Tatumstände einen umgekehrten Tatumstandsirrtum.[381]

Beim Wahndelikt irrt der Täter über das Bestehen oder die Reichweite einer Strafnorm mit der Folge, dass er unzutreffenderweise von der Erfüllung eines Tatbestandes ausgeht. Ein solcher Irrtum ist straflos, weil die angestrebte Rechtsgutverletzung nicht existiert. Nach dem Umkehrprinzip sieht die h.M. in der für den Vorsatz unbeachtlichen irrtümlichen Annahme über das Vorliegen einer Rechtsnorm einen umgekehrten Verbotsirrtum.[382]

21.22 Die subjektive Tatbestandsmäßigkeit: Irrtümer über Tatumstände (Tatumstandsirrtümer)

Die Erfüllung der subjektiven Tatbestandsmäßigkeit setzt ein vorsätzliches Verhalten des Täters voraus. Dies trägt der Überlegung der h.M. Rechnung, dass der Vorsatz nicht erst i.R.d. Schuld, sondern bereits i.R.d. subjektiven Tatbestandsmäßigkeit zu prüfen ist.[383]

---

bei ist ein tatsächliches Eintreten der Gefährdung unerheblich, da es ausschließlich auf den Täterplan ankommt. Vgl. Tröndle, Herbert / Fischer, Thomas (2006) § 22 StGB Rz 7 ff

380 Vgl. Hellmann, Uwe (o.J.) § 370 AO Rz 263 m.w.N. (auch zur Kritik an dieser Auffassung)

381 Vgl. RG v. 03.12.1908, III 739/08, RGZ 42 S. 94; Hellmann, Uwe (o.J.) § 370 AO Rz 263; Tröndle, Herbert / Fischer, Thomas (2006) § 22 StGB Rz 43

382 Vgl. Hellmann, Uwe (o.J.) § 370 AO Rz 263; Tröndle, Herbert / Fischer, Thomas (2006) § 22 StGB Rz 49

383 Vgl. Roxin, Claus (2006) § 7 Rz 24, § 10 Rz 62 ff

Dabei umfasst Vorsatz sowohl das Wissen als auch das Wollen aller Umstände des gesetzlichen Tatbestandes als eine Reflektion konkreter Umstände, die den Tatbestandsmerkmalen entsprechen.[384] Grundsätzlich werden drei Vorsatzarten unterschieden. Vorsatz in der Ausprägung als Absicht („dolus directus 1. Grades") setzt voraus, dass der Täter einen Erfolg anstrebt, es ihm also auf die Verwirklichung des Tatbestandes ankommt. Es liegt daher ein zielgerichteter Erfolgswille vor.[385] Beim direkten Vorsatz („dolus directus 2. Grades") strebt der Täter zwar die Folgen – die Verwirklichung des Tatbestandes – nicht an, sieht sie aber als mit Sicherheit eintretend voraus und nimmt sie – auch wenn ihm die Auswirkungen an sich unerwünscht sind – in seinen Willen auf.[386] Bedingter Vorsatz („dolus eventualis") liegt schließlich dann vor, wenn der Täter einen Erfolg zwar nicht anstrebt und auch nicht als sicher, sondern nur als mögliche Folge seines Handelns erkennt, ihn aber für den Fall seines Eintritts in seinen Willen aufnimmt, indem er die Tatbestandsverwirklichung billigt oder billigend in Kauf nimmt und sich mit dem Risiko der konkret drohenden Tatbestandsverwirklichung abfindet.[387] Erhebliche Abgrenzungsprobleme bestehen dabei insbesondere zur bewussten Fahrlässigkeit. So scheidet Vorsatz trotz Erkennens des Risikos aus, wenn der Täter ernsthaft und nicht nur vage darauf vertraut, dass es sich nicht realisieren wird, dagegen schließt die bloße Hoffnung auf einen Nichteintritt den Eventualvorsatz nicht aus.[388]

Gem. der Lehre vom Tatbestand mit einem dreistufigen Verbrechensaufbau, wie er von der h.M. vertreten wird, sind dieser Ebene nur solche Irrtümer zuzuordnen, bei denen sich die Vorstellung des Täters und die Wirklichkeit hinsichtlich der Tatumstände nicht decken. Dabei ist es unbeachtlich, ob der Irrtum aus Unkenntnis oder aus einer Fehlvorstellung resultiert, ebenso kommt es auch auf ein Verschulden nicht an.[389] Da der Irrende einen Umstand nicht kennt, der einen gesetzlichen Tatbestand erfüllt, hat er keinen Anhaltspunkt dafür, über eine eventuelle Strafbarkeit oder das Verbotensein der Handlung überhaupt nachzudenken. Daher ist für Tatumstandsirrtümer gem. § 16 Abs. 1 S. 1 StGB der Vorsatz ausgeschlossen. Davon unberührt bleibt jedoch gem. § 16 Abs. 1 S. 2 StGB die Strafbarkeit wegen Fahrlässigkeit. Kein Tatumstandsirrtum sondern allenfalls Verbotsirrtum ist i.d.R. dagegen der Subsumtionsirrtum, bei dem der Täter die Tatumstände kennt, diese allerdings aufgrund

[384] Vgl. Tröndle, Herbert / Fischer, Thomas (2006) § 15 StGB Rz 3
[385] Vgl. Hellmann, Uwe (o.J.) § 370 AO Rz 219; Kohlmann, Günter (o.J.) Teil B Rz 121; Roxin, Claus (2006) § 12 Rz 8
[386] Vgl. Hellmann, Uwe (o.J.) § 370 AO Rz 221; Kohlmann, Günter (o.J.) Teil B Rz 122; Roxin, Claus (2006) § 12 Rz 18 ff
[387] Vgl. Hellmann, Uwe (o.J.) § 370 AO Rz 223; Kohlmann, Günter (o.J.) Teil B Rz 123; Roxin, Claus (2006) § 12 Rz 21 ff
[388] Vgl. Hellmann, Uwe (o.J.) § 370 AO Rz 224; Kohlmann, Günter (o.J.) Teil B Rz 129 ff; Roxin, Claus (2006) § 12 Rz 23 ff
[389] Vgl. Tröndle, Herbert / Fischer, Thomas (2006) § 16 StGB Rz 8

einer falschen Subsumtion für nicht verboten hält, mit der Folge, dass der Vorsatz nicht ausgeschlossen ist.[390]

Tatumstandsirrtümer können sowohl auf deskriptive als auch normative Tatumstände zurückgehen.[391]

Deskriptive Tatumstände sind solche tatbestandsrelevanten Tatsachen, die im Allgemeinen der sinnlichen Wahrnehmung zugänglich sind und Gegenstände der realen Welt beschreiben; zur Erfüllung der subjektiven Tatbestandsmäßigkeit ist hinsichtlich der deskriptiven Tatumstände deren Kenntnis bzw. Wahrnehmung erforderlich; der Täter muss also alle Merkmale des realen Geschehens (er)kennen (kognitive Tatsachenkenntnis), innerhalb dessen sich der gesetzliche Tatbestand verwirklicht.[392] Mangelt es dem Täter an Tatsachenkenntnis hinsichtlich deskriptiver Tatumstände aufgrund eines Irrtums, handelt er folglich regelmäßig ohne Vorsatz.

Im Unterschied zu den deskriptiven sind normative Tatumstände solche, die nicht schon aufgrund der Kenntnis bzw. Wahrnehmung, sondern erst aufgrund einer rechtlichen Bewertung der bekannten bzw. wahrgenommenen Tatsache festgestellt werden können.[393] Anders ausgedrückt, handelt es sich um Tatumstände, bei denen die Tatbestandsverwirklichung nur unter logischer Voraussetzung einer Norm vorgestellt bzw. gedacht werden kann.[394] Deshalb ist der Irrende hinsichtlich der Erfüllung der subjektiven Tatbestandsmäßigkeit bei normativen Tatumständen weitreichender geschützt. So erfordert die Erfüllung der subjektiven Tatbestandsmäßigkeit neben der Tatsachenkenntnis zusätzlich eine Bedeutungskenntnis derart, dass der Täter den juristischen Sinngehalt des Tatbestandsmerkmals erfassen und eine Wertung der das normative Merkmal ausfüllenden tatsächlichen Umstände vorgenommen haben muss. Dies setzt jedoch keine exakte juristische Bewertung voraus, ausreichend ist vielmehr, dass

---

[390] Vgl. Kohlmann, Günter (o.J.) Teil B Rz 138; Backes, Peter (1981) S. 36; Roxin, Claus (2006) § 12 Rz 101 f, § 21 Rz 23 f (mit dem Hinweis, dass ein Subsumtionsirrtum unter bestimmten Voraussetzungen auch ein Tatumstandsirrtum sein kann)

[391] Hierbei ist zu beachten, dass die Abgrenzung zwischen beiden Gruppen Schwierigkeiten bereitet, da i.d.R. Überschneidungen vorliegen. Roxin, Claus (2006 [§10 Rz 59 f]) empfiehlt, als normativ ausschließlich solche Umstände zu bezeichnen, die nur unter der logischen Voraussetzung einer Norm vorstellbar oder denkbar sind (m.w.N.); a.A. Backes, Peter (1981) S. 35; Bachmann, Jochen (1992) S. 22; Tischler, Werner Georg (1984) S. 37: Diese folgern aus der Feststellung einer gewissen Bedeutungskenntnis auch für die deskriptiven Tatumstände, dass die Differenzierung zwischen beiden Gruppen ohne konstitutive Bedeutung bleibt.

[392] Vgl. Roxin, Claus (2006) § 10 Rz 58; Tröndle, Herbert / Fischer, Thomas (2006) § 16 StGB Rz 4

[393] Vgl. Roxin, Claus (2006) §10 Rz 58; Backes, Peter (1981) S. 37

[394] Vgl. Roxin, Claus (2006) § 12 Rz 60 m.w.N.

der Täter den rechtlich-sozialen Bedeutungsgehalt nach Laienart korrekt erfasst hat, es handelt sich um die sog. „Parallelwertung in der Laiensphäre".[395]

Üblicherweise werden in diesem Zusammenhang auch die Kausalabweichungen dargestellt. Darauf kann jedoch hier verzichtet werden, da diese in den nachfolgenden Betrachtungen für das Steuerstrafrecht keine Berücksichtigung finden.[396]

21.3 Die Rechtswidrigkeit: Irrtümer hinsichtlich der Rechtswidrigkeit

Eine Tat ist regelmäßig dann rechtswidrig, wenn der Tatbestand erfüllt ist und keine Rechtfertigungsgründe eingreifen.

Irrtümer über die Rechtswidrigkeit, also über das Vorliegen von Rechtfertigungsgründen, führen in der grundsätzlichen Systematik des dreistufigen Verbrechensaufbaus zu erheblichen Einordnungsproblemen. Nach der h.M. haben beachtliche Irrtümer hinsichtlich der Rechtswidrigkeit – aufgrund der eingeschränkten Schuldtheorie – zur Folge, dass kein Vorsatz vorliegt. Der beachtliche Irrtum hinsichtlich der Rechtswidrigkeit führt damit zu einer Nichterfüllung der subjektiven Tatbestandsmäßigkeit auf der vorangegangenen Stufe der Prüfung der Tatbestandsmäßigkeit. An dieser Stelle weicht die strafrechtliche Systematik des Irrtums von der allgemeinen strafrechtlichen Systematik ab.[397] I.S.d. Rechtswidrigkeit unbeachtliche Irrtümer hingegen können den Vorsatz nicht ausschließen; sie werden den Verbotsirrtümern zugerechnet. Da – wie bereits dargestellt – die Rechtswidrigkeit im Steuerstrafrecht nahezu bedeutungslos ist, wird auf die Darstellung der hier möglichen Irrtümer – des Erlaubnisirrtums und des Erlaubnistatumstandsirrtums – verzichtet.[398]

---

395 Vgl. BGH v. 28.10.1952, 1 StR 450/52, BGHSt 3 S. 248; Backes, Peter (1981) S. 40; Roxin, Claus (2006) §12 Rz 101; Bachmann, Jochen (1992) S. 36 ff (Parallelbeurteilung im Täterbewusstsein)

396 Den Kausalabweichungen werden der „error in obiecto vel in persona", der Irrtum über den Kausalverlauf, der „aberratio ictus" und der „dolus generalis" zugerechnet. Vgl. Roxin, Claus (2006) § 12 Rz 151 ff

397 Der Irrtumstatbestand ist an dieser Stelle weiter gefasst als der Systemtatbestand. Vgl. Roxin, Claus (2006) § 10 Rz 5

398 Erlaubnistatumstandsirrtümer (Irrtümer über das Vorliegen von tatsächlichen Umständen, die die Voraussetzungen eines von der Rechtsordnung anerkannten Rechtfertigungsgrundes erfüllen) werden wie Tatumstandsirrtümer behandelt (vgl. Wiese, Jörg (2004) Rz 557; Kohlmann, Günter (o.J.) § 370 AO Rz 712; Hellmann, Uwe (o.J.) § 370 AO Rz 259 ff). Erlaubnisirrtümer (Irrtümer über das Vorliegen eines Rechtfertigungsgrundes) werden dagegen als (indirekte) Verbotsirrtümer angesehen (vgl. Kohlmann, Günter (o.J.) § 370 AO Rz 713; Wiese, Jörg (2004) Rz 561).

21.4 Die Schuldhaftigkeit: Irrtümer hinsichtlich der Schuldhaftigkeit (Verbotsirrtümer)

Eine rechtswidrige Tat ist dann schuldhaft begangen, wenn sie dem Täter vorgeworfen werden kann.

Gem. § 17 StGB handelt ein Täter dann ohne Schuld, wenn ihm bei Begehung der Tat die Einsicht, Unrecht zu tun, fehlt, sofern er diesen Irrtum nicht vermeiden konnte. Dem Täter fehlt beim Verbotsirrtum damit das für den vollen Schuldvorwurf erforderliche Wissen von der materiellen Rechtswidrigkeit der vorsätzlich begangenen Tat.[399]

Ein Täter handelt dann ohne Schuld, wenn er bei Kenntnis der Tatumstände – aufgrund der Unfähigkeit der Unrechtseinsicht – kein Unrechtsbewusstsein aufweist. Irrtümer hinsichtlich der Schuldhaftigkeit knüpfen daher an dem Unrechtsbewusstsein des Täters an. Im Gegensatz zum Tatumstandsirrtum kann der Täter hier über das Verbotensein nachdenken, weil ihm alle unrechtsbegründenden Tatumstände bekannt sind.

Ein Verbotsirrtum kann dabei hinsichtlich der Existenz, der Reichweite oder Gültigkeit einer Rechtsnorm bestehen.[400] Ein Irrtum über die Existenz eines Verbots (direkter oder abstrakter Verbotsirrtum) liegt dann vor, wenn der Täter sich positiv vorstellt, nicht rechtswidrig zu handeln, oder ihm die Unrechtskenntnis fehlt.[401] Irrt der Täter über die Existenz oder die Grenzen eines Rechtfertigungsgrundes, handelt es sich um einen Erlaubnisirrtum (indirekter oder konkreter Verbotsirrtum).[402] Um einen Subsumtionsirrtum (Auslegungsirrtum) handelt es sich dann, wenn der Täter zu dem Ergebnis kommt, dass sein Verhalten nicht tatbestandsmäßig ist.[403] Schließlich kann der Verbotsirrtum auch in Form eines Gültigkeitsirrtums auftreten, was immer dann der Fall ist, wenn der Täter zwar die Strafnorm kennt, diese jedoch für nichtig hält, weil sie nach seiner Auffassung gegen ein höherrangiges Gesetz wie z.B. gegen die Grundrechte oder den Bestimmtheitsgrundsatz verstößt oder er die Gesetzgebungskompetenz für nicht gegeben hält.[404]

Für die Annahme der Unrechtseinsicht maßgebend ist die Kenntnis, Unrecht zu tun, also die Einsicht, dass das Tun oder Unterlassen gegen die durch verbindliches Recht erkennbare Wertordnung verstößt.[405] Unrechtsbewusstsein liegt auch dann vor, wenn der Täter bei der Tat mit der Möglichkeit rechnet, Unrecht zu

[399] Vgl. Rudolphi, Hans-Joachim (1969) S. 169 ff, 289
[400] Vgl. Rudolphi, Hans-Joachim (1969) S. 178 ff, 290
[401] Vgl. Roxin, Claus (2006) § 21 Rz 21
[402] Vgl. Roxin, Claus (2006) § 21 Rz 22
[403] Vgl. Roxin, Claus (2006) § 21 Rz 22
[404] Vgl. Roxin, Claus (2006) § 21 Rz 25
[405] Vgl. Tröndle, Herbert / Fischer, Thomas (2006) § 17 StGB Rz 3; Roxin, Claus (2006) § 21 Rz 16

tun, und er das billigend in Kauf nimmt. Es wird als ausreichend angesehen, dass dem Täter die Rechtswidrigkeit seines Handelns „mitbewusst" ist und er den Verstoß gegen die Rechtsnorm „sachgedanklich" erfasst hat.[406] Nicht erforderlich ist dagegen, dass der Täter positiv annimmt kein Unrecht zu tun. Auch setzt die Unrechtskenntnis nicht voraus, dass der Täter Kenntnis von der Strafbarkeit des Vorgehens hat.[407] Zudem ist der Grund, auf den die mangelnde Unrechtskenntnis zurückgeht, unerheblich. Nach der von der h.M. vertretenen Schuldtheorie ist das Bewusstsein einer Rechtswidrigkeit keine Voraussetzung des Vorsatzes und auch nicht der vollen Schuld – mit der Folge, dass derjenige, der sich in völliger Gleichgültigkeit nicht um das Gesetz kümmert, nicht anders behandelt wird als der, der sich bewusst über das Gesetz hinwegsetzt.[408]

Da es für den Verbotsirrtum entscheidend ist, dass dieser auch unvermeidbar gewesen ist, kommt der Abgrenzung zur Vermeidbarkeit besondere Bedeutung zu. Dazu wird die Vermeidbarkeit i.R.d. sog. Pflichtverletzungslehre als eine Pflichtverletzung angesehen, wobei das Wesen der Vermeidbarkeit in der Verletzung einer Erkundigungs- und Prüfungspflicht gesehen wird und der Verbotsirrtum deshalb vorwerfbar wird, weil der Täter eine Pflichtverletzung begangen hat. Auf den hypothetischen Kausalzusammenhang zwischen Irrtumsvermeidung und Erkundigung wird hier verzichtet, da ausschließlich auf die Erfüllung der Handlungspflicht abgestellt wird.[409] Anders dagegen, wenn die Vermeidbarkeit – wie von Löw ausgeführt – als ungenutzte Einsichtsfähigkeit gesehen wird.[410] Dabei wird darauf abgestellt, ob der Täter – unter Berücksichtigung seines tatsächlichen Könnens – von seiner Fähigkeit, die aus der Norm resultierende Verpflichtung zu erkennen, Gebrauch gemacht hat oder nicht.[411] Nach Rudolphi betrifft die Vermeidbarkeit die Frage, ob dem Täter – aufbauend auf seinen geistigen Erkenntniskräften,[412] den vorhandenen Wertvorstellungen, den objektiv bestehenden Erkundigungsmöglichkeiten und dem Bestehen eines

[406] Vgl. Otto, Harro (Jura 1990) S. 647

[407] Vgl. Tröndle, Herbert / Fischer, Thomas (2006) § 17 StGB Rz 3; a.A. Neumann, Ulfrid (JuS 1993 [S. 795]), nach dem Unrechtsbewusstsein nur dann vorliegt, wenn der Täter weiß, dass seine Handlung gegen eine „sanktionsbewehrte Norm des dispositiven Rechts" verstößt, wobei es unerheblich ist, ob er in seiner Handlung eine Straftat oder eine Ordnungswidrigkeit sieht.

[408] Vgl. Roxin, Claus (2006) § 21 Rz 6

[409] Vgl. Löw, Christine (2002) S. 67 f

[410] Vgl. Löw, Christine (2002) S. 94 m.w.N. sowie dem Hinweis, dass die Rechtsprechung stattdessen eine unübersichtliche Kasuistik geschaffen hat. Löw, Christine (2002 [S. 274 ff, 284 ff, 295 f]) schlägt daher vor, zunächst den i.d.Z. verwendeten Begriff der „Gewissensanspannung" durch „Nachdenken" zu ersetzen und dann ein „3-Stufen-Trenn-Modell" zur sukzessiven Prüfung von Anlass, Erkundigungsbemühungen und Kausalität anzuwenden.

[411] Vgl. Löw, Christine (2002) S. 77 f; Rudolphi, Hans-Joachim (1969) S. 193 ff, 291

[412] i.S.d. Fähigkeit des Täters, entweder das Gesetz zutreffend zu interpretieren, die Gültigkeit der Rechtsnorm zutreffend zu beurteilen bzw. legislatorische Entscheidungen nachzuvollziehen, oder die Befähigung dahingehend, die Autorität bzw. Vertrauenswürdigkeit derjenigen Personen einzuschätzen, deren Auskunft eingeholt werden soll; vgl. Rudolphi, Hans-Joachim (1969) S. 227 ff, 294 f

Anlasses, von den Möglichkeiten Gebrauch zu machen[413] – ein „real aufweisbarer", ihm zumutbarer Weg gegeben war,[414] um die Rechtswidrigkeit seines Verhaltens erkennen zu können.[415] Wird die Erkundigung unterlassen, ist der Verbotsirrtum vermeidbar, wenn das Einholen der Erkundigung zumutbar gewesen war und sie dem Täter die Rechtswidrigkeit seiner Tat offenbart hätte; er trägt damit die Verantwortung für den Konsens zwischen Handlung und Rechtsordnung.[416] In jedem Fall vermeidbar ist der Irrtum dann, wenn das Fehlen des Unrechtsbewusstseins auf solchen Anschauungen beruht, die den rechtsstaatlichen Vorstellungen offensichtlich zuwiderlaufen. Regelmäßig wird ein Irrtum dann als vermeidbar angesehen, „... wenn dem Täter sein Vorhaben unter der Berücksichtigung seiner Fähigkeiten und Kenntnisse hätte Anlass geben müssen, über dessen mögliche Rechtswidrigkeit nachzudenken oder sich zu erkundigen, und er auf diesem Wege zur Unrechtseinsicht gekommen wäre."[417] Es wird dabei als erforderlich angesehen, dass der Täter „... seine geistigen Erkenntniskräfte einsetzen und etwa auftauchende Zweifel durch Nachdenken beseitigen ..." muss, was auch beinhaltet, dass er „... nicht vorschnell auf die Richtigkeit des ihm günstigen Standpunkts vertrauen und seine Augen nicht vor gegenteiligen Ansichten und Entscheidungen verschließen" darf.[418] Sofern Zweifel bestehen bleiben, ist der Täter verpflichtet, entsprechende Erkundigungen einzuholen.[419] Roxin weist zudem darauf hin, dass die Theorie der Pflichtverletzung dann zu einem Widerspruch mit dem Schuldprinzip führt, wenn aus ihr abgeleitet wird, dass ein Verbotsirrtum bei Pflichtverletzung regelmäßig vermeidbar ist und zwar unabhängig davon, welche Auskunft der Täter erhalten hätte, oder wenn, ausgehend von ihr, die Schuld nach objektiven Maßstäben bestimmt wird.[420] Nach seiner Auffassung ist die Vermeidbarkeit in drei Stufen zu prüfen: Zunächst ist es erforderlich, dass für den Täter ein Anlass bestanden haben muss; dieser Anlass kann dadurch gegeben sein, dass der Täter selbst spontan oder aufgrund von Hinweisen Dritter Zweifel bekommt, dass der Täter weiß, dass er sich auf einem Gebiet bewegt, für das rechtliche Sonderregelungen bestehen, oder der Täter schließlich weiß, dass sein Verhalten Einzelnen

---

[413] Vgl. Rudolphi, Hans-Joachim (1969) S. 206 ff, 292; Joecks, Wolfgang (2005) § 369 AO Rz 100. Ein Anlass nachzudenken setzt dabei Umstände voraus, die auf die Rechtswidrigkeit zumindest hindeuten. Vgl. Rudolphi, Hans-Joachim (1969) S. 293

[414] Vgl. Rudolphi, Hans-Joachim (1969) S. 211 ff, 293

[415] Vgl. Rudolphi, Hans-Joachim (1969) S. 292

[416] Vgl. Löw, Christine (2002) S. 77 f; Rudolphi, Hans-Joachim (1969) S. 250 ff, 295 f

[417] Tröndle, Herbert / Fischer, Thomas (2006) § 17 StGB Rz 7

[418] Tröndle, Herbert / Fischer, Thomas (2006) § 17 StGB Rz 7 f; ähnlich auch BGH (v. 18.03.1952, GSSt 2/51, BGHSt 2 S. 194), nach dem es für die Unvermeidbarkeit darauf ankommt, dass „... der Täter trotz der den nach den Umständen des Falles und nach der seinen Lebens- und Berufskreis zuzumutenden Anspannung seines Gewissens die Einsicht in das Unrechtmäßige seines Tuns nicht zu gewinnen vermochte."

[419] Vgl. Tröndle, Herbert / Fischer, Thomas (2006) § 17 StGB Rz 9

[420] Vgl. Roxin, Claus (2006) § 21 Rz 36 f

oder der Allgemeinheit schadet.[421] Im zweiten Schritt ist das Ausmaß der Vergewisserungsbemühungen des Täters zu prüfen; da ein Eigenstudium i.d.R. als problematisch zu beurteilen ist, laufen die Vergewisserungsbemühungen regelmäßig auf die Einholung des Rates einer rechtskundigen Person hinaus.[422] Schließlich ist im dritten Schritt die Erlangbarkeit der Unrechtskenntnis im Fall der unzureichenden Bemühungen zu prüfen, denn es handelt sich auch dann um einen unvermeidbaren Irrtum, wenn – trotz unzureichender Bemühungen – eine entsprechende Auskunft die Rechtmäßigkeit des Verhaltens bestätigt hätte.[423]

Ein beachtlicher, also unvermeidbarer Verbotsirrtum kann lediglich zum Schuldausschluss, nicht jedoch zum Vorsatzausschluss führen. Bei Vermeidbarkeit kommt jedoch eine Strafmilderung gem. § 49 Abs. 1 StGB in Betracht.

Strikt vom Verbotsirrtum zu trennen ist der Strafbarkeitsirrtum. Grundsätzlich ist die Unkenntnis der Strafbarkeit nicht gleichzusetzen mit der Unkenntnis des Verbots, denn im Gegensatz zum Verbotsirrtum ist sich der Täter beim Strafbarkeitsirrtum über das Verbot der Tat im Klaren, er geht lediglich davon aus, dass eine verbotene Tat nicht bestraft wird. Ein solcher Irrtum ist jedoch nicht schutzwürdig; Strafbarkeitsirrtümer sind daher regelmäßig unbeachtlich und führen damit nicht zum Schuldausschluss.

21.5 Fazit und Rechtsfolgen des strafrechtlichen Irrtums

Die Anwendung dieser zunächst eindeutigen Regelungen ist in der Praxis aufgrund der Vielschichtigkeit und Komplexität der Fälle und dem Bestreben nach Einzelfallgerechtigkeit oftmals mit erheblichen Schwierigkeiten verbunden.

21.51 Beachtliche Irrtümer i.S.d. Strafrechts

Die Beachtlichkeit des Irrtums kann auf zwei verschiedenen Ebenen vorliegen. So sind auf der Ebene der Tatbestandsmäßigkeit zunächst alle Irrtümer beachtlich, bei denen der Irrende die Umstände einer Tat nicht vollständig kennt, da in diesen Fällen die subjektive Tatbestandsmäßigkeit mangels Vorsatz nicht erfüllt ist.[424] Daneben sind bei voller Kenntnis der Tatumstände Irrtümer auf der Schuldebene beachtlich, wenn der Täter kein Unrechtsbewusstsein aufweist, unter der Voraussetzung, dass dies unvermeidbar gewesen ist.

[421] Vgl. Roxin, Claus (2006) § 21 Rz 53 ff; Neumann, Ulfrid (JuS 1993) S. 798
[422] Vgl. Roxin, Claus (2006) § 21 Rz 62 ff; auch Neumann, Ulfrid (JuS 1993) S. 798 (die nach seiner Auffassung „überzogenen Anforderungen" der Rechtsprechung kritisierend)
[423] Vgl. Roxin, Claus (2006) § 21 Rz 69; Neumann, Ulfrid (JuS 1993) S. 798
[424] Diese Feststellung gilt nur dann, wenn nicht bereits die fahrlässige Tat zur Erfüllung der Tatbestandsmäßigkeit führt. Auf die Differenzierung wird an dieser Stelle verzichtet, da im Steuerstrafrecht regelmäßig eine vorsätzliche Tat erforderlich ist.

Beide Irrtümer führen zur Straflosigkeit des Täters, da diese sowohl bei Vorsatz- als auch bei Schuldausschluss eintritt.

21.52 Unbeachtliche Irrtümer des Strafrechts

Sämtliche Irrtümer, die den beachtlichen Irrtümern nicht zugeordnet werden können, stehen der Erfüllung des Delikts i.S.d. Strafrechts grundsätzlich nicht entgegen. Demzufolge bestimmen sich die Rechtsfolgen einer Tat, die einen unbeachtlichen Irrtum enthält, nach den gesetzlich für das Delikt vorgesehenen Sanktionen, die i.d.R. aus rahmenbestimmten Haft- oder Geldstrafen bestehen. Allerdings kommt u.U. eine Strafmilderung in Fällen eines vermeidbaren Verbotsirrtums gem. §§ 17 S. 2, 49 Abs. 1 StGB in Betracht.

22 Die Behandlung des Irrtums im Steuerstrafrecht

Gem. § 369 Abs. 2 AO gelten für Steuerstraftaten die allgemeinen Gesetze über das Strafrecht, soweit die Strafvorschriften der Steuergesetze nichts anderes bestimmen. Das Steuerstrafrecht baut damit auf dem allgemeinen Strafrecht als eine Art besonderer Teil auf.

22.1 Die Tatbestandsmäßigkeit

Während hinsichtlich der subjektiven Tatbestandsmäßigkeit weitgehend auf die Ausführungen des allgemeinen Strafrechts zurückgegriffen werden kann, gilt es nun, insbesondere auch die objektive Tatbestandsmäßigkeit zu betrachten.

22.11 Die objektive Tatbestandsmäßigkeit (der Steuerhinterziehung [§ 370 AO])

Die nachfolgenden Betrachtungen beschränken sich auf Steuerstraftaten gem. § 369 Abs. 1 Nr. 1 AO, also solche (Nicht-)Handlungen, die nach den Steuergesetzen strafbar sind, und innerhalb der Gruppe der Steuerstraftaten wiederum auf die Steuerhinterziehung gem. § 370 AO.

22.11.1 Die vollendete bzw. beendete Erfüllung der Steuerstrafrechtsnormen (§ 370 Abs. 1 AO)

Ausgegangen wird bei der Betrachtung von der vollendeten[425] und beendeten[426] Erfüllung der Steuerstrafrechtsnormen. Da die Steuerhinterziehung ein Erfolgsdelikt darstellt, ist die Tat mit Eintritt des Erfolgs beendet; Vollendung und Beendigung der Tat fallen damit regelmäßig zusammen, es braucht daher diesbezüglich nicht weiter differenziert zu werden.

22.11.11 Allgemeine Einordnungen

Gem. § 370 Abs. 1 Nr. 1, Nr. 2 AO wird mit Freiheits- oder Geldstrafe derjenige bestraft, der gegenüber den (Finanz-)Behörden über steuerlich erhebliche Tatsachen unrichtige oder unvollständige Angaben macht oder die (Finanz-)Behörden pflichtwidrig über steuerlich erhebliche Tatsachen in Unkenntnis lässt.

Das der Vorschrift zugrunde liegende Rechtsgut ist das öffentliche Interesse am vollständigen und rechtzeitigen Aufkommen[427] bzw. der Anspruch des Steuergläubigers auf den vollen Ertrag aus jeder einzelnen Steuerart.[428] Dieser Anspruch gehört zum Vermögen des Steuergläubigers, was die Steuerhinterziehung zu einem Vermögensdelikt macht.[429] Da der Erfolgseintritt ein Tatbestandsmerkmal des § 370 AO ist, stellt die Steuerhinterziehung zugleich auch ein Erfolgsdelikt dar.[430] Damit ist das Delikt auch erst dann vollendet, wenn der beschriebene Erfolg – also die Steuerverkürzung oder die Erlangung eines nicht gerechtfertigten Vorteils – eingetreten ist.

---

425 Vollendet ist eine Tat dann, wenn der Täter sämtliche Tatbestandsmerkmale verwirklicht hat. Vgl. BGH v. 24.06.1952, 1 StR 316/51, BGHSt 3 S. 41; BGH v. 20.07.1971, 1 StR 683/70, BGHSt 24 S. 178

426 Beendet ist eine Tat dann, wenn der Täter seine Absicht endgültig verwirklicht hat; wenn also nach der Erfüllung der objektiven Tatbestandsvoraussetzungen die Umstände verwirklicht sind, die der Täter nach den einzelnen Strafgesetzen beabsichtigt haben muss. Vgl. BGH v. 06.04.1965, 1 StR 73/65, BGHSt 20 S. 194

427 Vgl. RG v. 16.06.1925, I 188/25, RGSt 59 S. 258; BGH v. 23.03.1994, 5 StR 91/94, HFR 1994 S. 736; BGH v. 24.04.1996, 5 StR 142/96, NStZ-RR 1996 S. 316; BGH v. 19.12.1997, 5 StR 569/96, HFR 1998 S. 855; Hellmann, Uwe (o.J.) § 370 AO Rz 40; Kohlmann, Günter (o.J.) § 370 AO Rz 39; Meyer, Ingeborg M. (o.J.) § 370 AO Rz 2; Kürzinger, Kurt (2004) Rz 85

428 Vgl. RG v. 23.05.1938, 3 D 257/38, RGSt 72 S. 184; Kohlmann, Günter (o.J.) § 370 AO Rz 39; Meyer, Ingeborg M. (o.J.) § 370 AO Rz 2; ohne Differenzierung nach einzelnen Steuerarten Hellmann, Uwe (o.J.) § 370 AO Rz 40 ff; Joecks, Wolfgang (2005) § 370 AO Rz 17; Kürzinger, Kurt (2004) Rz 86 ff

429 Umstritten ist dabei, ob eine Verletzung des geschützten Rechtsgutes (vgl. Hellmann, Uwe (o.J.) § 370 AO Rz 43, 57ff) vorliegen muss oder ob bereits eine (konkrete) Gefährdung (vgl. Joecks, Wolfgang (2005) § 370 AO Rz 15; Kohlmann, Günter (o.J.) § 370 AO Rz 40) ausreichend ist.

430 Vgl. Hellmann, Uwe (o.J.) § 370 AO Rz 56; Joecks, Wolfgang (2005) § 370 AO Rz 20; Kohlmann, Günter (o.J.) § 370 AO Rz 40, 400

Der Normcharakter des § 370 AO ist nach wie vor strittig. Die Auffassungen zu § 370 AO diesbezüglich reichen von einem Blankettstrafgesetz[431] bzw. einem ebensolchen – jedoch nicht im klassischen Verständnis[432] – bis hin zu einem vollständigen Straftatbestand, der jedoch mittels steuerlicher Vorschriften auszulegen ist.[433] Diese unterschiedlichen Auffassungen können – je nachdem, welche Schlüsse aus dieser Einordnung von § 370 AO gezogen werden – erhebliche Auswirkung auf die Zuordnung von solchen Irrtümern mit sich bringen, die hinsichtlich der Existenz oder Wirksamkeit der Normen auftreten, auf die letztlich i.R.d. Betrachtung des § 370 AO zurückgegriffen werden muss. Kohlmann – der in § 370 AO grundsätzlich eine Blankettstrafnorm sieht – weist darauf hin, dass für die Steuerstrafrechtsnorm Besonderheiten zu beachten sind, die von der Auffassung über Blankettstraftatbestände im allgemeinen Strafrecht abweichen.[434] Danach ist zu beachten, dass im Steuerstrafrecht sowohl der Irrtum über die einzelnen Merkmale der das Blankett ausfüllenden Norm als auch der Irrtum über die Existenz oder Wirksamkeit der ausfüllenden Norm – und damit der Irrtum über die Steuerpflicht als solche – als Tatumstandsirrtum angesehen wird.[435] Nur bei Beachtung dieser Feststellung kann es hinsichtlich der Betrachtung des Irrtums im Folgenden dahingestellt bleiben, ob § 370 AO als Blankettnorm oder vollständiger Straftatbestand angesehen wird.[436]

Im Folgenden werden die ersten zwei der drei möglichen Tathandlungen des § 370 Abs. 1 AO untersucht,[437] bevor auf die beiden möglichen Taterfolge eingegangen wird.

22.11.12 Die Tathandlungen: Unrichtige oder unvollständige Angaben (§ 370 Abs. 1 Nr. 1 AO) und Pflichtwidriges Inunkenntnislassen (§ 370 Abs. 1 Nr. 2 AO)

Das tatbestandsmäßige Verhalten kann sowohl in einer Handlung (unrichtige oder unvollständige Angaben) als auch in einem Unterlassen (Inunkenntnislassen) bestehen.

---

[431] Vgl. Kohlmann, Günter (o.J.) Teil B Rz 18 f, 22; Joecks, Wolfgang (2005) Einleitung Rz 5; Bachmann, Jochen (1992) S. 194 f, 203 (für das Unterlassen i.S.d. § 370 Abs. 1 Nr. 2 AO); Maiwald, Manfred (1984) S. 15

[432] Vgl. Meyer, Fritz (NStZ 1986) S. 445

[433] Vgl. Hellmann, Uwe (o.J.) § 370 AO Rz 44 ff; Heide, Isabella Maria v. d. (1986) S. 199 ff; Backes, Peter (1981) S. 172 f; Bachmann, Jochen (1992) S. 167 ff, 173, 180 f, 202 (für das Handeln i.S.d. § 370 Abs. 1 Nr. 1 AO, wobei es sich – seiner Auffassung nach – zwar im formellen, nicht jedoch im materiellen Sinne um eine Blankettstrafnorm handelt)

[434] Vgl. Kohlmann, Günter (o.J.) Teil B Rz 18 ff, Rz 135, § 370 AO Rz 672 m.w.N.

[435] Vgl. Kohlmann, Günter (o.J.) Teil B Rz 135, § 370 AO Rz 672; a.A. Maiwald, Manfred (1984) S. 15 ff

[436] Vgl. Wiese, Jörg (2004) Rz 497

[437] Auf eine Betrachtung des pflichtwidrigen Unterlassens der Verwendung von Steuerzeichen oder Steuerstemplern gem. § 370 Abs. 1 Nr. 3 AO wird an dieser Stelle verzichtet.

Eine Angabe ist dann unrichtig oder unvollständig i.S.d. § 370 Abs. 1 Nr. 1 AO, wenn diese oder die darin enthaltenen Behauptungen mit der Wirklichkeit nicht übereinstimmen.[438] Entscheidend dabei ist, wie der Erklärungsempfänger diese nach der allgemeinen Verkehrsanschauung und unter Berücksichtigung der besonderen Umstände des Falles verstehen durfte.[439]

Die Tathandlung des § 370 Abs. 1 Nr. 1 AO besteht dabei in einer Täuschung über steuerlich erhebliche[440] Tatsachen,[441] wobei die Täuschung[442] durch eine Erklärung des Steuerpflichtigen bewirkt wird,[443] die ausschließlich die steuerlich erheblichen Tatsachen eines Sachverhalts enthalten muss, auf die die Finanzbehörde in eigener Verantwortung dann das Steuerrecht anzuwenden hat.[444] Dabei bereitet die Abgrenzung von Tatsachen und Werturteilen bzw. Rechtsmeinungen erhebliche Schwierigkeiten, da vom Steuerpflichtigen i.R.d. Erklärung aufgrund der Mitwirkungspflicht gem. § 90 AO bereits die Angabe von Zahlen verlangt wird, die neben der Tatsachenangabe auch das Ergebnis einer rechtlichen Subsumtion darstellt;[445] nach Hellmann handelt es sich dabei um „Tatsachen kraft rechtlicher Subsumtion".[446] Danach stellt die Angabe einer Zahl zwar eine Tatsache dar, wobei aber zu berücksichtigen sein wird, dass diese Tatsache auf

---

438 Vgl. Hellmann, Uwe (o.J.) § 370 AO Rz 82; Kohlmann, Günter (o.J.) § 370 AO Rz 241; Meyer, Ingeborg M. (o.J.) § 370 AO Rz 37; Joecks, Wolfgang (2005) § 370 AO Rz 129; Kürzinger, Kurt (2004) Rz 143 f; BGH v. 16.12.1954, 3 StR 493/54, BGHSt 7 S. 148

439 Vgl. Kohlmann, Günter (o.J.) § 370 AO Rz 241; Kürzinger, Kurt (2004) Rz 143

440 Steuerliche Erheblichkeit ist dann gegeben, wenn Tatsachen für die Entstehung, die Höhe oder die Fälligkeit einer Steuer von Einfluss sind. Vgl. Hellmann, Uwe (o.J.) § 370 AO Rz 76; Kohlmann, Günter (o.J.) § 370 AO Rz 229; Meyer, Ingeborg M. (o.J.) § 370 AO Rz 37; Joecks, Wolfgang (2005) § 370 AO Rz 130; Kürzinger, Kurt (2004) Rz 140

441 Dabei muss der Begriff der Tatsache i.S.d. Definition des allgemeinen Strafrechts verstanden werden; Tatsachen sind daher alle konkreten vergangenen oder gegenwärtigen Geschehnisse oder Zustände der Außenwelt und des menschlichen Innenlebens oder, anders ausgedrückt, die dem Beweis zugänglichen Umstände der realen Welt. Vgl. Hellmann, Uwe (o.J.) § 370 AO Rz 73; Joecks, Wolfgang (2005) § 370 AO Rz 123; Kohlmann, Günter (o.J.) § 370 AO Rz 228, 230; Meyer, Ingeborg M. (o.J.) § 370 AO Rz 38; Kürzinger, Kurt (2004) Rz 102; eine Übersicht zu steuerlich erheblichen Tatsachen findet sich bei Pipping, Hanns-Peter (1998) S. 36 ff.

442 Auch wenn die Vorschrift die Unkenntnis der Finanzbehörde nicht explizit voraussetzt, ist eine solche jedoch zu fordern, da bei Kenntnis der Behörde keine Gefährdung des Steueraufkommens vorliegt; ob eine Fehlvorstellung erforderlich ist, erscheint zumindest fraglich. Vgl. Kohlmann, Günter (o.J.) § 370 AO Rz 263; Meyer, Ingeborg M. (o.J.) § 370 AO Rz 122; Kürzinger, Kurt (2004) Rz 152

443 Vgl. Hellmann, Uwe (o.J.) § 370 AO Rz 78; Kohlmann, Günter (o.J.) § 370 AO Rz 212; Kürzinger, Kurt (2004) Rz 98

444 Vgl. Joecks, Wolfgang (2005) § 370 AO Rz 124; Hanßen, Klaus (1984) S. 84 f; Krieger, Jochen (1987) S. 85

445 Vgl. Kohlmann, Günter (o.J.) § 370 AO Rz 233 f; Kürzinger, Kurt (2004) Rz 103 f; Hellmann, Uwe (o.J.) § 370 AO Rz 74

446 Vgl. Hellmann, Uwe (o.J.) § 370 AO Rz 74 m.w.N. und dem Hinweis, dass es sich um eine dem sog. „Werturteil mit Tatsachenkern" beim Betrug vergleichbare Konstellation handelt

einer Beurteilung des Steuerpflichtigen beruht.[447] I.R. dieser Beurteilung steht es dem Steuerpflichtigen nach Auffassung des BGH grundsätzlich frei, die günstigste steuerrechtliche Gestaltung zu wählen, so dass er keine unrichtigen Angaben macht, wenn er offen oder verdeckt eine unzutreffende Rechtsansicht vertritt, unter der Voraussetzung, dass er die steuerlich erheblichen Tatsachen richtig und vollständig vorträgt, um der Finanzbehörde eine zutreffende Festsetzung der Steuer auch bei einer abweichenden rechtlichen Beurteilung zu ermöglichen.[448] Damit besteht zumindest für diejenigen Sachverhaltselemente, deren rechtliche Relevanz objektiv zweifelhaft ist, eine Pflicht zur Offenbarung durch den Steuerpflichtigen, was insbesondere dann gelten soll, wenn die vom Steuerpflichtigen vertretene Auffassung über die Auslegung von Rechtsbegriffen oder die Subsumtion bestimmter Tatsachen von der Rechtsprechung, den Richtlinien der Finanzverwaltung oder der regelmäßigen Verwaltungspraxis abweicht.[449] Als ausreichend wird in derartigen Fällen die Mitteilung der abweichenden Rechtsauffassung angesehen, wenn in dieser die erforderliche Tatsachenmitteilung enthalten ist.[450] Offen bleibt dabei letztlich, welcher Empfängerhorizont der Betrachtung zugrunde gelegt werden soll, da die Verwaltungspraxis mitunter von der höchstrichterlichen Rechtsprechung abweicht, die Finanzgerichte in zahleichen Fällen unterschiedliche Auffassungen vertreten und nicht zuletzt der BFH wiederum oftmals von der Vorinstanz abweicht; von einer einheitlichen Ansicht von Rechtsprechung und Verwaltungspraxis kann daher keine Rede sein.[451] Zudem stellt sich die Frage, inwieweit die Rechtsprechung für nicht in den Rechtstreit involvierte Steuerpflichtige und die Verwaltungsanweisungen – nicht zuletzt vor dem Hintergrund, dass diese wiederum Nichtanwendungserlasse zur Rechtsprechung beinhalten – insgesamt für alle Steuerpflichtigen verpflichtend sein können.[452] Zu Recht wird daher diese Regelung als in der Praxis so nicht erfüllbar[453] und auch als nicht mit dem Bestimmtheitsgebot des Art. 103 Abs. 2 GG übereinstimmend[454] angesehen. Meilicke weist i.d.Z. darauf hin, dass die Pflicht zur

---

[447] Die notwendige Beurteilung kann neben einer „Tatsache kraft rechtlicher Subsumtion" auch zu einer „Tatsache kraft Bewertung" führen (z.B. Forderungswerthaltigkeit bei der Gewinnermittlung). Vgl. Hellmann, Uwe (o.J.) § 370 AO Rz 74 f

[448] Vgl. BGH v. 10.11.1999, 5 StR 221/99, NStZ 2000 S. 203; grundsätzlich bestätigt: BGH v. 23.02.2000, 5 StR 570/99, wistra 2000 S. 217

[449] Hellmann, Uwe (o.J. [§ 370 AO Rz 86 f]) verweist i.d.Z. auf die Grundsätze bei einer Täuschung, wonach der Empfänger dann Nachforschungen anzustellen hat, wenn der Rechtsverkehr noch keine Anschauung zum Inhalt bestimmter Behauptungen gebildet hat.

[450] Vgl. Hellmann, Uwe (o.J.) § 370 AO Rz 85

[451] Vgl. Meyer, Ingeborg M. (o.J.) § 370 AO Rz 41; Joecks, Wolfgang (2005) § 370 AO Rz 127; Kürzinger, Kurt (2004) Rz 119; Kohlmann, Günter (o.J.) § 370 AO Rz 235; Krieger, Jochen (1987) S. 2 f, 53; Dörn, Harald (wistra 2000) S. 335

[452] Vgl. Kürzinger, Kurt (2004) Rz 116 ff; Kohlmann, Günter (o.J.) § 370 AO Rz 235; Krieger, Jochen (1987) S. 50; Irrgang, Werner (DB 1988) S. 781

[453] Vgl. Joecks, Wolfgang (2005) § 370 AO Rz 127 f; Meyer, Ingeborg M. (o.J.) § 370 AO Rz 41; Kürzinger, Kurt (2004) Rz 124

[454] Vgl. Kürzinger, Kurt (2004) Rz 113 f

Offenlegung bereits aufgrund des damit verbundenen – jedoch nicht zu bewältigenden – Umfangs zum Scheitern verurteilt ist.[455] Offen bleibt letztlich auch, wie bei einer Nichttrennbarkeit von Tatsachen und Ergebnissen der Subsumtion zu verfahren ist. Nach der h.M. ist daher zwischen vertretbaren und unvertretbaren Rechtsansichten zu unterscheiden. Danach führen nur unvertretbare Rechtsansichten zur Erfüllung des Tatbestandes, wenn die Rechtsauffassung verdeckt zugrunde gelegt wird und Tatsachen nicht offengelegt werden, die es der Finanzbehörde ermöglichen, die Steuer unter abweichender rechtlicher Beurteilung zutreffend festzusetzen.[456] Nur in diesen Fällen sind die Angaben des Steuerpflichtigen unrichtig oder unvollständig, womit eine weitergehende Prüfung dahingehend zu erfolgen hat, ob ein Tatumstandsirrtum vorliegt.[457] Für vertretbare Rechtsansichten mangelt es dagegen nach der h.M. an der Erfüllung des Tatbestandes des § 370 AO selbst dann, wenn die Rechtsauffassung verdeckt zugrunde gelegt wird.[458]

Pflichtwidriges Inunkenntnislassen gem. § 370 Abs. 1 Nr. 2 AO setzt voraus, dass eine Tatsache der Finanzbehörde[459] unbekannt ist und der Täter zugleich in

---

[455] Vgl. Meilicke, Wienand (BB 1984) S. 1886 f

[456] Vgl. Kohlmann, Günter (o.J.) § 370 AO Rz 236; Joecks, Wolfgang (2005) § 370 AO Rz 128; Kürzinger, Kurt (2004) Rz 114, S. 42 Rz 128; so wohl auch Dörn, Harald (wistra 1992) S. 246; Pipping, Hanns-Peter (1998) S. 119 ff und Harms, Monika (Stbg 2005 [S. 14]), die – als damalige Vorsitzende Richterin des zuständigen 5. Strafsenats des BGH – ausführt, dass auch unzutreffende Rechtsansichten keine Täuschung über steuerlich erhebliche Tatsachen i.S.d. § 370 Abs. 1 AO darstellen, solange sie sich i.R.d. Vertretbaren bewegen, man bei einem Abweichen „... von allen gängigen Rechtsauffassungen ... [allerdings] gut beraten [sei], dies der Finanzverwaltung offen zu legen"; Stiller, Dirk (2000 [S. 214 ff]) differenziert (zumindest für Steuerberater) danach, ob entsprechende Veröffentlichungen vorliegen, sofern dies nicht der Fall ist, sieht er die Lösung in einer erhöhten Anforderung an die Erfüllung des Willenselementes nach erfolgter sorgfältiger Überlegung; Irrgang, Werner (DB 1988 [S. 782]) rät aus Vorsichtsgründen dazu, dass der Steuerpflichtige seine – von der Verwaltungsauffassung bzw. der höchstrichterlichen Rechtsprechung abweichende – Rechtsauffassung entsprechend kenntlich machen sollte.

[457] Vgl. Dörn, Harald (wistra 1992 [S. 246]) und ders. (wistra 2000 [S. 335]), der darauf hinweist, dass seitens der Finanzverwaltung angestrengte Steuerstrafverfahren, bei denen die Erfüllung der objektiven Tatbestandsmerkmale der Steuerhinterziehung aufgrund nicht eindeutiger Rechtsauffassungen strittig sind, häufig eingestellt werden oder mit Freisprüchen enden.

[458] Vgl. Kohlmann, Günter (o.J.) § 370 AO Rz 236; Joecks, Wolfgang (2005) § 370 AO Rz 128; Meyer, Ingeborg M. (o.J.) § 370 AO Rz 41; Kürzinger, Kurt (2004) Rz 114, Rz 128; Krieger, Jochen (1987 [S. 106 ff]) schließt dagegen die Strafbarkeit grundsätzlich aus, wenn der Angabe über Tatsachen unzutreffende Wertungen zugrunde liegen, da es sich dabei nicht um steuerlich erhebliche Tatsachen handelt; Hanßen, Klaus (1984 [S. 153 f]) sieht in einem Abweichen von der höchstrichterlichen Rechtsprechung nur dann eine Erfüllung des § 370 AO, wenn das Steuererklärungsformular willkürlich ausgefüllt oder die getroffene Wertung unter Verstoß gegen die Denkgesetze bzw. Erfahrungssätze vorgenommen wurde.

[459] Strittig ist dabei, auf wessen Kenntnisstand es ankommt. In der Literatur wird i.d.R. auf den Kenntnisstand des Sachbearbeiters abgestellt. Vgl. Hellmann, Uwe (o.J.) § 370 AO Rz 98 f; Meyer, Ingeborg M. (o.J.) § 370 AO Rz 86; Joecks, Wolfgang (2005) § 370 AO Rz 158 f (mit Einschränkungen); Kürzinger, Kurt (2004) Rz 168; a.A. Kohlmann, Günter

der Lage sein muss, diese Unkenntnis zu beseitigen.[460] Die Unkenntnis der Finanzbehörde kann sich dabei auf den gesamten Steuerfall beziehen, ausreichend ist jedoch bereits, dass Besteuerungsgrundlagen zwar dem Grunde nach, nicht aber der Höhe nach bekannt sind.[461]

Die Rechtspflicht des Steuerpflichtigen, die Finanzbehörde in Kenntnis zu setzen, ergibt sich aus der Abgabenordnung oder den Einzelsteuergesetzen. Ausgehend von den tatsächlichen Umständen entsteht eine Garantenstellung und damit einhergehend entsprechende Garantenpflichten des Steuerpflichtigen. Zu Recht macht Kohlmann darauf aufmerksam, dass i.R.d. § 370 AO zwar strikt zwischen der Garantenstellung und der Garantenpflicht zu differenzieren ist, es für die Strafbarkeit jedoch nicht genügt, dass der Täter Kenntnisse über die Umstände der Garantenstellung hat, sondern es darüber hinaus erforderlich ist, dass er Kenntnisse über seine Garantenpflichten hat; ein Irrtum über die Garantenpflichten ist demzufolge ein Tatumstandsirrtum.[462] Insoweit unterscheidet sich § 370 Abs. 1 AO vom allgemeinen Strafrecht, bei dem die Unkenntnis über die Garantenpflichten lediglich zum Verbotsirrtum führen kann.[463]

Nach der h.M. umfasst das Unterlassen gem. § 370 Abs. 1 Nr. 2 AO insbesondere auch die unterlassene Berichtigung von Erklärungen gem. § 153 AO.[464]

22.11.13 Die Taterfolge: Steuerverkürzung und Erlangung eines nicht gerechtfertigten Steuervorteils

Die Abgrenzung der beiden Taterfolge, Steuerverkürzung und Erlangung nicht gerechtfertigter Steuervorteile, ist nicht eindeutig auszumachen. Es bietet sich an, nach der Phase zu unterscheiden, in der sich das Besteuerungsverfahren befindet bzw. bei Erfüllung der steuerlichen Pflichten befinden würde. Danach handelt es sich in der Phase der Steuerfestsetzung um eine Steuerverkürzung, außerhalb des Festsetzungsverfahrens dagegen um die Erlangung eines nicht gerechtfertigten Steuervorteils.[465]

Der Begriff der Steuerverkürzung lässt sich nach der Legaldefinition nicht eindeutig bestimmen. In der Folge werden hierzu unterschiedliche Auffassungen

---

(o.J. [§ 370 AO Rz 265]), nach dem nicht auf das Wissen bzw. die Unkenntnis eines einzelnen Sachbearbeiters abzustellen ist.

460 Vgl. Joecks, Wolfgang (2005) § 370 AO Rz 157, 160

461 Vgl. Hellmann, Uwe (o.J.) § 370 AO Rz 96 f, 101; Joecks, Wolfgang (2005) § 370 AO Rz 157

462 Vgl. Kohlmann, Günter (o.J.) § 370 AO Rz 277; so auch Thomas, Karl (NStZ 1987) S. 263; Heide, Isabella Maria v. d. (1986) S. 207 ff, 220

463 Vgl. BGH v. 29.05.1961, GSSt 1/61, BGHSt 16 S. 155

464 Vgl. Joecks, Wolfgang (2005) § 370 AO Rz 179 ff; Kürzinger, Kurt (2004) Rz 197 ff; Kohlmann, Günter (o.J.) § 370 AO Rz 329 ff m.w.N.; a.A. Hellmann, Uwe (o.J.) § 370 AO Rz 95

465 Vgl. Hellmann, Uwe (o.J.) § 370 AO Rz 120

vertreten: Während Joecks[466] – mit Verweis auf Hellmann[467] – grundsätzlich auf einen Soll-Ist-Vergleich der Steuereinnahmen abstellt,[468] zugleich aber verdeutlicht, dass das Gesetz nicht auf die Vereinnahmung, sondern die Festsetzung der Steuer abstellt, und Hellmann seinerseits von einer Minderung des wirtschaftlichen Wertes des gesetzlichen Steueranspruchs ausgeht,[469] sieht Kohlmann zutreffenderweise eine Steuerverkürzung in einer Gefährdung der rechtzeitigen und vollständigen Verwirklichung des Steueranspruchs.[470] Zur Begründung führt er aus, dass die „Verkürzung" einen technischen Begriff darstellt, der seinen Inhalt mittels § 370 Abs. 4 AO erhält, mit der Folge, dass eine Minderung des Steuerbetrages nicht vorausgesetzt wird; der Verkürzungserfolg liegt daher in einer Gefährdung des geschützten Rechtsgutes.

Zeitpunkt des Erfolgseintritts einer Steuerverkürzung ist die unrichtige Festsetzung oder Anmeldung der entsprechenden Steuer.[471] In Fällen einer Nichtabgabe tritt die Verkürzung einer Fälligkeitssteuer mit dem Ablauf des gesetzlich bestimmten Fälligkeitstages ein; bei Veranlagungssteuern ist auf den Zeitpunkt des Abschlusses der Veranlagung der betroffenen Steuer im Bezirk der zuständigen Finanzbehörde abzustellen, wobei zugunsten des Steuerpflichtigen angenommen wird, dass seine Veranlagung als Letzte bearbeitet worden wäre;[472] bei einer unterlassenen Anmeldung tritt die Verkürzung mit dem Verstreichen der entsprechenden Frist zur Anmeldung ein.[473]

Nicht gerechtfertigt ist ein Steuervorteil dann, wenn der Steuerpflichtige bei richtiger Rechtsanwendung diesen nicht beanspruchen kann, folglich keinen Rechtsanspruch auf diesen hat.[474]

Erlangt ist dieser Steuervorteil dann, wenn er gewährt oder belassen wird,[475] der Erfolg tritt damit bereits im Zeitpunkt der Zustellung der entsprechenden Verfügung oder des Unterlassens des Widerrufs ein.[476]

---

[466] Vgl. Joecks, Wolfgang (2005) § 370 AO Rz 21 f, 40
[467] Vgl. Hellmann, Uwe (o.J.) § 370 AO Rz 138
[468] Vgl. auch Meyer, Ingeborg M. (o.J.) § 370 AO Rz 100; Kürzinger, Kurt (2004) Rz 254; Hanßen, Klaus (1984) S. 31
[469] Vgl. Hellmann, Uwe (o.J.) § 370 AO Rz 140
[470] Vgl. Kohlmann, Günter (o.J.) § 370 AO Rz 432; zum gleichen Ergebnis kommt Kürzinger, Kurt (2004 [Rz 267 f]) mit dem Hinweis auf eine „Vermögensgefährdung".
[471] Vgl. Hellmann, Uwe (o.J.) § 370 AO Rz 150; ausführlich Kohlmann, Günter (o.J.) § 370 AO Rz 445 ff; Kürzinger, Kurt (2004) Rz 271 ff
[472] Vgl. BGH v. 28.10.1998, 5 StR 500/98, wistra 1999 S. 385; Hellmann, Uwe (o.J.) § 370 AO Rz 150; Kohlmann, Günter (o.J.) § 370 AO Rz 448; Kürzinger, Kurt (2004) Rz 272 ff; a.A. Dörn, Harald (2000 [S. 121 f]), nach dem dies nur für den der Finanzbehörde unbekannt gebliebenen Steuerpflichtigen gilt.
[473] Vgl. Kürzinger, Kurt (2004) Rz 279; Kohlmann, Günter (o.J.) § 370 AO Rz 457; a.A. Dörn, Harald (2000) S. 121 f
[474] Vgl. Hellmann, Uwe (o.J.) § 370 AO Rz 177; Joecks, Wolfgang (2005) § 370 AO Rz 102; Kohlmann, Günter (o.J.) § 370 AO Rz 558; Kürzinger, Kurt (2004) Rz 404
[475] Vgl. Hellmann, Uwe (o.J.) § 370 AO Rz 180; Kohlmann, Günter (o.J.) § 370 AO Rz 564; Kürzinger, Kurt (2004) Rz 404

22.11.14 Die Verknüpfung von Tathandlung und Taterfolg

Für die Steuerhinterziehung ist es nicht ausreichend, dass Tathandlung und Taterfolg nebeneinander stehen, vielmehr müssen sie kausal miteinander verbunden sein, wobei nach der h.M. auch eine objektive Zurechenbarkeit hinzukommen muss.[477] Während dies für die aktive Handlung unproblematisch ist, muss für die Unterlassungstat eine hypothetische Kausalität[478] gefordert werden.[479] Daneben ist jedoch auch eine Mitwirkungserfordernis der Finanzbehörde Voraussetzung der Verwirklichung des Taterfolgs dergestalt, dass sie den Angaben des Täters Glauben schenken muss, da sie nur in diesen Fällen auf der Grundlage der Angaben des Täters die Steuer festsetzen bzw. den Steuervorteil gewähren darf; die Fehlvorstellung der Finanzbehörde – für die bereits Unkenntnis ausreichend ist – über die Richtigkeit der Angaben stellt damit die notwendige Verbindung zwischen Tathandlung und Taterfolg dar.[480]

22.11.2 Die versuchte Erfüllung der Steuerstrafrechtsnormen

Wie bereits dargestellt, wird eine Versuchshandlung bei einem Vergehen nur dann geahndet, wenn diese ausdrücklich normiert ist. Eine solche Normierung hat der Gesetzgeber mit § 370 Abs. 2 AO für die Steuerhinterziehung vorgenommen.

Voraussetzung für einen Versuch der Steuerhinterziehung ist, dass der Täter einen Entschluss zur Begehung der Tat gefasst[481] und unmittelbar zur Tatbestandsverwirklichung angesetzt hat;[482] der Entschluss muss dabei den un-

---

476 Vgl. Hellmann, Uwe (o.J.) § 370 AO Rz 181 f; Joecks, Wolfgang (2005) § 370 AO Rz 104; Kohlmann, Günter (o.J.) § 370 AO Rz 564

477 Vgl. Hellmann, Uwe (o.J.) § 370 AO Rz 197; Kohlmann, Günter (o.J.) Teil B Rz 36; Kürzinger, Kurt (2004) Rz 424; Roxin, Claus (2006) § 11 Rz 44 ff. Seitens der Rechtsprechung wird nicht auf eine objektive Zurechenbarkeit abgestellt, sondern wird vielmehr nach der sog. „Äquivalenztheorie" alles als kausal angesehen, was nicht hinweggedacht werden kann; vgl. BGH v. 19.12.1997, 5 StR 569/96, wistra 1998 S. 180.

478 Nach Hellmann, Uwe (o.J. [§ 370 AO Rz 205]) liegt eine solche hypothetische Kausalität dann vor, „... wenn der Taterfolg bei Vornahme der vom Täter geforderten Handlung mit an Sicherheit grenzender Wahrscheinlichkeit ausgeblieben, d.h. nicht wesentlich später oder in wesentlich geringerem Umfang eingetreten wäre."

479 Vgl. Hellmann, Uwe (o.J.) § 370 AO Rz 197

480 Vgl. Kürzinger, Kurt (2004) Rz 420; Hellmann, Uwe (o.J.) § 370 AO Rz 200; Joecks, Wolfgang (2005) § 370 AO Rz 198 f. Hat die Finanzbehörde dagegen Kenntnis, so mangelt es bereits an der Erfüllung des objektiven Tatbestandes. Sofern dem Täter die Kenntnis der Finanzbehörde unbekannt ist, handelt es sich um den (untauglichen) Versuch einer Steuerhinterziehung. Vgl. Hellmann, Uwe (o.J.) § 370 AO Rz 203; Joecks, Wolfgang (2005) § 370 AO Rz 198; Kohlmann, Günter (o.J.) § 370 AO Rz 573

481 Vgl. Kohlmann, Günter (o.J.) § 370 AO Rz 765; Hellmann, Uwe (o.J.) § 370 AO Rz 333; Wiese, Jörg (2004) Rz 571

482 Vgl. Kohlmann, Günter (o.J.) § 370 AO Rz 766 ff; Hellmann, Uwe (o.J.) § 370 AO Rz 334 f; Wiese, Jörg (2004) Rz 571

bedingten Willen, die Steuerhinterziehung in sämtlichen Tatbestandsmerkmalen zu verwirklichen, enthalten und entspricht damit dem Vorsatz bei der vollendeten Tat.[483]

Aufgrund der Strafbarkeit des Versuchs gem. § 370 Abs. 2 AO – unabhängig davon, ob es sich um einen unbeendeten oder einen (u.U. erfolglos) beendeten Versuch handelt – kommt der Abgrenzung zwischen der gem. § 22 StGB straflosen Vorbereitungshandlung und dem Versuch erhebliche Bedeutung zu.[484] Dabei gehört zur Vorbereitung bei der Hinterziehung von Veranlagungs- und Fälligkeitssteuern „... jede Handlung, die der ... [Steuerpflichtige] vor dem Termin zur Abgabe einer Steuererklärung (= Steuer[vor]anmeldung) unternimmt, um die tatbestandsmäßige Handlung zu ermöglichen oder zu erleichtern ... bis ihre Ergebnisse der ... [Finanzbehörde] zum Zwecke einer zu niedrigen Steuerfestsetzung ... erklärt ... oder zugänglich gemacht werden."[485] Schwelle zwischen der Vorbereitung und dem Versuch stellt damit die Abgabe einer Steuererklärung des Steuerpflichtigen dar;[486] nach der wohl strengsten Auffassung führt bereits das Verstreichenlassen des Erklärungstermins durch den Steuerpflichtigen zu einem Versuch der Steuerhinterziehung.[487]

Auch im Steuerstrafrecht existieren untauglicher Versuch und Wahndelikt.[488] Die Abgrenzung zwischen beiden ist strittig, insbesondere vor dem Hintergrund, dass, während das Wahndelikt straflos bleibt, ein untauglicher Versuch, da er wie jeder andere Versuch behandelt wird, strafbewehrt ist, weil das Anknüpfen an die Vorstellung des Täters grundsätzlich zur Erfüllung von § 22 StGB führt.[489]

Im Allgemeinen wird das Umkehrprinzip der Strafrechtsprechung auch im Steuerstrafrecht übernommen, was aber z.T. zu fragwürdigen Ergebnissen führt und daher nicht unumstritten ist.[490]

---

483 Vgl. Kohlmann, Günter (o.J.) § 370 AO Rz 765; Hellmann, Uwe (o.J.) § 370 AO Rz 333; Wiese, Jörg (2004) Rz 571; Joecks, Wolfgang (2005) § 370 AO Rz 254

484 Vgl. Kohlmann, Günter (o.J.) § 370 AO Rz 757; Joecks, Wolfgang (2005) § 370 AO Rz 255

485 Joecks, Wolfgang (2005) § 370 AO Rz 261; ausführlich zur Abgrenzung zwischen Vorbereitung und Versuch Kohlmann, Günter (o.J.) § 370 AO Rz 778 ff

486 Vgl. Kohlmann, Günter (o.J.) § 370 AO Rz 757 f; Joecks, Wolfgang (2005) § 370 AO Rz 261; Hellmann, Uwe (o.J.) § 370 AO Rz 336; Wiese, Jörg (2004) Rz 575; Gribbohm, Günter / Utech, Hans (NStZ 1990) S. 210; Lohmeyer, Heinz (BB 1975) S. 1479

487 Vgl. Kohlmann, Günter (o.J.) § 370 AO Rz 757; a.A. Hellmann, Uwe (o.J.) § 370 AO Rz 340; Wiese, Jörg (2004) Rz 582

488 Vgl. Hellmann, Uwe (o.J.) § 370 AO Rz 262 ff; Wiese, Jörg (2004) Rz 528 ff, Rz 549 f

489 Vgl. Hellmann, Uwe (o.J.) § 370 AO Rz 262; Kohlmann, Günter (o.J.) § 370 AO Rz 728; Meyer, Ingeborg M. (o.J.) § 370 AO Rz 145; Joecks, Wolfgang (2005) § 370 AO Rz 258

490 Vgl. Hellmann, Uwe (o.J.) § 370 AO Rz 262 ff; Kohlmann, Günter (o.J.) § 370 AO Rz 725 ff; Samson, Erich (1983) S. 109 ff; Joecks, Wolfgang (2005) § 370 AO Rz 258 f

Die praktische Bedeutung beider Fälle ist jedoch gering, da i.d.R. ein Steuerstrafverfahren mangels tatsächlicher Anhaltspunkte für ein strafrechtliches Verhalten nicht eingeleitet werden dürfte.[491]

22.11.3 Die Bedeutung der Steuerhinterziehung für den Fall der vorläufigen oder der unter Vorbehalt festgesetzten Steuer (§§ 164, 165 AO)

Gem. § 370 Abs. 4 S. 1 AO schließt eine Steuerfestsetzung, die vorläufig oder unter dem Vorbehalt der Nachprüfung erfolgt, eine Steuerhinterziehung nicht aus. I.d.Z. kann auf die Ausführungen zu §§ 164, 165 AO verwiesen werden.

22.12 Die subjektive Tatbestandsmäßigkeit: Irrtümer über Tatumstände (Tatumstandsirrtümer)

Die Erfüllung der subjektiven Tatbestandsmäßigkeit der Steuerhinterziehung setzt regelmäßig ein vorsätzliches Verhalten des Täters voraus. Wie bereits ausgeführt, kann Vorsatz vereinfacht als ein Wissen und Wollen der entsprechenden Tatbestandsmerkmale aufgefasst werden.[492]

Es ist hinsichtlich des Vorsatzes zu beachten, dass dieser sich auf sämtliche Merkmale des objektiven Tatbestandes beziehen muss, hier also auf das tatbestandsmäßige Verhalten, den Taterfolg und die Kausalität.[493] Es ist daher erforderlich, dass der Täter Kenntnis hinsichtlich sämtlicher Umstände hat, die zum gesetzlichen Tatbestand gehören, also der Elemente des konkreten Sachverhalts, welche die objektiven Tatbestände ausfüllen, sowie vorliegender normativer Tatbestandsmerkmale. Anknüpfungspunkte des Vorsatzes sind sowohl die Tathandlung als auch der Taterfolg.[494] Im Einzelnen bedeutet dies, dass der Täter für die Erfüllung des § 370 Abs. 1 Nr. 1 AO insgesamt wissen und wollen bzw. für möglich halten muss, dass er unrichtige oder unvollständige Angaben über steuerlich erhebliche Tatsachen gegenüber der (Finanz-)Behörde macht, dass die (Finanz-)Behörde keine Kenntnisse von der Falschheit der Angaben hat und dass durch seine Handlung Steuern verkürzt oder nicht gerechtfertigte Steuervorteile erlangt werden.[495] Für eine Erfüllung des Tatbestandes des § 370 Abs. 1 Nr. 2 AO ist es erforderlich, dass der Täter insgesamt wissen und wollen bzw. für möglich halten muss, dass er die (Finanz-)Behörden über steuerlich erhebliche Tatsachen in Unkenntnis lässt, obwohl ihn eine

[491] Vgl. Hellmann, Uwe (o.J.) § 370 AO Rz 262; Kohlmann, Günter (o.J.) § 370 AO Rz 732
[492] Vgl. Hellmann, Uwe (o.J.) § 370 AO Rz 216; Wiese, Jörg (2004) Rz 430
[493] Vgl. Wiese, Jörg (2004) Rz 430
[494] Vgl. Hellmann, Uwe (o.J.) § 370 AO Rz 231
[495] Vgl. Kohlmann, Günter (o.J.) § 370 AO Rz 629; Hellmann, Uwe (o.J.) § 370 AO Rz 232 ff; Wiese, Jörg (2004) Rz 430, 433

Rechtspflicht zur Offenbarung dieser Tatsachen trifft, die er durch sein Verhalten verletzt, und dass durch seine Handlung Steuern verkürzt oder nicht gerechtfertigte Steuervorteile erlangt werden.[496]

Bereits i.R.d. Betrachtung des Irrtums im Strafrecht wurde zwischen den einzelnen Stufen des Vorsatzes differenziert; für das Steuerstrafrecht ist die einfachste Form des Vorsatzes – der Eventualvorsatz – ausreichend.[497] Dafür muss nach der sog. Billigungstheorie[498] der Täter den Erfolgseintritt als möglich und nicht ganz fernliegend erkannt haben („intellektuelles Element") und ihn billigen oder billigend in Kauf nehmen („voluntatives Element"); wobei das „Billigen" i.d.Z. einem „Sichabfinden" mit dem tatbestandlichen Erfolg gleichkommt.[499] Dabei ist zu beachten, dass bereits die zutreffende Erfassung des Sachzusammenhangs („sachgedankliches Mitbewusstsein") als ausreichend angesehen wird, wobei jedoch deren Grenzen unklar bleiben.[500] Zudem ist es hinsichtlich der normativen Tatbestandsmerkmale bereits ausreichend, wenn der Täter deren Sinngehalt im Wege der „Parallelwertung in der Laiensphäre" erfasst.[501] I.d.Z. ist auch die sog. Steueranspruchstheorie zu beachten.[502] Danach muss der Vorsatz des Täters auch alle Umstände erfassen, die im Einzelfall die Steuerpflicht begründen. Nicht erforderlich ist, dass sich der Täter über die Einzelheiten der Steuerberechnung im Klaren ist, es genügt, wenn er den jeweils bestehenden Steueranspruch nach Grund und Höhe kennt oder wenigstens für möglich hält und ihn gegenüber der Finanzbehörde verkürzen will.

---

496 Vgl. Kohlmann, Günter (o.J.) § 370 AO Rz 630; Hellmann, Uwe (o.J.) § 370 AO Rz 232 ff; Wiese, Jörg (2004) Rz 430, 434

497 Vgl. Hellmann, Uwe (o.J.) § 370 AO Rz 218; Wiese, Jörg (2004) Rz 442; Joecks, Wolfgang (2005) § 370 AO Rz 238 (mit Einschränkungen); Kohlmann, Günter (o.J.) § 370 AO Rz 622

498 Vgl. BGH v. 07.07.1992, 5 StR 300/92, NStZ 1992 S. 587; BGH v. 18.08.1995, 2 StR 372/95, NStZ-RR 1996 S. 2

499 Vgl. Wiese, Jörg (2004) Rz 442

500 Vgl. Hellmann, Uwe (o.J.) § 370 AO Rz 217

501 Vgl. Hellmann, Uwe (o.J.) § 370 AO Rz 217; Joecks, Wolfgang (2005) § 370 AO Rz 234 f; Wiese, Jörg (2004) Rz 435

502 Vgl. Kohlmann, Günter (o.J.) § 370 AO Rz 634, 676 ff; Wiese, Jörg (2004) Rz 497; Stiller, Dirk (2000) S. 162 f; Dörn, Harald (wistra 2000) S. 334; ders. (wistra 1992) S. 241; Backes, Peter (StuW 1982) S. 263 f, 267; Thomas, Karl (NStZ 1987) S. 260 ff; BGH v. 19.05.1989, 3 StR 590/88, HFR 1990 S. 334. Wird hinsichtlich der Einordnung des Normcharakters von § 370 AO mit Kohlmann die Auffassung vertreten, dass es sich um eine steuerstrafrechtliche Blankettnorm handelt, so führt die Steueranspruchstheorie zu einer gesonderten Kategorie; die Auffassung, es handele sich bei § 370 AO um eine vollständige Strafnorm, führt dagegen dazu, dass die Steueranspruchstheorie i.R.d. normativen Tatbestandsmerkmale zu berücksichtigen ist (so auch Backes, Peter (1981) S. 173). Da beide Auffassungen jedoch zu dem Ergebnis gelangen, dass es sich bei den hier auftretenden Irrtümern um Tatumstandsirrtümer handelt, wird vereinfachend von einer weiteren Differenzierung diesbezüglich abgesehen. A.A. Maiwald, Manfred (1984 [S. 24]), der im Fehlen der Kenntnis der Steuerpflicht lediglich einen Verbotsirrtum sieht; im Ergebnis wohl auch Netzler, Harold (1961) S. 38 ff; kritisch Meyer, Fritz (NStZ 1987) S. 500 f; ders. (NStZ 1986) S. 443 ff.

Hält der Steuerpflichtige eine andere Auffassung der (Finanz-)Behörde lediglich für möglich, so mangelt es bereits an der Erfüllung der objektiven Tatbestandsmäßigkeit, denn seine Angaben sind richtig und vollständig, selbst wenn kein Hinweis hinsichtlich seiner Auffassung erfolgt.[503] Hat der Steuerpflichtige selbst Zweifel an seiner Rechtsauffassung und nimmt er die Unrichtigkeit in Kauf, so handelt er dagegen vorsätzlich.[504]

Wie bereits ausgeführt, mangelt es an Vorsatz regelmäßig in den Fällen, in denen der Täter einen Umstand nicht kennt, der zum gesetzlichen Tatbestand der Steuerhinterziehung gem. § 370 AO gehört. Aufgrund der erheblichen Bedeutung, die dem Tatumstandsirrtum aufgrund seiner Folgen zukommt, ist seine nicht eindeutige Abgrenzung heftig umstritten.

Ein Tatumstandsirrtum kann zunächst ein Irrtum über deskriptive Tatbestandsmerkmale sein. Dabei ist zu beachten, dass zur Beurteilung, ob ein vorsätzliches Verhalten vorliegt, nur auf die Wahrnehmung bzw. Kenntnis der Tatumstände und nicht auch auf deren Bedeutung abzustellen ist.[505]

Anderes gilt dagegen beim Irrtum über normative Tatbestandsmerkmale.[506] Hier ist zu beachten, dass für den Vorsatz nicht allein die Kenntnis der Tatumstände ausreicht, sondern es vielmehr erforderlich ist, dass der Täter den Bedeutungsgehalt erfasst haben muss; es ist dabei ausreichend, wenn der Bedeutungsgehalt i.R.d. „Parallelwertung in der Laiensphäre" erfasst wird.[507] Im Einzelnen kann der Vorsatz hier dadurch entfallen, dass der Irrende über den Steueranspruch irrt, er seine Tathandlung nicht kausal für den Eintritt einer Steuerverkürzung hält oder seine Garantenstellung bzw. -pflichten nicht kennt.

Hinsichtlich des Steueranspruchs muss weiter danach differenziert werden, ob der Irrtum hinsichtlich des Steueranspruchs dem Grunde nach, der Höhe nach oder bezüglich des Zeitpunktes des Entstehens des Steueranspruchs besteht. Um einen Irrtum über den Steueranspruch dem Grunde nach handelt es sich dann, wenn der Steuerpflichtige annimmt, dass ein Sachverhalt nicht zur Entstehung eines Steueranspruchs führt; das gilt insbesondere dann, wenn der Steuerpflichtige den entsprechenden Steueranspruch nicht kennt.[508] Der Vorsatz kann aber auch dann entfallen, wenn der Steuerpflichtige hinsichtlich der Höhe des Steueranspruchs irrt; dabei ist jedoch zu beachten, dass er die exakte Höhe des Steueranspruchs nicht kennen muss.[509] Hinsichtlich des Zeitpunktes der Entste-

---

503 Vgl. Hellmann, Uwe (o.J.) § 370 AO Rz 229

504 Vgl. BGH v. 15.11.1994, 5 StR 237/94, wistra 1995 S. 69; Hellmann, Uwe (o.J.) § 370 AO Rz 230; kritisch Wiese, Jörg (2004) Rz 461

505 Vgl. Kohlmann, Günter (o.J.) § 370 AO Rz 673; Wiese, Jörg (2004) Rz 498

506 Auf eine Differenzierung zwischen „normativem Tatbestandsmerkmal" und „ausfüllungsbedürftiger Blankettvorschrift" wird an dieser Stelle verzichtet (s.o.).

507 Vgl. Kohlmann, Günter (o.J.) § 370 AO Rz 674; Wiese, Jörg (2004) Rz 500

508 Vgl. Kohlmann, Günter (o.J.) § 370 AO Rz 677 ff; Wiese, Jörg (2004) Rz 502

509 Vgl. Kohlmann, Günter (o.J.) § 370 AO Rz 684 ff

hung des Steueranspruchs ist zu beachten, dass kein vorsätzliches Verhalten vorliegt, wenn der Steuerpflichtige nicht erfasst hat, dass der Steueranspruch in einem bestimmten Jahr entstanden ist.[510]

Da auch die Kausalität vom Vorsatz umfasst sein muss, kommt ebenfalls dann ein Tatumstandsirrtum in Betracht, wenn der Steuerpflichtige die Kausalität seiner Handlung bzw. seines Unterlassens für den Eintritt der Steuerverkürzung nicht erfasst hat.[511]

In einem Tatumstandsirrtum befindet sich der Steuerpflichtige auch dann, wenn er bei einer Unterlassungstat seine rechtliche Verpflichtung zum Handeln nicht gekannt hat. Im allgemeinen Strafrecht gehören nur die tatsächlichen Umstände, die die Rechtspflicht begründen (Garantenstellung), nicht dagegen die aus diesen Umständen sich ergebende Pflicht (Garantenpflicht) zum Tatbestand, so dass der Irrtum über die Garantenstellung Tatumstandsirrtum ist, während der Irrtum über die Garantenpflicht Verbotsirrtum ist.[512] Diese Grundsätze gelten jedoch nicht i.R.d. § 370 AO für die Rechtspflichten zum Handeln, die aus den steuerrechtlichen Erklärungs- und Rechtspflichten folgen. Hier genügt es nicht, dass der Täter sich der tatsächlichen Umstände bewusst ist, aus denen sich seine Garantenstellung ergibt, er muss darüber hinaus auch Kenntnis von seinen Garantenpflichten haben.[513] Diese fehlt aber, wenn der Täter seine aus den Steuergesetzen folgenden Handlungspflichten nicht kennt. Der Irrtum über Bestehen und Umfang der steuerrechtlichen Erklärungs- und Handlungspflichten ist daher Tatumstandsirrtum i.R.d. § 370 AO.[514]

Grundsätzlich führt die Unkenntnis der Tatumstände auch dann zum Ausschluss des Vorsatzes, wenn diese vermeidbar gewesen ist.[515] Nur dann, wenn der Täter bei Beobachtung der ihm obliegenden und nach seinen Kenntnissen und Fähigkeiten zumutbaren Sorgfalt den Tatumstandsirrtum hätte vermeiden können und seine Sorgfaltspflichtverletzung das Maß der Leichtfertigkeit erreicht, kann ihm die Vermeidbarkeit insoweit vorgeworfen werden, als dann eine Ahndung als Steuerordnungswidrigkeit in Betracht kommt.[516] Die reine Fahrlässigkeit ist hier unbeachtlich, da sie nicht die Tatbestände des Steuerstraf- bzw. des Steuerordnungswidrigkeitenrechts erfüllt. Allerdings ist zu berücksichtigen, dass bereits die „Parallelwertung in der Laiensphäre" bzw. das „sachgedankliche Mitbe-

---

[510] Vgl. Kohlmann, Günter (o.J.) § 370 AO Rz 687 ff; Wiese, Jörg (2004) Rz 512
[511] Vgl. Kohlmann, Günter (o.J.) § 370 AO Rz 697 f; Wiese, Jörg (2004) Rz 515
[512] Vgl. Kohlmann, Günter (o.J.) § 370 AO Rz 689
[513] Vgl. Kohlmann, Günter (o.J.) § 370 AO Rz 691; Thomas, Karl (NStZ 1987) S. 263; a.A. Reiß, Wolfram (wistra 1987) S. 163
[514] Vgl. Kohlmann, Günter (o.J.) § 370 AO Rz 691; eingeschränkt Bachmann, Jochen (1992) S. 196 und Heide, Isabella Maria v. d. (1986) S. 216 f; a.A. BGH v. 18.12.1985, 2 StR 461/85, wistra 1986 S. 219
[515] Vgl. Hellmann, Uwe (o.J.) § 370 AO Rz 250
[516] Vgl. Hellmann, Uwe (o.J.) § 370 AO Rz 250

wusstsein" ausreicht, um die Unkenntnis von Tatumständen zu verneinen, was die Anforderung an die Kenntnis des Steuerrechts deutlich mindert.[517]

Liegt ein Tatumstandsirrtum vor, hat dies – wie bereits dargestellt – zur Folge, dass es an einem vorsätzlichen Verhalten des Steuerpflichtigen mangelt, der Tatbestand der Steuerhinterziehung ist damit nicht erfüllt. Der Täter erkennt in diesen Fällen aus tatsächlichen oder rechtlichen Gründen nicht, dass seine Angaben unrichtig oder unvollständig sind bzw. er zur Abgabe einer Steuererklärung verpflichtet ist und dass ein Verkürzungserfolg eintreten kann bzw. der erlangte Steuervorteil nicht gerechtfertigt ist.[518]

Wie im allgemeinen Strafrecht ist auch im Steuerstrafrecht der Subsumtionsirrtum von den bisher betrachteten Irrtümern zu unterscheiden. Ein solcher liegt dann vor, wenn der Steuerpflichtige sämtliche Tatumstände kennt, jedoch eine falsche rechtliche Wertung vornimmt.[519] Für den Subsumtionsirrtum ist zu prüfen, ob es sich dabei um einen (un-)vermeidbaren Verbotsirrtum handelt.

22.2 Die Rechtswidrigkeit: Irrtümer hinsichtlich der Rechtswidrigkeit

Eine Tat ist regelmäßig dann rechtswidrig, wenn der Tatbestand erfüllt ist und keine Rechtfertigungsgründe eingreifen. Die Rechtswidrigkeitsprüfung beschränkt sich also auf die Untersuchung, ob ein Rechtfertigungsgrund gegeben ist. Im Bereich der Steuerstraftaten spielen Rechtfertigungsgründe keine besondere Rolle.[520] Eine weitere Betrachtung der möglichen Irrtümer erübrigt sich daher.

22.3 Die Schuldhaftigkeit: Irrtümer hinsichtlich der Schuldhaftigkeit (Verbotsirrtümer)

Eine rechtswidrige Tat ist dann schuldhaft begangen, wenn sie dem Täter vorgeworfen werden kann. Dies erfordert neben der Schuldfähigkeit auch ein Unrechtsbewusstsein. An Letzterem fehlt es dann, wenn der Täter die Rechtswidrigkeit seines Verhaltens nicht kennt. Auch wenn diese Unkenntnis, Unrecht zu tun, den Vorsatz in keinem Fall ausschließen kann, führt sie – zumindest in den Fällen, in denen sie unvermeidbar gewesen ist – zum Schuldausschluss und damit zur Straffreiheit.

Ein Verbotsirrtum liegt dann vor, wenn ein Täter entweder ein Ver- oder Gebot nicht kennt oder für ungültig hält bzw. er sein Verhalten nicht unter einen ihn

[517] Vgl. Hellmann, Uwe (o.J.) § 370 AO Rz 252
[518] Vgl. Hellmann, Uwe (o.J.) § 370 AO Rz 249; Kohlmann, Günter (o.J.) § 370 AO Rz 671; Wiese, Jörg (2004) Rz 496
[519] Vgl. Kohlmann, Günter (o.J.) § 370 AO Rz 675; Wiese, Jörg (2004) Rz 525
[520] Vgl. Wiese, Jörg (2004) Rz 464; Hellmann, Uwe (o.J.) § 370 AO Rz 274

bekannten Tatbestand subsumiert (direkter Verbotsirrtum) oder sein Verhalten für gerechtfertigt hält, indem er sich einen nicht existierenden Rechtfertigungsgrund vorstellt oder die Grenzen eines bestehenden Rechtfertigungsgrundes überdehnt (indirekter Verbotsirrtum).[521] Grundsätzlich genügt dabei das Wissen um die Verletzung einer steuerlichen Norm, das Wissen um die Strafbarkeit ist dabei nicht erforderlich; wie im allgemeinen Strafrecht ist daher der Verbotsirrtum von einem Strafbarkeitsirrtum abzugrenzen, der lediglich einen unbeachtlichen Subsumtionsirrtum darstellt.[522]

Dem direkten Verbotsirrtum, als Irrtum über das rechtliche Ver- oder Gebot als solches, kommt nur geringe praktische Bedeutung zu. Nur in Ausnahmefällen ist es denkbar, dass jemandem, der den konkreten Steueranspruch und die steuerlichen Pflichten kennt, die ihm im Interesse des Steueranspruchs auferlegt sind, das Unrechtsbewusstsein fehlt.[523] Meyer kritisiert i.d.Z. die Folgen der Steueranspruchstheorie dergestalt, dass bei deren konsequenter Anwendung ein Verbotsirrtum grundsätzlich fast unmöglich sei.[524] Dem hält Fissenewert zu Recht entgegen, dass dies kein Argument für eine Einschränkung des Tatumstandsirrtums sein kann, da dessen Anwendbarkeit sich aus sachlichen Rechtfertigungen ergibt und grundsätzlich ein Gleichgewicht zwischen beiden Irrtumsgruppen nicht erforderlich ist.[525]

Der Schuldausschluss ist in allen Fällen des Verbotsirrtums allerdings nur dann gegeben, wenn der Irrtum unvermeidbar gewesen ist. Für die Unvermeidbarkeit gelten die bereits i.R.d. allgemeinen Strafrechts erfolgten Ausführungen, auf die an dieser Stelle verwiesen werden kann. I.R.d. Steuerstrafrechts ist insbesondere zu beachten, dass in den Fällen, in denen Zweifel des Täters an der Rechtmäßigkeit seines Verhaltens bestehen und den Zweifeln nicht entsprechend nachgegangen wird, bereits bedingtes Unrechtsbewusstsein vorliegt, das nicht zur Unvermeidbarkeit des Irrtums führen kann; ausreichend zur Annahme von Vermeidbarkeit ist bereits ein potenzielles Unrechtsbewusstsein, das vorliegt, wenn der Täter die Unrechtmäßigkeit bei dem ihm zumutbaren Einsatz seiner Erkenntniskräfte und Wertvorstellungen hätte erkennen können.[526] Nach zutreffender Auffassung ist es – neben dem Bestehen eines Anlasses zur Überprüfung der Rechtmäßigkeit des Verhaltens des Täters[527] – erforderlich, dass die vorzunehmende Erkundigung eine verlässliche Auskunft erbracht, dem Täter also die

---

521 Vgl. Hellmann, Uwe (o.J.) § 370 AO Rz 254; Kohlmann, Günter (o.J.) § 370 AO Rz 704 ff; Wiese, Jörg (2004) Rz 541, S. 135 ff Rz 554 ff

522 Vgl. Hellmann, Uwe (o.J.) § 370 AO Rz 255; Wiese, Jörg (2004) Rz 543

523 Vgl. Samson, Erich (1983) S. 106

524 Vgl. Meyer, Fritz (NStZ 1986) S. 445 f; ders. (NStZ 1987) S. 500 f

525 Vgl. Fissenewert, Peter (DStR 1992) S. 1492

526 Vgl. BGH v. 23.12.1952, 2 StR 612/52, BGHSt 4 S. 5; BGH v. 19.04.1984, 1 StR 736/83, wistra 1984 S. 178; Hellmann, Uwe (o.J.) § 370 AO Rz 256 f

527 Vgl. Wiese, Jörg (2004) Rz 545

Unrechtserkenntnis vermittelt hätte oder jedenfalls hätte vermitteln können.[528] Kohlmann weist i.d.Z. darauf hin, dass an die Erkundigungspflicht dabei hohe Anforderungen zu stellen sind und ein Verbotsirrtum daher in den meisten Fällen vermeidbar sein dürfte.[529]

22.4 Die Rechtsfolgen des steuerstrafrechtlichen Irrtums

Hinsichtlich der Rechtsfolgen wird zwischen denen des unbeachtlichen und denen des beachtlichen Irrtums unterschieden, wobei für den unbeachtlichen Irrtum die Besonderheit der Selbstanzeige gem. § 371 AO zu beachten ist.

22.41 Unbeachtliche Irrtümer i.S.d. Steuerstrafrechts

Sofern ein irrtumbehafteter Vorgang zur Erfüllung des Tatbestandes der Steuerhinterziehung führt, wird dies gem. § 370 Abs. 1 AO mit Freiheitsstrafe bis zu fünf Jahren oder Geldstrafe (§ 370 Abs. 1 AO) geahndet, wobei für die Verfolgung die Verjährungsfristen gem. §§ 78 ff StGB zu beachten sind.

Neben der Strafe ist auch die Nachentrichtung der hinterzogenen Steuer zu berücksichtigen, da der Steueranspruch so lange bestehen bleibt, bis die (verlängerte) steuerrechtliche Festsetzungsfrist abgelaufen ist. Dabei sind nunmehr die Korrekturvorschriften zu prüfen, nach denen der Steueranspruch festzusetzen ist; dies ist vor allem § 173 Abs. 1 Nr. 1 AO. Es ist damit zu den Kriterien 4 ff überzugehen.

Zu beachten ist, dass für den Steuerpflichtigen mit der Selbstanzeige gem. § 371 AO die Möglichkeit besteht, einer strafrechtlichen Verfolgung zu entgehen. Straffrei bleibt gem. § 371 Abs. 1 AO ein Steuerpflichtiger in den Fällen des § 370 AO, soweit er unrichtige oder unvollständige Angaben bei der Finanzbehörde berichtigt oder ergänzt oder unterlassene Angaben nachholt und gem. § 371 Abs. 2 AO die zu seinen Gunsten hinterzogenen Steuern innerhalb der ihm bestimmten angemessenen Frist entrichtet.

Zu beachten ist dabei allerdings, dass die Straffreiheit dann nicht eintritt, wenn vor der Berichtigung, Ergänzung oder Nachholung ein Amtsträger der Finanzbehörde zur steuerlichen Prüfung oder zur Ermittlung einer Steuerstraftat (oder einer Steuerordnungswidrigkeit) erschienen ist,[530] dem Täter die Einleitung ei-

---

[528] Vgl. Hellmann, Uwe (o.J.) § 370 AO Rz 257

[529] Vgl. Kohlmann, Günter (o.J.) § 370 AO Rz 705

[530] Vgl. Kohlmann, Günter (o.J.) § 371 AO Rz 120 ff; Wannemacher, Wolfgang / Meyer, Ingeborg M. (o.J.) § 371 AO Rz 33 ff; Rüping, Hinrich (o.J.) § 371 AO Rz 162 ff; Vogelberg, Claus-Arnold (2004) Rz 2164 ff; Joecks, Wolfgang (2005) § 371 AO Rz 134 ff

nes Straf- oder Bußgeldverfahrens wegen der Tat bekannt gegeben worden ist[531] oder die Tat im Zeitpunkt der Berichtigung, Ergänzung oder Nachholung ganz oder zum Teil bereits entdeckt war und der Täter dies wusste oder bei verständiger Würdigung der Sachlage damit rechnen musste.[532]

Während keine Formvorschriften existieren – sich jedoch aus Beweisgründen die Schriftform empfiehlt –, gilt für den Inhalt der Selbstanzeige, dass sowohl Berichtigungen, als auch Ergänzungen und Nachholungen enthalten sein können, die Finanzbehörde aber in jedem Fall in die Lage versetzt werden muss, ohne weitere erhebliche Ermittlungen den Sachverhalt klären zu können.[533]

22.42 Beachtliche Irrtümer i.S.d. Steuerstrafrechts

Beachtliche Irrtümer haben grundsätzlich Straffreiheit zur Folge. Allerdings ist danach zu differenzieren, ob es sich um einen Tatumstands- oder einen Verbotsirrtum handelt. Liegt ein Tatumstandsirrtum vor, so ist an dieser Stelle zunächst zum Kriterium 3 überzugehen und zu prüfen, ob die Tatbestandsmerkmale einer Steuerordnungswidrigkeit erfüllt sind. Ist dem Steuerpflichtigen hingegen ein beachtlicher Verbotsirrtum unterlaufen, so erübrigt sich die Prüfung des Kriteriums 3 aufgrund der für diese Irrtümer bereits erforderlichen Unvermeidbarkeit. Für diese Fälle ist im Weiteren zu den Kriterien 4 ff überzugehen, um zu klären, inwieweit i.R.d. Korrekturvorschriften noch eine Festsetzung der Steuer erfolgen kann.

3 Kriterium 3: Das Vorliegen einer Steuerordnungswidrigkeit

Wie beim Steuerstrafrecht sind auch für das Steuerordnungswidrigkeitenrecht zunächst die wesentlichen Züge des allgemeinen Ordnungswidrigkeitenrechts darzustellen, auf die dann bei der Betrachtung des Steuerordnungswidrigkeitenrechts zurückgegriffen werden kann.

---

531 Vgl. Kohlmann, Günter (o.J.) § 371 AO Rz 163 ff; Wannemacher, Wolfgang / Meyer, Ingeborg M. (o.J.) § 371 AO Rz 43 f; Rüping, Hinrich (o.J.) § 371 AO Rz 167 ff; Vogelberg, Claus-Arnold (2004) Rz 2226 ff; Joecks, Wolfgang (2005) § 371 AO Rz 163 ff

532 Vgl. Kohlmann, Günter (o.J.) § 371 AO Rz 199 ff; Wannemacher, Wolfgang / Meyer, Ingeborg M. (o.J.) § 371 AO Rz 45 ff; Rüping, Hinrich (o.J.) § 371 AO Rz 181 ff; Vogelberg, Claus-Arnold (2004) Rz 2280 ff; Joecks, Wolfgang (2005) § 371 AO Rz 183 ff

533 Vgl. Kohlmann, Günter (o.J.) § 371 AO Rz 62; Wannemacher, Wolfgang / Meyer, Ingeborg M. (o.J.) § 371 AO Rz 22 f; Rüping, Hinrich (o.J.) § 371 AO Rz 67; Vogelberg, Claus-Arnold (2004) Rz 2122

31 Die Behandlung des Irrtums im Ordnungswidrigkeitenrecht

31.1 Die Ordnungswidrigkeit und ihre Merkmale

In vielerlei Hinsicht entspricht das Ordnungswidrigkeitenrecht dem Strafrecht, allerdings mit dem Unterschied, dass hier nicht eine sozialethische Missbilligung ausgesprochen wird, sondern die Vorschriften des Ordnungswidrigkeitenrechts vielmehr auf Zweckmäßigkeitsgesichtspunkten beruhen.[534] Dies spiegelt sich in der Definition gem. § 1 OWiG wider, wonach eine Ordnungswidrigkeit eine rechtswidrige und vorwerfbare Handlung ist, die den Tatbestand eines Gesetzes verwirklicht, das die Ahndung mit einer Geldbuße zulässt.

Der Aufbau der Ordnungswidrigkeit entspricht grundsätzlich der des dreistufigen Verbrechensaufbaus im Strafrecht, wobei die Vorwerfbarkeit die im Strafrecht erforderliche Schuld ersetzt. Gem. § 10 OWiG erfordert die Ahndung als Ordnungswidrigkeit eine vorsätzliche oder zumindest fahrlässige Handlung. Die nachfolgenden Ausführungen beschränken sich jedoch auf fahrlässige und leichtfertige Handlungen, da die Darstellung der objektiven Tatbestandsmäßigkeit bei den Steuerordnungswidrigkeiten auf die der leichtfertigen Steuerverkürzung gem. § 378 AO beschränkt wird, für die eine vorsätzliche Handlung nicht erforderlich ist.[535] Da im Strafrecht ausschließlich Vorsatzdelikte betrachtet wurden, muss an dieser Stelle ergänzend auf die Abweichungen der Fahrlässigkeitsdelikte von den Vorsatzdelikten eingegangen werden.

Nach der h.M. erfüllt die Fahrlässigkeit eine Doppelfunktion, indem sie einerseits eine Verhaltensform – für die eine Prüfung der generellen Sorgfaltspflichtverletzung auf der Tatbestandsebene zu erfolgen hat – und zum andern als individuelle Sorgfaltswidrigkeit eine Form der Vorwerfbarkeit darstellt.[536] Eine fahrlässige oder leichtfertige Ordnungswidrigkeit setzt daher auf der Ebene der Tatbestandsmäßigkeit neben den im Gesetz umschriebenen Tatbestandshandlungen eine Verletzung der objektiv zu bestimmenden Sorgfaltspflicht (sog.

---

[534] Vgl. Kohlmann, Günter (o.J.) § 377 AO Rz 44; Joecks, Wolfgang (2005) § 377 AO Rz 12

[535] Für die Steuerordnungswidrigkeiten, die eine vorsätzliche Handlung des Steuerpflichtigen voraussetzen, kann sowohl hinsichtlich des Aufbaus, als auch der möglichen Irrtümer und ihrer Behandlung auf die Ausführungen zum Strafrecht verwiesen werden, da sich insofern keine Abweichungen ergeben (Tatumstandsirrtum gem. § 11 Abs. 1 OWiG, Verbotsirrtum gem. § 11 Abs. 2 OWiG). Es ist zu beachten, dass die Voraussetzung einer vorsätzlichen Handlung zu einer abweichenden Struktur dergestalt führt, dass innerhalb des Kriteriums der (Steuer-)Ordnungswidrigkeit erneut nach beachtlichen und unbeachtlichen Irrtümern gem. § 11 OWiG zu unterscheiden ist, die denen des Strafrechts entsprechen. Sofern ausschließlich die vorsätzliche Handlung zur Erfüllung der Tatbestandsmäßigkeit führen kann, ist die Prüfung damit an dieser Stelle beendet. Sofern daneben allerdings bereits Fahrlässigkeit oder Leichtfertigkeit ausreichen sollten, ist eine erneute Prüfung diesbezüglich erforderlich. Diese Prüfung hat dann – wie hier dargestellt – zu erfolgen.

[536] Vgl. Joecks, Wolfgang (2005) § 377 AO Rz 17; Kohlmann, Günter (o.J.) § 377 AO Rz 23

Handlungsunrecht) und bei Erfolgsdelikten außerdem Eintritt, Verursachung und Voraussehbarkeit (sog. Erfolgsunrecht) voraus.[537] Da ein Tatumstandsirrtum gem. § 11 Abs. 1 OWiG zwar ein vorsätzliches Verhalten ausschließt, die Möglichkeit einer Ahndung wegen fahrlässigem Verhalten jedoch ausdrücklich unberührt lässt, braucht dieser hinsichtlich der leichtfertigen Steuerverkürzung nicht weiter betrachtet zu werden, da zur Tatbestandserfüllung bereits ein leichtfertiges Verhalten ausreicht und damit die Berufung auf einen Tatumstandsirrtum die Erfüllung des Tatbestandes nicht verhindert.

Hinsichtlich der erforderlichen Rechtswidrigkeit der Handlung kann auf die Ausführungen zum Strafrecht verwiesen werden.

Die Vorwerfbarkeit setzt neben der Verantwortlichkeit des Steuerpflichtigen i.S.d. § 12 OWiG voraus, dass die tatbestandlich-widerrechtliche Handlung dem Steuerpflichtigen persönlich vorwerfbar ist und die Möglichkeit der Unrechtseinsicht gem. § 11 Abs. 2 OWiG bestanden hat (individuelle Sorgfaltswidrigkeit).[538] Hinsichtlich des Verbotsirrtums gem. § 11 Abs. 2 OWiG kann auf die Ausführungen beim Strafrecht verwiesen werden.

Abweichend vom Strafrecht, ist nach dem Ordnungswidrigkeitenrecht ein Versuch gem. § 13 Abs. 2 OWiG generell nur dann zu ahnden, wenn dies vom Gesetz ausdrücklich vorgesehen ist.

31.2 Die Rechtsfolgen einer Ordnungswidrigkeit

Ordnungswidrigkeiten werden mittels Geldbußen geahndet, die gem. § 17 Abs. 4 OWiG über die Abschöpfung des wirtschaftlichen Vorteils der Ordnungswidrigkeit hinausgehen sollen. Im Gegensatz zur Straftat stellt die Ahndung einer Ordnungswidrigkeit nach dem Opportunitätsprinzip des § 47 OWiG eine Ermessensentscheidung dar.[539]

32 Die Behandlung des Irrtums im Steuerordnungswidrigkeitenrecht

Gem. § 377 Abs. 2 AO gelten für die Steuerordnungswidrigkeiten die Vorschriften des Ersten Teils des Gesetzes über Ordnungswidrigkeiten, soweit die Bußgeldvorschriften der Steuergesetze nichts anderes bestimmen.

Die Steuerordnungswidrigkeiten bilden eine Art Auffangtatbestand für die Fälle, in denen es an der Erfüllung der Voraussetzung des Vorsatzes als Teil der subjektiven Tatbestandsmäßigkeit einer Steuerstrafnorm mangelt, also insbesondere

[537] Vgl. Kohlmann, Günter (o.J.) § 377 AO Rz 23
[538] Vgl. Kohlmann, Günter (o.J.) § 377 AO Rz 23
[539] Vgl. Kohlmann, Günter (o.J.) § 377 AO Rz 14; Joecks, Wolfgang (2005) § 377 AO Rz 50

die Gruppe der Tatumstandsirrtümer.[540] Dabei ist jedoch zu beachten, dass die Ahndung als Steuerordnungswidrigkeit zwingend die Erfüllung der Tatbestandsmerkmale ebendieser voraussetzt und nicht automatisch bei Nichterfüllung der subjektiven Tatbestandsmäßigkeit einer Steuerstrafnorm eintritt.[541]

32.1 Die Tatbestandsmäßigkeit

32.11 Die objektive Tatbestandsmäßigkeit (der leichtfertigen Steuerverkürzung [§ 378 AO])

Die Betrachtung der Steuerordnungswidrigkeitennormen wird im Folgenden auf die leichtfertige Steuerhinterziehung gem. § 378 AO beschränkt.

Da die objektiven Tatbestände des § 378 AO denen des § 370 AO entsprechen, kann hinsichtlich der Tathandlung, des Taterfolgs und der Kausalität zwischen dem Täterverhalten und dem tatbestandsmäßigen Erfolg grundsätzlich auf die Ausführungen zur Steuerhinterziehung gem. § 370 AO verwiesen werden.[542]

Im Steuerordnungswidrigkeitenrecht ist die Ahndung eines Versuchs nicht vorgesehen. Damit erübrigt sich auch die Betrachtung der unzutreffenden Annahme der Erfüllung der objektiven Tatbestände, da für den untauglichen Versuch nichts anderes gilt als für den tauglichen Versuch und das Wahndelikt generell nicht geahndet wird.

32.12 Exkurs: Die Leichtfertigkeit

Leichtfertigkeit stellt einen erhöhten Grad an Fahrlässigkeit dar, wobei in der Rechtsprechung davon ausgegangen wird, dass Leichtfertigkeit in etwa grober Fahrlässigkeit entspricht.[543] Nach der h.M. ist davon auszugehen, dass eine Anpassung des objektiven Fahrlässigkeitsmaßstabs des Zivilrechts an die Anforderungen des im Ordnungswidrigkeitenrecht geltenden subjektiven Fahrlässigkeitsbegriffs in Form der individuellen Vorwerfbarkeit vorgenommen werden muss.[544] Anhaltspunkte für die Beurteilung ergeben sich aus einem Vergleich des konkreten Verhaltens des Täters mit dem, das unter gleichen

---

[540] Vgl. Joecks, Wolfgang (2005) § 378 AO Rz 5; Kohlmann, Günter (o.J.) § 377 AO Rz 7; Rüping, Hinrich (o.J.) § 378 AO Rz 9

[541] Vgl. Joecks, Wolfgang (2005) § 378 AO Rz 5; Kohlmann, Günter (o.J.) § 377 AO Rz 7; Rüping, Hinrich (o.J.) § 378 AO Rz 8; Wannemacher, Wolfgang / Meyer, Ingeborg M. (o.J.) § 378 AO Rz 2

[542] Vgl. Joecks, Wolfgang (2005) § 378 AO Rz 20 ff; Kohlmann, Günter (o.J.) § 377 AO Rz 7; Wannemacher, Wolfgang / Meyer, Ingeborg M. (o.J.) § 378 AO Rz 6 ff

[543] Vgl. Joecks, Wolfgang (2005) § 378 AO Rz 27; Rüping, Hinrich (o.J.) § 378 AO Rz 34

[544] Vgl. Kohlmann, Günter (o.J.) § 378 AO Rz 59

Umständen andere Steuerpflichtige mit etwa gleicher Bildung, Ausbildung und Berufserfahrung an den Tag legen.[545] In jedem Fall ist für die Leichtfertigkeit – als eine gesteigerte Form der Fahrlässigkeit – ein schwerwiegenderer Vorwurf erforderlich. Dieser besteht darin, dass dem Täter bei der Anwendung pflichtgemäßer und zumutbarer Sorgfalt der Verstoß gegen die Rechtsordnung hätte auffallen müssen, also sowohl in der objektiven als auch in der subjektiven Vermeidbarkeit der Rechtsverletzung.[546] Da zur Klärung der Vermeidbarkeit auf die Voraussehbarkeit der Tatbestandsverwirklichung abzustellen ist, unterscheiden sich Fahrlässigkeit und Leichtfertigkeit durch einen unterschiedlichen Grad der Voraussehbarkeit der Tatbestandsverwirklichung bei der Handlung.[547] Ein höherer Grad der Voraussehbarkeit liegt insbesondere dann vor, wenn dem Täter erhebliche Zweifel hinsichtlich der Tatbestandsverwirklichung hätten aufkommen bzw. wenn diese sich dem Täter hätten aufdrängen müssen.[548] Als leichtfertig lässt sich daher eine Handlung umschreiben, mittels derer der Täter auf der Tatbestandsseite gravierend gegen seine Sorgfaltspflichten verstößt und ihm dies auf der Vorwerfbarkeitsseite auch vorzuwerfen ist, da er den Erfolg vorhersehen und entsprechend hätte vermeiden können.[549]

32.13 Die Verletzung der objektiven Sorgfaltspflichten

Da aus den gesetzlichen Tatbeständen des Steuerordnungswidrigkeitenrechts nicht hervorgeht, wann eine Verletzung der objektiven Sorgfaltspflichten anzunehmen ist, ist deren Prüfung mit den größten Schwierigkeiten für die Frage der Erfüllung der Merkmale der Steuerordnungswidrigkeit verbunden und daher zumindest als strittig anzusehen.[550] Der h.M. folgend, ist ausgehend von einem „... gewissenhafte[n] und besonnene[n] Mensch[en] des Verkehrskreises, dem der Handelnde angehört, und zwar in der konkreten Situation, in der er sich befunden hat, und bei Betrachtung der Gefahrenlage ex ante“,[551] auf das Erkenntnisvermögen des gewissenhaften Steuerpflichtigen abzustellen, da erst aus der Erkennbarkeit der Gefahr überhaupt die Pflicht entstehen kann, sich entsprechend zu verhalten.[552] Demzufolge fehlt es an der Verwirklichung des Tatbestandes, wenn das Verhalten des Täters – gemessen an dem Orientierungsgrundsatz – als objektiv nicht sorgfaltswidrig anzusehen ist.[553]

---

[545] Vgl. Joecks, Wolfgang (2005) § 378 AO Rz 37; Wannemacher, Wolfgang / Meyer, Ingeborg M. (o.J.) § 378 AO Rz 13

[546] Vgl. Kohlmann, Günter (o.J.) § 378 AO Rz 60

[547] Vgl. Kohlmann, Günter (o.J.) § 378 AO Rz 60

[548] Vgl. Kohlmann, Günter (o.J.) § 378 AO Rz 60

[549] Vgl. Rüping, Hinrich (o.J.) § 378 AO Rz 35

[550] Vgl. Kohlmann, Günter (o.J.) § 377 AO Rz 24

[551] Vgl. Kohlmann, Günter (o.J.) § 377 AO Rz 24

[552] Vgl. Kohlmann, Günter (o.J.) § 377 AO Rz 24

[553] Vgl. Kohlmann, Günter (o.J.) § 377 AO Rz 24

32.14 Der besondere Rechtswidrigkeitszusammenhang

Fahrlässiges bzw. leichtfertiges Verhalten setzt einen besonderen Rechtswidrigkeitszusammenhang voraus, der sowohl erfordert, dass der Erfolg bei objektiv sorgfältigem Verhalten vermieden worden wäre, als auch, dass die durch das sorgfaltswidrige Verhalten verletzte steuerliche Norm gerade dazu diente, Erfolge wie den konkret eingetretenen zu verhindern. Letzteres liegt für die Steuerordnungswidrigkeiten regelmäßig vor. Da seitens der Rechtsprechung die Voraussehbarkeit sowohl des Erfolgs als auch des Kausalzusammenhangs weit ausgelegt wird, ist die Voraussehbarkeit nur dann zu verneinen, wenn der Ablauf außerhalb jeglicher Lebenserfahrung liegen würde. Allerdings entfällt der Rechtswidrigkeitszusammenhang regelmäßig in den Fällen, in denen die konkrete leichtfertige Handlung den Erfolg zwar verursacht hat, dieser jedoch bei sorgfältigem Verhalten gleichfalls eingetreten wäre.[554]

32.2 Die Vorwerfbarkeit

Fehlt dem Täter die Einsicht, etwas Unerlaubtes zu tun, handelt er gem. § 11 Abs. 2 OWiG dann nicht vorwerfbar, wenn der Irrtum unvermeidbar war. Grundsätzlich gelten hierzu die bereits hinsichtlich des Verbotsirrtums im Strafrecht erfolgten Ausführungen.

Hinsichtlich der Vorwerfbarkeit ist zu prüfen, ob der jeweilige Täter gemessen an seinen persönlichen Fähigkeiten in der Lage gewesen ist, die objektiv bestehende Sorgfaltspflicht zu erkennen und entsprechend danach zu handeln.[555] Zudem müssen für den Täter auch der Erfolg und der Kausalzusammenhang subjektiv vorhersehbar gewesen sein, wenn es sich um fahrlässig begehbare Erfolgsdelikte handelt;[556] als Orientierungsmaßstab gelten dabei z.B. neben dem Bildungsstand, der beruflichen Tätigkeit, die (nicht) gemachten Erfahrungen, der Intelligenzgrad.[557] Nur dann, wenn das Verhalten diesem subjektiven Orientierungsmaßstab nicht genügt, kann der Vorwurf erhoben werden, dass der Täter fahrlässig gehandelt hat.[558] Sofern der Täter notwendige persönliche oder fachliche Fähigkeiten nicht besitzt, muss er sich sachkundiger Hilfe bedienen, um den Vorwurf der Fahrlässigkeit zu vermeiden.[559] Dabei ist dem Täter grundsätzlich ein normgerechtes Verhalten zumutbar, allerdings können i.R.d. Opportunitätsprinzips (§ 47 OWiG) besondere Umstände Berücksichtigung finden.[560]

---

554 Vgl. Joecks, Wolfgang (2005) § 378 AO Rz 43; Wannemacher, Wolfgang / Meyer, Ingeborg M. (o.J.) § 378 AO Rz 53

555 Vgl. Kohlmann, Günter (o.J.) § 377 AO Rz 26

556 Vgl. Kohlmann, Günter (o.J.) § 377 AO Rz 26

557 Vgl. Kohlmann, Günter (o.J.) § 377 AO Rz 26

558 Vgl. Kohlmann, Günter (o.J.) § 377 AO Rz 26

559 Vgl. Kohlmann, Günter (o.J.) § 377 AO Rz 26

560 Vgl. Kohlmann, Günter (o.J.) § 377 AO Rz 26

Leichtfertig handelt somit, wer die nach den Steuergesetzen erforderliche Sorgfalt außer Acht lässt – zu der er sowohl nach den besonderen Umständen des Falles als auch seinen persönlichen Fähigkeiten und Kenntnissen fähig und damit auch verpflichtet ist –, obwohl es sich ihm hätte aufdrängen müssen, dass sein Verhalten eine Steuerverkürzung bewirken wird.[561] Erfüllt ist Letzteres dann, wenn sich dem Täter hätte aufdrängen müssen, dass entweder ein Steueranspruch besteht, dass die (Finanz-)Behörde über das Bestehen oder die Höhe des Steueranspruchs irrt oder in Unkenntnis gehalten wird und dies eine Folge seines Verhaltens darstellt oder dass infolgedessen eine Steuerverkürzung eintritt bzw. ein ungerechtfertigter Steuervorteil erlangt wird.[562]

Leichtfertigkeit ist dem Täter damit dann vorzuwerfen, wenn er einen objektiven Sorgfaltspflichtverstoß begangen hat, wobei sich das Maß der zu beachtenden Sorgfalt nach subjektiven Gesichtspunkten bestimmt.[563] Insgesamt sollen dabei nach der h.M. die Anforderungen nicht überspannt werden; die Rechtsprechung diesbezüglich ist kasuistisch geprägt.[564]

32.3 Die Rechtsfolgen einer Steuerordnungswidrigkeit

Auch hier ist wiederum zwischen den Rechtsfolgen des unbeachtlichen und denen des beachtlichen Irrtums zu trennen.

32.31 Unbeachtliche Irrtümer i.S.d. Steuerordnungswidrigkeitenrechts

Führt ein irrtumbehafteter Sachverhalt zur Erfüllung des Tatbestandes der leichtfertigen Steuerverkürzung, wird dies gem. § 378 Abs. 2 AO unter Berücksichtigung des Opportunitätsprinzips gem. § 47 OWiG mittels Geldbuße geahndet. Die Verfolgung der Steuerordnungswidrigkeit verjährt gem. § 384 AO nach fünf Jahren, was der verlängerten Festsetzungsfrist bei leichtfertiger Steuerverkürzung entspricht. Für den Steuerpflichtigen besteht gem. § 378 Abs. 3 AO die Möglichkeit einer bußgeldbefreienden Selbstanzeige. Hinsichtlich der Festsetzung der leichtfertig verkürzten Steuern ist mit der Prüfung der nachfolgenden Kriterien fortzufahren.

Gegenüber § 371 AO ist die Selbstanzeige gem. § 378 Abs. 3 AO erheblich erleichtert, was bedeutet, dass sie auch nach Entdeckung der Tat, jedoch nicht nach Einleitung des Bußgeldverfahrens möglich ist. Als ausreichend wird dabei ein Nachholen, Ergänzen oder Berichtigen angesehen, strittig ist dagegen die

---

561 Vgl. Kohlmann, Günter (o.J.) § 378 AO Rz 61
562 Vgl. Kohlmann, Günter (o.J.) § 378 AO Rz 61
563 Vgl. Kohlmann, Günter (o.J.) § 378 AO Rz 62
564 Vgl. Kohlmann, Günter (o.J.) § 378 AO Rz 62

ausschließliche Anerkennung eines Prüfungsergebnisses.[565] Wie bei § 371 AO ist es erforderlich, dass bereits verkürzte Steuern fristgerecht nachgezahlt werden. Dass der Leichtfertigkeitstäter stärker vor Sanktionen geschützt ist, wird damit begründet, dass er zwar in vorwerfbarer Unkenntnis, jedoch ohne Vorsatz Steuern verkürzt und i.d.R. erst durch eine Prüfung auf die Erfüllung des Tatbestandes aufmerksam wird.[566]

32.32 Beachtliche Irrtümer i.S.d. Steuerordnungswidrigkeitenrechts

Beachtliche Irrtümer haben grundsätzlich zur Folge, dass eine Ahndung als Steuerordnungswidrigkeit nicht in Frage kommt. Anhand der folgenden Kriterien ist zu prüfen, inwieweit eine Berichtigung des Irrtums vorzunehmen ist.

4 Kriterium 4: Ein Verwaltungsakt wurde [(noch) nicht] erlassen

Während für die ersten Kriterien lediglich (hier nicht weiter interessierende) straf- bzw. ordnungswidrigkeitenrechtliche Verfolgungsfristen zu beachten waren, ist mit dem vierten Kriterium zugleich eine erste Grenze für eine zeitliche Differenzierung gegeben, die sich bis zum letzten Prüfungskriterium durchzieht:

41 Der Zeitraum vor dem Erlass des Verwaltungsaktes

Bis zum Erlass eines Verwaltungsaktes bestehen für die Beseitigung von Irrtümern keinerlei Einschränkungen, wenn es sich um die Erklärung von Sachverhalten handelt. Während die Beseitigung von Irrtümern, die zu negativen steuerlichen Folgen für den Steuerpflichtigen geführt haben, im Interesse des Steuerpflichtigen erfolgt, gilt es für Irrtümer, die zu positiven steuerlichen Folgen für den Steuerpflichtigen geführt haben, die bereits dargestellte Berichtigungspflicht des § 153 AO zu beachten. Eine Unterscheidung zwischen den Irrtumsarten erübrigt sich an dieser Stelle, da bis zum Erlass des Verwaltungsaktes sämtliche Irrtümer beseitigt werden können.

---

[565] Zustimmend bei einer Mitwirkung des Steuerpflichtigen Joecks, Wolfgang (2005) § 378 AO Rz 69; Rüping, Hinrich (o.J.) § 378 AO Rz 62; Wannemacher, Wolfgang / Meyer, Ingeborg M. (o.J.) § 378 AO Rz 25

[566] Vgl. Joecks, Wolfgang (2005) § 378 AO Rz 67

42 Der Zeitraum nach dem Erlass des Verwaltungsaktes

Sofern bereits ein Verwaltungsakt erlassen wurde, ist zum fünften Kriterium überzugehen:

5 Kriterium 5: Die Nichtigkeit bzw. Gültigkeit des Verwaltungsaktes

Generell ist nach dem Erlass des Verwaltungsaktes zunächst zu prüfen, ob dieser Gültigkeit erlangt hat, da bei Nichtigkeit die nachfolgenden Kriterien überflüssig werden.

51 Die Nichtigkeit bzw. Unwirksamkeit

Die Nichtigkeit eines Verwaltungsaktes kann auf die Generalklausel[567] des § 125 Abs. 1 AO oder auf die in § 125 Abs. 2 AO definierten Fälle absoluter Nichtigkeit[568] zurückgehen. Dabei folgt die Generalklausel der im allgemeinen Verwaltungsrecht geltenden Evidenztheorie, wonach ein Verwaltungsakt dann nichtig ist, wenn der ihm anhaftende Fehler besonders schwer und dies bei verständiger Würdigung aller in Betracht kommenden Umstände offenkundig ist.[569] Generell ist ein Verwaltungsakt nur dann nichtig, wenn es für die Rechtsordnung unerträglich wäre, dass der Verwaltungsakt jemals Gültigkeit erlangt;[570] da dies jedoch eine Ausnahme ist, trägt vielmehr jeder Verwaltungsakt die Vermutung der Gültigkeit. Demzufolge gilt es, einen Verwaltungsakt zunächst durch Auslegung – bis an die Grenzen des Wortlautes – zu retten; notfalls muss eine Teilrettung oder Umdeutung gem. § 128 AO erfolgen; für Form- oder Verfahrensfehler besteht die Möglichkeit einer Heilung gem. § 126 AO. Handelt es sich dagegen tatsächlich um einen nichtigen Verwaltungsakt, so ist dieser gem. § 124 Abs. 3 AO unwirksam. Dies ist von Amts wegen zu beachten, bei berechtigtem Interesse hat eine Feststellung der Nichtigkeit gem. § 125 Abs. 5 AO zu

---

[567] Materielle Inhaltsfehler führen dann zur Nichtigkeit, wenn sie besonders schwerwiegend und offensichtlich sind (§ 125 Abs. 1 AO).

[568] Mit formellen Fehlern – die zur Nichtigkeit führen – behaftet sind Verwaltungsakte, die besonders schwerwiegende und offenkundige Verfahrensfehler beinhalten, insbesondere durch das Fehlen der erlassenden Behörde gekennzeichnet sind (§ 125 Abs. 2 Nr. 1 AO), ebenso wie solche Verwaltungsakte, die tatsächlich niemand befolgen kann (§ 125 Abs. 2 Nr. 2 AO), Verwaltungsakte, die eine Straftat verlangen (§ 125 Abs. 2 Nr. 3 AO) oder die gegen die guten Sitten verstoßen (§ 125 Abs. 2 Nr. 4 AO); bei anderen Formfehlern ist die Nichtigkeit nicht gegeben, sofern es sich nicht um Ermessensentscheidungen handelt (§ 127 AO).

[569] Vgl. Rozek, Jochen (o.J.) § 125 AO Rz 9 ff

[570] Vgl. z.B. BFH v. 11.07.1986, VI R 105/83, BStBl II 1986 S. 775; ausführlicher zur Frage der Nichtigkeit vgl. Tipke, Klaus (o.J.) § 125 AO Rz 4 ff; Rozek, Jochen (o.J.) § 125 AO Rz 12 ff; Wedelstädt, Alexander v. (o.J.) § 125 AO Rz 5 ff

erfolgen. Auch wenn ein nichtiger Verwaltungsakt keinerlei Wirkung entfaltet, empfiehlt sich die Feststellung der Nichtigkeit, da der Steuerpflichtige ansonsten Gefahr läuft, dass der Verwaltungsakt entgegen seiner Auffassung Gültigkeit erlangt hat, wodurch u.U. zwischenzeitlich Fristen verstrichen und damit die Änderungsmöglichkeiten eingeschränkt sein können.

Für die Nichtigkeit des Verwaltungsaktes ist es ohne Bedeutung, ob diese auf einen Irrtum – gleich welcher Art – zurückgeht oder auf einen sonstigen Fehler.

Ein in einem nichtigen Verwaltungsakt enthaltener Irrtum ist ohne Bedeutung, da er keine Wirkung entfalten kann. Daher gelten bis zum Erlass eines gültigen Verwaltungsaktes die Feststellungen, die für den Zeitraum vor dem Erlass eines Verwaltungsaktes gemacht wurden: Es bestehen keine Einschränkungen für die Berichtigung von Irrtümern i.R.d. Erklärung von Sachverhalten. Irrtümer – gleich welcher Art – können berichtigt werden, Irrtümer, die die Tatbestandsmerkmale des § 153 AO erfüllen, müssen berichtigt werden.

52 Die Gültigkeit bzw. Wirksamkeit

Der Erlass eines Steuerverwaltungsaktes stellt eine erste Konkretisierung des Steueranspruchs gem. §§ 37, 38 AO dar, deren Wirksamkeit mit der Bekanntgabe gem. §§ 124 Abs. 1 AO beginnt, und zwar mit dem Inhalt, mit dem der Steuerverwaltungsakt bekannt gegeben wurde. Dieser bleibt gem. § 124 Abs. 2 AO solange und soweit wirksam, wie er nicht zurückgenommen, widerrufen, anderweitig aufgehoben oder durch Zeitablauf oder auf andere Weise erledigt ist. Es kommt dabei nicht darauf an, ob der Verwaltungsakt rechtswidrig ist oder nicht. Grundsätzlich wird damit von der Gültigkeit des Bescheides ausgegangen, die dann zugunsten der Rechtsrichtigkeit durchbrochen werden kann. Mit dieser Bestimmung hat sich der Gesetzgeber unter Berücksichtigung des Gedankens der Rechtssicherheit und des Vertrauensschutzes für die im Zivilrecht entwickelte Erklärungstheorie und gegen die Willenstheorie entschieden.[571] Der Gültigkeit eines Verwaltungsaktes steht es damit auch nicht entgegen, dass dieser auf einem Irrtum beruht oder einen Irrtum beinhaltet. Liegt ein gültiger Verwaltungsakt vor, so ist in einem weiteren Schritt zu untersuchen, ob die Möglichkeit besteht, den Verwaltungsakt aufgrund eines zugrunde liegenden Irrtums zugunsten der Rechtsrichtigkeit anzufechten oder zu korrigieren.

[571] Vgl. Tipke, Klaus (o.J.) § 124 AO Rz 12

6 Kriterium 6: Das (Nicht-)Bestehen der Möglichkeit, den Verwaltungsakt aufgrund eines Irrtums anzufechten oder zu korrigieren

Die Behandlung von Fehlern bei bereits erlassenen Verwaltungsakten erfolgt im Steuerrecht nach zwei unterschiedlichen Vorschriften(-gruppen), dem Einspruch und den Korrekturvorschriften.

Um dieses Kriterium vollständig zu erfassen, muss zunächst die bereits begonnene zeitliche Differenzierung weitergeführt werden:

[I) Bis zum Erlass des Verwaltungsaktes (s.o.)]

II) Bis zum Ende der Einspruchsfrist

III) Bis zum Ende der Festsetzungsfrist

61 Der Zeitraum bis zum Ende der Einspruchsfrist: Der Einspruch (§ 347 Abs. 1 AO)

Bis zu dieser zeitlichen Grenze besteht die Möglichkeit, dass der Steuerpflichtige Einspruch gegen den erlassenen Verwaltungsakt gem. § 347 Abs. 1 AO einlegt, um einen Irrtum zu beseitigen.[572]

Der Einspruch gem. § 347 Abs. 1 AO ist ein dem Gerichtsverfahren vorgeschalteter außergerichtlicher Rechtsbehelf, in welchem die Verwaltung selbst über ihre ergangene Entscheidung befindet. Dabei wird der Verwaltungsakt gem. § 347 Abs. 2 AO in vollem Umfang erneut geprüft, was u.U. auch eine Verböserung zur Folge haben kann. Andererseits stellt der Einspruch – da es auf ein Verschulden nicht ankommt – eine Möglichkeit dar, sowohl Tatsachen nachzutragen als auch Anträge nachzuholen oder Wahlrechte auszuüben.[573] Die Voraussetzungen eines Einspruchs sind:

---

[572] Für Grundlagenbescheide gem. § 171 Abs. 10 AO ist zu beachten, dass diese die erste Stufe eines zweistufigen Bescheides darstellen, Folgebescheide gem. § 182 Abs. 1 AO die zweite Stufe. Diese Verknüpfung zweier Bescheide hat einige Abweichungen von den nachfolgenden Feststellungen zur Folge. So ist zunächst zu beachten, dass innerhalb der Bindungswirkung des Grundlagenbescheides für den Folgebescheid grundsätzlich der Grundlagenbescheid anzufechten oder zu korrigieren ist. Der Folgebescheid ist dann anschließend gem. § 175 Abs. 1 S. 1 Nr. 1 AO zu ändern, wobei es sich um eine automatische Folgeänderung aufgrund der Bindungswirkung des Grundlagenbescheides für den Folgebescheid handelt. Zu beachten ist i.d.Z., dass die Festsetzungsfrist für den Folgebescheid gem. § 171 Abs. 10 AO nicht vor Ablauf von zwei Jahren nach Bekanntgabe des Grundlagenbescheides endet.

[573] Vgl. Wedel, Wedigo v. (o.J.) § 357 AO Rz 19

1) Die Zulässigkeit: Diese bezieht sich auf die in der Abgabenordnung aufgeführten Form- und Verfahrensvoraussetzungen. Sind diese nicht erfüllt, so bedarf es gem. § 358 AO nicht einer Sachentscheidung, der Einspruch ist als unzulässig zu verwerfen. Insbesondere gilt das für die folgenden Zulässigkeitsvoraussetzungen:

a) Die Statthaftigkeit: Ein Einspruch muss gem. § 347 AO statthaft sein, was für Steuerbescheide regelmäßig der Fall ist. Die Statthaftigkeit des Einspruchs bei anderen Verwaltungsakten ist im Einzelnen zu prüfen.

b) Die Beschwer: Gem. § 350 AO muss der Steuerpflichtige in seinen Rechten oder geschützten Interessen beeinträchtigt worden sein; aus dem Vorbringen des Steuerpflichtigen muss es daher zu entnehmen sein, dass er sich in seinem Recht auf gesetzmäßige Besteuerung oder in seinem Recht auf gesetzmäßige Durchführung des Besteuerungsverfahrens als verletzt ansieht.[574]

c) Die Einhaltung der Einspruchsfrist: Gem. § 355 AO endet die Einspruchsfrist einen Monat nach der Bekanntgabe des Verwaltungsaktes gem. § 122 AO; da es sich dabei um eine Ausschlussfrist handelt, ist der Einspruch nach ihrem Ablauf nicht mehr zulässig.[575]

d) Die Einhaltung der Formvorschriften und sonstigen Anforderungen: Gem. § 357 Abs. 1 AO ist es für den Einspruch zwingend erforderlich, dass dieser schriftlich erfolgt und erkennen lässt, wer ihn eingelegt hat. Daneben ist er bei der gem. § 357 Abs. 2 AO zuständigen Behörde anzubringen. Zudem sollte er gem. § 357 Abs. 3 AO den Verwaltungsakt bezeichnen, gegen den er sich richtet, es sollte angegeben werden, inwieweit der Verwaltungsakt angefochten und seine Aufhebung beantragt wird, und schließlich sollte er eine Begründung beinhalten.

2) Die Begründetheit: Ist der Einspruch zulässig, muss in einem weiteren Schritt die Begründetheit des Einspruchs als reine Sachentscheidung geprüft werden. Ein unbegründeter Einspruch wird von der Finanzbehörde als solcher zurückgewiesen, einem begründeten Einspruch wird entweder durch die Rücknahme oder eine antragsgemäße Änderung des entsprechenden Verwaltungsaktes abgeholfen (§§ 172 Abs. 1 S. 1 Nr. 2a, 365 Abs. 3 AO).

Für die Behandlung des Irrtums i.R. eines Einspruchs bietet sich die Unterscheidung von zwei Ebenen an. Während innerhalb der ersten Ebene die Möglichkeiten eines Einspruchs aufgrund von Irrtümern bis einschließlich dem

[574] Vgl. Birkenfeld, Wolfram (AO o.J.) Vor § 347 AO Rz 52

[575] abgesehen von den Fällen, in denen eine Wiedereinsetzung gem. § 110 AO möglich ist, oder bei unterlassener oder unrichtiger Rechtsbehelfsbelehrung gem. § 356 Abs. 2 AO

ursprünglichen Erlass eines Verwaltungsaktes betrachtet werden, erfolgt in der zweiten Ebene die Betrachtung von Irrtümern, die erst i.R.d. Einspruchsverfahrens selbst auftreten.

Zunächst gilt es den Fall zu betrachten, dass der Verwaltungsakt einen Irrtum enthält. Ist in einem Verwaltungsakt, gegen den grundsätzlich der Einspruch möglich ist, ein Irrtum enthalten – unabhängig davon, ob dieser auf die Erklärung des Steuerpflichtigen oder auf den Erlass des Verwaltungsaktes zurückgeht –, gilt es zu prüfen, ob dieser dazu führt, dass die Einlegung eines Einspruchs zulässig ist, was an dieser Stelle insbesondere für die darzulegende Beschwer gem. § 350 AO gilt. Beschwert ist ein Steuerpflichtiger dann, wenn er durch das im Bescheid zusammengefasste Ergebnis der Besteuerung beeinträchtigt ist.[576] Diese Beeinträchtigung ergibt sich aus dem Vergleich der festgesetzten Steuer mit derjenigen, die der Steuerpflichtige nach seiner Darlegung anstrebt, unter Berücksichtigung der tatsächlichen und rechtlichen Verhältnisse, die für die Festsetzung rechtserheblich von Bedeutung sind.[577] Dabei gilt es zu berücksichtigen, dass ein Steuerpflichtiger auch dann beschwert sein kann, wenn die Steuerfestsetzung aufgrund seiner eigenen Erklärung erfolgt ist.[578]

In den Fällen, in denen der Vergleich dazu führt, dass der Bescheid eine – unter Berücksichtigung der rechtserheblichen tatsächlichen und rechtlichen Verhältnisse – zu hohe Steuerfestsetzung enthält, ist die Forderung nach der Beschwer regelmäßig erfüllt.[579]

Differenzierter ist dagegen die Betrachtung solcher Fälle, in denen der Vergleich dazu führt, dass eine zu niedrige Steuer festgesetzt worden ist. In diesen Fällen ist der Steuerpflichtige grundsätzlich nicht beschwert, ein Einspruch daher nicht zulässig.[580] Ausnahmsweise ist der Einspruch jedoch dann zulässig, wenn dadurch entweder eine günstigere Besteuerung in Folgejahren bewirkt wird oder wenn anzunehmen ist, dass die niedrige Steuerfestsetzung in späteren Zeiträumen steuerliche Nachteile bewirkt, die den Vorteil der niedrigen Steuerfestsetzung überwiegen.[581]

---

[576] Vgl. BFH v. 26.09.1952, III 134/52 U, BStBl III 1952 S. 289; BFH v. 07.11.1963, IV 210/62 S, BStBl III 1964 S. 70; Birkenfeld, Wolfram (AO o.J.) § 350 AO Rz 86

[577] Vgl. BFH v. 12.12.1972, VIII R 39/67, BStBl II 1973 S. 323; Birkenfeld, Wolfram (AO o.J.) § 350 AO Rz 87

[578] Vgl. Birkenfeld, Wolfram (AO o.J.) § 350 AO Rz 7

[579] Vgl. Wedel, Wedigo v. (o.J.) § 350 AO Rz 27; Birkenfeld, Wolfram (AO o.J.) § 350 AO Rz 91

[580] Vgl. Birkenfeld, Wolfram (AO o.J.) § 350 AO Rz 94; Wedel, Wedigo v. (o.J.) § 350 AO Rz 30

[581] Vgl. BFH v. 26.02.1976, VIII 15/73, BStBl II 1976 S. 492; BFH v. 18.02.1971, IV 197/64, BStBl II 1971 S. 494; BFH v. 11.01.1967, I 49/64, BStBl III 1967 S. 215; BFH v. 08.03.1994, IX R 12/90, BFH/NV 1994 S. 785; BFH v. 12.12.1972, VIII R 39/67, BStBl II 1973 S. 323; Birkenfeld, Wolfram (AO o.J.) § 350 AO Rz 95; Wedel, Wedigo v. (o.J.) § 350 AO Rz 30

Auch bei einer Steuerfestsetzung auf Null liegt regelmäßig keine Beschwer vor, es sei denn, die Steuerpflicht ist insgesamt strittig.[582]

Für Grundlagen- und Folgebescheide[583] ist zu beachten, dass es für die Beschwer ausreicht, wenn ein Fehler im Grundlagenbescheid geltend gemacht wird;[584] dies gilt nicht nur für die Höhe der im Grundlagenbescheid festgestellten Beträge, sondern auch für ihre Art und Zurechnung sowie die Aufnahme eines Steuerpflichtigen in einen Grundlagenbescheid.[585]

Für Irrtümer, die sich zuungunsten des Steuerpflichtigen ausgewirkt haben, ist bis zum Erlass des ursprünglichen Verwaltungsaktes damit nicht danach zu differenzieren, ob es sich um einen solchen i.R.d. Vorstellung i.e.S. oder der Konkretisierung – sei es seitens des Steuerpflichtigen oder seitens der Finanzbehörde – handelt, sondern ausschließlich danach, ob der Irrtum dazu geführt hat, dass der Steuerpflichtige beschwert ist. Ist dies der Fall, ist der Einspruch gem. § 347 Abs. 1 AO – aus Sicht der Erklärungsebene – zulässig und bei einem vorliegenden Irrtum i.d.R. auch begründet. Ist der Steuerpflichtige hingegen nicht beschwert, kommt eine Berichtigung nur unter den Voraussetzungen der Korrekturvorschriften in Betracht.

Für Irrtümer, die sich zugunsten des Steuerpflichtigen ausgewirkt haben und den Tatbestand des § 153 AO erfüllen, reicht deren Anzeige bei der Finanzbehörde. Eines Einspruchs – der mangels Beschwer sowieso unzulässig wäre – bedarf es insoweit nicht, die Berücksichtigung kann i.d.R. mittels einer Punktberichtigung gem. § 172 Abs. 1 S. 1 Nr. 2a AO vorgenommen werden.

Weiterhin gilt es den Fall zu betrachten, dass der Irrtum erst im Einspruchsverfahren auftritt. Von den bereits bei der Erklärung oder Veranlagung vorliegenden Irrtümern sind damit die zu trennen, die erst bei der Einlegung des Einspruchs auftreten.

Sofern die Einlegung des Einspruchs irrtümlich erfolgt, kann dieser gem. § 362 Abs. 1 S. 1 AO bis zur Bekanntgabe der Einspruchsentscheidung zurückgenommen werden, wobei für die Rücknahme gem. § 362 Abs. 1 S. 2 AO dieselben Formvorschriften wie bei der Einlegung des Einspruchs zu beachten sind. Die Rücknahme des Einspruchs hat zur Folge, dass das Verfahren in formeller Hinsicht beendet und somit nicht mehr anhängig ist; ein zurückgenommener Einspruch kann daher nur dann wiederholt werden, wenn die

---

[582] Vgl. BFH v. 25.06.1975, I R 78/73, BStBl II 1976 S. 42; Wedel, Wedigo v. (o.J.) § 350 AO Rz 28; Birkenfeld, Wolfram (AO o.J.) § 350 AO Rz 92 (mit weiteren Beispielen)

[583] zum Verhältnis zwischen Grundlagen- und Folgebescheiden vgl. § 351 Abs. 2 AO

[584] Vgl. BFH v. 24.02.1977, VIII R 178/74, BStBl II 1978 S. 510; Wedel, Wedigo v. (o.J.) § 350 AO Rz 31

[585] Vgl. BFH v. 26.03.1971, VI R 131-135/68, BStBl II 1971 S. 478; BFH v. 14.06.1994, VIII R 20/93, BFH/NV 1995 S. 318; Wedel, Wedigo v. (o.J.) § 350 AO Rz 31; Birkenfeld, Wolfram (AO o.J.) § 350 AO Rz 116

Einspruchsfrist noch läuft,[586] gleichzeitig ist aufgrund der formellen Beendigung des Verfahrens ein Widerruf der Einspruchsrücknahme[587] nur bis zum Eingang der Rücknahme bei der Einspruchsbehörde möglich.[588]

Führte ein Irrtum dagegen dazu, dass ein Einspruch nicht (fristgerecht) eingelegt wurde, ist zu beachten, dass es sich bei der Einspruchsfrist gem. § 355 AO um eine Ausschlussfrist handelt, die nicht verlängerbar, sondern nur wiedereinsetzungsfähig i.S.d. § 110 AO ist.[589] Erfolgt keine Wiedereinsetzung, ist der Verwaltungsakt unanfechtbar, ein nach Fristablauf eingehender Einspruch ist als unzulässig zu verwerfen.[590]

Neben der Frist gilt es auch die weiteren bereits dargestellten Formvorschriften i.R.d. Einspruchseinlegung zu berücksichtigen. Dabei hat ein (irrtümlicher) Verstoß gegen die zwingenden Erfordernisse prinzipiell die Unzulässigkeit des Einspruchs zur Folge.

Hinsichtlich der (irrtümlichen) Einlegung bei einer unzuständigen Behörde ist zu beachten, dass der Einspruch gem. § 357 Abs. 2 AO erst dann anhängig ist, wenn er der zuständigen Behörde zugeht. Eine u.U. zwischenzeitlich eingetretene Fristüberschreitung geht dabei zulasten des Steuerpflichtigen, es sei denn, die Weiterleitung erfolgt verzögert wider Treu und Glauben.[591]

Hinsichtlich der Vorschriften gem. § 357 Abs. 3 AO ist zu beachten, dass diese zwar erfüllt sein sollen, jedoch nicht zwingend sind, so ist ein Einspruch bereits bei Erfüllung der zwingenden Voraussetzungen gem. § 357 Abs. 1 AO anhängig.[592] Grundsätzlich ist die genaue Bezeichnung des Verwaltungsaktes nicht erforderlich, allerdings gilt es zu beachten, dass der Einspruch gem. § 358 AO als unzulässig zu verwerfen ist, sofern trotz der Ermittlungen der Finanzbehörde

586 Vgl. Wedel, Wedigo v. (o.J.) § 362 AO Rz 19 f

587 Eine Anfechtung gem. § 119 BGB dieser Willenserklärung kommt nach der h.M. nicht in Betracht, da es sich hier um eine prozessuale Willenserklärung handelt. Vgl. BFH v. 19.01.1972, II B 26/69, BStBl II 1972 S. 352; BFH v. 08.07.1969, II R 8/66, BStBl II 1969 S. 733; Birkenfeld, Wolfram (AO o.J.) § 362 AO Rz 100 f (kritisch); Wedel, Wedigo v. (o.J.) § 362 AO Rz 12

588 Vgl. Wedel, Wedigo v. (o.J.) § 362 AO Rz 12; Birkenfeld, Wolfram (AO o.J.) § 362 AO Rz 102

589 Zu den Voraussetzungen der Wiedereinsetzung in den vorigen Stand gem. § 110 AO s.o.

590 Allerdings beginnt gem. § 356 AO die Einspruchsfrist nur dann, wenn der Steuerpflichtige über den Einspruch und die Finanzbehörde, bei der dieser einzulegen ist, deren Sitz und die einzuhaltende Frist belehrt worden ist. Sofern die Rechtsbehelfsbelehrung unterblieben oder unrichtig erteilt worden ist, ist die Einlegung nur innerhalb eines Jahres seit Bekanntgabe des Verwaltungsaktes möglich, es sei denn, dass die Einlegung vor Ablauf der Jahresfrist infolge höherer Gewalt unmöglich war oder eine schriftliche Belehrung dahingehend erfolgt ist, dass ein Einspruch nicht gegeben sei.

591 In diesen Fällen kommt die Anwendung von § 110 AO in Betracht (vgl. BVerfG v. 02.09.2002, 1 BvR 476/01, BStBl II 2002 S. 835).

592 Vgl. Wedel, Wedigo v. (o.J.) § 357 AO Rz 11; Birkenfeld, Wolfram (AO o.J.) § 357 AO Rz 5

unklar bleibt, gegen welchen Verwaltungsakt sich der Einspruch wendet.[593] Sofern der Steuerpflichtige darüber irrt, welchen Bescheid er anfechten muss, um die geltend gemachte Beschwer zu beseitigen, kann der Einspruch in einen solchen gegen den tatsächlich rechtlich beschwerenden Verwaltungsakt umgedeutet werden.[594] Ist insoweit die Einspruchsfrist abgelaufen, kommt u.U. die Wiedereinsetzung gem. § 110 AO in Betracht.[595] Die Begründung eines Einspruchs kann während des Einspruchsverfahrens ausgetauscht und erweitert werden. Daher ist dem Umfang des Einspruchs insofern (zunächst) keine so große Rolle beizumessen. Erfolgt keine Begründung des Einspruchs, kann die Finanzbehörde gem. § 364b AO eine Ausschlussfrist setzen. Bei fehlender Begründung beschränkt sich die Ermittlungspflicht der Finanzbehörde auf die ihr vorliegenden Akten.[596]

Abschließend ist zu beachten, dass gem. § 171 Abs. 3a AO die Festsetzungsfrist nicht abläuft, bevor der Steuerbescheid unanfechtbar geworden ist (Ablaufhemmung).[597]

Gem. § 351 Abs. 1 AO können Verwaltungsakte, die unanfechtbare Verwaltungsakte ändern, nur soweit angefochten werden, als die Änderung reicht, es sei denn, dass sich aus den Vorschriften über die Aufhebung und Änderung von Verwaltungsakten etwas anderes ergibt. Mittels dieser Vorschrift wird klargestellt, dass der Steuerpflichtige in den Fällen, in denen ein unanfechtbarer Verwaltungsakt später geändert wird, durch die Anfechtung nicht mehr erreichen kann als die Beseitigung der nunmehr festgesetzten Änderungen;[598] er soll zwar nicht besser gestellt werden, als er bei Eintritt der Unanfechtbarkeit des geänderten Verwaltungsaktes stand, allerdings soll die Änderung letztlich nur insoweit Wirkung für ihn entfalten, wie dies der Fall wäre, wenn er bestehende Fehler bereits geltend gemacht hätte.[599] Es kommt dabei weder darauf an, ob es sich um Fehler zugunsten oder zuungunsten des Steuerpflichtigen handelt, noch ob den Steuerpflichtigen ein Verschulden trifft. Die Regelung stellt insofern eine Durchbrechung des Systems dar, da an dieser Stelle eine Anfechtung eines bereits unanfechtbaren Verwaltungsaktes erfolgen kann. Damit kann eine

---

593 Vgl. Wedel, Wedigo v. (o.J.) § 357 AO Rz 13; Birkenfeld, Wolfram (AO o.J.) § 357 AO Rz 47

594 Vgl. Wedel, Wedigo v. (o.J.) § 357 AO Rz 14; Birkenfeld, Wolfram (AO o.J.) § 357 AO Rz 47

595 Vgl. Wedel, Wedigo v. (o.J.) § 357 AO Rz 14

596 Vgl. Wedel, Wedigo v. (o.J.) § 357 AO Rz 18; Birkenfeld, Wolfram (AO o.J.) § 357 AO Rz 58

597 Dabei ist zu beachten, dass sich die Ablaufhemmung auf den Umfang des Rechtsbehelfsantrags beschränkt. Vgl. BFH v. 05.02.1992, I R 76/91, BStBl II 1992 S. 995; Wedel, Wedigo v. (o.J.) § 357 AO Rz 17

598 Vgl. Tipke, Klaus (o.J.) § 351 AO Rz 1; Birkenfeld, Wolfram (AO o.J.) § 351 AO Rz 26

599 Hinsichtlich der Vorgehensweise zur Ermittlung der Änderungsgrenzen kann auf die Ausführungen zu § 177 AO verwiesen werden, der eine analoge Regelung für den Bereich der Korrekturvorschriften (vgl. Birkenfeld, Wolfram (AO o.J.) § 351 AO Rz 18) darstellt.

Berücksichtigung von solchen Fehlern erfolgen, die zwar dazu führten, dass der ursprüngliche Verwaltungsakt rechtswidrig war, jedoch bislang nicht im Rechtsbehelfsverfahren beseitigt wurden. Aufgrund der Beschränkung auf die spätere Änderung des Verwaltungsaktes ist jedoch wiederum das System zumindest betragsmäßig gewahrt. Im Ergebnis können daher zwar Fehler mittels eines Einspruchs nachträglich beseitigt werden, jedoch nur bis zur Höhe der späteren Änderung des Verwaltungsaktes. Bedeutung hat die Vorschrift für solche Fehler, die nicht Grundlage einer eigenen Korrektur i.S.d. §§ 129 ff, 164 f bzw. 172 ff AO sind. Letztlich handelt es sich bei dieser Vorschrift um einen gesetzlichen Kompromiss zwischen Rechtssicherheit und Rechtsrichtigkeit.[600]

62 Der Zeitraum bis zum Ende der Festsetzungs- bzw. Feststellungsfrist: Die Korrekturvorschriften (§§ 129 ff, 164 f, 172 ff AO)

Der Steuerpflichtige hat bis zum Ablauf der Festsetzungs- bzw. Feststellungsfrist[601] die Möglichkeit, einen Irrtum mittels der Korrekturvorschriften zu beseitigen. Nach Ablauf der Fristen besteht diese Möglichkeit nicht mehr, da ab diesem Zeitpunkt gem. § 47 AO die Ansprüche aus dem Steuerschuldverhältnis erlöschen und Rechtsfrieden eintritt.

Im Vergleich zum Einspruch sind die Korrekturvorschriften zwar zeitlich von weitreichender Bedeutung, allerdings sachlich deutlich eingeschränkt. Gemeinsam ist allen Korrekturvorschriften dabei das Streben nach einem Ausgleich zwischen Vertrauensschutz und Rechtssicherheit auf der einen und Rechtsrichtigkeit auf der anderen Seite.[602] Dies erfolgt für endgültige Verwaltungsakte grundsätzlich mittels eines dualistischen Korrektursystems zur Regelung von Steuer- und denen gleichgestellten Bescheiden (§§ 172 ff AO) und den sonstigen Steuerverwaltungsakten (§§ 130, 131 AO). Daneben erfolgen die Korrekturen nicht endgültiger Bescheide vorrangig gem. §§ 164, 165 AO.

Um die Korrekturvorschriften in ihrer Struktur zu erfassen, muss daher eine Differenzierung nach den verschiedenen Arten der Verwaltungsakte, auf die sich die einzelnen Vorschriften beziehen, erfolgen.

Für die Festsetzungs- bzw. Feststellungsfristen gem. §§ 169 ff, 181 Abs. 3 AO sind neben der Grundregel einige Sonderregeln zu beachten:

---

600 Vgl. Birkenfeld, Wolfram (AO o.J.) § 351 AO Rz 28

601 Die Feststellungsfrist betrifft die gesonderten Feststellungen (vgl. § 181 Abs. 3 AO).

602 Vgl. Wedelstädt, Alexander v. (o.J.) Vor §§ 172-177 AO Rz 2; ders. (DB 1986/20) S. 4; Loose, Matthias (o.J.) Vor § 172 AO Rz 2; Groll, Rüdiger v. (o.J.) Vor §§ 172-177 AO Rz 1 ff

a) Die Grundregel

Gem. §§ 170 Abs. 1 bzw. 181 Abs. 3 S. 1 AO beginnt die Frist mit Ablauf des Entstehungsjahres des Anspruchs. Die Festsetzungsfrist beträgt im Regelfall gem. § 169 Abs. 2 S. 1 Nr. 2 AO vier Jahre.

b) Die Sonderregeln

Zu unterscheiden ist zwischen solchen Sonderregelungen, die die Frist insgesamt verlängern und solchen, die zu einer Anlauf- oder Ablaufhemmung führen.

b1) Die Festsetzungsfrist verlängert sich bei Steuerhinterziehung auf zehn Jahre und bei leichtfertiger Steuerverkürzung auf fünf Jahre (§ 169 Abs. 2 S. 2 AO).

b2) Anlauf- und Ablaufhemmungen:

b2a) Anlaufhemmungen bestehen bei:

- Erklärungspflicht (§§ 170 Abs. 2 Nr. 1, 181 Abs. 3 S. 2 AO):

Die Verjährungsfrist beginnt mit Ablauf des Jahres, in dem die Erklärung abgegeben wurde, spätestens mit Ablauf des dritten Jahres nach dem Entstehungsjahr der Steuer.

- Antragsgebundenen Festsetzungen (§ 170 Abs. 3 AO):

In diesen Fällen beginnt die Verjährungsfrist mit Ablauf des Jahres, in dem der Antrag eingeht.

b2b) Ablaufhemmungen bestehen bei:

- Höherer Gewalt (§ 171 Abs. 1 AO):

Solange die Steuerfestsetzung wegen höherer Gewalt innerhalb der letzten sechs Monate des Fristlaufs nicht erfolgen kann, läuft die Verjährungsfrist nicht ab.

- Offenbarer Unrichtigkeit gem. § 129 AO (§ 171 Abs. 2 AO):

Für offenbare Unrichtigkeiten endet die Verjährungsfrist nicht vor Ablauf eines Jahres nach Bekanntgabe des Verwaltungsaktes.

- Anträgen (§ 171 Abs. 3 AO):

Bei Anträgen i.S.d. § 171 Abs. 3 AO setzt die Verjährung – soweit der Antrag reicht – nicht ein, bevor über den Antrag unanfechtbar entschieden wurde.

- Anfechtung durch Einspruch oder Klage (§ 171 Abs. 3a AO):

Bei Einspruchs- oder Klageverfahren setzt die Verjährung nicht ein, bevor über den Rechtsbehelf unanfechtbar entschieden wurde.

- Außenprüfungen (§ 171 Abs. 4 AO):

Wenn eine Außenprüfung erfolgt, tritt die Verjährung solange nicht ein, bis der Bescheid, der aufgrund der Außenprüfung erlassen wurde, unanfechtbar geworden ist.

- Steuerstraftaten und -ordnungswidrigkeiten (§ 171 Abs. 7 AO):

Für alle Fälle, die unter § 169 Abs. 2 S. 2 AO fallen, endet die Frist nicht vor der Verjährung der Verfolgung der Steuerstraftat oder -ordnungswidrigkeit.

- Vorläufigen Bescheiden gem. § 165 AO (§ 171 Abs. 8 AO):

Wenn ein vorläufiger Bescheid erlassen wurde, beginnt die Verjährung – für den Teil, der vorläufig ist – nicht vor dem Ablauf eines Jahres nach Wegfallen des Grundes, aufgrund dessen der Bescheid vorläufig gestellt wurde.

- Selbstanzeigen (§ 171 Abs. 9 AO):

In einem Fall, in dem eine Anzeige gem. §§ 153, 371 bzw. 378 Abs. 3 AO erfolgt, endet die Frist nicht vor Ablauf eines Jahres nach Eingang der Anzeige.

- Bindungswirkung von Grundlagenbescheiden (§ 171 Abs. 10 AO):

Der gebundene Folgebescheid (§ 182 Abs. 1 AO) kann nicht vor Ablauf von zwei Jahren nach Erlass des Grundlagenbescheides verjähren, soweit die Bindungswirkung des Grundlagenbescheides reicht.

- Nicht verjährten Folgebescheiden (§ 181 Abs. 5 AO):

Solange der Folgebescheid noch nicht verjährt ist, kann auch der Grundlagenbescheid noch verändert werden. Der Umfang ist auf die Bindungswirkung für den Folgebescheid beschränkt, § 171 Abs. 10 AO bleibt dabei außer Ansatz (§ 181 Abs. 5 S. 1 AO).

62.1 Die noch nicht endgültigen Steuerbescheide

Die bislang dargestellten Regelungen sind nicht auf solche Bescheide anzuwenden, die zwar ergangen, aber noch nicht endgültig sind. Dabei sind zwei Fälle zu unterscheiden:

62.11 Die Steuerfestsetzung unter Vorbehalt der Nachprüfung (§ 164 AO)

Eine Steuerfestsetzung kann solange ohne Begründung unter dem Vorbehalt der Nachprüfung erfolgen, als der Steuerfall nicht abschließend geprüft ist. Dies gilt regelmäßig gem. § 164 Abs. 1 S. 2 AO auch für die Festsetzung von Vorauszahlungen; gem. § 168 S. 1 AO stehen auch Steueranmeldungen einer Steuerfestsetzung unter dem Vorbehalt der Nachprüfung gleich. Die Steuerfestsetzung kann solange aufgehoben oder geändert werden, wie der Vorbehalt besteht; es handelt sich insofern um eine eingeschränkte Bestandskraft der entsprechenden Bescheide.

§ 164 AO eröffnet damit – aus verwaltungsökonomischen Erwägungen – die Möglichkeit einer raschen ersten Steuerfestsetzung – nach Angaben des Steuerpflichtigen – trotz u.U. vorliegender verwaltungsinterner Vorbehalte gegen eine endgültige Festsetzung.[603] Dabei erstreckt sich der Vorbehalt der Nachprüfung regelmäßig über die gesamte Steuerfestsetzung, es besteht keine Beschränkung hinsichtlich möglicher Änderungen.[604]

Die Aufhebung des Vorbehalts erfolgt entweder ausdrücklich (nach der abschließenden Prüfung oder wenn sicher ist, dass eine Prüfung nicht mehr durchgeführt wird) oder automatisch mittels Zeitablauf nach Ablauf der Festsetzungsfrist. Im Fall einer ausdrücklichen Aufhebung ist der Bescheid wie ein endgültiger zu behandeln.

Die den Korrekturregeln gem. §§ 172 ff AO[605] für endgültige Bescheide vorgehende Korrekturkompetenz des § 164 Abs. 2 AO gilt, solange der Nachprüfungsvorbehalt wirksam ist.[606] Die materielle Bestandskraft des Steuerbescheides unter Vorbehalt der Nachprüfung wird nur durch § 176 AO eingeschränkt.[607] Es ist daher unerheblich, ob eine Änderung mit Rücksicht auf Tatsachen erfolgt, die im Zeitpunkt der Vorbehaltsfestsetzung bereits bekannt waren; ebenso können Rechtsanwendungsfehler korrigiert werden.[608] Entgegen dem Wortlaut von § 164 Abs. 2 S. 1 AO muss der Steuerbescheid geändert werden, wenn die Rechtswidrigkeit erkannt wurde.[609] Anders als § 165 AO hat § 164 AO keine Auswirkungen auf den Ablauf der Festsetzungsfrist.[610]

Grundsätzlich eröffnet ein unter Vorbehalt stehender Steuerbescheid die Möglichkeit, Bescheide zu korrigieren, unabhängig davon, ob sie einen Irrtum der Finanzbehörde oder des Steuerpflichtigen beinhalten und welcher Art der Irrtum ist.

---

603 Vgl. Tipke, Klaus (o.J.) § 164 AO Rz 1; Heuermann, Bernd (o.J.) § 164 AO Rz 1, 6

604 Vgl. BFH v. 20.08.1998, V B 61/98, BFH/NV 1999 S. 287; BFH v. 15.12.1999, XI R 11/99, BFH/NV 2000 S. 708; BFH v. 10.06.1999, IV R 69/98, BStBl II 1999 S. 691; Heuermann, Bernd (o.J.) § 164 AO Rz 6; Tipke, Klaus (o.J.) § 164 AO Rz 21, 28, 32; Sauer, Otto M. (o.J.) § 164 AO Rz 82.2

605 Keine Anwendung findet § 164 AO auf Verwaltungsakte die unter §§ 130, 131 AO fallen. Vgl. Tipke, Klaus (o.J.) § 164 AO Rz 8

606 Die §§ 172 ff AO finden insofern keine Anwendung, wenn die Steuerfestsetzung unter dem Vorbehalt der Nachprüfung erfolgt. Vgl. Tipke, Klaus (o.J.) § 164 AO Rz 9; Heuermann, Bernd (o.J.) § 164 AO Rz 15

607 Vgl. BFH v. 10.09.1998, IV R 19/96, BFH/NV 1999 S. 308; BFH v. 28.05.2002, IX R 86/00, BStBl II 2002 S. 840; Heuermann, Bernd (o.J.) § 164 AO Rz 15, 21; Tipke, Klaus (o.J.) § 164 AO Rz 9

608 Vgl. Heuermann, Bernd (o.J.) § 164 AO Rz 21

609 Vgl. Heuermann, Bernd (o.J.) § 164 AO Rz 22

610 Vgl. Tipke, Klaus (o.J.) § 164 AO Rz 28

Zu beachten ist, dass § 164 AO es der Finanzbehörde erlaubt den Sachverhalt zunächst nicht aufzuklären, was zur Folge hat, dass der Finanzbehörde dann eine mangelnde Sachaufklärung nicht vorgeworfen werden kann, wenn der Steuerbescheid unter dem Vorbehalt der Nachprüfung ergangen ist.[611] Aus dem Zweck der Vorschrift ergibt sich dann auch, dass der Steuerpflichtige nicht darauf vertrauen kann, dass es bei der ersten Festsetzung unter dem Vorbehalt der Nachprüfung verbleibt,[612] und zwar auch dann nicht, wenn diese nicht seiner Erklärung entspricht. Nach Auffassung des BFH kommt eine Berufung auf die Rechtsgrundsätze von Treu und Glauben nur dann in Betracht, wenn u.a. eine eindeutige, klare und unmissverständliche Äußerung der Finanzbehörde vorliegt, dass ein bestimmter Tatbestand für die Beurteilung des Sachverhalts maßgeblich sein soll.[613]

Auf der anderen Seite jedoch ist zu beachten, dass der Steuerpflichtige nicht von den Pflichten gem. § 150 AO entbunden ist, wenn er davon ausgehen kann, dass die Steuerfestsetzung unter dem Vorbehalt der Nachprüfung ergehen wird; so sind insbesondere gem. § 370 Abs. 4 S. 1 AO Steuern dann verkürzt, „... wenn sie nicht, nicht in voller Höhe oder nicht rechtzeitig festgesetzt werden ... [was auch dann gilt,] ... wenn die Steuer vorläufig oder unter Vorbehalt der Nachprüfung festgesetzt wird ...“.

Damit besteht ein Ungleichgewicht der Vorschrift dahingehend, dass zwar der Steuerpflichtige seinen Pflichten in vollem Umfang nachkommen muss, die Finanzbehörde jedoch nicht. Dies scheint jedoch vor dem Hintergrund des Zweckes der Vorschrift gerechtfertigt, da diese der Beschleunigung der ersten Steuerfestsetzung dienen soll, die aber dann nicht erfolgen könnte, wenn der Steuerpflichtige seinen Pflichten nicht nachkommt.

62.12 Die vorläufigen Bescheide (§ 165 AO)

Soweit es ungewiss ist, ob die Voraussetzungen für die Entstehung einer Steuer eingetreten sind, kann diese gem. § 165 Abs. 1 AO vorläufig festgesetzt werden, wobei der Grund und der Umfang der Vorläufigkeit anzugeben sind. Soweit die Steuerfestsetzung vorläufig erfolgt ist, kann gem. § 165 Abs. 2 AO die Festsetzung aufgehoben oder geändert werden.

Während § 164 AO solche Fälle betrifft, deren endgültige Veranlagung aus verfahrensökonomischen Gründen hinausgeschoben wird, bezieht sich § 165 AO auf Ungewissheiten, die gegenwärtig nicht ausgeräumt werden können, also

---

[611] Vgl. BFH v. 10.03.1987, IX R 48/83, BFH/NV 1988 S. 79; BFH v. 02.02.1988, IX R 164/84, BFH/NV 1988 S. 552; Tipke, Klaus (o.J.) § 164 AO Rz 15

[612] Vgl. Heuermann, Bernd (o.J.) § 164 AO Rz 15, 21

[613] Vgl. BFH v. 15.12.1999, XI R 11/99, BFH/NV 2000 S. 708; BFH v. 13.06.2002, III B 22/02, BFH/NV 2002 S. 1421

vorübergehende Aufklärungshindernisse.[614] Die Ungewissheit kann sowohl hinsichtlich eines Sachverhalts als auch – unter den Voraussetzungen des § 165 Abs. 1 S. 2 AO – eines Tatbestandes[615] bestehen.

Wie jedoch bereits festgestellt, ist ein Irrtum dann nicht möglich, wenn es sich um eine offenbare Ungewissheit handelt. Genau diese ist jedoch erforderlich, wenn eine vorläufige Steuerfestsetzung erfolgen soll. Da sich zudem die Änderungsmöglichkeiten i.R. einer vorläufigen Steuerfestsetzung auf die im Bescheid angeführten Gründe beschränken,[616] kann von einer weiteren Betrachtung des § 165 AO abgesehen werden.

62.2 Die endgültigen Verwaltungsakte: Offenbare Unrichtigkeiten beim Erlass eines Verwaltungsaktes (§ 129 AO)

Einheitlich für alle endgültigen Verwaltungsakte hat der Gesetzgeber die Berichtigung offenbarer Unrichtigkeiten geregelt.

Es wurde bereits dargestellt, dass Verwaltungsakte grundsätzlich gem. § 124 Abs. 1 S. 2 AO aufgrund des Vertrauensschutzes und der Rechtssicherheit mit dem Inhalt wirksam werden, mit dem sie bekannt gegeben werden. Die damit zugrunde gelegte Erklärungstheorie hat der Gesetzgeber jedoch dahingehend eingeschränkt, dass in bestimmten Fällen offenbarer Unrichtigkeiten eines Verwaltungsaktes, in denen Wille und Erklärung der Finanzbehörde voneinander abweichen, eine vereinfachte Berichtigung gem. § 129 AO zugelassen ist. Dies erscheint dem Gesetzgeber dadurch gerechtfertigt, dass der Steuerpflichtige in diesen Fällen keines erhöhten Schutzes bedarf.[617] Gem. § 129 AO kann deswegen die Finanzbehörde offenbare Unrichtigkeiten, die beim Erlass eines Verwaltungsaktes unterlaufen, jederzeit berichtigen. Unter dem Oberbegriff der

---

[614] Vgl. BFH v. 26.09.1990, II R 99/88, BStBl II 1990 S. 1043; Tipke, Klaus (o.J.) § 165 AO Rz 2; Heuermann, Bernd (o.J.) § 165 AO Rz 3; Sauer, Otto M. (o.J.) § 165 AO Rz 17; Wedelstädt, Alexander v. (DB 1986/20) S. 8; Fichtelmann, Helmar (1980) S. 69 f; Holz, Bertram (1993) S. 57 f

[615] I.d.Z. ist zu beachten, dass inhaltliche Ungewissheiten des Gesetzes grundsätzlich nicht zur vorläufigen Festsetzung berechtigen, vielmehr sind diese mittels Auslegung durch die Finanzbehörde zu beseitigen. Vgl. BFH v. 25.04.1985, IV R 64/83, BStBl II 1985 S. 648; BFH v. 09.10.1991, II B 71/90, BFH/NV 1992 S. 719; BFH v. 08.07.1998, I B 111/97, BStBl II 1998 S. 702; Tipke, Klaus (o.J.) § 165 AO Rz 7 f; Heuermann, Bernd (o.J.) § 165 AO Rz 12; Sauer, Otto M. (o.J.) § 165 AO Rz 22

[616] Vgl. BFH v. 06.03.1992, III R 47/91, BStBl II 1992 S. 588; BFH v. 27.11.1996, X R 20/95, BFH/NV 1997 S. 540; Heuermann, Bernd (o.J.) § 165 AO Rz 37; Tipke, Klaus (o.J.) § 165 AO Rz 12, 26 f. Dabei ist zu beachten, dass eine Saldierung gem. § 177 AO trotz der unklaren Vorschrift des § 177 Abs. 4 AO nach der h.M. zulässig ist. Vgl. BFH v. 02.03.2000, VI R 48/97, BStBl II 2000 S. 332; BFH v. 06.03.2003, IX B 197/02, BFH/NV 2003 S. 742; Heuermann, Bernd (o.J.) § 165 AO Rz 37; Tipke, Klaus (o.J.) § 165 AO Rz 27; a.A. Sauer, Otto M. (o.J.) § 165 AO Rz 13

[617] Vgl. Tipke, Klaus (o.J.) § 129 AO Rz 1

offenbaren Unrichtigkeit[618] erfasst der Gesetzgeber dabei sowohl die eindeutigen Begriffe Schreib- und Rechenfehler als auch den unbestimmten Rechtsbegriff der ähnlichen offenbaren Unrichtigkeit; als ähnliche Unrichtigkeiten sind dabei ausschließlich mechanische Fehler, die ohne Einsatz von Denkprozessen entstanden sind, anzusehen.[619] In der Literatur wird daher die Auffassung vertreten, dass es sich bei den in § 129 AO angesprochenen Unrichtigkeiten um solche handelt, bei denen Wille und Erklärung in offenbarer Art und Weise nicht übereinstimmen, also offenbare Erklärungsirrtümer i.S.d. Zivilrechts.[620] Die Feststellung, dass es sich bei § 129 AO um eine Vorschrift handelt, die dazu dient, solche Fehler zu berichtigen, die ohne Denkprozesse entstanden sind, könnte zu der Annahme verleiten, dass diese Vorschrift für die Betrachtung des Irrtums nach der hier zugrunde liegenden Definition ohne Bedeutung ist, da sie die Willensbildung nicht umfasst, ein Irrtum jedoch nur i.R.d. Willensbildung auftreten kann. Dabei ist jedoch zu beachten, dass die mechanischen Fehler nicht nur die fehlerhafte Handlung umfassen, sondern auch diejenigen Irrtümer, bei denen eine falsche Vorstellung über die Handlung besteht.[621] Kuhfus kommt zu dem Ergebnis, dass es sich dann um eine dem Schreib- oder Rechenfehler ähnliche – und damit hier tatbestandsmäßige – Unrichtigkeit handelt, wenn es sich dabei nicht um einen Rechtsfehler, sondern einen „... außerhalb der eigentlichen, originär juristischen Tätigkeit ..." unterlaufenen Fehler handelt.[622] Zutreffenderweise wird danach bei den Denkprozessen

---

618 „Offenbar" bedeutet i.d.Z., dass die Unrichtigkeit für alle Beteiligten durchschaubar, eindeutig, erkennbar oder augenfällig ist (vgl. BFH v. 29.01.2003, I R 20/02, BFH/NV 2003 S. 1139; BFH v. 04.09.1984, VIII B 157/83, BStBl II 1984 S. 834; BFH v. 24.10.1984, II R 30/81, BStBl II 1985 S. 218; BFH. v. 28.11.1985, IV R 178/83, BStBl II 1986 S. 293; BFH v. 02.04.1987, IV R 255/84, BStBl II 1987 S. 762; BFH v. 18.08.1999, I R 93/98, BFH/NV 2000 S. 539). Es reicht dazu aus, dass der Fehler bei der Offenlegung des Sachverhalts für jeden unvoreingenommenen Dritten klar und deutlich erkennbar ist (vgl. BFH v. 22.08.1989, VIII R 110/86, BFH/NV 1990 S. 205; BFH v. 28.10.1992, II R 111/89, BFH/NV 1993 S. 637; BFH v. 17.02.1993, X R 47/91, BFH/NV 1993 S. 638; BFH v. 15.03.1994, XI R 78/92, BFH/NV 1995 S. 937; BFH v. 18.08.1999, I R 93/98, BFH/NV 2000 S. 539), wobei es nicht erforderlich ist, dass der Steuerpflichtige die Unrichtigkeit anhand des Bescheides und der ihm vorgelegten Unterlagen erkennen konnte (vgl. BFH v. 05.01.2005, III B 79/04, BFH/NV 2005 S. 1013; BFH v. 31.03.1987, VIII R 46/83, BStBl II 1987 S. 588; BFH v. 15.03.1994, XI R 78/92, BFH/NV 1995 S. 937; BFH v. 13.11.1997, V R 138/92, BFH/NV 1998 S. 419; BFH v. 17.11.1998, III R 2/97, BStBl II 1999 S. 62; BFH v. 18.08.1999, I R 93/98, BFH/NV 2000 S. 539). Vgl. Wedelstädt, Alexander v. (o.J.) § 129 AO Rz 38; ders. (DB 1985) S. 1764 f; Gerber, Carl (BB 1985) S. 1598; Birkenfeld, Wolfram (DStR 1991) S. 730; Nothnagel, Reinhard (StuW 1984) S. 70; ausführlich Kuhfus, Werner (1999) S. 109 ff

619 Vgl. BFH v. 05.01.2005, III B 79/04, BFH/NV 2005 S. 1013; BFH v. 13.09.2005, X B 55/05, BFH/NV 2005 S. 2158; Tipke, Klaus (o.J.) § 129 AO Rz 12 ff; Wedelstädt, Alexander v. (o.J.) § 129 AO Rz 7 ff

620 Vgl. Goez, Christoph / Weiner, Daniel (INF 2004) S. 783

621 An dieser Stelle kann auf die hier zugrunde liegende Definition des Irrtums und die Ausführungen zum Erklärungsirrtum i.R.d. Betrachtung des Irrtums im Zivilrecht verwiesen werden.

622 Kuhfus, Werner (1999) S. 30

zwischen solchen der eigentlichen, originär juristischen Tätigkeit und den übrigen Denkprozessen differenziert. Die Bezeichnung der offenbaren Unrichtigkeit i.S.d. § 129 AO als Erklärungsirrtümer i.S.d. Zivilrechts sieht Kuhfus lediglich als Kategorie innerhalb seiner Abgrenzung.[623] Für die hier zugrunde gelegte Definition des Irrtums muss die Unrichtigkeit auf einen Irrtum i.R.d. Konkretisierung zurückzuführen sein, eine Korrektur von Irrtümern i.R.d. Vorstellung i.e.S. – gleich ob es sich um Rechtsirrtümer oder Sachverhaltsirrtümer handelt – kommt dagegen nicht in Frage.[624]

Für die Berichtigung, die nach pflichtgemäßem Ermessen der Finanzbehörde zu erfolgen hat,[625] ist es unerheblich, ob es sich bei dem Irrtum um einen solchen zugunsten oder zuungunsten des Steuerpflichtigen gehandelt hat. Auch kommt es auf ein Verschulden bei der Entstehung des Irrtums nicht an.[626]

Auch wenn die Vorschrift in erster Linie der Berichtigung von Irrtümern der Finanzbehörde gilt, können auch Irrtümer des Steuerpflichtigen gem. § 129 AO berichtigt werden, wenn die Finanzbehörde sich den Fehler des Steuerpflichtigen zu Eigen gemacht hat.[627] Dies setzt jedoch voraus, dass es sich um eine Unrichtigkeit i.S.d. § 129 AO handelt, die für die Finanzbehörde aus den zur Verfügung stehenden Unterlagen ohne Weiteres erkennbar war.[628]

---

[623] Vgl. Kuhfus, Werner (1999) S. 30

[624] Vgl. BFH v. 05.01.2005, III B 79/04, BFH/NV 2005 S. 1013; BFH v. 29.03.1985, VI R 140/81, BStBl II 1985 S. 569; BFH v. 04.09.1984, VIII B 157/83, BStBl II 1984 S. 834; BFH v. 13.06.1989, VIII R 174/85, BStBl II 1989 S. 789; BFH v. 10.05.1989, I R 104/85, BFH/NV 1990 S. 478; BFH v. 14.06.1991, III R 64/89, BStBl II 1992 S. 52; BFH v. 21.10.1992, I B 85/92, BFH/NV 1994 S. 517; BFH v. 04.11.1992, XI R 51/88, BFH/NV 1993 S. 403; BFH v. 05.02.1998, IV R 17/97, BStBl II 1998 S. 535; BFH v. 09.12.1998, II R 9/96, BFH/NV 1999 S. 899; BFH v. 16.03.2000, IV R 3/99, BStBl II 2000 S. 372; BFH v. 09.12.1998, II R 9/96, BFH/NV 1999 S. 899; Wedelstädt, Alexander v. (o.J.) § 129 AO Rz 11 ff; Goez, Christoph / Weiner, Daniel (INF 2004) S. 783; Tipke, Klaus (o.J.) § 129 AO Rz 13 f

[625] In den Fällen, in denen sich die Berichtigung auf die Steuerfestsetzung auswirkt, ist der Ermessensspielraum auf Null reduziert; dagegen führt die Ermesseneinräumung dazu, dass eine Berichtigung unterbleiben kann, wenn ihr Unterlassen für den Steuerpflichtigen nicht zu Nachteilen führt. Vgl. BFH v. 24.10.1984, II R 30/81, BStBl II 1985 S. 218; Wedelstädt, Alexander v. (o.J.) § 129 AO Rz 48 ff; Tipke, Klaus (o.J.) § 129 AO Rz 31; Kuhfus, Werner (1999) S. 190 ff

[626] Vgl. BFH v. 26.07.1979, V R 108/76, BStBl II 1980 S. 18; BFH v. 04.11.1992, XI R 40/91, BFH/NV 1993 S. 509; BFH v. 31.05.1995, IV B 146/94, BFH/NV 1995 S. 955; Tipke, Klaus (o.J.) § 129 AO Rz 1; Wedelstädt, Alexander v. (o.J.) § 129 AO Rz 10; Kuhfus, Werner (1999) S. 29 f

[627] Vgl. BFH v. 17.06.2004, IV R 9/02, BFH/NV 2004 S. 1505; BFH v. 24.07.1984, VIII R 304/81, BStBl II 1984 S. 785; BFH v. 13.06.1989, VIII R 174/85, BStBl II 1989 S. 789; BFH v. 31.07.1990, I R 116/88, BStBl II 1991 S. 22; BFH v. 23.01.1993, I R 26/90, BFH/NV 1992 S. 359; BFH v. 12.04.1994, IX R 31/91, BFH/NV 1995 S. 1; BFH v. 07.12.1993, IX R 27/92, BFH/NV 1994 S. 601; Wedelstädt, Alexander v. (o.J.) § 129 AO Rz 42 ff; Tipke, Klaus (o.J.) § 129 AO Rz 15

[628] Vgl. BFH v. 25.02.1972, VIII R 141/71, BStBl II 1972 S. 550; BFH v. 26.07.1979, V R 108/76, BStBl II 1980 S. 18; BFH v. 24.07.1984, VIII R 304/81, BStBl II 1984 S. 785; BFH v. 02.04.1987, IV R 255/84, BStBl II 1987 S. 762; BFH v. 10.09.1987, V R 69/84,

Die Berichtigung des Verwaltungsaktes gem. § 129 AO ist regelmäßig auf die Korrektur der offenbaren Unrichtigkeit beschränkt, weitere Fehler können nur berichtigt werden, wenn die Tatbestandsmerkmale anderer Korrekturvorschriften erfüllt sind.[629]

Die Berichtigung gem. § 129 AO kann jederzeit bis zum Eintritt der Festsetzungs- bzw. Feststellungsverjährung erfolgen, wobei zu beachten ist, dass die Festsetzungs- bzw. Feststellungsfrist gem. § 171 Abs. 2 AO nicht vor Ablauf eines Jahres nach der Bekanntgabe des die Unrichtigkeit beinhaltenden Bescheides endet (Ablaufhemmung).

62.3 Die endgültigen Steuer- und gleichgestellten Bescheide

Die Korrekturvorschriften gem. §§ 172 ff AO haben gemeinsame (ungeschriebene) Tatbestandsmerkmale und Rechtsfolgen, die es vorab zu erläutern gilt.

Zunächst ist es erforderlich, dass der Steuerbescheid rechtswidrig i.d.S. ist, dass ein Widerspruch zwischen der gesetzlich gebotenen und der tatsächlich getroffenen Einzelfallregelung vorliegt.[630] Anzuwenden sind die Korrekturvorschriften dann, wenn es sich weder um einen besonders gravierenden noch um einen besonders leichten Fehler handelt.[631] Dabei ist es erforderlich, dass der zugrunde

---

BStBl II 1987 S. 834; BFH v. 31.07.1990, I R 116/88, BStBl II 1991 S. 22; BFH v. 23.01.1993, I R 26/90, BFH/NV 1992 S. 359; BFH v. 21.05.1999, X B 212/98, BFH/NV 1999 S. 1582; Tipke, Klaus (o.J.) § 129 AO Rz 15; Wedelstädt, Alexander v. (o.J.) § 129 AO Rz 43 ff; Birkenfeld, Wolfram (DStR 1991) S. 731. Steueranmeldungen stehen gem. § 168 AO einer Steuerfestsetzung unter dem Vorbehalt der Nachprüfung gleich. Damit macht sich die Finanzbehörde den in der Steueranmeldung beinhalteten Fehler zu Eigen, was zur Erfüllung der Voraussetzungen einer Berichtigung gem. § 129 AO führt. Vgl. Wedelstädt, Alexander v. (o.J.) § 129 AO Rz 46; Tipke, Klaus (o.J.) § 129 AO Rz 15

[629] Die Anwendung des § 177 AO ist strittig. Während der BFH eine Saldierungsmöglichkeit i.R.d. pflichtgemäßen Ermessensausübung bei Durchführung einer Berichtigung nach § 129 AO präferiert (vgl. BFH v. 08.03.1989, X R 116/87, BStBl II 1989 S. 531; BFH v. 30.04.1998, III B 110/97, BFH/NV 1999 S. 1), befürwortet die h.M. die Anwendbarkeit von § 177 AO mit der Begründung, dass § 172 Abs. 1 S. 1 Nr. 2d AO nur die Anwendung von §§ 130, 131 AO ausnimmt, im Übrigen habe der Gesetzgeber nur aus inkonsequenter Verwendung der Terminologie die Anwendbarkeit auch auf § 129 AO nicht geregelt (vgl. Wedelstädt, Alexander v. (o.J.) § 129 AO Rz 54; Tipke, Klaus (o.J.) § 129 AO Rz 27). Dagegen lehnt Birkenfeld, Wolfram (DStR 1991 [S. 732]) sowohl die Saldierung als auch die Anwendung des § 177 AO (in der Fassung zum Zeitpunkt der Veröffentlichung) ab.

[630] Vgl. BFH v. 30.08.2001, IV R 30/99, BStBl II 2002 S. 49; Wedelstädt, Alexander v. (o.J.) Vor §§ 172-177 AO Rz 26 f; Loose, Matthias (o.J.) Vor § 172 AO Rz 29; Groll, Rüdiger v. (o.J.) Vor §§ 172-177 AO Rz 70

[631] Damit ist eine Korrektur für Steuerbescheide ausgeschlossen, die gem. §§ 125, 124 Abs. 3 AO nichtig sind, denen gem. § 126 AO unbeachtliche Verfahrens- oder Formfehler anhaften, bei denen trotz Fehlers gem. § 127 AO keine andere Entscheidung in der Sache hätte getroffen werden können, für die eine Umdeutung in einen rechtmäßigen Verwaltungsakt gem. § 128 AO möglich ist oder denen eine gem. § 129 AO offenbare Unrichtigkeit zugrunde liegt. Vgl. Groll, Rüdiger v. (o.J.) Vor §§ 172-177 AO Rz 71; Loose, Matthias (o.J.) Vor § 172 AO Rz 29 (ohne explizite Aufzählung von § 128 AO)

liegende Steuerbescheid Bestandskraft erlangt hat,[632] jedoch noch keine Festsetzungsverjährung eingetreten ist.[633]

Hinsichtlich der Rechtsfolgen führt die Aufhebung eines Bescheides i.R.d. Korrekturvorschriften zu einer vollständigen Beseitigung des Verwaltungsaktes und seiner Rechtswirkung und somit zu einer Wiederherstellung des ungeregelten Zustandes.[634] Eine Änderung hingegen stellt eine partielle inhaltliche Umgestaltung unter Wahrung der Identität der Einzelfallregelung dar, wobei der ursprüngliche Bescheid in den Regelungsbereich des Änderungsbescheides aufgenommen wird.[635] Die Durchbrechung der Bestandskraft des Steuerbescheides erfolgt letztlich partiell in dem Umfang der steuerlichen Auswirkungen des jeweiligen Änderungsgrundes.[636]

62.31 Aufhebung und Änderung von Steuerbescheiden (§ 172 AO)

§ 172 AO beinhaltet neben der Generalnorm des § 172 Abs. 1 S. 1 Nr. 2d AO – mit der auf die ansonsten gesetzlich zugelassenen Aufhebungs- und Änderungsmöglichkeiten verwiesen wird – auch eigenständige Korrekturvorschriften, von denen zwei im Folgenden betrachtet werden:

Ein Steuerbescheid – der nicht gem. § 164 AO unter dem Vorbehalt der Nachprüfung steht oder gem. § 165 AO diesbezüglich vorläufig ist – darf gem. § 172 Abs. 1 S. 1 Nr. 2a AO (Zustimmung oder Antrag [auf schlichte Änderung] des Steuerpflichtigen) aufgehoben oder geändert werden, „... soweit der Steuerpflichtige zustimmt oder seinem Antrag der Sache nach entsprochen wird; dies gilt jedoch zugunsten des Steuerpflichtigen nur, soweit er vor Ablauf der Einspruchsfrist zugestimmt oder den Antrag gestellt hat oder soweit die Finanzbehörde einem Einspruch oder einer Klage abhilft.“ Damit werden zwei verschiedene Möglichkeiten eröffnet. Zunächst besteht die Möglichkeit einer Änderung durch die Finanzbehörde unter Zustimmung durch den Steuerpflichtigen und weiterhin besteht die Möglichkeit eines Antrags auf Änderung durch den Steuerpflichtigen.

---

[632] Dies wird bereits aus der Einordnung der Vorschriften innerhalb der Abgabenordnung offensichtlich: III. Titel: „Bestandskraft“ (der jedoch eigentlich die Durchbrechung der Bestandskraft regelt; vgl. Groll, Rüdiger v. (o.J.) Vor §§ 172-177 AO Rz 65; Wedelstädt, Alexander v. (o.J.) Vor §§ 172-177 AO Rz 2, 14 ff). Eine Ausnahme davon stellt die Punktberichtigung gem. § 172 Abs. 1 Nr. 2a AO dar, deren Antrag bzw. Zustimmung (zugunsten) des Steuerpflichtigen vor Ablauf der Einspruchsfrist erfolgen muss.

[633] Der Eintritt der Festsetzungsverjährung hat zur Folge, dass der Steueranspruch gem. § 47 AO erloschen ist. Zur Festsetzungs- bzw. Feststellungsfrist im Einzelnen s.o.

[634] Vgl. Wedelstädt, Alexander v. (o.J.) Vor §§ 172-177 AO Rz 31; Groll, Rüdiger v. (o.J.) Vor §§ 172-177 AO Rz 112

[635] Vgl. Wedelstädt, Alexander v. (o.J.) Vor §§ 172-177 AO Rz 32 ff; Groll, Rüdiger v. (o.J.) Vor §§ 172-177 AO Rz 113

[636] Vgl. Wedelstädt, Alexander v. (o.J.) Vor §§ 172-177 AO Rz 32

Für eine Korrektur gem. § 172 Abs. 1 S. 1 Nr. 2a AO durch die Finanzbehörde ist regelmäßig das Einverständnis des Steuerpflichtigen erforderlich.[637] Die Zustimmung stellt sich dabei als nicht formgebundene Einverständniserklärung des Steuerpflichtigen mit einer Aufhebung oder Änderung des Steuerbescheides, die von der Finanzbehörde beabsichtigt wird, dar.[638] Zwar besteht grundsätzlich keine Verpflichtung des Steuerpflichtigen der Änderung oder Aufhebung des Steuerbescheides durch die Finanzbehörde zuzustimmen, u.U. kann sich diese jedoch aus den Rechtsgrundsätzen von Treu und Glauben zwingend ergeben.[639] Mit § 172 Abs. 1 S. 1 Nr. 2a AO besteht damit eine weitreichende Korrekturvorschrift zur Beseitigung von Irrtümern der Finanzbehörde, die zur Rechtswidrigkeit eines Bescheides geführt haben, innerhalb der Festsetzungsfrist. Eine Beschränkung erfolgt jedoch durch die Erfordernis der Zustimmung des Steuerpflichtigen, was die Korrekturmöglichkeiten i.d.R. wiederum auf solche zugunsten des Steuerpflichtigen – unter Berücksichtigung der Zustimmungsfrist – einschränkt, es sei denn, der Steuerpflichtige kann seine Zustimmung nicht verweigern oder stimmt aus anderen Gründen zu. Eine Unterscheidung nach den Irrtumsarten ist an dieser Stelle nicht erforderlich, da jeder Irrtum, der zur Rechtswidrigkeit des Bescheides geführt hat, korrigiert werden kann.

Der Antrag (auf schlichte Änderung) stellt für den Steuerpflichtigen eine nicht formgebundene[640] Alternative zum Einspruch gem. § 347 Abs. 1 S. 1 AO dar.[641] Dabei ist jedoch zu beachten, dass der Antrag auf schlichte Änderung eine Punktberichtigung ist und nicht wie der Einspruch zu einer erneuten Prüfung in vollem Umfang führt; die Aufhebung oder Änderung erfolgt demnach auch

[637] Vgl. Groll, Rüdiger v. (o.J.) § 172 AO Rz 120

[638] Vgl. Wedelstädt, Alexander v. (o.J.) § 172 AO Rz 24; Loose, Matthias (o.J.) § 172 AO Rz 22 f; Groll, Rüdiger v. (o.J.) § 172 AO Rz 122, 125; Woerner, Lothar / Grube, Georg (1988) S. 72

[639] Vgl. Wedelstädt, Alexander v. (o.J.) § 172 AO Rz 30; Loose, Matthias (o.J.) § 172 AO Rz 24; Groll, Rüdiger v. (o.J.) § 172 AO Rz 130

[640] Auch wenn der Antrag nicht formgebunden ist, muss der Inhalt des Antrags bis zur Entscheidung durch die Finanzbehörde soweit konkretisiert sein, dass die Finanzbehörde erkennen kann, inwieweit der Steuerpflichtige den zu ändernden Bescheid für fehlerhaft hält, da sie nicht berechtigt ist, den gesamten Sachverhalt insgesamt erneut zu prüfen. Vgl. Loose, Matthias (o.J.) § 172 AO Rz 33, 35; Wedelstädt, Alexander v. (o.J.) § 172 AO Rz 36, 43; Groll, Rüdiger v. (o.J.) § 172 AO Rz 136 ff

[641] Ob ein Antrag auf schlichte Änderung oder ein Einspruch gewollt ist, muss im Zweifel durch Auslegung geklärt werden. Sofern diese ohne Ergebnis bleibt, ist ein Einspruch anzunehmen, damit für den Steuerpflichtigen kein Rechtsverlust entsteht (vgl. Wedelstädt, Alexander v. (o.J.) § 172 AO Rz 38; ders. (DB 1986/20) S. 10; Loose, Matthias (o.J.) § 172 AO Rz 34; Groll, Rüdiger v. (o.J.) § 172 AO Rz 135). Zu den Vor- und Nachteilen eines Einspruchs gegenüber einem Antrag auf schlichte Änderung vgl. Wedelstädt, Alexander v. (o.J.) § 172 AO Rz 37; Loose, Matthias (o.J.) § 172 AO Rz 30; Groll, Rüdiger v. (o.J.) § 172 AO Rz 106. In der praktischen Anwendung hat sich die Vorschrift vielfach bewährt; eine pauschale Ablehnung wie bei Unvericht, Willi (DStR 1987 [S. 280]) als „...mißglückt, überflüssig und irreführend" (vgl. auch ders. (StBp 1988) S. 231; sowie Mihatsch, Günther (StBp 1988) S. 233) ist daher nicht gerechtfertigt.

sachlich und betragsmäßig nur, soweit der Antrag reicht;[642] zudem steht die Entscheidung über den Antrag auf schlichte Änderung im Ermessen der Finanzbehörde.[643] Wie der Einspruch, so muss auch der Antrag auf schlichte Änderung zugunsten des Steuerpflichtigen innerhalb der Einspruchsfrist gem. § 355 AO gestellt werden, anders als der Einspruch kann jedoch der Antrag auf schlichte Änderung nicht verhindern, dass der Bescheid mit Ablauf der Einspruchsfrist unanfechtbar wird.[644] Mit dem Antrag auf schlichte Änderung kann letztlich jeder Irrtum des Steuerpflichtigen innerhalb der Einspruchsfrist korrigiert werden.

Der Erlass eines Steuerbescheides durch eine sachlich unzuständige Behörde stellt einen gravierenden, nicht gem. § 127 AO heilbaren Rechtsmangel dar, der jedoch i.d.R. nicht die Nichtigkeit des Steuerbescheides zur Folge hat. Eine Korrektur ist gem. § 172 Abs. 1 S. 1 Nr. 2b AO soweit vorzunehmen, wie der begründete Mangel reicht.

Für die Korrektur, die – § 130 Abs. 2 Nr. 1 AO entsprechend – i.d.R. zur Aufhebung des Bescheides führt, ist die Ursache, die zu dem Erlass des Steuerbescheides geführt hat, ohne Bedeutung.

Eine Differenzierung nach den Irrtumsarten erübrigt sich daher auch an dieser Stelle; jeglicher Irrtum einer sachlich unzuständigen Behörde, der zum Erlass eines Steuerbescheides geführt hat, wird durch die Aufhebung des entsprechenden Bescheides beseitigt.

62.32 Aufhebung oder Änderung von Steuerbescheiden wegen neuer Tatsachen oder Beweismittel (§ 173 AO)

Mit § 173 AO besteht eine Korrekturvorschrift zur Aufhebung oder Änderung von Steuerbescheiden aufgrund neuer Tatsachen oder Beweismittel, soweit diese zu einer höheren oder niedrigeren Steuer führen.[645]

---

[642] Vgl. Wedelstädt, Alexander v. (o.J.) § 172 AO Rz 50; Woerner, Lothar / Grube, Georg (1988) S. 105; Loose, Matthias (o.J.) § 172 AO Rz 49 f

[643] Auch wenn die Entscheidung grundsätzlich im Ermessen der Finanzbehörde liegt, muss bei Erfüllung der entsprechenden Tatbestandsvoraussetzungen eine Aufhebung oder Änderung des Steuerbescheides erfolgen; vgl. Wedelstädt, Alexander v. (o.J.) § 172 AO Rz 52; Groll, Rüdiger v. (o.J.) § 172 AO Rz 112; Woerner, Lothar / Grube, Georg (1988) S. 77; Holz, Bertram (1993 [S. 78]) hält § 172 AO für eine „Verpflichtungsvorschrift"; einschränkend Loose, Matthias (o.J.) § 172 AO Rz 40; Diekhage, Ulrich (DStR 1988) S. 24.

[644] Vgl. Wedelstädt, Alexander v. (o.J.) § 172 AO Rz 37; Loose, Matthias (o.J.) § 172 AO Rz 30; Groll, Rüdiger v. (o.J.) § 172 AO Rz 104

[645] Bei der Erfüllung der Tatbestandsvoraussetzungen besteht kein Ermessensspielraum (vgl. Wedelstädt, Alexander v. (o.J.) § 173 AO Rz 152; Loose, Matthias (o.J.) § 173 AO Rz 104; Groll, Rüdiger v. (o.J.) § 173 AO Rz 361; Woerner, Lothar / Grube, Georg (1988) S. 105), der Umfang der Änderung bzw. die Aufhebung ergibt sich aus den steuerlichen Folgen der neuen Tatsache bzw. des neuen Beweismittels unter Beachtung von § 177 AO (vgl. Wedelstädt, Alexander v. (o.J.) § 173 AO Rz 153; Loose, Matthias (o.J.) § 173 AO

Um neue Tatsachen[646] oder Beweismittel[647] i.S.d. § 173 AO handelt es sich nur dann, wenn diese zwar schon in dem für die Änderung bzw. Aufhebung i.S.d.

Rz 100; Groll, Rüdiger v. (o.J.) § 173 AO Rz 365 f; Woerner, Lothar / Grube, Georg (1988) S. 105).

646 Tatsache i.S.d. § 173 Abs. 1 AO ist alles, was Merkmal oder Teilstück eines gesetzlichen Steuertatbestandes sein kann, also Zustände, Vorgänge, Beziehungen und Eigenschaften materieller und immaterieller Art (vgl. BFH v. 06.09.1962, V 166/59 U, BStBl III 1962 S. 494; BFH v. 31.03.1981, VII R 1/79, BStBl II 1981 S. 507; BFH v. 28.09.1984, VI R 48/8, BStBl II 1985 S. 117; BFH v. 03.05.1991, V R 36/90, BFH/NV 1992 S. 221; BFH v. 02.08.1994, VIII R 65/93, BStBl II 1995 S. 264; BFH v. 14.05.2003, X R 60/01, BFH/NV 2003 S. 1144). Tatsachen i.S.d. § 173 AO sind auch innere Tatsachen, die nur anhand von Hilfstatsachen festgestellt werden können, deren Bekanntwerden damit auch zum Bekanntwerden der inneren Tatsache führt (vgl. BFH v. 25.10.1989, X R 109/87, BStBl II 1990 S. 278; BFH v. 06.12.1994, IX R 11/91, BStBl II 1995 S. 192), wobei es erforderlich ist, dass die Hilfstatsachen einen sicheren Schluss auf die zum Zeitpunkt der Steuerfestsetzung bestehende Haupttatsache zulassen (vgl. BFH v. 06.12.1994, IX R 11/91, BStBl II 1995 S. 192). Auch sog. vorgreifliche Rechtsverhältnisse aus einem anderen Rechtsgebiet, die Tatbestandsmerkmale einer steuerlichen Vorschrift sind, oder ein Rechtsstreit über solche Rechtsverhältnisse stellen Tatsachen i.S.d. § 173 AO dar (vgl. BFH v. 25.03.1965, II R 5/66, BStBl II 1969 S. 445; BFH v. 27.10.1992, VIII R 41/89, BStBl II 1993 S. 569; BFH v. 08.12.1998, IX R 14/97, BFH/NV 1999 S. 743; BFH v. 13.01.2000, III B 65/99, BFH/NV 2000 S. 855; BFH v. 14.05.2003, X R 60/01, BFH/NV 2003 S. 1144; BFH v. 20.12.1988, VIII R 121/83, BStBl II 1989 S. 585; Marx, Franz Jürgen (StuB 2003) S. 341). Keine Tatsachen i.S.d. § 173 AO sind dagegen rechtliche Schlussfolgerungen, die steuerrechtliche Würdigung von Tatsachen und die Subsumtion (vgl. BFH v. 11.08.1960, V 188/58 U, BStBl III 1960 S. 476; BFH v. 31.03.1981, VII R 1/79, BStBl II 1981 S. 507; BFH v. 24.07.1984, VIII R 304/81, BStBl II 1984 S. 785; BFH v. 28.03.1985, IV R 159/82, BStBl II 1986 S. 120; BFH v. 02.08.1994, VIII R 65/93, BStBl II 1995 S. 264; BFH v. 14.05.2003, X R 60/01, BFH/NV 2003 S. 1144). Ausführlich zur Definition von Tatsachen vgl. Loose, Matthias (o.J.) § 173 AO Rz 2 ff; Wedelstädt, Alexander v. (o.J.) § 173 AO Rz 3 ff; ders. (DB 1986/20) S. 12; Groll, Rüdiger v. (o.J.) § 173 AO Rz 60 ff; Woerner, Lothar / Grube, Georg (1988) S. 82 f. I.R.d. Ausübung eines Antrags oder Wahlrechts ist zu beachten, dass es sich bei der Nachholung eines solchen um eine Verfahrenshandlung und nicht um eine Tatsache handelt (vgl. BFH v. 30.10.2003, III R 24/02, BStBl II 2004 S. 394; BFH v. 30.09.1981, II R 105/81, BStBl II 1982 S. 80; BFH v. 27.09.1988, VIII R 432/83, BStBl II 1989 S. 225; BFH v. 21.07.1989, III R 303/84, BStBl II 1989 S. 960; BFH v. 09.08.1989, X R 110/87, BStBl II 1990 S. 195; BFH v. 21.01.1992, VIII R 72/87, BStBl II 1992 S. 958; Loose, Matthias (o.J.) § 173 AO Rz 16; Wedelstädt, Alexander v. (o.J.) § 173 AO Rz 22; Lück, Horst (INF 1994) S. 642; Weber-Grellet, Heinrich (DStR 1992) S. 1420; Guth, Jürgen (DB 1985) S. 2276; a.A. Groll, Rüdiger v. (o.J. [§ 173 AO Rz 88]), der in der Ausübung eines Wahlrechts keine Verfahrenshandlung sieht, sondern eine nachträgliche Auswirkung auf den Gesetzestatbestand, die jedoch ohne Einfluss auf die für die Einzelfallregelung relevanten Tatsachen bleibt; sowie Woerner, Lothar / Grube, Georg (1988 [S. 89]) und Federmann, Hans-Wolfgang (DB 1983 [S. 78 f]), die in dem Antrag eine Tatsache sehen wollen). Dagegen ist der Sachverhalt, an dessen Vorliegen die Entstehung des Steueranspruchs oder die Steuervergünstigung geknüpft ist, eine Tatsache (vgl. BFH v. 30.09.1981, II R 105/81, BStBl II 1982 S. 80; Woerner, Lothar / Grube, Georg (1988) S. 88; Loose, Matthias (o.J.) § 173 AO Rz 16 ff; Groll, Rüdiger v. (o.J.) § 173 AO Rz 90; Wedelstädt, Alexander v. (o.J.) § 173 AO Rz 22). Bei vorliegenden neuen Tatsachen ist der Bescheid damit bei einem nicht fristgebundenen Antrag wegen nachträglich bekannt gewordener Tatsachen oder Beweismittel aufzuheben oder zu ändern (vgl. BFH v. 28.09.1984, VI R 48/82, BStBl II 1985 S. 117; BFH v. 21.07.1989, III R 303/84, BStBl II 1989 S. 960; Loose, Matthias (o.J.) § 173 AO Rz 17; Wedelstädt, Alexander v. (o.J.) § 173 AO Rz 22). Dagegen kann die Änderung oder Aufhebung von Bescheiden nach Fristablauf bei fristgebundenen Anträgen ausschließlich unter den Vor-

§ 173 AO maßgebenden Zeitpunkt vorgelegen haben, jedoch erst nachträglich bekannt geworden sind.[648]

Hinsichtlich des nachträglichen Bekanntwerdens ist grundsätzlich auf den Kenntnisstand der Finanzbehörde – und nicht auf den Kenntnisstand des Steuerpflichtigen – abzustellen.[649] Dabei vertritt der BFH die Auffassung, dass es auf den Kenntnisstand der Personen ankommt, die innerhalb der Finanzbehörde dazu berufen sind, den entsprechenden Steuerfall zu bearbeiten.[650] Loose weist darauf hin, dass die Beschränkung auf die (Un-)Kenntnis bestimmter Personen weder vom BFH eingehalten wird noch überzeugen kann, und befürwortet statt-

---

aussetzungen des § 110 AO erfolgen (vgl. BFH v. 18.12.1986, III R 150/82, BStBl II 1987 S. 307; Loose, Matthias (o.J.) § 173 AO Rz 18; Wedelstädt, Alexander v. (o.J.) § 173 AO Rz 22). I.R.d. Aufhebung oder Änderung des Bescheides gem. § 173 AO kann dem nachgeholten, geänderten oder widerrufenen Antrag, dessen Frist mit der Unanfechtbarkeit der Steuerfestsetzung oder dem Eintritt der Rechtskraft der Steuerfestsetzung endet, auch dann noch insoweit entsprochen werden, wie die Änderung reicht, da § 173 AO die durch die Unanfechtbarkeit eingetretene Bestandskraft des Steuerbescheides durchbricht (vgl. Loose, Matthias (o.J.) § 173 AO Rz 19; Wedelstädt, Alexander v. (o.J.) § 173 AO Rz 22).

647 Beweismittel ist ein solches Erkenntnismittel, das geeignet ist, das Vorliegen oder Nichtvorliegen von Tatsachen zu beweisen (vgl. BFH v. 20.12.1988, VIII R 121/83, BStBl II 1989 S. 585; BFH v. 27.10.1992, VIII R 41/89, BStBl II 1993 S. 569). Zu den Beweismitteln zählen auch die sog. Hilfstatsachen, die zwar nicht zum Sachverhalt gehören, der unter den Steuertatbestand subsumiert wird, aber Umstände darstellen, die die Beweisführung stützen (vgl. BFH v. 06.12.1994, IX R 11/91, BStBl II 1995 S. 192). Vgl. Wedelstädt, Alexander v. (o.J.) § 173 AO Rz 23; Groll, Rüdiger v. (o.J.) § 173 AO Rz 111; Loose, Matthias (o.J.) § 173 AO Rz 21

648 Nachträglich bekannt gewordene Tatsachen und Beweismittel sind solche, die zu dem für die Aufhebung oder Änderung gem. § 173 AO maßgebenden Zeitpunkt bereits vorhanden, aber noch unbekannt waren (vgl. BFH v. 20.06.1985, IV R 114/82, BStBl II 1985 S. 492; BFH v. 26.11.1996, IX R 77/95, BStBl II 1997 S. 422; BFH v. 05.12.2002, IV R 58/01, BFH/NV 2003 S. 588). Davon zu unterscheiden sind die nachträglich entstandenen Tatsachen, die nur dann zu einer Aufhebung oder Änderung des Bescheides gem. § 173 AO führen können, wenn es sich um sog. Hilfstatsachen handelt, die den sicheren Schluss auf die Haupttatsache zulassen (vgl. BFH v. 25.10.1989, X R 109/87, BStBl II 1990 S. 278; BFH v. 07.09.1965, I 69//63 U, BStBl III 1965 S. 677; BFH v. 19.06.1974, I R 94/71, BStBl II 1974 S. 586; BFH v. 06.12.1994, IX R 11/91, BStBl II 1995 S. 192), wodurch sich die Korrekturen gem. § 173 AO und § 175 Abs. 1 S. 1 Nr. 2 AO gegenseitig ausschließen (vgl. BFH v. 12.08.1997, IV B 98/96, BFH/NV 1998 S. 147). Vgl. Wedelstädt, Alexander v. (o.J.) § 173 AO Rz 43 ff; Loose, Matthias (o.J.) § 173 AO Rz 25 ff; Groll, Rüdiger v. (o.J.) § 173 AO Rz 170 ff; Woerner, Lothar / Grube, Georg (1988) S. 84. Nachträglich entstandene Beweismittel finden hingegen bei den Korrekturvorschriften keine Beachtung (vgl. Loose, Matthias (o.J.) § 173 AO Rz 27; Wedelstädt, Alexander v. (o.J.) § 173 AO Rz 46; Groll, Rüdiger v. (o.J.) § 173 AO Rz 115; zweifelnd Woerner, Lothar / Grube, Georg (1988) S. 84).

649 Vgl. BFH v. 29.06.1984, VI R 34/82, BStBl II 1984 S. 694 m.w.N.

650 Vgl. BFH v. 05.12.2002, IV R 58/01, BFH/NV 2003 S. 588; BFH v. 28.04.1998, IX R 49/96, BFH/NV 1998 S. 1284; BFH v. 01.04.1998, X R 150/95, BStBl II 1998 S. 569; BFH v. 20.07.1988, I R 136/84, BFH/NV 1990 S. 64; BFH v. 03.05.1991, V R 36/90, BFH/NV 1992 S. 221; BFH v. 20.06.1985, IV R 114/82, BStBl II 1985 S. 492; so auch Wedelstädt, Alexander v. (o.J.) § 173 AO Rz 56; Woerner, Lothar / Grube, Georg (1988) S. 85 f; Lück, Horst (INF 1994) S. 643; Fichtelmann, Helmar (1980) S. 101 ff; Bur, Helmut (INF 2003) S. 859 f; ders. (INF 2004) S. 147; Kratzsch, Alexander (INF 2004) S. 145 f

dessen die Zuordnung nach Sphären, was dem Zweck der Vorschrift, den Prinzipienwiderspruch zwischen Vertrauensschutz und Rechtssicherheit auf der einen Seite und materieller Rechtsrichtigkeit auf der anderen Seite zu lösen, gerecht wird. [651] Strittig ist auch der maßgebende Zeitpunkt für das nachträgliche Bekanntwerden. Die h.M. hält den Zeitpunkt für entscheidend, in dem der für die Steuerfestsetzung zuständige Bedienstete der Finanzbehörde den Berechnungsbogen oder den Eingabewertbogen abschließend unterzeichnet.[652] Dem hält Loose zu Recht entgegen, dass es ausschließlich auf den Zeitpunkt ankommen kann, in dem der Steuerbescheid den Machtbereich der zuständigen Finanzbehörde verlässt.[653]

Voraussetzung für die Berücksichtigung einer neuen Tatsache ist, dass diese zu einer höheren oder niedrigeren als der festgesetzten Steuer führen muss, denn nur dann ist die Tatsache rechtserheblich. Nach der Auffassung des BFH[654] und Teilen der Literatur[655] sind nachträglich bekannt gewordene Tatsachen und Beweismittel rechtserheblich, wenn die Finanzbehörde bei rechtzeitiger Kenntnis einer ihr unbekannt gebliebenen Tatsache schon bei der ursprünglichen Steuerfestsetzung mit an Sicherheit grenzender Wahrscheinlichkeit zu einem höheren oder niedrigeren steuerlichen Ergebnis gelangt wäre. Diese Auffassung, die auf die Rechtslage im Zeitpunkt der ursprünglichen Veranlagung abstellt, wird jedoch zu Recht kritisiert, vielmehr sollen auch solche Tatsachen und Beweismittel Berücksichtigung finden, die ursprünglich aufgrund einer rechtsirrtümlichen Ansicht[656] nicht offengelegt worden sind, da es sich auch in diesen Fällen um – aus Sicht der Finanzbehörde – neue Tatsachen handelt.[657] Das Argument, dass eine solche Vorgehensweise zu einer Ungleichbehandlung

---

651 Vgl. Loose, Matthias (o.J.) § 173 AO Rz 31 f mit Verweis auf BFH v. 23.01.2002, XI R 55/00, BFH/NV 2002 S. 1009; BFH v. 05.11.1970, V R 71/67, BStBl II 1971 S. 220; BFH v. 06.04.1971, VI R 161/67, BStBl II 1971 S. 610; BFH v. 19.10.1971, VIII R 27/66, BStBl II 1972 S. 106; so wohl auch Groll, Rüdiger v. (o.J.) § 173 AO Rz 196

652 Vgl. BFH v. 27.11.2001, VIII R 3/2001, BFH/NV 2002 S. 473; BFH v. 29.11.1988, VIII R 226/83, BStBl II 1989 S. 259; BFH v. 18.03.1987, II R 226/84, BStBl II 1987 S. 416; BFH v. 23.08.1963, VI 150/62 U, BStBl III 1963 S. 489; Wedelstädt, Alexander v. (o.J.) § 173 AO Rz 47; Woerner, Lothar / Grube, Georg (1988) S. 85; Lück, Horst (INF 1994) S. 643; Fichtelmann, Helmar (1980) S. 99 ff; Holz, Bertram (1993) S. 82; Bur, Helmut (INF 2003) S. 858

653 Vgl. Loose, Matthias (o.J.) § 173 AO Rz 45; Groll, Rüdiger v. (o.J.) § 173 AO Rz 206 ff; Kalmes, Herbert (BB 1990) S. 1605, 1607

654 Vgl. BFH v. 25.07.2001, VI R 82/96, BFH/NV 2001 S. 1533; BFH v. 06.11.1973, VIII R 12/71, BStBl II 1974 S. 67; BFH v. 23.11.1987, GrS 1/86, BStBl II 1988 S. 180

655 Vgl. Groll, Rüdiger v. (o.J.) § 173 AO Rz 125 ff; Lück, Horst (INF 1994) S. 644; Wedelstädt, Alexander v. (o.J.) § 173 AO Rz 27 ff; ders. (DB 1986/20) S. 13; Holz, Bertram (1993) S. 83

656 i.d.S., dass der Steuerpflichtige dem gleichen Irrtum wie die Rechtsprechung im Zeitpunkt der Erklärung des Steuerpflichtigen unterliegt

657 Vgl. Loose, Matthias (o.J.) § 173 AO Rz 55 m.w.N.; Woerner, Lothar / Grube, Georg (1988) S. 89 f; Huxol, Hermann (DStR 1982) S. 225 f; Wedelstädt, Alexander v. (DB 1986/20) S. 13; Beck, Hans-Joachim (DStR 1984) S. 671 ff; a.A. Mittmann, Volker (DStZ 1989) S. 505 ff

gegenüber denjenigen Steuerpflichtigen führen kann, die diese Tatsachen bereits innerhalb der Steuererklärung offengelegt haben, greift nicht, da der Steuerpflichtige seine Mitwirkungspflichten gem. § 90 AO dann nicht verletzt, wenn er Tatsachen nicht offenlegt, die im Zeitpunkt der Erklärung unerheblich sind.

Nachträglich bekannt gewordene Tatsachen und Beweismittel führen allerdings nur dann zu einer Aufhebung oder Änderung des Steuerbescheides, wenn dem nicht rechtliche Hindernisse entgegenstehen. Diese können sich in den Fällen einer Aufhebung oder Änderung zuungunsten des Steuerpflichtigen aus § 176 AO[658] oder aus dem Rechtsgrundsatz von Treu und Glauben ergeben. Letzteres gilt nach der h.M. insbesondere für die Verletzung der Ermittlungspflicht durch die Finanzbehörde.[659] Der Steuerpflichtige kann sich allerdings nur dann auf den Rechtsgrundsatz von Treu und Glauben berufen, wenn er seinerseits seiner Mitwirkungspflicht gem. § 90 AO in zumutbarer Weise nachgekommen ist.[660] Dieser Mitwirkungspflicht genügt der Steuerpflichtige dann, wenn er alle im Vordruck der Steuererklärung geforderten Angaben vollständig,

---

658 Vgl. BFH v. 23.11.1987, GrS 1/86, BStBl II 1988 S. 180

659 Die Finanzbehörde verstößt gegen Treu und Glauben, wenn sie den Steuerbescheid aufhebt oder ändert, weil ihr nachträglich Tatsachen oder Beweismittel bekannt geworden sind, die sie bei gehöriger Erfüllung der ihr gem. § 88 AO obliegenden Ermittlungspflicht schon vor der Steuerfestsetzung hätte feststellen können (vgl. BFH v. 12.07.2001, VII R 68/00, BStBl II 2002 S. 44; BFH v. 28.01.1970, I R 123/67, BStBl II 1970 S. 296; BFH v. 14.12.1994, XI R 80/92, BStBl II 1995 S. 293; BFH v. 14.05.1998, VII R 139/97, BStBl II 1998 S. 579; Loose, Matthias (o.J.) § 173 AO Rz 62 ff m.w.N.; Günther, Karl-Heinz (FR 1983) S. 36 ff; Wedelstädt, Alexander v. (o.J.) § 173 AO Rz 66 m.w.N., 84). Eindeutigen Steuererklärungen braucht die Finanzbehörde zwar nicht mit Misstrauen zu begegnen (vgl. BFH v. 07.07.2004, XI R 10/03, BFH/NV 2004 S. 1433; BFH v. 03.07.2002, XI R 27/01, BFH/NV 2003 S. 19; BFH v. 11.11.1987, I R 108/85, BStBl II 1988 S. 115; BFH v. 20.12.1988, VIII R 121/83, BStBl II 1989 S. 585; BFH v. 14.12.1994, XI R 80/92, BStBl II 1995 S. 293; BFH v. 18.03.1988, V R 206/83, BFH/NV 1990 S. 1; Loose, Matthias (o.J.) § 173 AO Rz 65; Wedelstädt, Alexander v. (o.J.) § 173 AO Rz 68; ders. (DB 1986/20) S. 15; Woerner, Lothar / Grube, Georg (1988) S. 93; Lück, Horst (INF 1994) S. 644; Günther, Karl-Heinz (FR 1983) S. 36), allerdings muss sie sich aufdrängenden Zweifeln nachgehen (vgl. BFH v. 07.07.2004, XI R 10/03, BFH/NV 2004 S. 1433; BFH v. 26.02.2003, IX B 221/02, BFH/NV 2003 S. 1029; BFH v. 24.01.2002, XI R 2/01, BStBl II 2004 S. 444; BFH v. 27.03.1998, VII B 267/97, BFH/NV 1998 S. 1264; BFH v. 21.06.1968, VI R 135/66, BStBl II 1968 S. 698; BFH v. 13.11.1985, II R 208/82, BStBl II 1986 S. 241; BFH v. 20.12.1988, VIII R 121/83, BStBl II 1989 S. 585; BFH v. 10.12.1991, VII R 10/90, BStBl II 1992 S. 324; Loose, Matthias (o.J.) § 173 AO Rz 65; Wedelstädt, Alexander v. (o.J.) § 173 AO Rz 67, 69; ders. (DB 1986/20) S. 15; Woerner, Lothar / Grube, Georg (1988) S. 93; Lück, Horst (INF 1994) S. 644; Günther, Karl-Heinz (FR 1983) S. 36 ff). Dagegen hält Friedl, Helmut (DStR 1988 [S. 98 ff]) eine Verletzung der Ermittlungspflicht durch die Finanzbehörde für unerheblich.

660 Vgl. BFH v. 25.02.2003, VIII R 26/02, BFH/NV 2003 S. 1158; BFH v. 03.07.2002, XI R 27/01, BFH/NV 2003 S. 19; BFH v. 23.01.2002, XI R 55/00, BFH/NV 2002 S. 1009; BFH v. 10.04.1997, IV R 47/96, BFH/NV 1997 S. 757; BFH v. 04.03.1999, II R 79/97, BFH/NV 1999 S. 1301; BFH v. 15.06.2000, IV B 6/99, BFH/NV 2000 S. 1445; Loose, Matthias (o.J.) § 173 AO Rz 68; Wedelstädt, Alexander v. (o.J.) § 173 AO Rz 74 ff; ders. (DB 1986/20) S. 15; Woerner, Lothar / Grube, Georg (1988) S. 94

richtig und deutlich macht;[661] zu ergänzenden Angaben ist er hingegen nur verpflichtet, wenn diese nach dem Vordruck verlangt werden oder die Finanzbehörde ihn mittels Rückfragen dazu auffordert.[662] Macht der Steuerpflichtige unvollständige oder falsche Angaben, so verstößt die Änderung des Steuerbescheides nicht gegen Treu und Glauben.[663] Dabei ist der Steuerpflichtige nicht verpflichtet, die richtigen steuerlichen Schlüsse zu ziehen, dies ist Aufgabe der Finanzbehörde.[664] Sind sowohl die Finanzbehörde als auch der Steuerpflichtige ihren Pflichten nicht in vollem Umfang nachgekommen, so sind die beiderseitigen Verstöße gegeneinander abzuwägen.[665]

Hinsichtlich einer Aufhebung oder der Änderung zugunsten des Steuerpflichtigen ist zu beachten, dass diesen kein grobes Verschulden an dem nachträglichen Bekanntwerden treffen darf (§ 173 Abs. 1 Nr. 2 S. 1 AO). Für den Ausschluss der Berücksichtigung neuer Tatsachen und Beweismittel in Fällen eines groben Verschuldens ist es erforderlich, dass dieses ursächlich für das nachträgliche Bekanntwerden ist.[666] Grobes Verschulden beinhaltet Vorsatz und grobe Fahrlässigkeit.[667] Grob fahrlässig[668] handelt der Steuerpflichtige, wenn er die Sorgfalt, zu der er nach seinen persönlichen Kenntnissen und Fähigkeiten verpflichtet und imstande ist, in ungewöhnlichem Maße und in nicht entschuldbarer

---

[661] Vgl. BFH v. 05.12.2002, IV R 58/01, BFH/NV 2003 S. 588; BFH v. 25.02.2002, X B 77/01, BFH/NV 2002 S. 1121; BFH v. 10.04.1997, IV R 47/96, BFH/NV 1997 S. 757; Loose, Matthias (o.J.) § 173 AO Rz 68; Wedelstädt, Alexander v. (o.J.) § 173 AO Rz 75

[662] Vgl. Loose, Matthias (o.J.) § 173 AO Rz 68

[663] Vgl. BFH v. 11.11.1987, I R 108/85, BStBl II 1988 S. 115; BFH v. 20.12.1988, VIII R 121/83, BStBl II 1989 S. 585; BFH v. 04.03.1999, II R 79/97, BFH/NV 1999 S. 1301

[664] Vgl. Loose, Matthias (o.J.) § 173 AO Rz 68 m.w.N.; Wedelstädt, Alexander v. (o.J.) § 173 AO Rz 75

[665] Vgl. BFH v. 07.07.2004, XI R 10/03, BFH/NV 2004 S. 1433; BFH v. 19.10.1971, VIII R 27/66, BStBl II 1972 S. 106; BFH v. 20.12.1988, VIII R 121/83, BStBl II 1989 S. 585; BFH v. 04.03.1999, II R 79/97, BFH/NV 1999 S. 1301; BFH v. 11.11.1987, I R 108/85, BStBl II 1988 S. 115; BFH v. 15.06.2000, IV B 6/99, BFH/NV 2000 S. 1445; BFH v. 10.04.1997, IV R 47/96, BFH/NV 1997 S. 757; Wedelstädt, Alexander v. (o.J.) § 173 AO Rz 77; Loose, Matthias (o.J.) § 173 AO Rz 72; Woerner, Lothar / Grube, Georg (1988) S. 95; Lück, Horst (INF 1994) S. 644; Günther, Karl-Heinz (FR 1983) S. 39. Dabei ist allerdings zu beachten, dass die Verantwortung i.d.R. den Steuerpflichtigen trifft, da die Grundsätze von Treu und Glauben nur dann eine Änderung verbieten, wenn die Pflichtverletzung der Finanzbehörde deutlich überwiegt.

[666] Vgl. Loose, Matthias (o.J.) § 173 AO Rz 75; Groll, Rüdiger v. (o.J.) § 173 AO Rz 273; Wedelstädt, Alexander v. (DB 1986/20) S. 17

[667] Vgl. BFH v. 23.10.2002, III R 32/00, BFH/NV 2003 S. 441; BFH v. 23.01.2001, XI R 42/00, BStBl II 2001 S. 379

[668] Für die grobe Fahrlässigkeit ist im Steuerrecht nach der h.M. auf den subjektiven Verschuldensbegriff in Anlehnung an das Strafrecht zurückzugreifen. Vgl. BFH v. 18.05.1988, X R 57/82, BStBl II 1988 S. 713; BFH v. 21.04.1988, IV R 215/85, BStBl II 1988 S. 863; BFH v. 10.08.1988, IX R 219/84, BStBl II 1989 S. 131; Loose, Matthias (o.J.) § 173 AO Rz 76 m.w.N.; Wedelstädt, Alexander v. (o.J.) § 173 AO Rz 85 f; Groll, Rüdiger v. (o.J.) § 173 AO Rz 275; Schuhmann, Helmut (BB 1983) S. 441; Kottke, Klaus (FR 1998) S. 11; Huxol, Hermann (DStR 1982) S. 220 f; Mittelbach, Rolf (DStR 1984) S. 319; Lück, Horst (INF 1994) S. 644; a.A. Friedl, Helmut (DStR 1991) S. 1616 ff; Eggesiecker, Fritz (DStR 1980) S. 161 ff

Weise verletzt.[669] Dazu gehört, dass er unbeachtet lässt, was im gegebenen Falle jedem hätte einleuchten müssen, oder die einfachsten, ganz naheliegenden Überlegungen nicht anstellt.[670] Auf ein Mitverschulden der Finanzbehörde kommt es dabei grundsätzlich nicht an.[671] Fehler, die üblicherweise vorkommen und mit denen immer gerechnet werden muss, begründen keine grobe Fahrlässigkeit, dazu gehören Vergessen, Irrtümer und bloße Nachlässigkeiten.[672] Da es allein darauf ankommt, welche Sorgfalt der Steuerpflichtige nach den Umständen und seinen persönlichen Kenntnissen und Fähigkeiten aufzuwenden im Stande war, dürfen an die steuerrechtlichen Erkenntnismöglichkeiten des Steuerpflichtigen keine zu hohen Anforderungen gestellt werden.[673] Aufgrund des Rechtsgrundsatzes von Treu und Glauben kann sich die Finanzbehörde nicht auf ihre eigenen Ermittlungsfehler oder Organisationsmängel berufen. Das grobe Verschulden des Steuerpflichtigen ist gem. § 173 Abs. 1 Nr. 2 S. 2 AO dann unbeachtlich, wenn die Tatsachen oder Beweismittel in einem unmittelbaren oder mittelbaren Zusammenhang mit Tatsachen oder Beweismitteln i.S.d. § 173 Abs. 1 Nr. 1 AO stehen,[674] wobei ein sachlicher Zusammenhang erforderlich ist, der dann vorliegt, wenn die nachträglich bekannt gewordene Tatsache oder das Beweismittel sowohl für die höhere als auch für die niedrigere Steuer ursächlich ist.[675]

Die Nichtberücksichtigung einer Tatsache oder eines Beweismittels in einem Steuerbescheid kann auf verschiedene irrtümliche Vorgänge zurückgehen, die

---

[669] Vgl. BFH v. 11.02.1998, I R 82/97, BStBl II 1998 S. 552; BFH v. 23.11.2001, VI R 125/00, BStBl II 2002 S. 296; BFH v. 29.06.1984, VI R 181/80, BStBl II 1984 S. 693; BFH v. 03.02.1983, IV R 153/80, BStBl II 1983 S. 324; BFH v. 23.02.2000, VIII R 80/98, BFH/NV 2000 S. 978; BFH v. 31.01.2005, VIII B 18/02, BFH/NV 2005 S. 1212; Loose, Matthias (o.J.) § 173 AO Rz 76 m.w.N.; Groll, Rüdiger v. (o.J.) § 173 AO Rz 275 m.w.N.; Wedelstädt, Alexander v. (o.J.) § 173 AO Rz 85 f

[670] Vgl. Loose, Matthias (o.J.) § 173 AO Rz 76 m.w.N.; Groll, Rüdiger v. (o.J.) § 173 AO Rz 275; Wedelstädt, Alexander v. (o.J.) § 173 AO Rz 85; zur Frage inwieweit das Versäumen der Einspruchsfrist grobes Verschulden darstellt vgl. Heinke, Hans-Michael (DStZ 1999) S. 789 ff

[671] Vgl. Groll, Rüdiger v. (o.J.) § 173 AO Rz 296 f; Wedelstädt, Alexander v. (o.J.) § 173 AO Rz 90

[672] Vgl. Loose, Matthias (o.J.) § 173 AO Rz 78 m.w.N.; Wedelstädt, Alexander v. (o.J.) § 173 AO Rz 87; Groll, Rüdiger v. (o.J.) § 173 AO Rz 281 f m.w.N.

[673] Vgl. Loose, Matthias (o.J.) § 173 AO Rz 77

[674] Es erfolgt dabei keine Gewichtung der Tatsachen oder Beweismittel, mit der Folge, dass auch geringfügige Tatsachen i.S.d. § 173 Abs. 1 Nr. 1 AO (vgl. BFH v. 12.08.1981, I R 78/78, BStBl II 1982 S. 100) dazu führen können, dass erhebliche Tatsachen i.S.d. § 173 Abs. 1 Nr. 2 AO trotz groben Verschuldens des Steuerpflichtigen zu berücksichtigen sind. Vgl. Loose, Matthias (o.J.) § 173 AO Rz 88; Groll, Rüdiger v. (o.J.) § 173 AO Rz 302

[675] Vgl. BFH v. 28.03.1985, IV R 159/82, BStBl II 1986 S. 120; BFH v. 30.10.1986, III R 163/82, BStBl II 1987 S. 161; BFH v. 08.08.1991, V R 106/88, BStBl II 1991 S. 496; BFH v. 08.08.1991, V R 106/88, BStBl II 1992 S. 12; Groll, Rüdiger v. (o.J.) § 173 AO Rz 301; Wedelstädt, Alexander v. (o.J.) § 173 AO Rz 107; Loose, Matthias (o.J.) § 173 AO Rz 86; Woerner, Lothar / Grube, Georg (1988) S. 102 f; Birkenfeld, Wolfram (DStZ 1989) S. 398; wesentlich weiter Wichmann, Gerd (DStZ 1990) S. 67

im Weiteren zu untersuchen sind. Dazu wird im Folgenden zur Darstellung nach den unterschiedlichen Irrtumsarten differenziert.

Hinsichtlich der Irrtümer i.R.d. Vorstellung i.e.S. sind zunächst die Tatsachen- oder Sachverhaltsirrtümer zu betrachten: Ist eine Tatsache oder ein Beweismittel der Finanzbehörde aufgrund eines Irrtums über den Sachverhalt unbekannt geblieben, so ist es zunächst unerheblich, ob es sich dabei um einen Irrtum der Finanzbehörde oder des Steuerpflichtigen handelt. Zu unterscheiden ist jedoch danach, ob die Berücksichtigung der Tatsache oder des Beweismittels sich zugunsten oder zuungunsten des Steuerpflichtigen auswirkt. Bei einer Auswirkung zuungunsten des Steuerpflichtigen erfolgt eine Änderung oder Aufhebung nur dann, wenn die Finanzbehörde nicht gegen ihre Ermittlungspflicht verstoßen hat.[676] Zugunsten erfolgt eine Aufhebung oder Änderung in den Fällen, in denen den Steuerpflichtigen kein grobes Verschulden am nachträglichen Bekanntwerden der Tatsache oder des Beweismittels trifft.[677]

Ein Tatbestands- oder Rechtsirrtum liegt dem nachträglichen Bekanntwerden einer Tatsache oder eines Beweismittels dann zugrunde, wenn irrtümlich davon ausgegangen wird, dass eine Tatsache oder ein Beweismittel ohne Bedeutung für die (Nicht-)Erfüllung eines Steuertatbestandes ist. Da die rechtliche Subsumtion selbst keine Tatsache i.S.d. § 173 AO darstellt, kann ein Rechtsirrtum, der zur Aufhebung oder Änderung eines Steuerbescheides gem. § 173 AO führt, nur darin liegen, dass irrtümlich von der Bedeutungslosigkeit einer Tatsache oder eines Beweismittels ausgegangen wird. Damit eine solche Beurteilung erfolgen kann, muss jedoch die Tatsache oder das Beweismittel bekannt sein. Da es aber (ungeschriebenes) Tatbestandsmerkmal des § 173 AO ist, dass die Tatsache oder das Beweismittel der Finanzbehörde erst nachträglich bekannt wird,[678] hat dies zwangsläufig die Nichtanwendbarkeit des § 173 AO für Rechtsirrtümer der Finanzbehörde zur Folge.[679] Dagegen kommt es jedoch für eine Korrektur gem. § 173 AO nicht auf den Kenntnisstand des Steuerpflichtigen an; daher werden Steuerbescheide geändert oder aufgehoben, wenn Tatsachen oder Beweismittel aufgrund eines Rechtsirrtums des Steuerpflichtigen der Finanzbehörde nicht bekannt waren und deswegen keine Berücksichtigung in dem entsprechenden Steuerbescheid gefunden haben.[680] Entscheidend für die Anwendbarkeit des

---

[676] Vgl. BFH v. 17.10.1989, VII R 58/87, BStBl II 1990 S. 249 m.w.N.; BFH v. 16.11.1989, V R 169/84, BFH/NV 1990 S. 754; BFH v. 13.11.1985, II R 208/82, BStBl II 1986 S. 241

[677] Vgl. BFH v. 28.08.1992, VI R 93/89, BFH/NV 1993 S. 147

[678] Vgl. BFH v. 29.06.1984, VI R 34/82, BStBl II 1984 S. 694

[679] So mangelt es bei der Nichtberücksichtigung einer Tatsache oder eines Beweismittels bzw. einem Verstoß gegen die Ermittlungspflicht aufgrund eines Rechtsirrtums der Finanzbehörde regelmäßig an der Tatbestandsverwirklichung des § 173 AO. Vgl. Beck, Hans-Joachim (DStR 1984) S. 671, 673; Groll, Rüdiger v. (o.J.) § 173 AO Rz 240; mit gleichem Ergebnis, das jedoch aus einem Verstoß gegen Treu und Glauben abgeleitet wird Loose, Matthias (o.J.) § 173 AO Rz 55, 64; Wedelstädt, Alexander v. (o.J.) § 173 AO Rz 70

[680] Zweifellos handelt es sich auch dann um einen Rechtsirrtum, wenn der Steuerpflichtige im Vertrauen auf die allgemein bestehende Auffassung zur Rechtslage eine Tatsache oder ein

§ 173 AO ist damit das grobe Verschulden des Steuerpflichtigen, wenn sich die nachträgliche Berücksichtigung zu seinen Gunsten, bzw. der Rechtsgrundsatz von Treu und Glauben, wenn sich die nachträgliche Berücksichtigung zu seinen Ungunsten auswirken wird. Ein Rechtsirrtum des Steuerpflichtigen, der auf mangelnder Kenntnis steuerrechtlicher Vorschriften beruht, wird i.d.R. nicht als grobes Verschulden angesehen;[681] dies gilt jedoch dann nicht, wenn der Steuerpflichtige z.B. ausdrückliche Fragen im Steuererklärungsformular zu bestimmten Vorgängen nicht beantwortet[682] oder sich aufdrängenden Zweifelsfragen nicht nachgeht.[683] Mögliche Versäumnisse der Finanzbehörde bei der Aufklärung des Sachverhalts haben bei einem groben Verschulden des Steuerpflichtigen außer Betracht zu bleiben, wenn es sich um die Aufhebung oder Änderung eines Steuerbescheides zugunsten des Steuerpflichtigen handelt.[684]

Beweismittel der Finanzbehörde nicht mitteilt und sich zu einem späteren Zeitpunkt herausstellt, dass die allgemein bestehende Auffassung nicht zutreffend gewesen ist. Dabei ist eine Berücksichtigung zugunsten des Steuerpflichtigen aber nur dann möglich, wenn das Verschweigen der Tatsache kein grobes Verschulden darstellt. Nach der Auffassung des Schleswig-Holsteinischen FG (v. 18.12.1985, V 446/85, EFG 1986 S. 327) ist die Änderung oder Aufhebung des Steuerbescheides zu versagen, da auch dann ein grobes Verschulden des Steuerpflichtigen vorliege, wenn dieser eine Tatsache aufgrund „einleuchtender Gründe" wissentlich verschweigt. Entgegen der Auffassung des Schleswig-Holsteinischen FG führt das wissentliche Nicht-Bekanntgeben einer Tatsache oder eines Beweismittels nicht zwangsläufig zum groben Verschulden, insbesondere in den Fällen, in denen für den Steuerpflichtigen keine Verpflichtung zur Offenlegung besteht. Insoweit unklar Wedelstädt, Alexander v. (o.J. [§ 173 AO Rz 87, 89]), der zunächst mit Hinweis auf die ständige Rechtsprechung des BFH (zum rechtsirrigen Verhalten des Steuerpflichtigen) darlegt, dass Irrtümer i.d.R. nicht zu grobem Verschulden führen, dann allerdings mit Verweis auf das o.g. Urteil des Schleswig-Holsteinischen FG in den Fällen grobes Verschulden bejaht, in denen der Steuerpflichtige eine ihm bekannte Tatsache nicht erklärt, weil er sie irrtümlich für nicht rechtserheblich gehalten hat, und wenn der Steuerpflichtige Tatsachen nicht erklärt, obwohl ihm die insoweit nicht vollständig klare Rechtslage bekannt war. Zutreffend dagegen Groll, Rüdiger v. (o.J.) § 173 AO Rz 282; Loose, Matthias (o.J.) § 173 AO Rz 77 f; ausführlich zum Rechtsirrtum Beck, Hans-Joachim (DStR 1984) S. 671 ff; a.A. Mittmann, Volker (DStZ 1989) S. 505 ff

681 Vgl. BFH v. 10.08.1988, IX R 219/84, BStBl II 1989 S. 131; BFH v. 29.06.1984, VI R 181/80, BStBl II 1984 S. 693; BFH v. 01.10.1993, III R 58/92, BStBl II 1994 S. 346; BFH v. 21.07.1989, III R 303/84, BStBl II 1989 S. 960; BFH v. 23.01.2001, XI R 42/00, BStBl II 2001 S. 379; BFH v. 23.10.2002, III R 32/00, BFH/NV 2003 S. 441; Woerner, Lothar / Grube, Georg (1988) S. 99; Groll, Rüdiger v. (o.J.) § 173 AO Rz 282; Loose, Matthias (o.J.) § 173 AO Rz 78; Lück, Horst (INF 1994) S. 645; a.A. Mittmann, Volker (DStZ 1989) S. 505 ff

682 Vgl. BFH v. 23.10.2002, III R 32/00, BFH/NV 2003 S. 441 m.w.N.; BFH v. 13.06.1989, VIII R 175/85, BStBl II 1989 S. 789; BFH v. 11.05.1990, VI R 76/86, BFH/NV 1991 S. 281; BFH v. 01.10.1993, III R 58/92, BStBl II 1994 S. 346; BFH v. 11.05.1990, VI R 76/86, BFH/NV 1991 S. 281; BFH v. 29.06.1984, VI R 181/80, BStBl II 1984 S. 693; BFH v. 21.07.1989, III R 303/84, BStBl II 1989 S. 960

683 Vgl. BFH v. 23.01.2001, XI R 42/00, BStBl II 2001 S. 379; BFH v. 13.06.1989, VIII R 174/85, BStBl II 1989 S. 789; BFH v. 01.10.1993, III R 58/92, BStBl II 1994 S. 346; BFH v. 11.05.1990, VI R 76/86, BFH/NV 1991 S. 281; Beck, Hans-Joachim (DStR 1984) S. 673

684 Vgl. BFH v. 23.10.2002, III R 32/00, BFH/NV 2003 S. 441; BFH v. 04.02.1993, III R 78/91, BFH/NV 1993 S. 641; BFH v. 09.08.1991, III R 24/87, BStBl II 1992 S. 65; Groll,

Geht das nachträgliche Bekanntwerden einer Tatsache oder eines Beweismittels dagegen auf einen Irrtum des Steuerpflichtigen i.R.d. Konkretisierung – insbesondere einen Äußerungsirrtum, bei dem ein Irrtum über die Handlung besteht – zurück und erfolgt die Aufdeckung des Irrtums innerhalb der Festsetzungsfrist, so wird der Steuerbescheid zuungunsten des Steuerpflichtigen dann aufgehoben bzw. geändert, wenn seitens der Finanzbehörde kein Verstoß gegen die Ermittlungspflicht vorliegt. Zu seinen Gunsten wird dagegen dann geändert, wenn der Äußerungsirrtum nicht auf ein grobes Verschulden des Steuerpflichtigen zurückgeht. Konkretisierungsirrtümer der Finanzbehörde können aufgrund mangelnder Tatbestandsverwirklichung grundsätzlich nicht gem. § 173 AO korrigiert werden.

62.33 Widerstreitende Steuerfestsetzungen (§ 174 AO)

Mit § 174 AO besteht eine Korrekturvorschrift zur Beseitigung widerstreitender Steuerfestsetzungen. Ausgangspunkt der Betrachtung sind dabei immer die zu erlassenden bzw. bereits erlassenen Bescheide, mit dem Ziel, Sachverhalte in Bescheiden zutreffend zu berücksichtigen und damit eine widerstreitende Behandlung zu beseitigen. Die Korrekturvorschrift eröffnet daher gem. AEAO zu § 174 Nr. 1 „... die Möglichkeit, Vorteile und Nachteile auszugleichen, die sich durch Steuerfestsetzungen ergeben, die sich inhaltlich widersprechen. Sie bietet insoweit die gesetzliche Grundlage für die Änderung einer Festsetzung oder beider Festsetzungen ...“. Sie dient dabei der Regelung des Widerspruchs zwischen den Prinzipien von Vertrauensschutz und Rechtssicherheit auf der einen und dem Bestreben nach materieller Rechtsrichtigkeit auf der anderen Seite.[685] Dabei dienen § 174 Abs. 1, Abs. 2 AO der Regelung des positiven Widerstreits, der sich daraus ergibt, dass ein Sachverhalt in mehreren Steuerfestsetzungen berücksichtigt wurde, obwohl dies nur in einer Steuerfestsetzung hätte erfolgen dürfen. § 174 Abs. 3, Abs. 4, Abs. 5 AO dienen dagegen der Regelung des negativen Widerstreits, der dann entsteht, wenn ein Sachverhalt in einer Steuerfestsetzung nicht berücksichtigt wurde, obwohl dies hätte erfolgen müssen.

§ 174 Abs. 1 AO regelt die Aufhebung oder Änderung eines Bescheides auf Antrag des Steuerpflichtigen, der fälschlicherweise einen Sachverhalt zuungunsten eines oder mehrerer Steuerpflichtiger berücksichtigt, welcher jedoch zutreffenderweise bereits in einem anderen Bescheid erfasst worden ist.

Rüdiger v. (o.J.) § 173 AO Rz 296; Wedelstädt, Alexander v. (o.J.) § 173 AO Rz 90; zweifelnd Woerner, Lothar / Grube, Georg (1988) S. 101 f

685 Vgl. Loose, Matthias (o.J.) § 174 AO Rz 1

Auch wenn die Anwendung dieser Korrekturvorschrift nicht auf die irrtümlicherweise erfolgte mehrfache Berücksichtigung[686] eines bestimmten Sachverhalts[687] in mehreren Steuerbescheiden zuungunsten eines oder mehrerer Steuerpflichtiger beschränkt ist,[688] kommt ihr doch gerade bei ebendieser erhebliche Bedeutung zu, da die Korrekturvorschrift allein auf die Beseitigung von widerstreitenden Steuerbescheiden zuungunsten des Steuerpflichtigen abstellt, wobei das Zustandekommen der widerstreitenden Bescheide unbeachtlich ist; auch kommt es auf ein Verschulden nicht an. Daher ist es sowohl unerheblich, ob dem Widerspruch ein Irrtum des Steuerpflichtigen oder der Finanzbehörde zugrunde lag, als auch, ob es sich um einen Irrtum i.R.d. Vorstellung i.e.S. oder der Konkretisierung gehandelt hat. Die damit weitreichende Korrekturvorschrift wird dahingehend eingeschränkt, dass sie auf die Beseitigung von Widersprüchen zwischen zwei Bescheiden beschränkt ist, was zur Folge hat, dass nur der fehlerhafte Bescheid korrigiert werden darf, nicht jedoch derjenige, der den

---

[686] Berücksichtigt ist ein Sachverhalt dann, wenn dieser der Finanzbehörde bei der Entscheidungsfindung bekannt war und verwertet wurde, steuerliche Folgen dergestalt gezogen wurden, dass er in einem Bescheid erfasst oder geregelt ist. Vgl. BFH v. 06.03.1990, VIII R 28/84, BStBl II 1990 S. 558; Wedelstädt, Alexander v. (o.J.) § 174 AO Rz 27; Groll, Rüdiger v. (o.J.) § 174 AO Rz 90; Loose, Matthias (o.J.) § 174 AO Rz 10; so wohl auch Günther, Karl-Heinz (INF 1986) S. 217; Brüning, Uta Birgit (1989) S. 39

[687] Die Auffassungen hinsichtlich eines Sachverhalts i.S.d. § 174 AO gehen auseinander. Während es sich nach der Auffassung des BFH bei einem Sachverhalt i.S.d. § 174 AO nicht um eine einzelne Tatsache, sondern einen einheitlichen Lebensvorgang (als Sachverhaltskomplex der „Seinswelt") handelt, an den das Gesetz bestimmte steuerrechtliche Folgen knüpft (vgl. BFH v. 24.11.1987, IX R 158/83, BStBl II 1988 S. 404; BFH v. 06.03.1990, VIII R 28/84, BStBl 1990 S. 558; BFH v. 22.08.1990, I R 42/88, BStBl II 1991 S. 387; BFH v. 18.02.1997, VIII R 54/95, BStBl II 1997 S. 647; BFH v. 26.02.2002, X R 59/98, BStBl II 2002 S. 450; BFH v. 06.12.1979, IV B 56/79, BStBl II 1980 S. 314), werden in der Literatur dazu unterschiedliche Auffassungen vertreten. Während Groll, Rüdiger v. (o.J. [§ 174 AO Rz 56, 81]) den Sachverhalt als einen aus mehreren Tatsachen gebildeten, von seiner rechtlichen Relevanz unabhängigen, einheitlichen Lebensvorgang ansieht, dessen rechtliche Würdigung sich jeweils auf den Gesamtvorgang bezieht, und Janssen, Bernhard (BB 1992 [S. 2339]) die ähnliche Auffassung vertritt, dass es sich um einen einheitlichen Lebensvorgang vor der rechtlichen Wertung handeln muss (so auch Brüning, Uta Birgit (1989) S. 33 f), was jedoch nicht zwangsläufig zu einer korrespondierenden Behandlung in allen Fällen führt, vertritt Loose, Matthias (o.J. [§ 174 AO Rz 5]) die Auffassung, dass jeder einzelne Lebensvorgang, an den das Gesetz steuerliche Folgen knüpft, einen Sachverhalt i.S.d. § 174 AO darstellt, ähnlich Wedelstädt, Alexander v. (o.J. [§ 174 AO Rz 15 f]), der den Sachverhalt als einen steuerrechtlich bedeutsamen abgrenzbaren Lebensvorgang definiert, dann jedoch darauf verweist, dass zur Vermeidung unvertretbarer Ergebnisse eine Einschränkung dahingehend erfolgt, dass der einheitliche Lebensvorgang entsprechend seiner steuerrechtlichen Subsumtion unterteilt wird, eine Einengung, die vom BFH jedoch abgelehnt wird (ursprünglich noch enger vgl. Wedelstädt, Alexander v. (DB 1981 I) S. 1255). Damit von einem bestimmten Sachverhalt gesprochen werden kann, ist es erforderlich, dass es sich zumindest teilweise um ein und denselben präzise konturierten Sachverhalt handelt (vgl. BFH v. 26.02.2002, X R 59/98, BStBl II 2002 S. 450; Groll, Rüdiger v. (o.J.) § 174 AO Rz 57 f).

[688] Vgl. BFH v. 06.09.1995, XI R 37/95, BStBl II 1996 S. 148; Wedelstädt, Alexander v. (o.J.) § 174 AO Rz 31; Groll, Rüdiger v. (o.J.) § 174 AO Rz 90

Sachverhalt zutreffend berücksichtigt hat,[689] und zudem weitergehende Korrekturen ausgeschlossen sind,[690] sofern nicht zugleich Tatbestandsvoraussetzungen anderer Korrekturschriften erfüllt sind.[691]

Bei Erfüllung der Tatbestandsvoraussetzungen erfolgt die Aufhebung oder Änderung auf Antrag[692] des Steuerpflichtigen, sie steht nicht im Ermessen der Finanzbehörde.[693]

Sofern es sich dagegen um eine Mehrfachberücksichtigung zugunsten eines oder mehrerer Steuerpflichtiger handelt, erfolgt die Korrektur des fehlerhaften Bescheides mittels Aufhebung oder Änderung gem. § 174 Abs. 2 AO.[694]

Abweichend zu § 174 Abs. 1 AO erfolgt die Aufhebung oder Änderung bei Mehrfachberücksichtigungen zugunsten eines oder mehrerer Steuerpflichtiger auch ohne entsprechenden Antrag, allerdings kann die Aufhebung oder Änderung nur dann vorgenommen werden, wenn die Mehrfachberücksichtigung ursächlich[695] auf einen Antrag oder eine Erklärung des Steuerpflichtigen zurückzuführen ist. Dabei kommt es auf ein Verschulden des Steuerpflichtigen nicht an, ebenso nicht, ob er sich der Unrichtigkeit bewusst war, denn der Steuerpflichtige verdient dann keinen Vertrauensschutz, wenn die fehlerhafte Steuerfestsetzung auf seinem Antrag oder seiner Erklärung beruht.[696] Hinsichtlich der Irrtumsberücksichtigung ist zu beachten, dass die Beschränkung auf solche Widersprüche, die auf einen Antrag oder eine Erklärung des Steuerpflichtigen zurückgehen, bewirkt, dass Irrtümer der Finanzbehörde – gleich welcher

---

689 Vgl. Wedelstädt, Alexander v. (o.J.) § 174 AO Rz 39; Groll, Rüdiger v. (o.J.) § 174 AO Rz 122; Loose, Matthias (o.J.) § 174 AO Rz 18

690 Vgl. Wedelstädt, Alexander v. (o.J.) § 174 AO Rz 41; Groll, Rüdiger v. (o.J.) § 174 AO Rz 123; Loose, Matthias (o.J.) § 174 AO Rz 18

691 Zulässig i.R.d. Korrektur gem. § 174 Abs. 1 AO ist nur die Fehlersaldierung gem. § 177 AO.

692 Der Antrag kann gem. § 174 Abs. 1 S. 3 AO bis zum Ablauf der Festsetzungsfrist des fehlerhaften Bescheides gestellt werden. Sofern die Festsetzungsfrist für den fehlerhaften Bescheid bereits abgelaufen ist, kann gem. § 174 Abs. 1 S. 2 AO der Antrag noch bis zum Ablauf eines Jahres gestellt werden, nachdem der letzte der betroffenen Bescheide unanfechtbar geworden ist.

693 Vgl. Wedelstädt, Alexander v. (o.J.) § 174 AO Rz 38; Groll, Rüdiger v. (o.J.) § 174 AO Rz 120; Loose, Matthias (o.J.) § 174 AO Rz 23

694 Gem. § 174 Abs. 2 S. 1 AO gilt § 174 Abs. 1 AO sinngemäß, weswegen auch auf die entsprechenden Ausführungen dazu verwiesen werden kann.

695 Ursächlichkeit liegt dann vor, wenn unrichtige, unvollständige oder missverständliche tatsächliche Angaben des Steuerpflichtigen zu der fehlerhaften Steuerfestsetzung geführt haben (vgl. BFH v. 21.10.1980, VIII R 186/78, BStBl II 1981 S. 388; BFH v. 13.11.1996, XI R 61/96, BStBl II 1997 S. 170). An der Ursächlichkeit mangelt es, wenn die Finanzbehörde aus zutreffenden Angaben eines Steuerpflichtigen fehlerhafte Schlüsse zieht (vgl. BFH v. 21.10.1980, VIII R 186/78, BStBl II 1981 S. 388). Vgl. Wedelstädt, Alexander v. (o.J.) § 174 AO Rz 54; Loose, Matthias (o.J.) § 174 AO Rz 25 f; Groll, Rüdiger v. (o.J.) § 174 AO Rz 149

696 Vgl. Wedelstädt, Alexander v. (o.J.) § 174 AO Rz 53; Loose, Matthias (o.J.) § 174 AO Rz 25; Groll, Rüdiger v. (o.J.) § 174 AO Rz 149 f

Art[697] – die zu einer mehrfachen Berücksichtigung in Bescheiden zugunsten eines Steuerpflichtigen führen, nach dieser Vorschrift nicht berichtigt werden können. Der Gesetzgeber hat in diesen Fällen dem Vertrauensschutz des Steuerpflichtigen einen höheren Stellenwert eingeräumt als dem Bedürfnis, widerstreitende Bescheide zu korrigieren.[698]

Wird erkennbar[699] ein Sachverhalt aufgrund der falschen Annahme der Finanzbehörde, dass dieser in einem anderen Steuerbescheid zu berücksichtigen sei,[700]

nicht berücksichtigt, erfolgt die Nachholung der Berücksichtigung durch Erlass, Aufhebung oder Änderung der Steuerfestsetzung gem. § 174 Abs. 3 AO. Eine Verursachung durch den Steuerpflichtigen ist dabei nicht erforderlich.[701] Aufgrund der Erkennbarkeit der Nichtberücksichtigung des Sachverhalts verdient der Steuerpflichtige keinen Vertrauensschutz.[702] Für die Annahme der Finanzbehörde ist es unerheblich, ob diese auf Überlegungen rechtlicher oder tatsächlicher Art zurückgeht,[703] allerdings müssen die Überlegungen für den Steuerpflichtigen erkennbar und auch ursächlich für die Annahme einer Berücksichtigung in einem anderen Bescheid gewesen sein, da die Finanzbehörde ansonsten jeden Fehler, der zur Nichtberücksichtigung eines Sachverhalts führt,

---

697 Vgl. Wedelstädt, Alexander v. (o.J.) § 174 AO Rz 50; Groll, Rüdiger v. (o.J.) § 174 AO Rz 151

698 Vgl. Wedelstädt, Alexander v. (DB 1981 II) S. 2574

699 Erkennbarkeit ist dann gegeben, wenn die Nichtberücksichtigung und die Annahme der anderweitigen Berücksichtigung dem Steuerpflichtigen bei Bekanntgabe des Steuerbescheides bewusst werden musste bzw. bei verständiger Würdigung hätte bewusst werden müssen (vgl. BFH v. 21.12.1984, III R 75/81, BStBl II 1985 S. 283; BFH v. 09.04.2003, X R 38/00, BFH/NV 2003 S. 1035; BFH v. 29.10.1991, VIII R 2/86, BStBl II 1992 S. 832; BFH v. 01.08.1984, V R 67/82, BStBl II 1984 S. 788). Dabei ist es erforderlich, dass sich die Erkennbarkeit aus den eigenen Beziehungen des Steuerpflichtigen zur Finanzbehörde ergibt; es ist nicht ausreichend, wenn ein Dritter in der Lage ist, zu erkennen, dass die Finanzbehörde sich geirrt hat (BFH v. 13.11.1985, II R 208/82, BStBl II 1986 S. 241). Vgl. Wedelstädt, Alexander v. (o.J.) § 174 AO Rz 75 ff; ders. (DB 1986/20) S. 20; Loose, Matthias (o.J.) § 174 AO Rz 32, 34; Groll, Rüdiger v. (o.J.) § 174 AO Rz 192; Ellesser, Wolfgang / Lahme, Stefan (DB 2001) S. 2421; Brüning, Uta Birgit (1989) S. 63; Günther, Karl-Heinz (INF 1986) S. 219

700 Für die Annahme reicht bereits die Möglichkeit einer Berücksichtigung in einem anderen Bescheid aus; ob diese tatsächlich erfolgt, ist unerheblich. Vgl. BFH v. 29.05.2001, VIII R 19/00, BStBl II 2001 S. 743; BFH v. 29.05.2001, VIII R 20/00, BFH/NV 2001 S. 1372; BFH v. 29.05.2001, VIII R 24/00, BFH/NV 2001 S. 1523; BFH v. 23.05.1996, IV R 49/95, BFH/NV 1997 S. 89; Wedelstädt, Alexander v. (o.J.) § 174 AO Rz 68 ff; Groll, Rüdiger v. (o.J.) § 174 AO Rz 175

701 Vgl. Wedelstädt, Alexander v. (o.J.) § 174 AO Rz 70; Groll, Rüdiger v. (o.J.) § 174 AO Rz 182

702 Vgl. Loose, Matthias (o.J.) § 174 AO Rz 32; Wedelstädt, Alexander v. (DB 1981 II) S. 2575; ders. (o.J.) § 174 AO Rz 75, 81; Holz, Bertram (1993) S. 92; BFH v. 21.02.1989, IX R 67/84, BFH/NV 1989 S. 687

703 Vgl. BFH v. 21.12.1984, III R 75/81, BStBl II 1985 S. 283; BFH v. 27.05.1993, IV R 65/91, BStBl II 1994 S. 76; Wedelstädt, Alexander v. (o.J.) § 174 AO Rz 70; Groll, Rüdiger v. (o.J.) § 174 AO Rz 182

korrigieren könnte.[704] Dies ist jedoch nicht beabsichtigt. Die Berichtigungsmöglichkeit betrifft ausschließlich Irrtümer der Finanzbehörde,[705] deren Ursache in der Annahme einer anderweitigen Berücksichtigung begründet ist. Die Beseitigung von Konkretisierungsirrtümern scheidet somit aus. Für Irrtümer i.R.d. Vorstellung i.e.S. ist es hingegen ohne Bedeutung, ob es sich dabei um rechtliche oder tatsächliche Irrtümer handelt.[706] Die Nachholung, Aufhebung oder Änderung, die sich auch hier wiederum auf die Berücksichtigung des fraglichen Sachverhalts beschränkt,[707] ist regelmäßig bis zum Ablauf der für den anderen Steuerbescheid geltenden Festsetzungsfrist durchzuführen,[708] auf die Festsetzungsfrist des zu ändernden Steuerbescheides kommt es nicht an.[709]

Wird die auf eine irrige Beurteilung[710] eines Sachverhalts erfolgte Steuerfestsetzung aufgrund eines Einspruchs oder Antrags[711] zugunsten des Steuerpflichtigen geändert und führt diese Änderung zu einer Nichtberücksichtigung des Sachverhalts, so kann gem. § 174 Abs. 4 AO der Erlass oder die Änderung einer anderen

---

704 Vgl. BFH v. 29.05.2001, VIII R 19/00, BStBl II 2001 S. 743; BFH v. 29.05.2001, VIII R 20/00, BFH/NV 2001 S. 1372; BFH v. 29.05.2001, VIII R 24/00, BFH/NV 2001 S. 1523; Wedelstädt, Alexander v. (o.J.) § 174 AO Rz 71; Groll, Rüdiger v. (o.J.) § 174 AO Rz 184

705 Auf die irrige Vorstellung des Steuerpflichtigen kommt es nicht an. Vgl. BFH v. 29.05.2001, VIII R 19/00, BStBl II 2001 S. 743; BFH v. 29.05.2001, VIII R 20/00, BFH/NV 2001 S. 1372; BFH v. 29.05.2001, VIII R 24/00, BFH/NV 2001 S. 1523; Wedelstädt, Alexander v. (o.J.) § 174 AO Rz 74; Groll, Rüdiger v. (o.J.) § 174 AO Rz 182

706 Vgl. BFH v. 21.12.1984, III R 75/81, BStBl II 1985 S. 283; BFH v. 27.05.1993, IV R 65/91, BStBl II 1994 S. 76; Wedelstädt, Alexander v. (o.J.) § 174 AO Rz 70; Groll, Rüdiger v. (o.J.) § 174 AO Rz 182

707 Vgl. Wedelstädt, Alexander v. (o.J.) § 174 AO Rz 86. Daneben ist auch bei der Anwendung des § 174 Abs. 3 AO die Fehlersaldierung gem. § 177 AO möglich.

708 Es besteht kein Ermessensspielraum für die Korrektur. Vgl. BFH v. 13.11.1985, II R 208/82, BStBl II 1986 S. 241; BFH v. 28.11.1989, VIII R 83/86, BStBl II 1990 S. 458; BFH v. 21.02.1989, IX R 67/84, BFH/NV 1989 S. 687; Wedelstädt, Alexander v. (o.J.) § 174 AO Rz 85; Groll, Rüdiger v. (o.J.) § 174 AO Rz 211; a.A. Loose, Matthias (o.J.) § 174 AO Rz 38 (allerdings mit der Einschränkung des Ermessensspielraums auf Null bei einer Korrektur zugunsten des Steuerpflichtigen)

709 Vgl. Wedelstädt, Alexander v. (o.J.) § 174 AO Rz 90

710 Eine irrige Beurteilung eines bestimmten Sachverhalts liegt dann vor, wenn die Finanzbehörde aus einem bestimmten Sachverhalt unzutreffende steuerrechtliche Folgerungen zieht (vgl. BFH v. 28.06.1990, V R 93/85, BFH/NV 1991 S. 210; BFH v. 02.05.2001, VIII R 44/00, BStBl II 2001 S. 562), wobei die Anwendbarkeit des § 174 Abs. 4 AO erfordert, dass die irrige Annahme zu einer Unrechtmäßigkeit des Steuerbescheides geführt hat (vgl. Wedelstädt, Alexander v. (o.J.) § 174 AO Rz 95). Die irrige Beurteilung ist damit Voraussetzung; nach Wedelstädt, Alexander v. (DB 1986/20 [S. 20]) muss die Beurteilung „... in der – falschen – Annahme, eine richtige Beurteilung vorzunehmen" erfolgt sein. Das bewusste Herbeiführen der übrigen Voraussetzungen der Vorschrift hat hingegen keine entsprechende Korrektur zur Folge (vgl. Macher, Ludwig (DStR 1979) S. 552; Brüning, Uta Birgit (1989) S. 77 ff). § 174 Abs. 4, Abs. 5 AO unterscheiden sich insofern von § 174 Abs. 1, Abs. 2, Abs. 3 AO, als für Letztere nicht die Beurteilung, sondern die Berücksichtigung des Sachverhalts an sich Tatbestandsmerkmal ist (vgl. Wedelstädt, Alexander v. (DB 1994) S. 2470; ders. (DB 1988) S. 2230).

711 z.B. gem. §§ 164 Abs. 2, 172 Abs. 1 S. 1 Nr. 2a oder 173 Abs. 1 Nr. 2 AO

Steuerfestsetzung zur Berücksichtigung des Sachverhalts[712] erfolgen. Die Berücksichtigung eines Sachverhalts gem. § 174 Abs. 4 AO in einem Bescheid eines Dritten, der zum Verfahren hinzugezogen wird, kann gem. § 174 Abs. 5 AO vorgenommen werden.

Aufgrund der Voraussetzung, dass es sich um eine irrige Beurteilung eines Sachverhalts handeln muss, scheiden Konkretisierungsirrtümer aus. Dagegen ist die Ursache der irrigen Beurteilung durch die Finanzbehörde unerheblich. Zwar handelt es sich letztlich um eine rechtsirrige Beurteilung, jedoch i.d.S., dass die festgesetzten Rechtsfolgen nicht denen entsprechen, die vom Gesetz für den bestimmten Sachverhalt vorgesehen sind, es sich also um eine Folge und nicht um eine Ursache handelt. Dies kann sowohl aufgrund eines rechtlichen als auch eines tatsächlichen Irrtums erfolgen, selbst eine Äußerung des Steuerpflichtigen, in der er den Sachverhalt falsch darstellt, kann Ursache einer irrigen Beurteilung sein.[713] Wenn v. Groll[714] i.d.Z. der h.M. vorwirft, nicht zwischen rechtlichen und tatsächlichen Irrtümern zu unterscheiden und tatsächliche Irrtümer zu Unrecht in den Anwendungsbereich des § 174 Abs. 4 AO einzubeziehen, geht diese Kritik ins Leere, da letztlich entscheidend ist, ob eine Beurteilung der Finanzbehörde vorliegt, die vom entsprechenden Sachverhalt abweicht, was zu einem Einspruch bzw. Antrag des Steuerpflichtigen führt; dies ist auch bei tatsächlichen Irrtümern möglich.[715]

Zu beachten ist allerdings, dass sich die irrige Annahme der Finanzbehörde auf die Beurteilung eines Sachverhalts beziehen muss, mit der Folge, dass § 174 Abs. 4 AO dann keine Anwendung findet, wenn es sich um formalrechtliche Verstöße handelt.[716]

---

[712] Es ist dabei zu beachten, dass gem. § 174 Abs. 4 S. 1 AO die Berücksichtigung auf die richtigen steuerlichen Folgerungen beschränkt ist, was einen Zusammenhang zwischen der irrigen Beurteilung des bestimmten Sachverhalts und der richtigen steuerlichen Folgerung aus diesem Sachverhalt zwingend erforderlich macht. Es ist dabei nicht ausreichend, wenn es sich lediglich um mittelbare Folgen handelt (vgl. Wedelstädt, Alexander v. (o.J.) § 174 AO Rz 108). Zur Bindung der Folgeänderung an das Ausgangsverfahren vgl. Wedelstädt, Alexander v. (DB 1994) S. 2469 ff; zur nochmaligen Änderung vgl. Wedelstädt, Alexander v. (DB 2001) S. 11 ff

[713] Vgl. BFH v. 08.04.1992, X R 213/87, BFH/NV 1993 S. 406; BFH v. 16.02.1996, I R 150/94, BStBl II 1996 S. 417; BFH v. 27.02.1997, IV R 38/96, BFH/NV 1997 S. 388; Wedelstädt, Alexander v. (o.J.) § 174 AO Rz 95; ders. (DB 1988) S. 2229; Loose, Matthias (o.J.) § 174 AO Rz 39

[714] Vgl. Groll, Rüdiger v. (o.J.) § 174 AO Rz 237

[715] Vgl. BFH v. 21.10.1993, IV R 42/93, BStBl II 1994, S. 385; BFH v. 26.10.1994, II R 84/91, BStBl II 1996 S. 417

[716] Vgl. BFH v. 26.10.1994, II R 148/87, BFH/NV 1995 S. 476; Wedelstädt, Alexander v. (o.J.) § 174 AO Rz 95; Groll, Rüdiger v. (o.J.) § 174 AO Rz 235

§ 174 Abs. 4 AO ermöglicht nur solche Korrekturen, die bei einer von Beginn an zutreffenden Beurteilung hätten eintreten können, die Korrektur weiterer Fehler ist danach ausgeschlossen.[717]

Gem. § 174 Abs. 4 S. 3 AO ist der Ablauf der Festsetzungsfrist insofern unbeachtlich, als die richtigen steuerlichen Folgen innerhalb eines Jahres nach Aufhebung oder Änderung des fehlerhaften Steuerbescheides gezogen werden; für die Korrektur besteht kein Ermessensspielraum.[718]

62.34 Aufhebung oder Änderung eines Steuerbescheides aufgrund eines rückwirkenden Ereignisses (§ 175 Abs. 1 S. 1 Nr. 2 AO)

§ 175 Abs. 1 S. 1 Nr. 2 AO stellt die verfahrensrechtliche Grundlage dar, einen Steuerbescheid zu erlassen, aufzuheben oder zu ändern, soweit ein Ereignis eintritt,[719] das steuerliche Wirkung für die Vergangenheit hat (rückwirkendes Ereignis).[720] Die Korrektur ist vorzunehmen, es besteht insofern kein Ermessensspielraum.[721] Auf die Gründe, die zum Eintritt des rückwirkenden Ereignisses geführt haben, oder ein Verschulden kommt es nicht an.[722] In welchen Fällen es sich um rückwirkende Ereignisse i.S.d. Vorschrift handelt, ergibt

---

[717] Vgl. BFH v. 05.02.1987, V B 53/85, BFH/NV 1987 S. 421; Wedelstädt, Alexander v. (o.J.) § 174 AO Rz 111; Loose, Matthias (o.J.) § 174 AO Rz 48; Groll, Rüdiger v. (o.J.) § 174 AO Rz 271

[718] Vgl. Groll, Rüdiger v. (o.J.) § 174 AO Rz 255

[719] Erforderlich ist das nachträgliche Eintreten des Ereignisses nach der Entstehung des Steueranspruchs (vgl. BFH v. 19.07.1993, GrS 2/92, BStBl II 1993 S. 897; BFH v. 19.08.2003, VIII R 67/02; BStBl II 2004 S. 107; Wedelstädt, Alexander v. (o.J.) § 175 AO Rz 47; Loose, Matthias (o.J.) § 175 AO Rz 23; Groll, Rüdiger v. (o.J.) § 175 AO Rz 271; Olbertz, Egon (StB 1996) S. 390; vgl. dazu auch die Ausführungen zu § 173 AO). Das Tatbestandsmerkmal des nachträglichen Eintretens führt zugleich dazu, dass sich § 175 Abs. 1 S. 1 Nr. 2 AO und § 173 AO gegenseitig ausschließen. Ein Ereignis i.S.d. § 175 Abs. 1 S. 1 Nr. 2 AO ist dabei jeder rechtlich relevante Vorgang, also sowohl Tatsachen der Lebenswirklichkeit als auch rechtliche Vorgänge, beide jedoch nur, insoweit es sich um sachverhaltsändernde Geschehnisse handelt (vgl. BFH v. 26.10.1988, II R 55/86, BStBl II 1989 S. 75; BFH v. 21.03.1996, XI R 36/95, BStBl II 1996 S. 399; BFH v. 26.03.2003, XI R 13/02, BStBl II 2003 S. 554; Loose, Matthias (o.J.) § 175 AO Rz 25; Wedelstädt, Alexander v. (o.J.) § 175 AO Rz 46; Holz, Bertram (1993) S. 97). Groll, Rüdiger v. (o.J. [§ 175 AO Rz 251 f]) weist darauf hin, dass bei den rechtlichen Vorgängen zu beachten ist, dass diese nicht das Schlussfolgern, Subsumieren, Werten und Beurteilen umfassen.

[720] Eine steuerliche Wirkung für die Vergangenheit liegt nach ständiger Rechtsprechung durch den BFH dann vor, wenn nunmehr der veränderte Sachverhalt anstelle des zuvor verwirklichten der Besteuerung zu unterwerfen ist. Der ursprünglich rechtswirksame Bescheid ist nunmehr rechtswidrig geworden, weil sich der Sachverhalt in tatsächlicher oder rechtlicher Art geändert hat. Vgl. BFH v. 19.07.1993, GrS 2/92, BStBl II 1993 S. 897; Wedelstädt, Alexander v. (o.J.) § 175 AO Rz 54; Loose, Matthias (o.J.) § 175 AO Rz 26 ff; Groll, Rüdiger v. (o.J.) § 175 AO Rz 280

[721] Vgl. Loose, Matthias (o.J.) § 175 AO Rz 54

[722] Vgl. Groll, Rüdiger v. (o.J.) § 175 AO Rz 274

sich ausschließlich aus den Einzelgesetzen.[723] Es kann an dieser Stelle auf die bereits in der ersten Handlungskette erfolgten Ausführungen verwiesen werden, da sich die Vorschrift ausschließlich auf die Änderung von Sachverhalten bezieht, deren Betrachtung innerhalb der ersten Handlungskette erfolgte.

62.35 Berichtigung von materiellen Fehlern (§ 177 AO)

Materielle Fehler[724] – sowohl zugunsten als auch zuungunsten des Steuerpflichtigen – die nicht nach den Korrekturregeln beseitigt werden können, werden gem. § 177 AO dann mitberichtigt, wenn und soweit ein anderer Fehler korrigiert wird.[725]

§ 177 Abs. 1 AO kommt damit der Zweck zu, solche materiellen Fehler mitzuberichtigen, die zwar nicht der Grund der Aufhebung oder Änderung sind, jedoch vom Steuerpflichtigen im Anschluss an die Korrektur wiederum möglichen Rechtsbehelfsverfahren geltend gemacht werden könnten; der Zweck des § 177 Abs. 2 AO besteht darin, die Finanzbehörde insoweit dem Steuerpflichtigen gleichzustellen.[726]

---

[723] Vgl. BFH v. 19.07.1993, GrS 2/92, BStBl II 1993 S. 897; BFH v. 01.04.1998, X R 150/95, BStBl II 1998 S. 569; Loose, Matthias (o.J.) § 175 AO Rz 22, 26 f; Groll, Rüdiger v. (o.J.) § 175 AO Rz 236; Wedelstädt, Alexander v. (o.J.) § 175 AO Rz 54; Olbertz, Egon (StB 1996) S. 390 f

[724] Gem. § 177 Abs. 3 AO handelt es sich dann um einen materiellen Fehler, wenn dieser dazu führt, dass die Festsetzung einer Steuer erfolgt, die von der kraft Gesetz entstandenen Steuer abweicht. Damit ist ein materieller Fehler jede objektive Unrichtigkeit, die zur Folge hat, dass eine andere als die gem. § 38 AO durch die Erfüllung des Tatbestandes entstandene Steuer festgesetzt wird (vgl. Wedelstädt, Alexander v. (o.J.) § 177 AO Rz 12; Loose, Matthias (o.J.) § 177 AO Rz 4). Dies gilt grundsätzlich auch für solche Fehler, für die bereits Verjährung eingetreten ist (vgl. Lohmeyer, Heinz (Stbg 1995) S. 406; Herrnkind, Ulrich (DStZ 1992) S. 559 f; Wedelstädt, Alexander v. (o.J.) § 177 AO Rz 12; a.A. Groll, Rüdiger v. (DStZ 2000) S. 883; ders. (o.J.) § 177 AO Rz 115 ff; Loose, Matthias (o.J.) § 177 AO Rz 6). Ein materieller Fehler kann auch durch die fristgerechte Nachholung eines Antrags oder Ausübung bzw. Änderung eines Wahlrechts entstehen (vgl. Wedelstädt, Alexander v. (o.J.) § 177 AO Rz 12; Loose, Matthias (o.J.) § 177 AO Rz 5; Woerner, Lothar / Grube, Georg (1988) S. 154), auch wenn der Bescheid dadurch nicht rechtswidrig geworden ist. Materielle Fehler können auch z.B. bei aufgrund verfassungsrechtlicher Vorgaben geänderten Freibeträgen vorliegen (vgl. Herrnkind, Ulrich (DStZ 1992) S. 559 ff). Verfahrensfehler führen dagegen nur dann zu materiellen Fehlern, wenn sie die materielle Unrichtigkeit des Steuerbescheides zur Folge haben (vgl. Wedelstädt, Alexander v. (o.J.) § 177 AO Rz 14; Loose, Matthias (o.J.) § 177 AO Rz 4).

[725] Ob eine Anwendung von § 177 AO bei einer Berichtigung gem. § 129 AO in Betracht kommt oder nicht, kann dahingestellt bleiben, da im Wege einer pflichtgemäßen Ermessensausübung eine entsprechende Berücksichtigung vorzunehmen ist. Vgl. BFH v. 30.04.1988, III B 110/97, BFH/NV 1999 S. 1; Loose, Matthias (o.J.) § 177 AO Rz 1; Wedelstädt, Alexander v. (o.J.) § 177 AO Rz 10; Woerner, Lothar / Grube, Georg (1988) S. 152 f

[726] Vgl. Loose, Matthias (o.J.) § 177 AO Rz 3

Beschränkt wird die Berichtigung materieller Fehler gem. § 177 AO dahingehend, dass sie nur soweit erfolgt, wie die Änderung oder Aufhebung eines Steuerbescheides reicht. Deshalb richtet sich der Berichtigungsrahmen des § 177 AO nach dem Umfang, in dem die materielle Bestandskraft des Steuerbescheides durch die Änderung bereits durchbrochen ist. Demzufolge kann die Berichtigung gem. § 177 AO bei einer Änderung zuungunsten des Steuerpflichtigen nicht dazu führen, dass die bisherige Steuer unterschritten wird, aber auch nicht zu einer höheren Steuer führen, als sich diese aufgrund der Änderung ergibt; bei einer Änderung zugunsten des Steuerpflichtigen kann eine Anwendung von § 177 AO nicht zu einer höheren als der bisherigen Steuer, aber auch nicht zu einer niedrigeren Steuer führen, als die Änderung zur Folge hat.[727]

Da es sich bei § 177 Abs. 1, Abs. 2 AO um selbstständige Tatbestände handelt, müssen Ober- und Untergrenze des Berichtigungsrahmens getrennt voneinander ermittelt werden.[728] Dagegen sind die zu berichtigenden materiellen Fehler vor der Anwendung des § 177 AO zu saldieren.[729]

Da die Berichtigung materieller Fehler gem. § 177 AO ausschließlich der Höhe nach beschränkt ist, kommt es auch auf ein Verschulden nicht an, was zur Folge hat, dass mittels § 177 AO auch solche Fehler des Steuerpflichtigen berichtigt werden, die aufgrund des Verschuldens des Steuerpflichtigen nicht die Voraussetzungen eigenständiger Korrekturvorschriften erfüllen.[730] Dabei sind die Wirkungen des § 177 AO regelmäßig zweischneidig, sie führen zwar einerseits zur Berücksichtigung solcher Irrtümer, die ansonsten die Voraussetzungen eigenständiger Korrekturvorschriften nicht erfüllen, allerdings immer nur, soweit eine andere Korrektur reicht. Das hat zur Folge, dass ein nach § 177 AO zu berichtigender Irrtum regelmäßig eine gegenläufige Irrtumskorrektur beschränkt und andererseits dann selbst beschränkt ist, wenn seine Auswirkungen eigentlich über den Berichtigungsrahmen hinausgehen würden. Eine Unterscheidung zwischen Irrtümern der Finanzbehörde und des Steuerpflichtigen braucht genauso wenig vorgenommen zu werden wie eine Unterscheidung zwischen Irrtümern

---

[727] Dabei kommt es ausschließlich auf die Auswirkung bei der festgesetzten und festzusetzenden Steuer an. Vgl. Wedelstädt, Alexander v. (o.J.) § 177 AO Rz 16; Loose, Matthias (o.J.) § 177 AO Rz 7

[728] Vgl. BFH v. 09.06.1993, I R 90/92, BStBl II 1993 S. 822; BFH v. 14.07.1993, X R 34/90, BStBl II 1994 S. 77; Wedelstädt, Alexander v. (o.J.) § 177 AO Rz 17; Loose, Matthias (o.J.) § 177 AO Rz 8; Woerner, Lothar / Grube, Georg (1988) S. 156; Lohmeyer, Heinz (Stbg 1995) S. 404 f

[729] Vgl. BFH v. 09.06.1993, I R 90/92, BStBl II 1993 S. 822; BFH v. 14.07.1993, X R 34/90, BStBl II 1994 S. 77; Wedelstädt, Alexander v. (o.J.) § 177 AO Rz 18; Loose, Matthias (o.J.) § 177 AO Rz 8; Lohmeyer, Heinz (Stbg 1995) S. 405

[730] Vgl. BFH v. 10.04.2003, V R 26/02, BStBl II 2003 S. 785; BFH v. 05.08.1986, IX R 13/81, BStBl II 1987 S. 297; BFH v. 14.07.1993, X R 34/90, BStBl II 1994 S. 77; allerdings kann die Anwendung des § 177 AO nach den Rechtsgrundsätzen von Treu und Glauben ausgeschlossen sein (vgl. BFH v. 18.12.1991, X R 38/90, BStBl II 1992 S. 504); vgl. Wedelstädt, Alexander v. (o.J.) § 177 AO Rz 15; Lohmeyer, Heinz (Stbg 1995) S. 406.

i.R.d. Vorstellung i.e.S. und der Konkretisierung, sofern es sich dabei um materielle Fehler i.S.d. § 177 AO handelt, sind sie entsprechend mitzukorrigieren.[731]

62.4 Die endgültigen anderen Verwaltungsakte

Bei den anderen Verwaltungsakten, für die die §§ 172 ff AO nicht als lex specialis vorgehen, ist danach zu unterscheiden, ob es sich um rechtswidrige oder rechtmäßige Verwaltungsakte handelt.

62.41 Rücknahme eines rechtswidrigen Verwaltungsaktes (§ 130 AO)

Rechtswidrige[732] Verwaltungsakte können ganz oder zum Teil mit Wirkung für die Zukunft und/oder die Vergangenheit zurückgenommen werden, was auch dann gilt, wenn der Verwaltungsakt bereits unanfechtbar geworden ist. Für begünstigende Verwaltungsakte besteht die Möglichkeit der Rücknahme allerdings nur dann, wenn der Verwaltungsakt von einer sachlich unzulässigen Behörde erlassen, durch unlautere Mittel oder unrichtige bzw. unvollständige Angaben erwirkt wurde oder seine Rechtswidrigkeit dem Begünstigten bekannt oder infolge grober Fahrlässigkeit nicht bekannt war. Die Rücknahme ist innerhalb eines Jahres seit Bekanntwerden der Tatsachen, die zur Rücknahme des Verwaltungsaktes führen, zulässig. Eingeschränkt wird die Anwendung des § 130 AO durch die §§ 126, 127, 128 AO.[733]

Die Rücknahme eines Verwaltungsaktes bedeutet seine Aufhebung,[734] wobei damit nicht ausgeschlossen ist, dass der Sachverhalt i.R. eines weiteren Verwaltungsaktes erneut geregelt wird.[735] Die Anwendung des § 130 AO steht grundsätzlich im pflichtgemäßen Ermessen der Finanzbehörde.[736]

Führt ein irrtümlicher Vorgang zu einem nicht begünstigenden rechtswidrigen Verwaltungsakt, kann dieser regelmäßig durch die Rücknahme des Verwaltungsaktes – sowohl für die Vergangenheit als auch für die Zukunft – beseitigt werden. Es ist dabei weder danach zu unterscheiden, ob es sich um einen Irrtum der Finanzbehörde oder des Steuerpflichtigen, noch danach, um welche Irrtums-

[731] Es besteht insofern auch kein Ermessensspielraum. Vgl. Woerner, Lothar / Grube, Georg (1988) S. 155; Wedelstädt, Alexander v. (o.J.) § 177 AO Rz 22

[732] Rechtswidrig ist ein Steuerverwaltungsakt dann, wenn er entweder einen Verstoß gegen geltendes Recht darstellt oder ohne Rechtsgrundlage erlassen wurde. Es ist dabei unerheblich, ob es sich um einen Rechtsfehler aufgrund einer Verletzung des materiellen Rechts oder des Verfahrensrechts handelt oder ob der Steuerverwaltungsakt auf einen fehlerhaften Sachverhalt zurückgeht. Vgl. Wedelstädt, Alexander v. (o.J.) Vor §§ 130 ff AO Rz 13

[733] Vgl. Wedelstädt, Alexander v. (o.J.) § 130 AO Rz 2

[734] Vgl. Wedelstädt, Alexander v. (o.J.) § 130 AO Rz 25

[735] Vgl. Wedelstädt, Alexander v. (o.J.) § 130 AO Rz 27

[736] Vgl. Wedelstädt, Alexander v. (o.J.) § 130 AO Rz 32 ff; Kruse, Heinrich Wilhelm (o.J.) § 130 AO Rz 37

art es sich handelt, da es einzig darauf ankommt, dass ein nicht begünstigender Verwaltungsakt vorliegt, der rechtswidrig ist. Anders dagegen in den Fällen, in denen ein irrtümlicher Vorgang zu einem begünstigenden rechtswidrigen Verwaltungsakt führt, da hier der Vertrauensschutz des Steuerpflichtigen prinzipiell höher bewertet wird als das Streben nach materieller Rechtsrichtigkeit. Es verbleibt daher bei dem begünstigenden Verwaltungsakt, auch wenn dieser rechtswidrig ist. Nur in den o.g. Fällen ist das Vertrauen des Steuerpflichtigen nicht schutzwürdig und damit die Rücknahme des Verwaltungsaktes möglich.[737]

62.42 Widerruf eines rechtmäßigen Verwaltungsaktes (§ 131 AO)

Rechtmäßige[738] nicht begünstigende Verwaltungsakte können ganz oder teilweise grundsätzlich nur für die Zukunft widerrufen werden und zwar auch, nachdem sie unanfechtbar geworden sind, es sei denn, dass ein Verwaltungsakt mit gleichem Inhalt erneut erlassen werden müsste oder der Widerruf aus anderen Gründen unzulässig ist. Rechtmäßige begünstigende Verwaltungsakte dürfen, auch wenn sie unanfechtbar geworden sind, nur dann ganz oder teilweise für die Zukunft widerrufen werden, wenn der Widerruf durch Rechtsvorschrift zugelassen oder im Verwaltungsakt vorbehalten ist, wenn der Begünstigte die in dem Verwaltungsakt enthaltene Auflage nicht innerhalb der gesetzten Frist erfüllt hat oder wenn die Finanzbehörde aufgrund nachträglich eingetretener Tatsachen berechtigt wäre, den Verwaltungsakt nicht zu erlassen, und wenn ohne den Widerruf das öffentliche Interesse gefährdet würde. Die Unwirksamkeit tritt mit dem Widerruf oder einem späteren (festzusetzenden) Termin ein, wobei der Widerruf nur innerhalb eines Jahres nach Bekanntwerden der Tatsachen, die zum Widerruf führen, zulässig ist. Der Widerruf als Korrektur eines rechtmäßigen Verwaltungsaktes kann nur für die Zukunft wirken, wodurch die Anwendung des § 131 AO nur für Verwaltungsakte mit Dauerwirkung oder (noch) nicht vollzogene Verwaltungsakte in Betracht kommt.[739] Der Widerruf eines rechtmäßigen Verwaltungsaktes steht im pflichtgemäßen Ermessen der Finanzbehörde.[740]

[737] Vgl. Wedelstädt, Alexander v. (o.J.) § 130 AO Rz 6; Kruse, Heinrich Wilhelm (o.J.) § 131 AO Rz 6

[738] Rechtmäßig ist ein Steuerverwaltungsakt dann, wenn seine sachliche Regelung im Zeitpunkt des Erlasses mit den gesetzlichen Bestimmungen in Einklang steht und kein erheblicher Verstoß gegen Form-, Verfahrens- und Zuständigkeitsvorschriften vorliegt. Vgl. Wedelstädt, Alexander v. (o.J.) Vor §§ 130 ff AO Rz 12

[739] Vgl. Wedelstädt, Alexander v. (o.J.) § 131 AO Rz 20; Kruse, Heinrich Wilhelm (o.J.) § 131 AO Rz 31

[740] Vgl. Wedelstädt, Alexander v. (o.J.) § 131 AO Rz 23; Kruse, Heinrich Wilhelm (o.J.) § 131 AO Rz 27 f

Für einen rechtmäßigen Verwaltungsakt muss ein höherer Vertrauensschutz gelten als für einen rechtswidrigen.[741] Dem trägt die Überlegung Rechnung, dass ein solcher Verwaltungsakt ausschließlich für die Zukunft widerrufen werden kann und der Widerruf insbesondere eines begünstigenden Verwaltungsaktes nur unter erheblichen Einschränkungen – in den Fällen, in denen das Vertrauen des Steuerpflichtigen nicht schutzwürdig ist – ermöglicht wird. Die Einschränkung des Widerrufs für die Zukunft hat zur Folge, dass der Verwaltungsakt in der Vergangenheit grundsätzlich bestehen bleibt, die Unwirksamkeit erst ab dem Widerruf (oder einem späteren Zeitpunkt) eintritt. Die Folgen, die sich aufgrund eines Verwaltungsaktes, der auf irrtümliche Vorgänge zurückgeht, einstellen, können damit nur in den Fällen beseitigt werden, in denen der Verwaltungsakt (noch) nicht vollzogen worden ist. Die vollständige Beseitigung kommt daher nur für insgesamt (noch) nicht vollzogene Verwaltungsakte in Betracht, die teilweise Beseitigung für die (noch) nicht vollzogenen Teile eines Verwaltungsaktes, der Dauerwirkung entfaltet.

63 Die Rechtsfolgen des Einspruchs bzw. der Korrektur

63.1 Erfolgreicher Einspruch oder erfolgte Korrektur

Die Kriterienkette endet an dieser Stelle für die Betrachtung der Irrtümer, die aufgrund eines erfolgreichen Einspruchs oder der Anwendung der Korrekturvorschriften beseitigt werden konnten. Hinsichtlich der unterschiedlichen Folgen, die sich aufgrund des Einspruchs oder der Korrektur ergeben, kann auf die Einzeldarstellungen verwiesen werden.

63.2 Nicht erfolgreicher Einspruch oder nicht erfolgte Korrektur

Auch wenn der Irrtum nicht mittels Einspruch oder Korrektur beseitigt werden kann, endet an dieser Stelle die Kriterienkette – es verbleibt endgültig bei dem Irrtum und den daraus resultierenden Folgen. Dies gilt unabhängig davon, aus welchem Grund die Fehlerkorrektur bis zu diesem Zeitpunkt nicht erfolgt ist. Insbesondere ist es ohne Bedeutung, ob sie aufgrund einer nicht erfolgten Aufdeckung des Irrtums unterblieben ist.

---

[741] Vgl. Kruse, Heinrich Wilhelm (o.J.) § 131 AO Rz 12

TEIL V: Zusammenfassung und Fazit

Ausgangspunkt der Betrachtungen war die Feststellung, dass ein Irrtum dann vorliegt, wenn Vorstellungen (innerhalb der Willensbildung) – die der Irrende mit subjektiver Gewissheit für die Wahrheit hält, die aber im gleichen Zeitpunkt objektiv nicht mit der Wirklichkeit übereinstimmen – eine Handlungsentscheidung beeinflussen. Ein Irrtum wurde damit als eine ungeahnte, fehlerhafte Differenz in den Vorstellungen zwecks einer Entscheidung bzw. im subjektiven entscheidungsbezogenen Wissen des Irrenden definiert.

Da das Steuerrecht weder eine Definition noch spezielle Vorschriften zur Behandlung von Irrtümern und den damit verbundenen Vorgängen kennt, musste zunächst eine Systematisierung der bestehenden Möglichkeiten irrtumbehafteter Vorgänge vorgenommen werden. Für diese Systematisierung der Behandlung des Irrtums wurde danach unterschieden, auf welcher Ebene der Irrtum auftritt. Dazu wurde ein Handlungsmodell betrachtet, das aus zwei Handlungsketten zusammengesetzt ist.

Die erste Handlungskette umfasst die Willensbildung in ihrer Ausprägung als „Planung“. Von dieser ausgehend, reicht sie über die Realisierung der Lebenswirklichkeit – einschließlich der Folgen, die sich daraus für die Bildung des steuerrechtlichen Sachverhalts ergeben – bis zur Bildung des steuerrechtlichen Sachverhalts.

Auf dieser Ebene erfolgte die Betrachtung solcher Irrtümer, die sich bei der Realisierung der Lebenswirklichkeit einstellen (primäre Irrtümer). Zu untersuchen war hier zunächst, welche zivilrechtlichen Folgen sich für diese Irrtümer einstellen (unmittelbare Folgen des primären Irrtums). Dabei wurde festgestellt, dass im Zivilrecht eine Differenzierung nach beachtlichen und unbeachtlichen Irrtümern vorgenommen wird. Während es für unbeachtliche Irrtümer bei der realisierten Lebenswirklichkeit verbleibt und der Sachverhalt damit der Lebenswirklichkeit entspricht, besteht für die beachtlichen Irrtümer die Möglichkeit der Anfechtung, mit der Folge, dass bei deren Ausübung mittels einer Fiktion ein weiterer Sachverhalt (II) gebildet wird, der von der realisierten Lebenswirklichkeit abweicht.

Im Anschluss waren die Auswirkungen dieser Feststellung auf die Bildung des steuerrechtlichen Sachverhalts (mittelbare Folgen des primären Irrtums) zu untersuchen. Unproblematisch waren zunächst die Fälle, in denen eine zivilrechtliche Anfechtung nicht möglich gewesen ist oder nicht ausgeübt wurde; hier stimmen Lebenswirklichkeit, zivilrechtlicher und steuerrechtlicher

Sachverhalt überein. Differenzierter wurde die Betrachtung für die zivilrechtlich erfolgreich angefochtenen Irrtümer. Während die Abgabenordnung eine Regelung enthält, die dazu führt, dass der steuerrechtliche Sachverhalt dem zivilrechtlichen entspricht, bestehen in einigen Steuergesetzen besondere Regelungen diesbezüglich, die der Regelung der Abgabenordnung vorgehen. Untersucht wurden i.d.Z. das Umsatzsteuer-, das Grunderwerbsteuer und das Einkommensteuergesetz.

Die zweite Handlungskette umfasst die Willensbildung in ihrer Ausprägung als „Darstellung". Sie geht dabei vom steuerrechtlichen Sachverhalt aus und endet mit dem Abschluss des Besteuerungsverfahrens.

Auf dieser Ebene erfolgte ausschließlich die Betrachtung der Darstellung von steuerrechtlichen Sachverhalten, die sich aus der zugrunde liegenden Lebenswirklichkeit und dem daraus gebildeten Sachverhalt für das Verhältnis zwischen Steuerpflichtigem und Staat ergeben, und den daraus resultierenden sekundären Irrtümern. In der zweiten Handlungskette war die Behandlung des Irrtums im Steuerrecht vor dem Ziel zu sehen, Irrtümer, die i.R.d. Darstellung von Sachverhalten aufgetreten sind, zu beseitigen. Während sowohl der Steuerpflichtige als auch die Finanzbehörde regelmäßig versuchen, solche Irrtümer, die sich zu ihren Ungunsten ausgewirkt haben, zu beseitigen, gilt dies für Irrtümer, die sich zu ihren Gunsten ausgewirkt haben nur dann, wenn dazu eine gesetzliche Verpflichtung besteht.[742] Dazu wurde zwischen Willens- und Wissenserklärungen differenziert, da für beide unterschiedliche Regelungen bestehen. Für Willenserklärungen wurde danach unterschieden, ob diese auf eine irrtümliche Annahme der Erfüllung der Voraussetzungen oder eine irrtümliche Ausübung zurückzuführen sind. Während für den ersten Fall auf die Wissenserklärungen verwiesen werden konnte, war für den zweiten Fall danach zu differenzieren, ob die Ausübung widerruflich oder unwiderruflich gewesen ist. Während die widerrufliche Ausübung keine Probleme bereitete, wurde hinsichtlich der unwiderruflichen Ausübung wiederum auf eine Trennung nach der (Un-)Beachtlichkeit des Irrtums in Anlehnung an die Kriterien des Zivilrechts abgestellt. Insgesamt waren zeitliche Beschränkungen hinsichtlich der Ausübung der Willenserklärung zu beachten. I.R.d. Wissenserklärungen waren für die Fälle eines Irrtums zugunsten des Steuerpflichtigen zunächst die Vorschriften des Steuerstraf- und -ordnungswidrig-keitenrechts zu berücksichtigen, bevor dann die auch bei Irrtümern zuungunsten des Steuerpflichtigen zu beachtenden Regelungen des steuerlichen Verfahrensrechts in Form des Einspruchsverfahrens und der Korrekturvorschriften anzuwenden waren. Auch bei den Wissenserklärungen waren entsprechende zeitliche Beschränkungen zu beachten.

---

[742] Eine Ausnahme davon stellen die steuerstraf- und -ordnungswidrigkeitenrechtlichen Regelungen dar, bei denen es zunächst nicht um die Beseitigung von Irrtümern geht, sondern um die Frage der Erfüllung der entsprechenden steuerstraf- und -ordnungswidrigkeitenrechtlichen Tatbestände.

Es hat sich gezeigt, dass das Fehlen sowohl einer Definition des Irrtums als auch spezieller, aber gemeingültiger Vorschriften zur Behandlung eines irrtumbehafteten Vorgangs im Steuerrecht dazu führt, dass eine Prüfung anhand komplexer Strukturen zu erfolgen hat. Die vorzunehmende Systematisierung wird dadurch erschwert, dass vieles nicht eindeutig, manches sogar heftig umstritten ist. Zudem ist zu beachten, dass innerhalb dieser Strukturen auf andere Rechtsbereiche verwiesen wird, was zur Folge hat, dass die dort bestehenden z.T. umstrittenen und oftmals kasuistischen Lösungen Einzug ins Steuerrecht finden und somit nicht zu einer leichten Rechtsfindung beitragen.

Aufgrund der bereits bestehenden und immer weiter zunehmenden Komplexität sowohl der Umwelt als auch insbesondere der Steuergesetze wird der Frage nach der Behandlung von Irrtümern im Steuerrecht in der Zukunft weiter an Bedeutung gewinnen. Es stellt sich an dieser Stelle die Frage, ob die bestehende komplexe Struktur geeignet ist, dem Rechnung zu tragen. Dies gilt sowohl hinsichtlich der Normen als auch der Auslegung ebendieser, insbesondere bei Abgrenzungsfragen.

Kasuistische Lösungen und ergebnisorientierte Entscheidungen mögen zwar im Einzelfall zu befriedigenden Ergebnissen führen, können aber nicht darüber hinwegtäuschen, dass die Rechtssicherheit an dieser Stelle erheblich eingeschränkt ist. Grundsätzlich ist es daher zwar zu begrüßen, wenn im Ergebnis eine zutreffende Besteuerung erfolgt; zu fordern ist jedoch, dass der Irrende aufgrund klarer und eindeutiger Regelungen von vornherein weiß, welche steuerrechtlichen Folgen mit dem irrtumbehafteten Vorgang verknüpft werden.

In einem weiteren Schritt müsste dann die i.d.Z. häufig auftretende – i.R. dieser Ausführungen jedoch nicht zu betrachtende – Beweisproblematik bei Irrtumsfällen erörtert werden.

Literaturverzeichnis

Adler, Hans / Düring, Walther / Schmaltz, Kurt (o.J.): Rechnungslegung und Prüfung der Unternehmen, Stuttgart

Bachmann, Jochen (1993): Vorsatz und Rechtsirrtum im Allgemeinen Strafrecht und im Steuerstrafrecht, Berlin 1993

Backes, Peter (1981): Zur Problematik der Abgrenzung von Tatbestands- und Verbotsirrtum im Steuerstrafrecht, Köln 1981

Backes, Peter (StuW 1982): Die Abgrenzung von Tatbestands- und Verbotsirrtum im Steuerstrafrecht, Steuer und Wirtschaft 1982 S. 253 ff

Bading, Wilhelm (1910): Die Willenserklärung und ihr Verhältnis zu Irrtum und Dissens, Jena 1910

Bahns, Jochen (FR 2004): Die rückwirkende steuerliche Berücksichtigung von Ereignissen bei Anteilsveräußerungen, Finanz-Rundschau 2004 S. 317 ff

Barth, Kuno (BB 1987): Bürgerlich-rechtlich unwirksam gewordene Rechtsgeschäfte in steuerlicher Sicht, Betriebs-Berater 1987 S. 1397 ff

Barth, Kuno (DB 1988): Die steuerliche Auswirkung nichtiger und später nichtig gewordener Rechtsgeschäfte in Buchführung und Bilanzierung, Der Betrieb 1988 S. 671 ff und 726 ff

Barth, Kuno (BB 1989): Rückgängigmachung von Entnahmen in der Bilanz bei unwirksamen Rechtsgeschäften, Betriebs-Berater 1989 S. 746 ff

Beck, Hans-Joachim (DStR 1984): Anwendung des § 173 Abs. 1 Nr. 2 AO auf Fälle, in denen die Angabe der betreffenden Tatsache wegen Irrtums über materielles Steuerrecht bewußt unterlassen wurde, Deutsches Steuerrecht 1984 S. 671 ff

Beker, Manfred (1965): Die Einwirkung der Rückgängigmachung von Rechtsgeschäften auf Steueransprüche. Ein Beitrag zur dogmatischen Stellung der §§ 4 und 5 StAnpG im Steuerrecht, Würzburg 1965

Beker, Manfred (1969): Hinfällige Rechtsgeschäfte im Steuerrecht. Steuerklauseln, mangelhafte Geschäftsgrundlage, Rückgewähr verdeckter Gewinnausschüttungen, München 1969

Benne, Dietmar (BB 1980): Die Anfechtung als Ereignis mit steuerlicher Rückwirkung im Einkommensteuerrecht, Betriebs-Berater 1980 S. 1846 ff

Bergkemper, Winfried (o.J.): *Bearbeiter in: Hermann, Carl / Heuer, Gerhard / Raupach, Arndt:* Einkommensteuer- und Körperschaftsteuergesetz. Kommentar, Köln

Biergans, Enno / Stockinger, Roland (FR 1982): Zum Einkommensbegriff und zur persönlichen Zurechnung von Einkünften im Einkommensteuerrecht, Finanz-Rundschau 1982 S. 1 ff und 25 ff

Birk, Dieter / Kister, Jan-Hendrik (o.J.): *Bearbeiter in: Hermann, Carl / Heuer, Gerhard / Raupach, Arndt:* Einkommensteuer- und Körperschaftsteuergesetz. Kommentar, Köln

Birkenfeld, Wolfram (AO o.J.): *Bearbeiter in: Hübschmann, Walter / Hepp, Ernst / Spitaler, Armin:* Abgabenordnung. Finanzgerichtsordnung. Kommentar, Köln

Birkenfeld, Wolfram (USt o.J.): Das große Umsatzsteuer-Handbuch, Köln

Birkenfeld, Wolfram (DStZ 1989): Änderung von Steuerbescheiden wegen nachträglich bekannt gewordener Tatsachen (§ 173 AO), Deutsche Steuer-Zeitung 1989 S. 391 ff

Birkenfeld, Wolfram (DStR 1991): Die Berichtigung von Steuerverwaltungsakten nach § 129 AO in der Rechtsprechung des Bundesfinanzhofs, Deutsches Steuerrecht 1991 S. 729 ff

Bordewin, Arno (FR 1994): Rückwirkender Wegfall eines Veräußerungsgewinns, Finanz-Rundschau 1994 S. 555 ff

Bordewin, Arno (FR 1998): Keine Rückstellung für drohenden Verlust in der Steuerbilanz, Finanz-Rundschau 1998 S. 226 ff

Brockmann, Andreas (o.J.): *Bearbeiter in: Hartmann, Alfred / Metzenmacher, Wilhelm*: Umsatzsteuergesetz mit Umsatzsteuer-Durchführungsverordnung, Umsatzsteuer-Richtlinien, Verwaltungsanweisungen, Nebengesetzen, Verordnungen sowie den einschlägigen internationalen Verträgen und Abkommen. Kommentar, Berlin

Brox, Hans (1960): Die Einschränkung der Irrtumsanfechtung, Karlsruhe 1960

Brox, Hans / Walker, Wolf-Dietrich (2006): Allgemeiner Teil des BGB, Köln u.a. 30. Aufl. 2006

Brüning, Uta Birgit (1989): Die widerstreitende Steuerfestsetzung (§ 174 AO), Bochum 1989

Bur, Helmut (INF 2003): Zurechnung von Kenntnissen nach der Änderung von Steuerbescheiden nach § 173 Abs. 1 Nr. 1 AO, Information über Steuer und Wirtschaft 2003 S. 858 ff

Bur, Helmut (INF 2004): Nochmals: Zurechnung von Kenntnissen bei der Änderung von Steuerbescheiden nach § 173 Abs. 1 Nr. 1 AO, Information über Steuer und Wirtschaft 2004 S. 146 f

Ciric, Dejan (1995): Grundsätze ordnungsmäßiger Wertaufhellung, Düsseldorf 1995

Diekhage, Ulrich (DStR 1988): Änderung durch bestandskräftige Einspruchsentscheidung bestätigter Steuerbescheide nach § 172 Abs. 1 Nr. 2a n.F. AO 1977, Deutsches Steuerrecht 1988 S. 21 ff

Dietrich, Jörg (DStR 2000): Teilwertabschreibung, Wertaufholungsgebot und „voraussichtlich dauernde Wertminderung" im Spiegel des BMF-Schreibens vom 25.2.2000, Deutsches Steuerrecht 2000 S. 1629 ff

Dörn, Harald (wistra 1992): Steuerhinterziehung und Steuerrecht, Zeitschrift für Wirtschafts- und Steuerstrafrecht 1992 S. 241 ff

Dörn, Harald (wistra 2000): Hinweispflicht bei Abweichung von der Rechtsansicht der Finanzverwaltung?, Zeitschrift für Wirtschafts- und Steuerstrafrecht 2000 S. 334 ff

Drenseck, Walter (2007): *Bearbeiter in: Schmidt, Ludwig*: Einkommensteuergesetz. Kommentar, München 26. Aufl. 2007

Drexelius, Matthias (1964): Irrtum und Risiko, Frankfurt a.M. u.a. 1964

Düll, Alexander / Fuhrmann, Gerd / Eberhard, Martin (DStR 2004): Aktuelles Beratungs-Know-how mittelständische Kapitalgesellschaften, Deutsches Steuerrecht 2004 S. 844 ff

Eggesiecker, Fritz (DStR 1980): Kleinlich beim groben Verschulden – Zum Verlust der begünstigenden Korrekturmöglichkeit nach § 173 AO, Deutsches Steuerrecht 1980 S. 161 ff

Ehmcke, Thorsten (o.J.): *Bearbeiter in: Blümich, Walter*: Einkommensteuergesetz. Körperschaftsteuergesetz. Gewerbesteuergesetz. Kommentar, München

Ekkenga, Jens (BB 2000): Kaufvertragswandelung am Bilanzstichtag nicht absehbar – keine Rückstellung wegen Verpflichtung zur Kaufpreiserstattung, Betriebs-Berater 2000 S. 2568 f

Ellesser, Wolfgang / Lahme, Stefan (DB 2001): Grenzen einer Änderung bestandskräftiger Steuerbescheide nach § 174 Abs. 3 AO, Der Betrieb 2001 S. 2419 ff

Enders, Matthias (MDR 1985): Steuerfolgen in der Rechtspraxis. Irrtumsanfechtung im Steuerrecht, Monatsschrift für Deutsches Recht 1985 S. 904 f

Engel-Ciric, Dejan (DStR 1996): Die Interpretation des Abschlußstichtagsprinzips in der höchstrichterlichen Rechtsprechung, Deutsches Steuerrecht 1996 S. 1298 ff

Federmann, Hans-Wolfgang (DB 1983): Zur Nachholbarkeit eines Antrags auf Gewährung einer Steuervergünstigung im Rahmen des § 173 Abs. 1 Nr. 2 AO, Der Betrieb 1983 S. 76 ff

Fichtelmann, Helmar (1980): Systematik, Änderung und Aufhebung der Verwaltungsakte und Steuerbescheide nach der AO 1977, Herne u.a. 2. Aufl. 1980

Fischer, Peter (o.J.): *Bearbeiter in: Hübschmann, Walter / Hepp, Ernst / Spitaler, Armin*: Abgabenordnung. Finanzgerichtsordnung. Kommentar, Köln

Fischer, Peter (FR 2000 I): Die Rückzahlung von Bestechungsgeldern unterliegt nicht dem Verrechnungsverbot des § 22 Nr. 3 Satz 3 EStG, Finanz-Rundschau 2000 S. 773 ff

Fischer, Peter (FR 2000 II): Veräußerungsverlust bei Rückübertragung von wesentlichen Anteilen an US-Kapitalgesellschaft, Finanz-Rundschau 2000 S. 387 ff

Fischer, Peter (2007): *Bearbeiter in: Borruttau, Ernst Paul*: Grunderwerbsteuergesetz. Kommentar, München 16. Aufl. 2007

Fissenewert, Peter (DStR 1992): Das Risiko des Steuerberaters hinsichtlich des Vertretens eigener (abweichender) Rechtsansichten bei der Abgabe von Steuererklärungen, Deutsches Steuerrecht 1992 S. 1488 ff

Fitsch, Joachim (o.J.): *Bearbeiter in: Lademann, Fritz*: Kommentar zum Einkommensteuergesetz, Stuttgart u.a.

Fox, Thomas (DStR 2000): Gesellschafter: Veräußerungsverlust bei Rückübertragung einer wesentlichen Beteiligung an US-Kapitalgesellschaft, Deutsches Steuerrecht 2000 S. 336 ff

Friedl, Helmut (DStR 1988): Die Verletzung der Ermittlungspflicht – ein Kriterium für die Änderung von Steuerbescheiden aufgrund neuer Tatsachen?, Deutsches Steuerrecht 1988 S. 98 ff

Friedl, Helmut (DStR 1991): Das Verschulden – Stiefkind von Steuerrechtswissenschaft und Steuerrechtsprechung, Deutsches Steuerrecht 1991 S. 1616 ff

Gerber, Carl (BB 1985): Berichtigung von Verwaltungsakten wegen offenbarer Unrichtigkeit, Betriebs-Berater 1985 S. 1597 f

Giloy, Jörg (FR 1987): Zur Entnahme und Schenkung eines Betriebsgrundstücks, Finanz-Rundschau 1997 S. 25 ff

Glanegger, Peter (2007): *Bearbeiter in: Schmidt, Ludwig*: Einkommensteuergesetz. Kommentar, München 26. Aufl. 2007

Glen, Heinrich (o.J.): *Bearbeiter in: Blümich, Walter*: Einkommensteuergesetz. Körperschaftsteuergesetz. Gewerbesteuergesetz. Kommentar, München

Goez, Christoph / Weiner, Daniel (INF 2004): Die Berichtigung von Steuerbescheiden nach § 129 AO bei Fehlern des Finanzamts in früherer Veranlagung, Information über Steuer und Wirtschaft 2004 S. 782 ff

Gribbohm, Günter / Utech, Hans (NStZ 1990): Probleme des allgemeinen Steuerstrafrechts, Neue Zeitschrift für Strafrecht 1990 S. 209 ff

Groh, Manfred (FR 1986): Zur Struktur der betrieblichen Überschußrechnung, Finanz-Rundschau 1986 S. 393 ff

Groll, Rüdiger v. (o.J.): *Bearbeiter in: Hübschmann, Walter / Hepp, Ernst / Spitaler, Armin*: Abgabenordnung. Finanzgerichtsordnung. Kommentar, Köln

Groll, Rüdiger v. (DStZ 2000): Immer wieder Probleme mit § 177 AO, Deutsche Steuer-Zeitung 2000 S. 882 ff

Gschwendter, Hubertus (DStZ 2000): Rückstellung bei Wandlung eines Kaufvertrags, Deutsche Steuer-Zeitung 2000 S. 643 ff

Guggenberger, Bernd (1987): Das Menschenrecht auf Irrtum. Anleitung zur Unvollkommenheit, München 1987

Günther, Karl-Heinz (FR 1983): Verletzung der Ermittlungspflicht als Hinderungsgrund bei der Aufhebung oder Änderung von Steuerbescheiden nach § 173 AO, Finanz-Rundschau 1983 S. 36 ff

Günther, Karl-Heinz (INF 1986): Widerstreitende Steuerfestsetzungen (§ 174 AO), Information über Steuer und Wirtschaft 1986 S. 219 ff

Guth, Jürgen (DB 1985): Antragsbedingte Tatsachen und durch sie ausgelöste Änderungen, Der Betrieb 1985 S. 2274 ff

Häger, Michael / Forst, Paul (EStB 2002): Rückabwicklungen von privaten Grundstücksveräußerungen, Der Ertrag-Steuer-Berater 2002 S. 31 ff

Hanßen, Klaus (1984): Steuerhinterziehung und leichtfertige Steuerverkürzung (§§ 370, 378 AO) durch Abweichen von der höchstrichterlichen Finanzrechtsprechung – insbesondere durch Steuerberater?, Frankfurt a.M. u.a. 1984

Harbauer, Walter (BB 1995): Änderung der Bemessungsgrundlage gemäß § 17 UStG nach vorheriger Vereinnahmung des Entgelts, Betriebs-Berater 1995 S. 485 f

Harbauer, Walter (BB 1996): Maßgebender Besteuerungszeitraum bei nachträglicher Kaufpreisherabsetzung, Betriebs-Berater 1996 S. 1923

Harms, Monika (Stbg 2005): Steuerliche Beratung im Dunstkreis des Steuerstrafrechts, Die Steuerberatung 2005 S. 12 ff

Hartmann, Nicolai (1954): Einführung in die Philosophie, Osnabrück 3. Aufl. 1954

Haupt, Peter (1941): Die Entwicklung der Lehre vom Irrtum beim Rechtsgeschäft seit der Rezeption, Weimar 1941

Heide, Isabella v. d. (1986): Tatbestands- und Vorsatzprobleme bei der Steuerhinterziehung nach § 370 AO. Zugleich ein Beitrag zur Abgrenzung der Blankettstrafgesetze von Strafgesetzen mit normativen Tatbestandsmerkmalen, Bochum 1986

Heinicke, Wolfgang (2007): *Bearbeiter in: Schmidt, Ludwig*: Einkommensteuergesetz. Kommentar, München 26. Aufl. 2007

Heinke, Hans-Michael (DStZ 1999): Das Versäumen der Einspruchsfrist als grobes Verschulden i.S.d. § 173 Abs. 1 Nr. 2 AO, Deutsche Steuer-Zeitung 1999 S. 789 ff

Heinrichs, Helmuth (2007): *Bearbeiter in Palandt, Otto*: Bürgerliches Gesetzbuch, München 66. Aufl. 2007

Hellmann, Uwe (o.J): *Bearbeiter in: Hübschmann, Walter / Hepp, Ernst / Spitaler, Armin*: Abgabenordnung. Finanzgerichtsordnung. Kommentar, Köln

Herrnkind, Hans-Ulrich (DStZ 1992): Die Korrektur von Steuerbescheiden nach Ablauf der normalen Festsetzungsfrist, Deutsche Steuer-Zeitung 1992 S. 559 ff

Heuermann, Bernd (o.J.): *Bearbeiter in: Hübschmann, Walter / Hepp, Ernst / Spitaler, Armin*: Abgabenordnung. Finanzgerichtsordnung. Kommentar, Köln

Hoffmann, Wolf-Dieter (DB 2000): Keine Rückstellung für ungewisse Verbindlichkeiten aus der Rückabwicklung eines noch nicht gewandelten Kaufvertrags – Anerkennung einer Gewährleistungsrückstellung – Keine Vorlagepflicht an EuGH bei Bilanzierungsfragen von Personengesellschaften und Einzelunternehmen – Keine Vorlagepflicht nach der Kapitalgesellschaften- und Co.-Richtlinie bezogen auf 1990, Der Betrieb 2000 S.1442 ff

Hofmann, Ruth / Hofmann, Gerda (2004): Grunderwerbsteuergesetz. Kommentar, Herne u.a. 8. Aufl. 2004

Holz, Bertram (1993): Zur materiellen Bestandskraft von Steuerverwaltungsakten, insbesondere von Steuerbescheiden, einschließlich der Korrekturvorschriften der §§ 130, 131 und 172 - 177 AO, Ulm 1993

Hommel, Michael / Berndt, Thomas (DStR 2000): Wertaufhellung und funktionales Abschlussstichtagsprinzip, Deutsches Steuerrecht 2000 S. 1745 ff

Husmann, Eberhard (o.J.): *Bearbeiter in: Rau, Günter / Dürrwächter, Erich / Flick, Hans / Geist, Reinhold*: Kommentar zum Umsatzsteuergesetz, Köln

Huxol, Hermann (DStR 1982): Einzelfälle zum groben Verschulden i.S. des § 173 Abs. 1 Nr. 2 AO, Deutsches Steuerrecht 1982 S. 220 ff

Irrgang, Werner (DB 1988): Steuerhinterziehung durch Abweichung von der Auffassung der Finanzverwaltung oder höchstrichterlicher Rechtsprechung?, Der Betrieb 1988 S. 781 f

Janssen, Bernhard (BB 1992): Begriff des „Sachverhalts" bei § 174 der Abgabenordnung, Betriebs-Berater 1992 S. 2337 ff

Janssen, Bernhard (nwb 2002): Der Irrtum im Steuerrecht, Neue Wirtschafts-Briefe Blickpunkt Steuern 4/2002 S. 1 ff

Jehner, Hansgeorg (DStR 1986): Wann entsteht die Grunderwerbsteuer bei nichtigen Kaufverträgen, Deutsches Steuerrecht 1986 S. 634 ff

Joecks, Wolfgang (2005): *Bearbeiter in: Franzen, Klaus / Gast de Haan, Brigitte / Joecks, Wolfgang*: Steuerstrafrecht mit Zoll- und Verbrauchsteuerstrafrecht, München 6. Aufl. 2005

Kalmes, Herbert (BB 1990): Maßgeblicher Zeitpunkt für das nachträgliche Bekanntwerden von Tatsachen oder Beweismitteln, Betriebs-Berater 1990 S. 1605 ff

Kanzler, Hans-Joachim (FR 1998): Unsterbliche Drohverlustrückstellung im Steuerrecht, Finanz-Rundschau 1998 S. 421 ff

Kessler, Harald (DB 1999): Teilwertabschreibung und Wertaufholung in der Kreditwirtschaft nach dem Steuerentlastungsgesetz 1999/2000/2002, Der Betrieb 1999 S. 2577 ff

Kluth, Winfried (NVwZ 1990): Rechtsfragen von verwaltungsrechtlichen Willenserklärungen, Neue Zeitschrift für Verwaltungsrecht 1990 S. 608 ff

Kohlmann, Günter (o.J.): Steuerstrafrecht mit Ordnungswidrigkeitenrecht und Verfahrensrecht. Kommentar zu den §§ 369 - 412 AO 1977, Köln

Kottke, Klaus (DStR 1982): Zur Rückwirkung von Ereignissen bei laufend veranlagten Steuern, Deutsches Steuerrecht 1982 S. 545 ff

Kottke, Klaus (FR 1998): Zur Berücksichtigung der Kompliziertheit des Steuerrechts bei Änderungen von Steuerbescheiden wegen neuer Tatsachen, Finanz-Rundschau 1998 S. 9 ff

Kraeusel, Jörg / Schmidt, Alexander (o.J.): *Bearbeiter in: Reiß, Wolfram / Kraeusel, Jörg / Langer, Michael*: Umsatzsteuergesetz. UStG mit Nebenbestimmungen. Gemeinschaftsrecht. Kommentar, Bonn u.a.

Kratzsch, Alexander (INF 2004): Zur Zurechnung von Kenntnissen bei der Änderung von Steuerbescheiden nach § 173 Abs. 1 Nr. 1 AO, Information über Steuer und Wirtschaft 2004 S. 145 f

Krieger, Jochen (1987): Täuschungen über Rechtsauffassungen im Steuerstrafrecht, Frankfurt a.M. 1987

Kruse, Heinrich Wilhelm (o.J.): *Bearbeiter in: Tipke, Klaus / Kruse, Heinrich Wilhelm*: Abgabenordnung. Finanzgerichtsordnung. Kommentar, Köln

Kuczynski, Peter (o.J.): *Bearbeiter in: Beermann, Albert / Gosch, Dietmar*: Steuerliches Verfahrensrecht. AO, FGO, Nebengesetze. Kommentar, Bonn u.a.

Kuhfus, Werner (1999): Die Berichtigung offenbarer Unrichtigkeiten nach § 129 Abgabenordnung, Aachen 1999

Kurz, Volker (StuW 1979): Zur Rückgängigmachung steuerrechtlich relevanter Willenserklärungen von Steuerpflichtigen, Steuer und Wirtschaft 1979 S. 243 ff

Kürzinger, Kurt (2004): *Bearbeiter in: Wannemacher, Wolfgang J. / Andrejtschitsch, Jan / Buchheim, Götz*: Steuerstrafrecht. Handbuch, Bonn u.a. 5. Aufl. 2004

Larenz, Karl / Canaris, Claus-Wilhelm (1995): Methodenlehre der Rechtswissenschaft, Berlin u.a. 3. Aufl. 1995

Larenz, Karl / Wolf, Manfred (2004): Allgemeiner Teil des bürgerlichen Rechts, München 9. Aufl. 2004

Lauer, Georg Dietmar (1984): Die Korrekturvorschrift des § 175 Abs. 1 Satz 1 Nr. 2 Abgabenordnung, Berlin 1984

Lauer, Jörg (BB 1981): Ereignisse mit steuerlicher Rückwirkung bei laufend veranlagten Steuern, Betriebs-Berater 1981 S. 1517 ff

Lehmann, Matthias (1998): Marktorientierte Betriebswirtschaftslehre. Planen und Handeln in der Entgeltwirtschaft, Berlin u.a. 1998

Lehmann, Matthias / Müller, Ursula (2002): Der Jahresabschluss, Herne u.a. 2002

Lohmeyer, Heinz (BB 1975): Zur Abgrenzung zwischen Versuch und Vorbereitungshandlung bei Steuerstraftaten, Betriebs-Berater 1975 S. 1476 ff

Lohmeyer, Heinz (Stbg 1995): Berichtigung materieller Fehler nach § 177 AO, Die Steuerberatung 1995 S. 404 ff

Lohse, W. Christian (UR 2004): Neutralitätsgrundsatz im Umsatz/Mehrwertsteuerrecht – Gefestigte Erkenntnisse und neue Fragen –, Umsatzsteuer-Rundschau 2004 S. 582 ff

Lohse, W. Christian / Madle, Ulrich (DStR 2003): Rechtsprechungsänderungen des BFH bei Ertragsteuern und Umsatzsteuer im Jahre 2002, Deutsches Steuerrecht 2003 S. 661 ff

Loose, Matthias (o.J.): *Bearbeiter in: Tipke, Klaus / Kruse, Heinrich Wilhelm*: Abgabenordnung. Finanzgerichtsordnung. Kommentar, Köln

Löw, Christine (2002): Die Erkundigungspflicht beim Verbotsirrtum nach § 17 StGB, Frankfurt a.M. u.a. 2002

Lück, Horst (INF 1994): Die Änderung des Steuerbescheids wegen neuer Tatsachen, Information über Steuer und Wirtschaft 1994 S. 641 ff

Lüders, Jürgen (DB 1986): Realisationszeitpunkt und wirtschaftliche Betrachtungsweise, Der Betrieb 1986 S. 1944 ff

Macher, Ludwig (DStR 1979): Die Aufhebung und Änderung von widerstreitenden Steuerfestsetzungen, Deutsches Steuerrecht 1979 S. 548 ff

Maiwald, Manfred (1984): Unrechtskenntnis und Vorsatz im Steuerstrafrecht, Heidelberg 1984

Marfels, Michael (DB 1983): Nachgeholte Anträge auf Gewährung einer Steuervergünstigung als „neue Tatsache" im Sinne des § 173 Abs. 1 Nr. 2 AO?, Der Betrieb 1983 S. 2109 ff

Marx, Franz Jürgen (StuB 2003): Möglichkeiten und Grenzen der Korrektur von Steuerbescheiden bei verdeckten Gewinnausschüttungen, Steuern und Bilanzen 2003 S. 337 ff

Medicus, Dieter (2006): Allgemeiner Teil des BGB. Ein Lehrbuch, Heidelberg 9. Aufl. 2006

Meilicke, Wienand (BB 1984): Wird das Steuerstrafrecht für die Steuerpraxis zum russischen Roulette?, Betriebs-Berater 1984 S. 1885 ff

Meurer, Ingetraut (o.J.): *Bearbeiterin in: Lademann, Fritz*: Kommentar zum Einkommensteuergesetz, Stuttgart u.a.

Meyer, Fritz (NStZ 1986): Der Verbotsirrtum im Steuerstrafrecht, Neue Zeitschrift für Strafrecht 1986 S. 443 ff

Meyer, Fritz (NStZ 1987): Enthält der Tatbestand der Steuerhinterziehung ein ungeschriebenes Tatbestandsmerkmal, das jeglichen Verbotsirrtum ausschließt?, Neue Zeitschrift für Strafrecht 1987 S. 500 f

Meyer, Ingeborg M. (o.J.): *Bearbeiterin in: Beermann, Albert / Gosch, Dietmar*: Steuerliches Verfahrensrecht. AO, FGO, Nebengesetze. Kommentar, Bonn u.a.

Middel, Dieter (1971): Öffentlich-rechtliche Willenserklärungen von Privatpersonen, Berlin 1971

Mihatsch, Günther (StBp 1988): Erwiderung auf vorstehende Stellungnahme [Unvericht, Willi (StBp 1988): Die „Schlichte Änderung" von Steuerbescheiden nach § 172 Abs. 1 Nr. 2a AO], Die steuerliche Betriebsprüfung S. 232 f

Mittelbach, Rolf (DStR 1984): Änderungen von Bescheiden zugunsten der Steuerpflichtigen wegen neuer Tatsachen und Beweismittel, Deutsches Steuerrecht 1984 S. 319 ff

Mittmann, Volker (DStZ 1989): Restitution nach § 173 Abs. 1 Nr. 2 AO trotz mutmaßlich kausalen Rechtsirrtums?, Deutsche Steuer-Zeitung 1989 S. 505 ff

Moritz, Joachim (INF 2004): Rückabwicklung des Verkaufs einer Beteiligung i.S. von § 17 EStG als rückwirkendes Ereignis, Information über Steuer und Wirtschaft 2004 S. 44 f

Netzler, Harold (1961): Der Verbotsirrtum im Steuerstrafrecht, Bonn 1961

Neumann, Ulfrid (JuS 1993): Der Verbotsirrtum (§ 17 StGB), Juristische Schulung 1993 S. 793 ff

Nieskens, Hans (o.J.): *Bearbeiter in: Rau, Günter / Dürrwächter, Erich / Flick, Hans / Geist, Reinhold*: Kommentar zum Umsatzsteuergesetz, Köln

Nieskens, Hans (UR 2004): Wichtigste Änderungen der Umsatzsteuer durch das Steueränderungsgesetz 2003 und das Haushaltsbegleitgesetz 2004, Umsatzsteuer-Rundschau 2004 S. 105 ff

Nothnagel, Reinhard (StuW 1984): Bestandsschutz für den bekanntgegebenen Inhalt von Steuerverwaltungsakten? Zur Bedeutung der gesetzgeberischen Entscheidung für die Erklärungstheorie bei Auslegung der §§ 124 I und 129 AO, Steuer und Wirtschaft 1984 S. 60 ff

Olbertz, Egon (StB 1996): Rückwirkendes Ereignis i.S.d. § 175 Abs. 1 S. 1 Nr. 2 AO, Der Steuerberater 1996 S. 390 ff

Ortmann-Babel, Martina (o.J.): *Bearbeiterin in: Lademann, Fritz*: Kommentar zum Einkommensteuergesetz, Stuttgart u.a.

Otto, Harro (Jura 1990): Der Verbotsirrtum, Juristische Ausbildung 1990 S. 645 ff

Pahlke, Armin (2005): *Bearbeiter in: Pahlke, Armin / Franz, Willy*: Grunderwerbsteuergesetz. Kommentar, München 3. Aufl. 2005

Paus, Bernhard (FR 1994): Nachträgliche Änderung des Veräußerungs- bzw. Aufgabegewinns, Finanz-Rundschau 1994 S. 241 ff

Paus, Bernhard (DStZ 2000): Rückabwicklung eines Kaufvertrags, Deutsche Steuer-Zeitung 2000 S. 789 f

Paus, Bernhard (DStZ 2001): Aktivierung privater Ansprüche / Rückwirkende Änderung eines Kaufvertrags, Deutsche Steuer-Zeitung 2001 S. 280 ff

Pipping, Hanns-Georg (1998): Die „steuerlich erheblichen Tatsachen" im Rahmen der Steuerhinterziehung: eine Betrachtung anhand wirtschaftsstrafrechtlicher Grundsätze, Tübingen 1998

Plewka, Harald / Schmidt, Lutz (o.J.): *Bearbeiter in: Lademann, Fritz*: Kommentar zum Einkommensteuergesetz, Stuttgart u.a.

Potthast, Bernd (1952): Die Rückgängigmachung von Rechtsgeschäften und ihre steuerlichen Wirkungen, Münster u.a. 1952

Probst, Ulrich (o.J.): *Bearbeiter in: Hartmann, Alfred / Metzenmacher, Wilhelm*: Umsatzsteuergesetz mit Umsatzsteuer-Durchführungsverordnung, Umsatzsteuer-Richtlinien, Verwaltungsanweisungen, Nebengesetzen, Verordnungen sowie den einschlägigen internationalen Verträgen und Abkommen. Kommentar, Berlin

Reiß, Wolfram (o.J.): *Bearbeiter in: Reiß, Wolfram / Kraeusel, Jörg / Langer, Michael*: Umsatzsteuergesetz. UStG mit Nebenbestimmungen. Gemeinschaftsrecht. Kommentar, Bonn u.a.

Reiß, Wolfram (wistra 1987): Tatbestandsirrtum und Verbotsirrtum bei der Steuerhinterziehung, Zeitschrift für Wirtschafts- und Steuerstrafrecht 1987 S. 161 ff

Reiß, Wolfram (UR 2004): Neutralitätsgebot und Sofortabzug der Vorsteuer – Zum Zusammenwirken von europäischen Richtlinienrecht und nationalem Verfahrensrecht –, Umsatzsteuer-Rundschau 2004 S. 275 ff

Roxin, Claus (2006): Strafrecht. Allgemeiner Teil. Band I. Grundlagen. Der Aufbau der Verbrechenslehre, München 4. Aufl. 2006

Rozek, Jochen (o.J.): *Bearbeiter in: Hübschmann, Walter / Hepp, Ernst / Spitaler, Armin*: Abgabenordnung. Finanzgerichtsordnung. Kommentar, Köln

Rudolphi, Hans-Joachim (1969): Unrechtsbewußtsein, Verbotsirrtum und Vermeidbarkeit des Verbotsirrtums, Göttingen 1969

Rüping, Hinrich (o.J.): *Bearbeiter in: Hübschmann, Walter / Hepp, Ernst / Spitaler, Armin*: Abgabenordnung. Finanzgerichtsordnung. Kommentar, Köln

Ruppe, Hans Georg (o.J.): *Bearbeiter in: Hermann, Carl / Heuer, Gerhard / Raupach, Arndt*: Einkommensteuer- und Körperschaftsteuergesetz. Kommentar, Köln

Rust, Kai-Oliver (1995): Das rückwirkende Ereignis im Steuerrecht, Köln u.a. 1995

Samson, Erich (1983): Irrtumsprobleme im Steuerstrafrecht. Grundfragen, *in: Kohlmann, Günter*: Strafverfolgung und Strafverteidigung im Steuerstrafrecht. Grundfragen des Steuerstrafrechts heute, Köln 1983

Sack, Hans-Joachim (2007): *Bearbeiter in: Borruttau, Ernst Paul*: Grunderwerbsteuergesetz. Kommentar, München 16. Aufl. 2007

Säcker, Angela (1985): Irrtum über den Erklärungsinhalt: dogmengeschichtliche, psychologische und linguistische Studien zum Irrtum i.S. von § 119 Abs. 1 BGB, Frankfurt a.M. 1985

Sauer, Otto M. (o.J.): *Bearbeiter in: Beermann, Albert / Gosch, Dietmar*: Steuerliches Verfahrensrecht. AO, FGO, Nebengesetze. Kommentar, Bonn u.a.

Scharpenberg, Benno (o.J.): *Bearbeiter in: Hartmann, Alfred / Metzenmacher, Wilhelm*: Umsatzsteuergesetz mit Umsatzsteuer-Durchführungsverordnung, Umsatzsteuer-Richtlinien, Verwaltungsanweisungen, Nebengesetzen, Verordnungen sowie den einschlägigen internationalen Verträgen und Abkommen. Kommentar, Berlin

Schimmele, Jürgen (GmbH-StB 2004): Rückgängigmachung eines Anteilsverkaufs, Der GmbH-Steuer-Berater 2004 S. 4 f

Schlüchter, Ellen (wistra 1985): Zur Irrtumslehre im Steuerstrafrecht, Zeitschrift für Wirtschafts- und Steuerstrafrecht 1985 S. 43 ff, 94 ff

Schmieszek, Hans-Peter (o.J.): *Bearbeiter in: Beermann, Albert / Gosch, Dietmar*: Steuerliches Verfahrensrecht. AO, FGO, Nebengesetze. Kommentar, Bonn u.a.

Schnell, Martin (1986): Der Antrag im Verwaltungsverfahren, Berlin 1986

Schreiber, Jochen (o.J.): *Bearbeiter in: Blümich, Walter*: Einkommensteuergesetz. Körperschaftsteuergesetz. Gewerbesteuergesetz. Kommentar, München

Schuhmann, Helmut (BB 1983): Zum Begriff des „groben Verschuldens" des Steuerpflichtigen bei nachträglichem Bekanntwerden neuer Tatsachen oder Beweismittel, Betriebs-Berater 1983 S. 438 ff

Schuster, Silvia (o.J.): *Bearbeiterin in: Hübschmann, Walter / Hepp, Ernst / Spitaler, Armin*: Abgabenordnung. Finanzgerichtsordnung. Kommentar, Köln

Selchert, Friedrich Wilhelm (1995): *Bearbeiter in: Küting, Karlheinz / Weber, Claus P.*: Handbuch der Rechnungslegung, Stuttgart 4. Aufl. 1995

Sigloch, Heinrich (DStR 1986): Struktur des Grunderwerbsteuerrechts, Deutsches Steuerrecht 1986 S. 458 ff und 499 ff

Söhn, Hartmut (o.J.): *Bearbeiter in: Hübschmann, Walter / Hepp, Ernst / Spitaler, Armin*: Abgabenordnung. Finanzgerichtsordnung. Kommentar, Köln

Stadie, Holger (o.J.): *Bearbeiter in: Rau, Günter / Dürrwächter, Erich / Flick, Hans / Geist, Reinhold*: Kommentar zum Umsatzsteuergesetz, Köln

Stiller, Dirk (2000): Der Rechtsirrtum des Steuerberaters und sein Strafbarkeitsrisiko, Frankfurt a.M. u.a. 2000

Stobbe, Thomas (o.J.): *Bearbeiter in: Hermann, Carl / Heuer, Gerhard / Raupach, Arndt*: Einkommensteuer- und Körperschaftsteuergesetz. Kommentar, Köln

Stöcker, Ernst E. (o.J.): *Bearbeiter in: Beermann, Albert / Gosch, Dietmar*: Steuerliches Verfahrensrecht. AO, FGO, Nebengesetze. Kommentar, Bonn u.a.

Stoschek, Uwe / Peter, Alexander F. (DB 2003): Bilanzierung eines Wirtschaftsguts nach Rückabwicklung des Kaufvertrags, Der Betrieb 2003 S. 954 ff

Stötter, Viktor (1956): Der einseitige, beiderseitige und gemeinsame Irrtum unter besonderer Berücksichtigung der Abgrenzung gegen die Lehre von der mangelhaften Geschäftsgrundlage, Freiburg 1956

Strahl, Martin (o.J.): *Bearbeiter in: Korn, Klaus*: Einkommensteuergesetz. Kommentar, Bonn u.a.

Tehler, Hermann-Josef (o.J.): *Bearbeiter in: Reiß, Wolfram / Kraeusel, Jörg / Langer, Michael*: Umsatzsteuergesetz. UStG mit Nebenbestimmungen. Gemeinschaftsrecht. Kommentar, Bonn u.a.

Theisen, Manuel René (DStR 1988): Veräußerungsgewinnbesteuerung und Ausfallrisiko, Deutsches Steuerrecht 1988 S. 403 ff

Theisen, Manuel René (DB 1989): Neue Gesichtspunkte zur Besteuerung nachträglich geänderter Veräußerungsgewinne, Der Betrieb 1989 S. 1639 ff

Thomas, Karl (NStZ 1987): Die Steueranspruchstheorie und der Tatbestandsirrtum im Steuerstrafrecht, Neue Zeitschrift für Strafrecht 1987 S. 260 ff

Tipke, Klaus (o.J.): *Bearbeiter in: Tipke, Klaus / Kruse, Heinrich Wilhelm*: Abgabenordnung. Finanzgerichtsordnung. Kommentar, Köln

Tischler, Werner Georg (1984): Verbotsirrtum und Irrtum über normative Tatbestandsmerkmale, Berlin 1984

Tröndle, Herbert / Fischer, Thomas (2006): Strafgesetzbuch und Nebengesetze, München 53. Aufl. 2006

Trzaskalik, Christoph (o.J.): *Bearbeiter in: Hübschmann, Walter / Hepp, Ernst / Spitaler, Armin*: Abgabenordnung. Finanzgerichtsordnung. Kommentar, Köln

Unvericht, Willi (DStR 1987): Aufhebung und Änderung von Steuerbescheiden zugunsten des Steuerpflichtigen nach § 172 Abs. 1 Nr. 2a n.F. AO, Deutsches Steuerrecht 1987 S. 279 ff

Unvericht, Willi (StBp 1988): Die „Schlichte Änderung“ von Steuerbescheiden nach § 172 Abs. 1 Nr. 2a AO. Stellungnahme zu dem Beitrag von Mihatsch, Die steuerliche Betriebsprüfung S. 230 ff

Viskorf, Hermann-Ulrich (2007): *Bearbeiter in: Borruttau, Ernst Paul*: Grunderwerbsteuergesetz. Kommentar, München 16. Aufl. 2007

Voelcker, Andreas (BB 1995): Zeitpunkt der Änderung der Bemessungsgrundlage nach § 17 Abs. 1 UStG, Betriebs-Berater 1995 S. 1824 ff

Vogelberg, Claus-Arnold (2004): *Bearbeiter in: Wannemacher, Wolfgang J. / Andrejtschitsch, Jan / Buchheim, Götz*: Steuerstrafrecht. Handbuch, Bonn u.a. 5. Aufl. 2004

Wagner, Wilfried (UR 2003): Ist die Abgrenzung von „unrichtigem" und „unberechtigtem" Steuerausweis noch erforderlich? – § 14 Abs. 2 und 3 UStG; § 14c Abs. 1 und 2 UStG i.d.F. des Entwurfs eines Steueränderungsgesetzes 2003 –, Umsatzsteuer-Rundschau 2003 S. 483 ff

Wannemacher, Wolfgang / Meyer, Ingeborg M. (o.J.): *Bearbeiter in: Beermann, Albert / Gosch, Dietmar*: Steuerliches Verfahrensrecht. AO, FGO, Nebengesetze. Kommentar, Bonn u.a.

Weber-Grellet, Heinrich (DStR 1992): Die Qual der Wahl – Zur steuerlichen Behandlung von Wahlrechten, Deutsches Steuerrecht 1992 S. 1417 ff

Weber-Grellet, Heinrich (FR 2004): Vertrag über Rückabwicklung eines Anteilskaufvertrags als rückwirkendes Ereignis, Finanz-Rundschau 2004 S. 105 ff

Weber-Grellet, Heinrich (2007): *Bearbeiter in: Schmidt, Ludwig*: Einkommensteuergesetz. Kommentar, München 26. Aufl. 2007

Wedel, Wedigo v. (o.J.): *Bearbeiter in: Beermann, Albert / Gosch, Dietmar*: Steuerliches Verfahrensrecht. AO, FGO, Nebengesetze. Kommentar, Bonn u.a.

Wedelstädt, Alexander v. (o.J.): *Bearbeiter in: Beermann, Albert / Gosch, Dietmar*: Steuerliches Verfahrensrecht. AO, FGO, Nebengesetze. Kommentar, Bonn u.a.

Wedelstädt, Alexander v. (DB 1981 I): Begriff des „Sachverhalts" bei widerstreitenden Steuerfestsetzungen i.S. des § 174 Abgabenordnung, Der Betrieb 1981 S. 1254 ff

Wedelstädt, Alexander v. (DB 1981 II): Vertrauensschutz als Voraussetzung und Beschränkung der Aufhebung und Änderung nach § 174 AO, Der Betrieb 1981 S. 2574 f

Wedelstädt, Alexander v. (DB 1985): Die Berichtigung von Steuerbescheiden wegen offenbarer Unrichtigkeiten nach § 129 AO, Der Betrieb 1985 S. 1761 ff

Wedelstädt, Alexander v. (DB 1986/20): Die Aufhebung und Änderung von Steuerbescheiden nach den §§ 164, 165, 172 bis 177 AO, Der Betrieb 1986 Beilage 20 S. 1 ff

Wedelstädt, Alexander v. (DB 1988): Widerstreitende Steuerfestsetzung i.S. des § 174 AO, Der Betrieb 1988 S. 2228 ff

Wedelstädt, Alexander v. (DB 1994): „Richtige Folgerungen" i.S. des § 174 Abs. 4 AO – Neue Probleme bei der Anwendung des § 174 AO?, Der Betrieb 1994 S. 2469 ff

Wedelstädt, Alexander v. (DB 2001): Nochmalige Änderung des nämlichen im Rechtsbehelfsverfahren geänderten Bescheids nach § 174 Abs. 4 AO, Der Betrieb 2001 S. 11 ff

Wichmann, Gerd (DStZ 1990): Die Aufhebung oder Änderung von Steuerbescheiden wegen neuer Tatsachen oder Beweismittel im Falle des § 173 Abs. 1 Nr. 2 Satz 2 AO, Deutsche Steuer-Zeitung 1990 S. 66 f

Widmann, Werner (UR 2003): Tatsächlich vereinnahmte Gegenleistung als „letztendliche" Bemessungsgrundlage für Lieferung oder sonstige Leistung – Minderung oder Schadensersatz wegen Nichterfüllung, Umsatzsteuer-Rundschau 2003 S. 253 ff

Wied, Edgar (o.J.): *Bearbeiter in: Blümich, Walter*: Einkommensteuergesetz. Körperschaftsteuergesetz. Gewerbesteuergesetz, Kommentar, München

Wiese, Jörg (2004): *Bearbeiter in: Wannemcher, Wolfgang J. / Andrejtschitsch, Jan / Buchheim, Götz*: Steuerstrafrecht. Handbuch, Bonn u.a. 5. Aufl. 2004

Winkeljohann, Norbert / Geißler, Horst (2006): *Bearbeiter in*: Beck'scher Bilanz-Kommentar. Handels- und Steuerrecht. §§ 238 bis 339 HGB, München 6. Aufl. 2006

Wissenschaftlicher Rat der Dudenredaktion (1999): Duden: Das große Wörterbuch der deutschen Sprache, Mannheim u.a. 3. Aufl. 1999

Woerner, Lothar / Grube, Georg (1988): Die Aufhebung und Änderung von Steuerverwaltungsakten, Stuttgart 8. Aufl. 1988

Wüllenkemper, Dirk (1987): Rückfluß von Aufwendungen im Einkommensteuerrecht, Köln 1987

Wuttke, Ralf (FR 1993): Die subjektiv richtige Bilanz, Finanz-Rundschau 1993 S. 459 ff

Zeuner, Helga (UR 2004): Neue gesetzliche Vorschriften zur Rechnungsberichtigung, Umsatzsteuer-Rundschau 2004 S. 228 ff